编辑委员会

刘哲玮　缪因知　朱桐辉　艾佳慧　毕洪海　刘　晗
王旻初　夏小雄　尤陈俊　于佳佳　李　晟

本期执行主编

李　晟

声　明

本刊的各篇文章仅代表作者本人的观点和意见，并不必然代表编辑委员会的任何意见、观点或倾向，也不反映北京大学的立场。特此声明。

《北大法律评论》 编辑委员会

北大法律評論
PEKING UNIVERSITY LAW REVIEW
第8卷·第2辑(2007)

《北大法律评论》编辑委员会

图书在版编目(CIP)数据

北大法律评论·第 8 卷·第 2 辑/《北大法律评论》编辑委员会编. —北京:北京大学出版社,2007.7
ISBN 978 - 7 - 301 - 12476 - 5

Ⅰ. 北… Ⅱ. 北… Ⅲ. 法律 - 文集 Ⅳ. D9 - 53

中国版本图书馆 CIP 数据核字(2007)第 093108 号

书　　名:北大法律评论(第 8 卷·第 2 辑)
著作责任者:《北大法律评论》编辑委员会　编
责 任 编 辑:王　晶
标 准 书 号:ISBN 978 - 7 - 301 - 12476 - 5/D·1809
出 版 发 行:北京大学出版社
地　　　址:北京市海淀区成府路 205 号　100871
网　　　址:http://www.pup.cn　电子邮箱:law@ pup.pku.edu.cn
电　　　话:邮购部 62752015　发行部 62750672　编辑部 62752027　出版部 62754962
印　　刷　者:北京宏伟双华印刷有限公司
经　销　者:新华书店
　　　　　　787 毫米×1092 毫米　16 开本　18.5 印张　344 千字
　　　　　　2007 年 7 月第 1 版　2007 年 7 月第 1 次印刷
定　　　价:29.00 元

未经许可,不得以任何方式复制或抄袭本书之部分或全部内容。
版权所有,侵权必究
举报电话:010 - 62752024　电子邮箱:fd@ pup.pku.edu.cn

《北大法律评论》第 8 卷·第 2 辑(总第 15 辑)

目 录

编者按语 ……………………………………………………………（279）

主题研讨：反思转型社会中的刑事程序法失灵

陈瑞华　导言
　　　　——研究刑事程序失灵的意义与方法 ………………（291）

季卫东　拨乱反正说程序 …………………………………………（301）

刘　忠　作为一个偶然地区性事件的正当程序革命 ……………（309）

杨晓雷　规则建立过程的知识考察
　　　　——以"刘涌案"事件为空间 …………………………（335）

詹妮弗·史密斯　迈克尔·冈珀斯　唐俊杰　译　张建伟　校
　　　　实现正义
　　　　——公平审判权在中国的发展 …………………………（353）

论文

陈雪飞　离婚案件审理中法官话语的性别偏向 …………………（386）

郁光华　从经济学视角看中国的婚姻法改革 ……………………（412）

李雨峰　思想/表达二分法的检讨 ………………………………（433）

方 潇 "作为法律资源的天空"
　　——天学视野下君权制约和秩序构建的法律意义 …… （453）

评论

汪庆华　土地征收、公共使用与公平补偿
　　——评 Kelo v. City of New London 一案判决 ………… （479）

张宪初　菲利普·斯马特
　　万事开头难
　　——《内地香港相互认可和执行当事人协议管辖的
　　　民商事案件判决的安排》评析 ……………… （504）

廖 凡　美国反向刺破公司面纱的理论与实践
　　——基于案例的考察 ………………………………… （532）

万 江　霍布斯丛林的真实模拟
　　——秩序形成的另类逻辑 …………………………… （549）

编后小记 ……………………………………………… （563）

Peking University Law Review
Vol. 8, No. 2 (2007)

Contents

Editors' Notes .... (279)

Symposium: Rethink the Failure of Criminal Procedure Law in the Transferring Society

Chen Rui-hua
    Introduction: The Significance and Method of Studying Evading
        Criminal Procedure Law .... (291)

Ji Wei-dong
    Return to Procedural Justice after Miscarriages of Justice .... (301)

Liu Zhong
    Due Process Revolution as an Occasional Locality Accident .... (309)

Yang Xiao-lei
    The Knowledge in the Process of Establishment of Rule:
        Based on the Liu Yong Case Affair .... (335)

Jennifer Smith & Michael Gompers   Translated by Tang Jun-jie
Proofed by Zhang Jian-wei
    Realizing Justice: The Development of Fair Trial Rights in China ... (353)

Articles

Chen Xue-fei
    Gender Preference in Judges' Discourse during the

  Trial of Divorce Cases ·· (386)

Yu Guang-hua
  An Economic Approach to China's Marriage Law Reform ·············· (412)

Li Yu-feng
  Reflection on Idea/Expression Dichotomy in Copyright Law ············ (433)

Fang Xiao
  The Sky as Legal Resources: Legal Meanings of Restricting King's Power
  and Constituting Legal Order under the Visual Field of Ancient
  Chinese Astrology ·· (453)

Notes & Comments
Wang Qing-hua
  Takings, Public Use and Fair Compensation:
  Comments on *Kelo v. City of New London* ···························· (479)

Zhang Xian-chu & Philip Smart
  Development of Regional Conflict of Laws: On the Arrangement of
  Mutual Recognition and Enforcement of Judgments in Civil and
  Commercial Matters between Mainland China and
  Hong Kong SAR ·· (504)

Liao Fan
  Theories and Practices of Reverse Piercing of the Corporate
  Veil in U.S.: A Case-based Analysis ···························· (532)

Wan Jiang
  The Real Simulation of Hobbesian Jungle:
  Other Logic of Order Formation ································ (549)

Postscript ·· (563)

编者按语

从《刑事诉讼法》制定的1979年至今已27年,从对其修改的1996年至今也已十年,学界和立法界不断地发现问题,然后提出"与国际接轨"的改革方案,然后继续发现问题……始终走不出精心设计的制度在实践中被架空的困境。冷静、客观地看,不能否认,实践中侦查权与公诉权的使用、庭审与调查的进展、审判组织与证据规则的构成,很大程度已形成了一整套自我运行、自给自足的逻辑体系,同时其逻辑规则可能是违背立法甚至可能是反司法规律的。那么,我们就不能仅仅借助意识形态进行评论和批判,而更需要理性地理解和冷静地反思。如果缺乏深刻的反思,而仅仅是针对制度运作的现状继续头痛医头、脚痛医脚的话,那无论中国的刑事诉讼法律进行多少次修改,多么"与国际接轨",都免不了继续失灵的命运。为此,我们组织了这期"反思转型社会中的刑事程序法失灵"专题研讨。在本期主题研讨中,既有学者从坚持程序正义理论出发,探讨如何系统性地解决现实中潜规则架空刑事程序法的现象;也有学者对程序正义理论提出了质疑,在此基础上进行了更为现实主义的探索;还有观点指出,决定中国刑事诉讼的知识不是来自程序正义或者实质正义,而且是来自其他因素。这些观点之间的紧张和冲突,或许将有助于我们更好地面向中国的刑事诉讼法律与刑事诉讼法学。而提供一个这样的开放空间进行讨论,也正是本刊追求"思想自由,兼容并包"的一个体现。

陈瑞华的《导言——研究刑事程序失灵的意义与方法》针对实际中的刑事程序法被规避问题,指出了研究这个问题的重要性和意义所在。作者指出,大多数学者正在进行的制度移植忽略了实践中的中国问题、中国规则和中国经验,这非常可惜。最后,作者从刑事程序失灵问题需要的研究方法出发,反思了刑事诉讼法学的传统研究方法的不足,并指出社会科学方法才是研究这一问题的有效方法。因此,这一篇非常具有针对性的评论可作为这一主题研讨的提纲挈领性的导言。

季卫东的《拨乱反正说程序》凝结了作者对于程序正义一般理论和中国的刑事程序法失灵问题的长期思考。作为在中国推动程序正义最为积极的学者之一,正如其所一贯强调的那样,作者指出了刑事程序法失灵问题的严重性和解决这一问题对于整个法治建设的重要意义。并进而提出了确立当事人对抗主义的审理方式,全面确立无罪推定原则,强化一事不再理,充分保证被告人、嫌疑人获得辩护的权利并加强律师在刑事诉讼程序中的作用,建立沉默权制度等五点建议。本文概括地反映了法学界对于中国刑事程序法失灵问题所提出的解决方案。

刘忠的《作为一个偶然地区性事件的正当程序革命》讨论的是发生在美国的事件,但回答的是中国的问题。作者非常生动地描述了沃伦法院的形成和解体及其所推动的正当程序革命的兴起与衰落。文章运用谱系学的方法,客观地剖析了沃伦法院何以能够发动正当程序革命,又对美国社会产生了什么样的影响,这其中又有什么样的独特原因。通过发现历史中的偶然性,并回归到每一个真实的细节,作者有力地破除了中国学界关于沃伦法院及正当程序革命的迷信,跳出了刑事诉讼法研究中神化美国正当程序革命、以理念的解释取代行动的解释的窠臼。本文虽然没有专门讨论中国刑事程序法的失灵问题,但却提出了中国刑事程序法失灵的一个重要原因,即盲目推崇程序正义理论,将其作为不可质疑和更改的真理,并在这种意识形态之下指导制度建设。这一反思,为进一步探讨刑事程序法失灵提供了重要的启示。

杨晓雷的《规则建立过程的知识考察——以"刘涌案"事件为空间》以分析刘涌案件及"事件"折射出来的学界和大众间的不同观点和知识背景为基础,对中国的刑事程序法予以了评论。作者认为从刘涌案及引发的事件看,中国当前的刑事程序法存在一定程序的失灵,但这既不是程序正义的失败,也不是实质正义的胜利,因为这个案件的实质不是程序正义和实质正义的争夺,案件的结局是由中国当前知识结构下的其他要素决定的。这个问题值得研究。作者对2003年中国最重要的案件之一的讨论超越了实质正义和程序正义之争,重点落在了自己从该案挖掘出的三种诉讼法知识型的特征、结构与实际运作上。最后,他提出了研究中国问题、提炼中国经验规则的重要性。这是对中国刑事程序法治的理论和实践很有意义的反思。

詹妮弗·史密斯和迈克尔·冈珀斯的《实现正义——公平审判权在中国的发展》是一篇有实证色彩的文章,它建立在两位作者在国际司法桥梁基金工作和经历的基础上。文章的目的在于讨论中国政府依照本国法和国际法准则,为保障刑事被告基本的公平审判权,包括律师权和辩护权而做出的努力。文章强调了一个有效的辩护援助体系对保障公平审判权的必要性。为了保障穷人能够平等地享有正义,一个国家必须拥有一套提供给他们律师的机制。文章分析了促使一个国家为公民建立有效公平审判权的关键因素。文章特别展示了国际司法桥梁的经验,以显示国际组织如何与中国政府开展合作,成功地提高中国公民权利保护水平。它提供给中国刑事司法系统的结构、知识和支持是一个杰出的工作,正在更广泛的地区推广。本文来自于本刊的合作刊物——美国宾夕法尼亚大学 Chinese Law and Policy Review 所组织的关于中国刑事程序法失灵问题的同主题研讨,为我们提供了一个"他者"的视角来看待中国问题,我们将在今后继续组织中美双方学者对同一主题的主题研讨。

作为一篇法律社会学主题的论文,陈雪飞的《离婚案件审理中法官话语的性别偏向》一文,通过对实地调查中获得的听审记录和访谈资料的分析,向我们展示了离婚案件审理中法官话语的男性偏向。文章的研究表明,其深层次原因主要包括:照顾弱者政策的执行受到女性形象转变的冲击、中国日趋格式化的司法体系缺乏对性别意识和女性话语的关注,以及法官话语性别议题背后的权力配置。通过对这些因素的揭示与分析,作者希望促进人们对司法领域中失语群体的关注,进而有助于构建更为完善合理的司法体系。此外,这篇论文一个值得注意的地方还在于,文中主要采用了女性主义法学视角与话语分析方法,而这些研究方法与理论,至少到目前为止,尚不为中国法学界所熟悉。

郁光华的《从经济学视角看中国的婚姻法改革》一文从经济学的一些基本概念出发,讨论了中国婚姻法改革的一系列问题,并通过三种婚姻形式的提出和分析,对离婚后当事人扶养安排、财产分割和子女监护权问题作了充分的讨论。作者指出,从有效信号功能和有效分离功能的角度看,现代西方和中国婚姻法的改革都犯了有效分离功能不足的错误。因此,为了同时实现婚姻规则的信号传递和有效分离功能,作者认为应该在中国的婚姻法中规定同居(准婚姻)、无过错婚姻和契约婚姻三种不同的婚姻形式。而经济帮助的方法由于缺乏合理的公共政策原理而应该在婚姻法改革中被删掉,婚姻合同中可能出现的机会主义行为问题则可以通过婚姻法或一般合同进行处理。如此的改革将使中国的婚姻法内涵更加合理,也更加适合婚姻市场的现实。

李雨峰的《思想/表达二分法的检讨》一文,从著作权与平等和自由的关系这一视角入手,对著作权法中思想和表达二分法这一制度进行了一个反思性的研究,阐释的问题兼具理论和实践意义。通过历史的梳理,文章总结出思想/表达这一区分,使得著作权法找到了一个平衡点,从而能够实现其保障表达自由和作者的人身与财产权利的追求。在对思想/表达二分法的起源和发展做了历史梳理之后,作者指出,思想/表达二分法隐含着平等精神,它在一定程度上平衡了版权与信息自由之间的紧张关系。并进一步指出,思想/表达的二分法,实质上是在公共领域和私有领域之间进行界限的划分。这种区分有着本身内在的矛盾,尤其是在现代技术条件下,这种区分更多的只是一种隐喻而已,是版权法学界创造的一个神话。因此,不必在实践中将思想/表达二分法作为一个僵死的教条。

与学界以往的研究有所不同,方潇的《"作为法律资源的天空"——天学视野下君权制约和秩序构建的法律意义》一文,并非在抽象意义的"天道"、"天理"等层面展开讨论,也没有囿于笼统的政治层面分析,而是将其置于主要以具象意义而表达的"天学"语境中进行探讨。作者认为,在天学的视野下,中国古人头顶的天空不仅成了"作为文化资源的天空",而且更是成了"作为法律资源的天空"。古人通过对天象的细致观测,不仅从这个天空中获取了立法、司法等诸多具体的法律资源,更为重要的是,作为法律资源的天空,在更深入的层次上表达了对于君主权力之制约和法律秩序之构建的重大法律意义。

汪庆华的《土地征收、公共使用与公平补偿——评 Kelo v. City of New London 一案判决》一文是对 2005 年美国最高法院关于涉及以经济发展为目的的土地征收以及与之相关的美国宪法第五修正案关于公共使用和公平补偿问题的 Kelo v. City of New London 一案判决的评述,将其在"公共使用"的审查标准的司法判例和学说的大背景下予以了分析。作者认为本案的争议要点是:政府以复兴经济为目的而进行的征收是否属于宪法第五修正案所规定的"公共使用",并由此列出了正反双方的判决意见,继而从最高法院、州法院以及学说三个方面对美国有关"公共使用"的判例和学理历史进行了梳理,展现了从严格限制征收、到允许以经济发展为目的而进行征收的脉络,同时在学理上介绍了"公共使用"问题的复杂性和两难:过度限制则不适应社会发展,过度放开则任何征收都可以"公共使用"为借口。文章认为,实践和学说实际上区分了两种标准,一是充分尊重立法机关意见的合理审查标准,二是严格审查标准。作者尤其强调,土地征收问题不仅仅涉及宪法第五修正案的财产权问题,还涉及第十四修正案的平等保护问题(即穷人的财产是否能以经济发展为目的征收而丧失,鉴于穷人在公共决策中的谈判能力弱小的处境)。由此,美国最高法院在公民基本权利上采取严格审查标准,而在社会经济层面采取合理审查标准,即双重标准。很明显,文章的主题跟中国当下的社会经济问题(尤其是最近由"钉子户"事件所展现出来)和作为基本财产权保护和平等权的宪法问题相关甚大,具有很高的现实意义。

张宪初和菲利普·斯马特的《万事开头难——〈内地香港相互认可和执行当事人协议管辖的民商事案件判决的安排〉评析》从香港学者的角度对即将实施的《内地香港相互认可和执行当事人协议管辖的民商事案件判决的安排》(以下称《安排》)做出了评述。作者对内地和香港双方的法律制度和实践有着深刻洞察,文章展示了内地和香港就《安排》协商过程中的主要问题和关注点,结合实证研究指出了《安排》的积极意义和一些不足;特别是《安排》中有关内地判决"终局性"的新发展和对"自然正义"的关注。文章还细致探讨了实践中的一些前沿问题,包括《安排》进行立法中可能出现的争议,实施《安排》面临的潜在挑战,当事人对《安排》选用的不确定性,以及《安排》本身规定的周延问题。文章严肃认真地对待了一个在实务中至为重要的话题,本文也是国内最早系统论述《安排》的论文之一。我们希望能引起司法界和学术界的人士对这方面问题的关注,从而进一步推动两岸四地区际司法合作的发展。

廖凡的《美国反向刺破公司面纱的理论与实践——基于案例的考察》指出,美国的反向刺破公司面纱是对传统刺破公司面纱理论与实践的延伸。其中包括两种基本类型,即内部人反向刺破与外部人反向刺破,并适用不同的标准与条件。与传统刺破一样,反向刺破同样构成法人独立人格和有限责任之公司法基本原则的例外,并且其例外程度较之传统刺破更为突出。因此,对反向刺破的适用必须极为审慎,仔细考量和平衡各种相互冲突利益,如公共利益与其他利害相关人利益。文章从具体案例的视角出发,通过案例分析与比较初步勾勒出其内含的法律规则。

万江的《霍布斯丛林的真实模拟——秩序形成的另类逻辑》运用博弈论的工具和方法讨论了政治哲学史上一个棘手的难题:秩序如何形成以及国家如何产生。与以往的分析不同,本文更多关注自然状态下个人的真实行动以及在此基础上形成的秩序机理,即自然状态下,强者和弱者的策略并不一样,强力界定产权,强者收取保护费并维持秩序,这昭示了社会契约的可能。但这一契约显然和传统政治哲学理解的平等个人之间一致同意达成的社会契约完全不同,尽管前者更为合理,也更可能合乎历史中的真实场景。

Editors' Notes

Chinese legal scholars and lawyers have found many problems in the Chinese criminal procedure since the Criminal Procedure Law was legislated in 1979 and revised in 1996. Although they advised many reforms to resolve these problems, they would find some new problems which were led by the reforms. Not to mince matters, the criminal procedure law's failure in China is real-life. In practice, many legal institutions were changed by the realistic traditions, such as the use of investigation power and prosecution power, the development of trial and investigation, the constitution of trial organization and evidence rules. The realistic traditions breach the law and the theory of rule of law, but they are operational in practice. It's significative for us to rethink and understand the traditions in practice instead of animadverting by ideology. No matter how many times the criminal procedure law will be revised and how many advanced and international institutions will be introduced into, new problems will rush, if we still think the conflict between law and practice curtly. So we decided to organize such a symposium focusing on *Rethink the Failure of Criminal Procedure Law in the Transferring Society*. In this symposium, some scholars insist the theory of due process and give a blue print to resolve the problems; some scholars oppugn the theory of due process and give some pragmatistic explanations; some people argue that the knowledge which determines the process of criminal procedure of China is from neither procedure justice nor substantial justice, but from other factor. There are some tension and conflicts between their views, which is just helpful for Chinese scholars to understand the Chinese criminal procedure law and its jurisprudence.

Chen Rui-hua's *Introduction: The Significance and Method of Studying evading Criminal Procedure Law* is a review to the problem of criminal procedure law's being evade. He points out the importance and the significance of studying this problem. He considers it is a pity that most of Chinese scholars ignore the problem, the rules and the experience in the practice of China's criminal procedure law. Finally, he rethinks the limitation of traditional methods of law based on analyzing the method needed in this problem, and he points out that social science approach is a valid method to the studying of Criminal Procedure Law's being evaded. So this can be regarded as a good introduction to our symposium of Vol. 8, No. 2.

Ji Wei-dong's *Return to Procedural Justice after Miscarriages of Justice* summarizes the author's perennial thought on the theory of due process and the failure of Chinese criminal procedure. As one of the important scholars who introduce the theory of due process to China, the author insists the importance of due process in criminal procedure and the harm of the failure of criminal procedure. In this article, there are some advice from the author to resolve the failure of criminal procedure in China: building the party-domination \ party presentation \ party-prosecution system, insisting the principle of Presumption of Innocence, insisting the rule against Double Jeopardy, reinforcing the function of lawyer to ensure the defendants' right to fair trial and stipulating Right to Remain Silent clearly. The article gives us a representative resolution of the failure of Chinese criminal procedure from scholars who insist the theory of due process.

Liu Zhong's *Due Process Revolution as an Occasional Locality Accident* discusses an American event, but the author's intent is to try to address the Chinese issue. In this article, the author describes the development and decline of Warren Court and Due Process Revolution in detail. The author comments from a genealogy perspective how the Warren Court was built, why the Warren Court initiated Due Process Revolution successfully in 1960s. According to the comparative research between China and US, the author argues that the reformation of Chinese criminal litigation regards the Due Process Revolution as its spiritual incentive and sanctifies the Warren Revolution. However, the author notices Due Process Revolution was brought forth occasionally in US, and the reformation of Chinese criminal procedure will deviate from the road we expect if we consider the Warren Court as a too holy example.

Yang Xiao-lei's *The Knowledge in the Process of Establishment of Rule: Based on the Liu Yong Case Affair* is a review on the Criminal Procedure Law of China based on analyzing different ideas and knowledge background between the professionals and the public to the case of Liu Yong. The author thinks that procedure law of China is now a failure in some aspects. But it is not the failure of the procedure justice, because the issue in this case and many other cases is not about the debate between procedure justice and substantial justice. The results of this case and many cases in China, are determined by other factors that are determined by the current episteme of China. The author's reviews to one of the most important cases of 2003 in China exceeds the debate between procedure justice and substantial justice. His conclusion is based on the character, structure and practice of the episteme of criminal procedure law itself. It is a beneficial rethinking of the theory and practice of criminal procedure law of China.

Jennifer Smith & Michael Gompers's *Realizing Justice: The Development of Fair Trial Rights in China* is an empirical material and based on their experience and work in the IBJ(International Bridges to Justice). The purpose of this Article is to discuss China's efforts to guarantee the basic fair trial rights of the accused, including the right to counsel and the right to defend oneself, in conformity with both domestic law and relevant international standards and norms. The Article emphasized that effective indigent defense system is necessary to guarantee the right to a fair trial. In order to ensure that the poor have equal access to justice, a nation must have a mechanism to provide counsel to them. It examined some of the key factors that enable a country to build the meaningful right to fair trial for its citizens. Especially, the experience of IBJ was offered to show how international organizations in partnership with the Chinese government, can successfully improve the level of rights protection for China's citizens. She promotes the rule of law by ensuring the effective implementation of existing criminal defense, justice and human rights legislation. The structure, knowledge and support that IBJ offers to China's criminal justice system is an outstanding work and being performed in a wide range of areas. This article came from our cooperative journal *Chinese Law and Policy Review*, which concentrated the same symposium in its latest issue according to our agreement. This article gives us an external perspective to rethink the Chinese criminal procedure.

Chen Xue-fei's *Gender Preference in Judges' Discourse During the Trial of Divorce Cases* explores judges' gender preferences for males by analyzing their wordings, tones and intonations, based on court hearing records and interviewing materials to judges, lawyers and parties. Combined with literature analyses, the article makes an attempt to dig out in-depth causations underlying the gender preferences for males, such as the impact of women's changing images on the judges' policy consideration of protecting the weak, the absence of gender consciousness and women's discourse in current frame of judicatory system in China, as well as the power setting of judges' discourse on gender issues. Moreover, this article adds a new perspective to our understandings of one perfect judicatory system by drawing people's attention to the groups in want of discourse power.

Yu Guang-hua's *An Economic Approach to China's Marriage Law Reform* uses some fundamental concepts of economics to discuss a series of issues on marriage law reform in China. By raising and analyzing three forms of marriage, this article discusses issues of spousal maintenance, property division, and custody of children. Viewing from the point of the function of efficient signaling and efficient separating, contemporary marriage law reform both in China and in the West has committed the error of providing inadequate separating function. So, in order to realize both of the functions of efficient signaling and efficient separating, China's marriage law should prescribe three forms of marriage, and economic assistance should be abolished on the ground of lacking a clear public policy rationale. And opportunistic behaviors can be well dealt with by marriage law and general contract law in China. Such reform will make China's marriage law more coherent and more suitable to the marriage market in China.

Li Yu-feng's *Reflection on Idea/Expression Dichotomy in Copyright Law* discusses the relations of copyright, equality and freedom of expression. The author reviews the history of copyright and discovers the idea/expression dichotomy is a system that balances the property right of copyright and freedom of expression. In fact, idea/expression dichotomy is a partition between public area and private area, but the partition is a metaphor created by the copyright scholars, for there is an inherent contradiction between the public area and private area, especially in modern times. So, the idea/expression dichotomy is vague, elastic, and metaphorical, it is not a perfect doctrine which could be used predictably to decide whether to put a particular work into the public domain or not, but only an ex post facto characterization. The dichotomy should not be used as a doctrine.

Fang Xiao's *The Sky as Legal Resources: Legal Meanings of Restricting King's Power and Constituting Legal Order Under the Visual Field of Ancient Chinese Astrology* demonstrates the legal meaning of the sky from the aspect of ancient Chinese astrology. The author notes in the article, under the visual field of ancient Chinese astrology, the sky above the head of ancient Chinese is a heaven of culture resource as well as a heaven of legal resource. Through observing the phenomena of the sky, the ancient Chinese people acquired abundant concrete legal resources such as legislation, jurisdiction, etc. from the sky. What is more important is that the sky, as legal resources, conveyed significant legal meanings that were able to restrict the power of king and constituted legal order.

Wang Qing-hua's *Takings, Public Use and Fair Compensation* is an academic review of the decision made by U. S. Federal Supreme Court about *Kelo v. City of New London* (2005). The author holds that the central disputed point is, whether the taking by the government whose aim is to resurrect the economy falls into the "public use" prescribed by the Fifth Amendment, and then lists two opposite opinions of judges. Taking these as background, the author tracks the historical development of the issue of "public use" from diverse perspectives of Federal Supreme Court, state courts and scholar's doctrines, drawing a historical course from strict restriction of takings to limited permission of such governmental behaviors aiming at the economic development, and then introduces the complexity and dilemma of this issue, viz. the strict restriction would hinder the social development, yet the unlimited permission would provide pretext and subterfuge for the government to invade and injure private property. The author especially emphasizes that, the issue of taking is not only an issue of property in the Fifth Amendment, but also related to the equal protection in the Fourteenth Amendment, that is to say, whether the private property, especially the poor's property should be taken in the name of public use or economic development. In the author's opinion, the Federal Supreme Court actually adopted dual standards in judging such delicate cases, namely, the strict standard for the basic civil rights, and the reasonable standard (a limited permission for government's takings) for the socio-economic issues. Obviously, along with the economic development and the promulgation of law of property in China, the issue the author discussed is quite critical for both the government and the scholars.

Xianchu Zhang and Philip Smart's article entitled *Development of Regional Conflict of Laws: on the Arrangement of Mutual Recognition and Enforcement of Judgments in Civil and Commercial Matters between Mainland China and Hong Kong SAR* gives some comments on the aforesaid Arrangement from the perspective of Hong Kong scholars. With deep insights into the legal institutions and practices of both mainland China and Hong Kong, the authors discuss the main issues and concerns in the course of consultation, and point out the significances and drawbacks of the Arrangement, especially about the problems of "enforceable final judgments" and "natural justice". Some other important issues arising in the practices which deserve attention are also analyzed in details, including the potential controversies in the enactment of the Arrangement by the Hong Kong's legislative council as well as in the judicial practice, the worries of Hong Kong businessmen about the implementation of the Arrangement, and the bugs of the stipulations of the Arrangement itself. This is one of the first batch articles to focus on such a significant legal area since the conclusion of the Arrangement. We hope that it can stimulate the interests of judges and professors from the mainland, so as to promote the studies of regional judicial assistance in Greater China.

Liao Fan's *Theories and Practices of Reverse Piercing of the Corporate Veil in U. S. : A Case-based Analysis* points out that the so-called "reverse pierce" is a natural extension of the traditional theory of piercing the corporate veil in the US. Reverse pierce consists of two basic models, namely insider reverse pierce and outsider reverse pierce, which demand different standards and rules. Reverse pierce constitutes an exception to such fundamental doctrines as independent legal personality and limited liability, which is congruent to, but more drastic than, the traditional piercing of corporate veil. Based on the analysis of a series of reverse pierce cases, the author concludes that the employment of reverse pierce should be very prudential, with the balancing of conflicting interests, such as public interests vis-à-vis the interests of other stakeholders.

Wan Jiang's *The Real Simulation of Hobbesian Jungle* applies game theory's thoughts and model to argue a very difficult problem in the history of political philosophy: how to form an order and how to produce a state. This article has its particular angle of view and methods: human's behavior is rational in the natural state and the strategies of strong men and weak men are different. So, the fact indicates the possibility of a social contract among peoples.

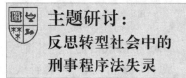

导　言
——研究刑事程序失灵的意义与方法[*]

陈瑞华[**]

Introduction:
The Significance and Method of Studying Evading Criminal Procedure Law

Chen Rui-hua

《刑事诉讼法》再修改问题一直为诉讼法学界关注，除发表论文外，不少学者还提出了专家建议稿。而近段时间，刑事诉讼立法的再修改工程更是到了"攻坚阶段"。因为，全国人大法工委正在以他们草拟的一个修正稿为基础征求各方意见。但是，我却一直在想一个更重要的问题，那就是刑事程序法的实施、贯彻问题。我认为，现在需要好好反思一下实践中刑事程序法被架空、被规避的问题。这样的研究才是体现"问题意识"和学术自主性的研究。

---

[*] 本文是作者应本刊编委会邀请，专门就刑事程序失灵研究的意义和所需方法更新撰写的评论性导言。

[**] 陈瑞华，法学博士，北京大学法学院教授，Email: chrhpku@yahoo.com.cn。

一、中国刑事诉讼法学的首要难题

之所以这样说,首先来自我对实践的观察。1996年修改后的《刑事诉讼法》实施以来,我一直关注这部法律的实施情况。从十年多情况看,不容否认,当初增加的不少程序保障条款在实践中受到不同程度的架空和规避。同时,不少条款的实施也没有达到立法者的初衷。例如,1996年修改《刑事诉讼法》时,立法者对取保候审制度作了很大规模的改革和规范,建立了财产取保制度,扩大了取保候审的适用范围,明确赋予了嫌疑人、被告人申请取保候审的权利……这种改革的初衷是:一方面,减少过多的未决羁押,贯彻无罪推定原则,防止不必要地剥夺嫌疑人的人身自由;另一方面,将实体和程序问题分开,将刑事追诉过程与未决羁押分开,即改变以前那种根据办案需要而逮捕和羁押的状况,使得案件办理并不必然和逮捕、羁押挂钩。但是,取保候审制度实施这么多年来的实际状况又是怎样的呢?我发现,在司法实践中,一方面,取保候审已经成为实体法实施的附庸,也就是只要作出了取保候审,法院往往会本能地对被告人适用缓刑。我们可以非常容易地观察到,大部分在法院适用缓刑的案件,被告人往往在检察机关审查起诉甚至公安机关侦查阶段就被采取了取保候审。反过来,对于那些可能判处被告人有期徒刑以上刑罚、特别是可能判处死刑的案件,无论是侦查机关还是公诉机关都很少作出取保候审之决定。另一方面,取保候审很少是基于嫌疑人、被告人的申请而适用的,反而成为公安机关、检察机关自由裁量的领域。在这些机关看来,取保候审更多体现的并不是嫌疑人、被告人的权利,而是国家权力的恩惠,也就是国家机关准备对嫌疑人采取宽大处理时的一种程序安排。既然如此,国家机关给你是赐福于你,而不愿给就不给,没有什么不正当的。这显然与取保候审作为未决羁押替代措施的制度设计初衷是大相径庭的。

在中国的刑事司法实践中,很多程序设计都有类似的遭遇。逮捕也是一个典型的例子。几乎任何一部刑事诉讼法教科书都会这样说,逮捕作为一种强制措施,是一种暂时剥夺嫌疑人、被告人人身自由的程序保障措施,而不具有实体处分的性质和效果。但实际上,检察机关一旦做出批准逮捕的决定,即意味着嫌疑人很可能被定罪判刑。正是基于这一判断,很多地方的公安机关可以名正言顺地举行"公开逮捕大会",在公安机关、检察机关、法院、司法行政机关的负责人共同参加的情况下,在新闻媒体的公开报道和炒作下,宣告将嫌疑人"依法逮捕"。不仅如此,公安机关甚至对侦查人员进行业绩考评,也是以其所办理的案件所达到的批准逮捕率作为统计标准的。很显然,逮捕无论从性质还是功能上都产生了很大的异化,也就是从一种不具有实体处分性质的强制措施,变成了对嫌疑人定罪量刑的预演,从而具有明显的惩罚性和刑罚前置性。如果继续进行观察和反思,这样的例子简直是举不胜举的。

其实,法律的生命在于实施,而不在于简单的制定和公布。而中国刑事司法实践中普遍存在的诉讼程序受到规避的事实,显示出这是一种十分不正常的现象,也是法学者需要对此做出解释的头号难题。如果我们具有最起码的问题意识的话,就不能对这种刑事程序得不到实施的问题视而不见。目前,法学者对于《刑事诉讼法》的修改提出了很多既具有理想色彩又具有现实针对性的方案。但在我看来,刑事程序法失灵的问题如果继续存在的话,那么,几乎所有旨在改革这种程序的立法方案都是没有意义的。所谓"皮之不存,毛将焉附",就是对这一问题的形象写照。因此,我们不能仅仅关注《刑事诉讼法》的条文制定、制度设计问题,而且还要反思整部刑事诉讼法受到规避的问题,认真对待刑事程序失灵问题。

二、继续移植还是研究"潜规则"?

对刑事程序失灵问题的关注,还与我近年来对中国移植西方法律所面临的困境的观察有着密切的联系。如果说20世纪初叶中国主要移植的是欧陆法、20世纪中期移植的是苏联法律的话,那么,从20世纪80年代以来,中国更多的是以英美法作为法律重建运动的主要参考样本。这一点在《刑事诉讼法》的修改问题上显得尤为明显。

应当说,1996年对《刑事诉讼法》的修改在很多方面参考了英美的法制经验,当然也借鉴了西方国家通行的一些制度设计。例如,为解决法院先定后审问题,发挥法庭审理的功能,增强控辩双方的对抗性,立法者吸收了英美对抗制的一些因素,促使法官从积极的司法调查官向相对中立的裁判者进行转化,使得法庭上出示证据、宣读笔录、询问证人的工作主要由控辩双方来完成,法官更加注意倾听和裁判,而不再动辄介入法庭调查和庭外调查核实证据。而最高法院随后颁行的司法解释,则进一步确立了交叉询问的程序,改变了对证人提问的顺序和方式。又如,修改后的《刑事诉讼法》确立了辩护律师在侦查阶段参与刑事诉讼的制度,赋予律师会见在押嫌疑人的权利;吸收了无罪推定原则的一些制度要素,尤其是规定了对于证据不足、指控的罪名不能成立的案件,法院应当做出无罪判决的制度。

但是,基本的经验事实证明,这些源自西方的制度设计已经面临越来越多的抵触,一些改革思路甚至陷入了困境。根据我的观察,立法者对于《刑事诉讼法》作的每一处修改,几乎都会遇到新规则难以实施的问题;学者所倡导的每一项改革措施,都有几乎完全与此背道而驰的实践大行其道。中国刑事司法实践中处处都存在着一种"潜在的规则"。这些潜规则尽管并没有存在于书面法律之中,属于一种"只能做不能说的规则",却符合中国特有的司法体制,并在一定程度上获得了民情民意的支持,因而简直成为"活的法律"。可以说,对西方法律的引进和移植,就在这些潜规则的抵触之下,慢慢地失去了立法者所预想的功能和目标,甚至最终流于失败。

令人诧异的是,尽管越来越多的来自西方的法律制度遭遇到本土潜规则的顽强抵抗,但法学界对于发生在中西法律传统之间的对抗和博弈仍然视而不见,根本没有将其视为一个亟待解决的"问题",大多数学者仍然秉承"拿来主义"的思想,继续研究如何引进和移植西方的——尤其是英美的法律制度。从近年来的法学研究和改革试验的情况来看,法学界几乎普遍主张全面确立无罪推定原则,贯彻程序正义理念,以英美证据法为样本重建中国刑事证据规则。例如,为了解决刑讯逼供问题,法学界普遍主张确立沉默权规则,使得嫌疑人、被告人不得被强迫自证其罪;建立非法证据排除规则,使得法院对于那些通过非法手段所获取的被告人口供、被害人陈述、证人证言等言辞证据,可以否定其证据能力,将其排除于法庭之外;确立英美传闻证据规则和欧陆法中的直接和言辞审理原则,确保证人、被害人、鉴定人甚至侦查人员出庭作证,并限制公诉方提交的笔录类证据的证据能力;确立辩护律师在侦查人员讯问嫌疑人过程中的在场权,使得整个预审讯问过程都要吸纳辩护律师的全程参与……

于是,一方面,来自西方的法律制度在本土潜规则的影响和作用下,越来越普遍地受到规避和搁置;另一方面,法学家们却仍然言必称英美法律制度,"义无反顾"地坚持从西方法律制度中吸取改革的灵感和资源。这不禁令人担心:长此以往,中国正式的刑事诉讼制度还能否具有现实的生命力?那些规定在书本法律之中的制度和规则还能否转变成为"活的法律"?

我们可以口供自愿法则和证言笔录的证据能力为例,做出具体的分析。

从理论上看,口供自愿法则得到了法学界的普遍接受。现行《刑事诉讼法》在确立了被告人的当事人地位和辩护权的同时,还严禁以刑讯逼供、威胁、引诱、欺骗等非法方法收集证据。而从目前的研究情况来看,大多数学者都主张确立"任何人不得被强迫自证其罪"的原则,建立以沉默权为核心的口供自愿法则。为此,一些学者建议改革侦查讯问制度,要求对预审讯问的时间、场所、次数做出明确的限制,甚至主张确立辩护律师在侦查讯问过程中的在场权。而无论是最高检察院还是公安部,都在一定范围内开始推行或者准备推行全程录音录像制度,使得侦查人员讯问嫌疑人的全过程都可以被客观地记录下来……应当说,这一系列的改革举措,无疑会使被告人供述的自愿性和非强迫性得到一定的保障。这种以西方法律制度为灵感的改革思路正在为大多数中国法学者所接受。

然而,在被告人口供问题上,司法实践中究竟存在哪些规则呢?按照"坦白从宽,抗拒从严"的刑事政策,对于嫌疑人、被告人拒不供认有罪的,一律视为一种"抗拒"行为,并使其受到较为严厉的处置。在侦查阶段,嫌疑人对侦查人员的提问负有"如实回答"的义务,保持沉默、坚持做无罪辩解或者反复翻供的,侦查人员可以记录在案。中国特有的封闭式的侦查预审体制,决定了那些保持沉默或者坚持无罪辩解的嫌疑人,很容易受到长时间连续不断的预审讯问,这其实就带有变相的"逼供"意味。而且,因为嫌疑人保持沉默或者坚持无罪辩解,侦查人员还会延长相应的办案时间,这也会带来未决羁押期间的延长。而在法庭审判阶段,嫌疑人在侦查阶段保持沉默、坚持无罪辩解的情况,与被告人当庭拒不供认有罪的情况一起,还有可能转化为"态度证据",成为法院对被告人从重量刑的直接依据。近年来最典型的案例莫过于前安徽省副省长王怀忠案件。一审法院在判决书中对王怀忠判处死刑,其中一个不可忽略的裁判理由是"在确凿的证据面前,百般狡辩,拒不认罪,态度极为恶劣,应依法严惩"。这在一定程度上显示出,所谓的"抗拒从严",在实践中已经变成"辩护从严"。嫌疑人、被告人因为行使辩护权而要承受不利的法律后果,甚至还要遭受惩罚。这显然是与被告人的当事人地位、诉讼主体资格以及依法享有的辩护权格格不入的。今天,几乎所有法学者都主张确立"任何人不得被强迫自证其罪"的原则,建立以被告人口供自愿法则为中心的程序保障机制。但是,假如这种"坦白从宽,抗拒从严"的刑事政策仍然存在,假如嫌疑人仍然要承担"如实回答"的义务,又假如法院仍然以被告人"认罪态度"为根据作出从重或者从轻量刑的裁决,那么,无论是嫌疑人、被告人的当事人地位、诉讼主体资格,都是没有存在空间的。

在证言笔录的法律效力问题上,这种书本法律与潜规则并存的情况仍然十分严重。按照立法者的制度设计,检察机关在提起公诉时只能移送"主要证据的复印件和照片",而对于全案卷宗笔录材料,则不能在开庭前移送法院,所有证据都应由控辩双方当庭出示并接受质证和辩论。这被认为是对原来"卷宗移送主义"的部分抛弃,属于引进对抗制部分要素的重要标志。按照立法者的设想,通过这种改革,法官可以最大限度地减少预断和偏见,专注于在法庭上倾听双方的举证、质证和辩论,从而尽量充分地发挥法庭审判的作用。但是,这种以英美法为范本的"审判方式改革",经过不到十年的实施,在司法实践中已经完全为另外一套潜规则所取代。首先,整个法庭审理都不存在交叉询问发生作用的空间,法庭对证据的调查基本上采取宣读和出示案卷笔录的方式。尤其是对证人证言、被害人陈述、被告人口供等言辞证据的调查,更是动辄宣读这些人向侦查人员所作的证言笔录,而在绝大多数情况下并不通知证人、鉴定人、被害人出庭作证。其次,即便对于侦查人员所制作的证言笔录、被害人陈述笔录,公诉方也不是全部宣读和出示,而是有选择地宣读最有利于公诉的几份。结果,某一证人可能向侦查人员作出过多次证言笔录,公诉方却往往有选择地宣读其中最不利于被告人的笔录,而对那些有利于被告人的证言笔录,却有意无意地不予宣读,甚至干脆从案卷中撤出,而不移送法院,使得被告人、辩护人甚至法官都没有机会查阅、研读某一证人的全部证言笔录。再次,即便对同一份证言笔录,公诉方也经常采取摘要式的宣读方式,也就是只宣读证言笔录中最不利于被告人的部分内容,而不是将证人所作的全部证言客观地予以宣读。最后,即便在极个别情况下证人亲自出庭作证,法庭也允许公诉方继续有选择地、摘要式地宣读证人证言笔录,而不对证言笔录的证据能力设置任何法律上的障碍和限制。同时,司法实践的情况显示,在某一证人当庭作出有利于被告人的陈述,或者当庭推翻了原来向侦查人员所作的证言笔录之后,法庭几乎普遍要求辩护方提出证据证明证人当庭所作证言的可靠性,甚至要求证人本身提供证据证明其当庭所作新证言的可信性,否则,就断然拒绝采纳证人当庭所作的新证言。这种宁肯采信证人向侦查人员所作证言笔录,也不采纳证人当庭所作的经过质证的口头证言的情况,说明中国的刑事法官对于证言笔录的证据能力甚至证明力,都有一种先天的推定其成立的立场。最后,法庭经过这种宣读笔录式的"法庭审理"之后,一旦宣布法庭审理结束,合议庭成员即接受检察机关移送的案卷材料,并对这些案卷笔录进行全面的阅读和审阅,以便为制作裁判结论寻找证据和事实根据。当然,在很多时候,遇有某一事实情节不清的情况,承办法官也可以直接进行必要的庭外调查,或者向有关证人、鉴定人、被害人甚至侦查人员进行一定的核实证据工作。而这些调查核实证据的工作都是由承办法官单方面实施的,而既没有采取恢复法庭调查的方式,也不允许控辩双方在场参与。

很显然,立法者1996年以英美法为范本所进行的"审判方式改革",并没有取得预期的成效。立法者所设计的一套审判程序在司法实践中并没有得到有效的实施,最高法院、最高检察院通过司法解释所建立的一套审判规则体系,也最终没有逃出被规避和被搁置的命运。但非常遗憾的是,迄今为止,法学界很少有人对此采取一种反思的态度,一些学者仍然在鼓吹"审判方式的继续改革",而对法庭审判流于形式的问题视而不见,继续倡导引进传闻证据规则和确立直接言词审理原则,认为只有通过建立完备的证据规则,才能最终使中国式的对抗制得到落实。

从口供自愿法则和证言笔录法律效力的例子不难看出,刑事诉讼法学界引进西方法制的运动遭遇了很大的挫折。毫不夸张地说,每当我们成功地通过书本法律的修改引进某一西方法律制度之后,该项制度几乎都难以逃脱被规避、被搁置的命运,而在司法实践中被另一套富有"生命力"的潜规则所取代。这是一个亟待解释的问题,也是中国学者有可能做出西方学者所无法作出的学术贡献的灵感之源。

三、传统法学方法不足以研究程序失灵问题

对于法学方法的反思也是促使我关注这一问题的主要原因。其实,刑事程序的失灵问题已经不再属于一种"规范法学"层面的问题。无论是立法者、司法界人士还是部分法学者,都可以想当然地认为"法律程序的设计本身没有问题,问题主要出在法律实施环节"。这种说法已经为我们司空见惯、见多不怪了。但是,为什么一种经过精心设计的法律程序竟然得不到实施?立法者究竟是要建立一套"理论上十分完美"的法律程序,还是要建立一套大体上具有实施可能的程序?假如是前者的话,我们可以很容易地从西方两大法系国家移植最"理想"的制度,而根本不去顾及这些制度会不会得到实施。但假如我们关注法律实施和权利实现问题的话,那么,就不能置法律实施的条件于不顾,而需要研究法律修改和实施的社会背景、社会环境和社会变迁等因素。

由此看来,要研究法律程序的失灵问题,我们就不能再坚持"规范法学"的固有立场,仅仅将法律的制定、修改作为法学研究的对象,而需要关注法律在社会中的实施状况。换言之,我们需要从对"书本法律"的迷恋,转向对"社会中的法律"的高度重视,将法律程序的失灵问题视为一种社会现象,从而从社会科学的视角,经过观察、思考与研究,运用一套科学的方法,提出一套具有普遍解释力的概念和理论。而过去的规范法学方法,显然在这一点上具有明显的局限性。

传统的规范法学方法特别推崇对策研究思路。所谓"对策法学",其实也就是以法律的制定、修改和完善作为归宿的规范法学方法。狭义的"对策法学",是指那种动辄讨论立法对策、改革建议和制度变革思路的方法。而广义的"对策法学",则泛指一切为改革法律制度而提出理论思路的研究,这既可以包括那种实用的对策研究,还可以涵盖以制度引进和"洋为中用"为目的的"比较考察",以以古喻今和"古为今用"为归宿的"历史分析"。甚至就连对中国问题的实证考察,都逃脱不了从"发现问题"到"解决问题"的因果锁链。

刑事诉讼法学无疑属于"对策法学"的重灾区。从1996年之前"同仇敌忾"地推动《刑事诉讼法》的修改,到今天几乎"异口同声"地倡导"《刑事诉讼法》的再修改",这种为改良刑事程序所进行的对策研究,耗费了法学界的宝贵学术资源,使得无数法学者付出了极大的学术投入,却越来越取得与投入极不相称的社会效果。从法学理论推进的角度来说,越来越多的学者投入到对策法学研究之中,必然导致一种实用的、依附于立法决策机构的短视研究越来越盛行。可以说,一种追求充当"某某法之父"的学术氛围,是根本不利于学术大师脱颖而出的,也不可能推动"某某理论之父"的出现。而从对策法学的结果来看,随着不同国家机关对"部门利益"的高度关切,中国的立法活动越来越变成

一种针对不同部门利益的协调过程。尤其是涉及公、检、法、司等各个部门权力重新分配的"刑事诉讼立法"活动,更是引起各个部门的高度关注。而在协调部门利益、调整部门权力方面并不具备明显优势的立法决策部门,在推动立法进程方面越来越无法显示其强势地位。在此背景下,法学研究者对立法的影响力不是在增加,而是呈现出越来越萎缩的趋势。于是,无论是法学者提出的"立法建议稿",还是通过各种论著提出的立法方案,都有可能被"打入冷宫",难以或者根本不可能为立法决策人士所关注。我们不禁担心:当越来越多的对策研究引不起立法决策人士的兴趣的时候,法学研究的意义究竟将被置于何地呢?这种严重依附于法律制度的法学研究,一旦沦落到这步田地,还有没有最起码的独立性和生命力呢?

一部分坚持规范法学的学者提出了"法解释学"的研究思路。这种研究方法尽管在民法、刑法等实体法学科更为盛行,但对诉讼法学研究也产生了一定程度的影响。我在一些场合说过,相对于那种过于实用的对策研究而言,法解释学具有明显的过人之处和独特优势。比如说,这种研究方法坚持法学者相对于立法活动的独立性,主张用一套独立的概念、理论来解释法律规范,揭示出法律条文和法律文本本身可能难以包容的含义。再比如说,这种研究方法鼓励法学者提出一套旨在有效解释法律条文的法律理论,甚至对有些法律规范的解释可以不受立法原意的限制,而成为各成一家的学术流派。应当说,对于动辄谈论法律"再修改"的刑事诉讼法学者来说,假如能够掌握"法解释学"的精髓,从独立地解释成文法和司法解释的角度,提出一套自成体系的理论,那么,刑事诉讼法学研究的水平也会取得大幅度的进展。

尽管如此,"法解释学"的研究思路也并非没有需要反思的地方。从民法和刑法研究的情况来看,法学者过多地援引了欧陆法国家的法学概念和理论,尤其是引进了德国法学的现成理论。甚至在很多场合,就连论证和支持某一理论的例子都来自欧陆学者的著述。很多人都听到过刑法上的"期待可能性理论",作为支持这一理论的例子就来自德国法学家的教科书。民法学中也存在类似的现象。这种唯德国法马首是瞻的研究状况,甚至跟随在日本法学后面亦步亦趋的局面,迫使我们不得不进行深思:难道这就是中国孜孜以求的"法学研究"?说破了,这不就是将中国法学降低为欧陆法学之"殖民地"吗?在这种方法指引下,我们怎么可能作出独立的学术贡献呢?一些刑法学者基于对苏联刑法学理论的反思,对传统的犯罪构成理论进行了"解构"式的研究,认为唯有引进欧陆刑法学之中的犯罪构成理论,才能克服苏联法学理论的缺陷。但是,从苏联法学理论转向欧陆法律理论,这还是在将某一外国法律理论作为构建中国法律理论的基础,这怎么算得上中国法学的贡献呢?

"法解释学"一旦运用不当,还会带来另外一个负面效果:往往将法律制度视为一个相对封闭的规范系统,主要关注法律制度背后的立法意图,而忽略了法律制度形成的社会环境和社会背景。坚持这一研究方法的学者固执地以为,法律的生命就在于一套貌似完美的概念和逻辑体系,总以为只要依靠并发挥人的理性能力,就可以创制出一套较为理想的法律规范。但是,这种研究思路经常忽略社会具有"自生自发"地形成规则的实际能力,忽略法律实践中的经验事实,更不可能从社会环境和社会变迁的角度来解释各种各样的法律现象。走到极端,"法解释学"的主张者们很容易坚持一种"理性主义"的立场,将某种原则和价值套到各种经验事实之上,而不是根据经验和事实来提出和发展法律概念和理论。这很容易出现法律原则和理念的意识形态化,甚至走向教条主义的斜路。

对于法律程序遭到规避、搁置的情况来说,无论是对策法学还是法解释学,都没有将其视为真正的"中国问题"。在对策法学家看来,法律程序失灵的问题不过属于一种"理想的法律制度得不到实施的问题",这主要是法律实施的环境不甚理想、实施法律的司法人员观念和素质差强人意的问题。而在法解释学者的眼里,这最多属于司法人员对于程序法的立法意图理解有偏差的问题。作为一种解决问题的出路,对策法学家最多会提出"改善法律程序得到实施的环境"问题,而法解释学者则可能从刑事程序法的立法意图的角度,重新揭示那些遭到规避的法律程序的立法意图。

然而,这两种规范法学方法都没有真正将法律程序失灵视为一种值得关注的社会问题,都没有从模式分析的角度分析这一问题的性质和类型,更不可能对法律程序失灵的原因作出令人信服的总结。结果,这种规范研究很可能会误入歧途,在没有发现问题、更没有找到问题的成因的情况下,就贸然提出一系列旨在"解决问题"的改革思路。例如,没有发现中国法庭审理几乎普遍"流于形式"的问题,法学者却敢于提出引进对抗制的立法建议;没有找到"两审终审制"已经形同虚设问题的原因,司法改革者却敢于开出"死刑案件二审开庭"的药方,甚至部分学者也敢于提出"构建三审终审制"的司法改革设想;没有发现中国法庭审理普遍奉行"以案卷笔录为中心"的裁判方式,法学者竟然提出证人、鉴定人、被害人出庭作证的改革方案;没有找到侦查人员拒不出庭作证的原因,尤其是没有认识到中国法院难以将侦查程序的合法性问题纳入司法审查的轨道,法学者就贸然提出了强制侦查人员出庭作证的立法对策……可以说,在问题没有找准、问题的成因没有准确揭示的情况下,这种对策法学研究就犹如"盲人骑瞎马,夜半临深池"一样,令人感到不安和忧虑。

而"法解释学"的主张者们,面对刑事程序普遍遭到规避和搁置的问题,尤其是面对各种"潜规则"取代了正式的法律规则的情况,也只会从西方法律理论中寻找解决问题的方案,而不知道运用社会科学的基本方法,提出一种具有普遍解释力的概念和理论。例如,对于刑讯逼供现象,研究者动辄会根据"严禁非法取证"的原则,揭示诸如"口供自愿法则"、"任何人不得被迫自证其罪原则"的立法原意,而不会从社会的角度考察这一现象发生的原因;对证人不出庭作证的情况,研究者动辄根据英美法中的传闻证据法则,或者根据欧陆法中的直接言辞审理原则,提出建立证人出庭作证制度的各种设想;对于刑事和解在中国刑事司法中的出现,研究者动辄认为它违反了罪刑法定、罪刑均衡、法律面前人人平等、无罪推定、程序正义等一系列价值理念和原则,而不去关注这一现象出现的真正社会原因……

可以毫不夸张地说,"刑事程序失灵"的问题犹如一面镜子,反映了目前刑事诉讼法学研究方法的幼稚和混乱。"工欲善其事,必先利其器"。要改善我们的法学研究,就只能从改进法学研究方法入手,认识到传统的规范法学的局限和不足,引进社会科学的基本方法。如果说对于刑事诉讼法学中的其他问题,对策法学和法解释学还具有一定的生命力的话,那么,面对刑事程序普遍遭到规避和搁置的局面,无论是对策法学还是法解释学,都已经失去了令人信服的解释能力。对于这一问题的研究,只能引进社会科学方法,舍此之外别无他途。

(初审编辑:朱桐辉)

拨乱反正说程序

季卫东[*]

Return to Procedural Justice after Miscarriages of Justice

Ji Wei-dong

1

  与其他的任何法律领域相比较,可以说,刑事制度更应该重视程序正义。

  在定罪量刑的场合,判决直接影响个人的自由和生命以及社会安全,稍有不慎就很可能引起严重的后果。所以,不得不采取慎之又慎的态度,把一系列程序规则作为约束各方都慎重其事的保障。

  在这样的预设前提下,一旦程序失灵,那么合乎逻辑的结局就是刑事制裁迟早要失控。

2

  以上前提也注定了刑罚权理应受到羁绊,只有在经过公开对质、办齐必要的正式手续之后才能实施惩处,而不能付诸黑箱操作、个别协议,尤其是要禁止

---

[*] 季卫东,日本神户大学法学院教授。

不同形态的私刑。

换句话说,刑事规范的实施必须严格遵循既定的程序规则,除了对某些诉因的部分性认罪或者酌情从轻惩罚等情形容许在法院主导下进行"辩诉交易"(plea bargaining)之外,原则上不准当事人之间就案件处理方式进行讨价还价,也不准被告与受害者就惩罚问题达成非正式的"私了",并且在整个刑事诉讼过程中尽量排除私法性质的"意思自治"原则的影响。当事人主义的对抗制,并不意味着让当事人的主意来决定刑罚的结局。

当今中国社会发生的大量事例已经清楚地证实:程序失灵的程度,与当事人"私了"的规模成正比,与抗辩的质量成反比。

3

由此可以推论,离开程序规则,就不应该、甚至也不可能在刑事方面作出正当的实体性决定。

虽然罪刑法定主义是实体法上的基本原则,但从诉讼的角度来看,罪与刑都不可能从实体法条文规定那里直接地、机械地推导出来。要作出妥当的判断,就必须通过严格的程序对照案情和法意进行具体的证明和推理。在这样的意义上,所谓"法定"云云其实不外乎"法定程序",意味着按照明文规定的程序规则来判断和制裁那些明文规定了的犯罪行为。

概括为一个简洁的公式,即"先有程序,后有刑罚"。刑罚权的行使不能脱离程序法以及正当化要求而自由裁量。

戴雪(A. V. Dicey)曾经说过,"凡有裁量的自由,必有专断的余地。"这里不妨再补上一句:只有用程序来限制裁量,才能从专断处救出自由。

4

由此还可以进一步推论,程序法相对于实体法的独立意义和本质性价值,在刑事领域表现得最明显、最重要。

也不妨提出这样的命题:刑事诉讼法绝不仅不是刑法的附庸或者辅助装置,恰恰相反,在大多数情况下,刑事诉讼法反倒构成刑法的前提条件或者本质,应该具有一定的优越性。在具体案件的定罪和量刑之际,甚至是要"以程序性规则为主、以实体性规则为辅"的。

如果同意这样的观点,那么显而易见,"重实体、轻程序"的传统观念对现代刑事审判制度就特别显得有些本末倒置、轻重逆转。因而中国刑事法律体系发展的基本方向只能是进一步加强程序观念,不断提高程序规则的公平性、合理性以及实效性的水准。不能因为现实中发生一些程序失灵的现象,就赶忙回过头去重新乞灵于"临时处断、量情为罪"的实质性决断。

换一个角度看程序规范的失灵,主观原因似乎可以归结到程序认识的错位、正义理念的匮乏。"信则灵,不信则不灵"的辩证法,在某种程度上也适用于程序正义的效力。而对程序的信赖能否建立,基本上取决于法律人取信于民的集体行为。

5

如上所述的程序主义立场,是不是有些过于忽视了实体性规则、实质性价值判断的地位和作用?回答当然是否定的。这里要强调的只是刑事诉讼法的功能双重性——程序要件既实现刑法规定的内容,同时又限制刑罚确定的权力。

在发挥前一种功能的场合,刑事诉讼法的着眼点在于达到惩处犯罪的目标,为此非常积极地致力于真实的发现以及收集证据和进行论证的作业。但是,如果"以事实为根据"的裁量和情境思维脱离了实质性正当程序的限制,刑罚权的行使就有可能渐行渐远,甚至走极端促成所谓"命案必破"的刑侦政策和"从重从快"刑罚政策。

而在发挥后一种功能的场合,科以刑罚的结果本身并不是目标,更重要的是防止失误、不公正以及违法行为等,为此特别关注那些有利于防止偏见误判的制度条件、形式性要件以及论证和审议的法律沟通过程。关于不过分追求惩处犯罪的结果的理由,培根(Francis Bacon)在《论司法》一文中阐述得很清楚:"一次错判比多次犯罪的危害更大,因为罪行只不过搅浑了水流,而冤案则会污染水源。"

6

在中国,刑事诉讼法的指导思想一直偏向于达到惩处犯罪的目标或者实质性结果。因此审判基本上是以追究事实真相、明确行为责任的认知性活动为主轴,法庭辩论的特征表现为"摆事实、讲道理"。在这样的情况下,往往是一定脉络里的经验细节以及确切的真实成为争议焦点,与此相应,程序以及规范的要求或多或少被轻视。

既然大多数司法资源都投到依职权调查取证方面,势必造成法院的信息优势,也就很容易助长办案人员只根据手中掌握证据的多少而直接进行判断的任意性,从而在制度设计上不得不保留根据新发现的事实进行平反的机会性结构。在某种意义上,不妨把中国传统上的对刑罚权的限制方式理解为"马后炮"——根据结果进行补救、针对反应进行调整。不言而喻,这样的真实主义刑事诉讼观,也使得法律关系总是处于变动不居的状态,判决缺乏既定力。

7

为了保证刑事审判的确实性,从表面上看,似乎首先有必要强调判决的一定之规和强制性。但是,倘若有关的思路以及条件不变,这样片面的努力终究难以奏效。因为判定的契机本身无法解决正当化问题,而把实质性价值和结果作为正当性根据反倒会促进在法律适用上临机应变的行为方式。

所以,要兼顾既定力和正当化,就不能不首先把审判制度的重心转移到程序正义上来。这意味着改变指导思想,把达到惩处犯罪的目标这样的要求适当相对化,更多地关注刑事诉讼法在限制刑罚权方面的功能。只有在前提条件完备后,加强判定的契机和法律实效的举措才不至于落空或走样。

这里可以作出的公式化表述是:刑罚权越强,程序就越容易失灵,从而导致判决的确定性和正当性趋向薄弱。反过来说,在程序有效运转的状况下,刑罚权才不至于外强中干,判决的自觉执行率才会较高。

8

程序主义的刑事诉讼观,必然在某种程度上超越中国的真实主义司法传统。但是,这一点未必能得到广泛的理解。

不言而喻,在程序要件有利于证据调查,规范的要求与认知的要求相一致的场合,当然都会万事大吉。然而,如果根据直觉或者采取不正当手段明明可以发现实体性事实真相,但受限于程序规则却不能随心所欲地追究下去,最后因证据不足只好宣布无罪释放,在这样的场合,难免会有人、甚至会有很多人感到不以为然。

为了达到惩处犯罪、维护社会治安的公共目标,满足受害者及其亲属泄愤的私人愿望,何必拘泥于在形式和方法上完美无瑕——这样的认识在中国是很普遍的。"兵刑一体"的原型决定了用刑如用兵的行为方式,其特征不妨借用《史记》援引的蒯彻的功利主义诡道论来表达:"审毫厘之小计,遗天下之大数,智诚知之,决弗敢行者,百事之祸也。"正是在这样的法文化氛围里,"严打"运动才能出现和持续很长一段时期。

然而,为达到实体法的价值目标可以不择手段、对犯罪的制裁可以从重从快之类的治安法学观念一旦支配刑事诉讼,那么刑罚权就很难不被滥用,甚至还会造成冤假错案层出不穷的可怕局面。

9

像聂树斌枉死、佘祥林误囚那样的事例已经充分证实了那种片面追求惩罚犯罪的结果、过分强调实质正义的严重弊端。

更发人深省的是,已经曝光的许多冤狱,其实并非什么极其复杂的疑难案件,从程序要件和证据规则的角度来看都存在明显的初级纰漏。只要刑罚权的行使受到必要的限制,错判误杀本来可以避免。不妨打个比喻说,在无视程序正义的条件下,刑罚权就很容易变得像个坐在滑梯顶部的小顽主,屁股扭动后就会一溜到底、势不可挡。

由此可见,为了防止司法者的偏见,就一定要加强对严格遵守程序的认识,防止刑事审判过程变成一架"玩的就是心跳"的儿童滑梯。这也就意味着应该使严厉惩办罪犯的目标以及刑罚权有所相对化,通过凸显正当手段的意义来给它设置一些制度性障碍。这当然也意味着把审判活动的立足点从单纯的结果指向转移到那克服一道又一道障碍的竞技过程上来。

10

从限制刑罚权的侧面来考察程序,最重要的制度安排大致可以举出以下五种。第一,应该确立的是当事人对抗主义的审理方式,并尽量消除职权主义对诉讼过程的影响。

在中国的司法传统里,审判者是直接与被告人相对峙的,法官与检察官的角色也并无区分。这种格局至今还残存,表现为检察机关侵蚀审判活动以及法院依职权调查取证。在这样的职权主义体制下,当事人基本上不能通过强化证明力来强化自我防御,恰恰相反,很可能倒是当局意欲处罚或者需要处罚的那些被告才会被起诉和定罪。长此以往,审判独立不仅难以保障,也在很大程度上失去了现实意义。

为了防止裁量权的滥用,中国的制度设计原理是在各司法部门之间形成内部分工负责、相互配合、交叉制约的机制。在这里,司法部门之外的、当事人委托的律师的辩护作用并不很重要,被告始终作为侦讯客体的定位也无从改变,调查取证结果的可信度不得不在某种程度上取决于司法预算的规模和职能部门的良心。事态的来龙去脉表明:在职权主义的框架里进行改良的余地其实很有限;只有导入当事人本位的对抗制,才能使被告有机会进行充分的防御,从而发挥律师在维权方面的功能。

11

第二,必须全面确立无罪推定的原则,贯彻程序正义,切实对刑罚权加以制度化约束。

1996年修改的《刑事诉讼法》第162条第(3)项规定:"证据不足,不能认定被告人有罪的,应当作出证据不足、指控的犯罪不能成立的无罪判决。"《最高人民法院关于执行〈刑事诉讼法〉若干问题的解释》第176条第(5)项也规定案情中的"事实不清、证据不足部分,依法不予认定"。众所周知,在拟订这些条款之际,立法委员和专家们颇有些引进无罪推定的意思。但是,从现行的成文来看,当时的努力显然功亏一篑。

完整的无罪推定概念应该包括以下内容要点:

甲、有罪的全部举证责任自始至终由控诉方承担;

乙、被告人对于指控提出反证的责任只限于比较说服力和盖然性的程度即可,不必证明自己无罪,更不得被强迫履行举证责任;

丙、对控诉方举证责任的要求是非常严格的,整个证明过程不得留有任何可以合理怀疑的瑕疵等。

不言而喻,中国现行刑事诉讼法的规定以及解释学上的命题都缺乏如此周详的构成因素。例如《刑事诉讼法》第 35 条规定辩护人有证明嫌疑人、被告人无罪的责任;第 157 条要求公诉人和辩护人都向法庭出示物证。前引第 176 条(5)项还对合理的怀疑进行了切割处理,大幅度削减了无法充分证明的部分事实对有罪无罪的影响;对缺乏说服力的那一部分事实资料也只是不予认定,可以导致"疑罪从轻"的效果,但并没有承认"疑罪从无"的可能性。

12

第三,正因为程序的本质在于限制刑罚权,需要把惩办犯罪的结果适当相对化,与不达目的不罢休的真实主义司法观之间有着本质上的不同,所以,一事不再理的原则也是程序正义的内在要求。

这意味着刑事诉讼一旦作出无罪判决,即使后来发现被告就是罪犯,也不能再次就同一案由提出公诉。对这样的制度安排当然也难免会有人、甚至有很多人深感不以为然。但倘若没有一事不再理的原则,不仅很容易引起缠讼现象而导致审判的成本上升、效率低减,更重要的是还会使嫌疑人面临重复追诉的危险,势必在社会中形成不安、不信以及一不做二不休的氛围。从目前中国信访制度的截访尴尬就可以看到,与这样一种要么永无宁日、要么放任自流的整体性两难问题相比较,个别罪犯漏网之虞反倒显得像癣疥小疾了。

当然,让人们理解和接受一事不再理的原则还必须满足一些基本条件,特别是要有好法官、好程序来确保判决的公正性和法律精确度,审理工作的质量基本上无可挑剔。

13

第四,充分保障嫌疑人、被告人获得辩护的权利,与此相应,必须加强律师在刑事诉讼过程中的作用。

按照现行《刑事诉讼法》第 96 条以及其他有关规定,嫌疑人从接受侦查机关第一次讯问或者被采取强制措施的时候起就有权聘请和会见律师。但是,在法院受理案件之前的侦查起诉阶段,律师不能阅览公安机关和检察院收集到的证据(《刑事诉讼法》第 36 条);律师向被害人及其近亲属收集证据时需要经过检察院或法院的许可(《刑事诉讼法》第37条),这就在相当大的程度上限制了律师对案情的了解。

不得不指出,现阶段中国律师的诉讼参与率较低、在辩护方面发挥的作用很有限,有些代理维权活动还遭受打压,这些都是导致程序失灵的重要原因。

14

还有第五点,称作"米兰达规则",即借助嫌疑人的沉默权以及相关的保护性措施来抵抗违反程序的职能行为,从根本上杜绝轻信口供以及刑讯逼供之类的偏颇。

毋庸讳言,沉默权的本质在于容许嫌疑人、被告人拒绝认罪,也不假设他们负有如实招供的强制性义务。这样容忍"零口供"的制度设计有利于防止历史上曾经出现过的"原心定罪"或者"精神拷问"之类的现象,也势必同司法实践中的那些把"坦白的态度"也纳入量刑考虑之中的做法持截然不同的立场。

15

在上述程序主义刑事司法的五种形态中,前面两种——当事人对抗和无罪推定——决定了诉讼作为竞技的属性以及最根本的裁判规则。而后面三种形态主要通过设置障碍的方式迫使审理作业更有难度,因而更要精益求精,与片面强调破案速度和办案效率的"严打"思路正好相反、与片面强调结果优于过程、目的高于手段的实质正义观也相去甚远。

如果我们可以把对抗制审判过程比喻为田径竞赛,那么也不妨说,一事不再理、充分辩护以及沉默权就相当于在跑道上设置不同的障碍物,让法院、公诉人和律师以及嫌犯或被告们以妥当的判决为终点进行"跨栏赛跑",在穿越障碍物的行进过程中随时要小心针对犯规举动的口哨和黄牌。归根结底,就是要防止刑罚权的行使变得像场"滑梯游戏"。

16

对惩罚犯罪的权力进行如此严格的限制,目的当然不在于纵容作奸犯科,而是要防止滥伤无辜,维护公民的基本权利。

实际上,这样的程序主义刑事制度的构思主要起源于宪政精神。我国《宪法》规定公民的人身自由不受侵犯,即使法院、检察院以及公安机关也不能采取非法的方法剥夺或限制人身自由(第37条);禁止非法搜查或者非法侵入公民的住宅(第39条);出于刑事侦查的需要对通信进行检查必须依照法定程序(第40条);被告有权获得辩护,庭审应该公开进行(第125条)等。要落实这些限制刑罚权的宪法条款,就必须让正当程序运转起来。

因此,程序公正与人权保障、刑事诉讼与违宪审查、平反冤案与国家体制改革是紧密联系在一起的,其纽带就是以辩护律师为核心的维护公民权利运动。于是能够得出一个明确的结论:宪政不行,则程序不灵。

2007年4月10日定稿

(初审编辑:李晟)

作为一个偶然地区性事件的正当程序革命

刘 忠[*]

Due Process Revolution as an Occasional Locality Accident

Liu Zhong

内容摘要:沃伦 1953 年被任命为美国联邦最高法院大法官是一个普通的政治任命。正当程序革命是一个意外进入的时代。沃伦法院成员都是普通公民,而绝非圣贤。在美国深深的卷入越战的大背景下,美国国内兴起了浩大的民权运动。沃伦法院在刑事领域的正当程序革命和当时的时势互相借力,将六十年代演化为一个革命时代。中国刑事诉讼改革以正当程序革命为精神激励,圣化沃伦革命,意在矫枉过正,但可能带来逆向的反弹。

关键词:沃伦法院 正当程序 凡俗 偶然 地区性 精神激励

Abstract: In 1953, Earl Warren was appointed the Justice of the US Federal Supreme Court, this was a common appointment. And the Due Process Revolution was brought forth occasionally. The members of the Warren Court were not saints but common citizens. Against the background of U. S. 's deep involvement in Vietnam War, a great civil rights movement arose in the United States. The Warren

---

[*] 刘忠,中国社科院法学所博士后研究人员,电子邮件:liuzhongpku@gmail.com。

Court's Due Process Revolution in criminal law and policy interacted with its environments of that time and made the 1960s a revolutionary era. The reformation of Chinese criminal litigation regards the Due Process Revolution as its spiritual incentive and sanctifies the Warren Revolution aims at hypercorrectness. However, it might bring unexpected rebounds at the same time.

Key words: Warren Court   Due Process   secular   occasional   locality   spiritual incentives

"人们试图通过指出人的神圣诞生,以图来唤醒他的至高无上感;而如今这条路已被禁行了,因为一只猿猴就站在那入口处。"[1]

正当程序革命时代的刑事法学的核心就是一个词,"程序正义",用我们熟悉的语言来表达就是:"程序正义"是正当程序革命时代的旗帜,而"旗帜就是形象,旗帜就是方向"。以程序正义为旗帜的正当程序革命是和美国联邦最高法院大法官厄尔·沃伦以及俗称沃伦王朝的1953—1969年间的美国联邦最高法院紧密联系在一起的,这样三个形象永远定格在一个相框之中,成为一切研究程序正义的人必须一并面对的观念形态。

大名鼎鼎的曼彻斯特曾经对沃伦法院评价道:"以前还从来未有过哪届最高法院在决定时代发展方向上起过更大的作用。在沃伦领导下,最高法院已经为取消学校的种族隔离、学校祈祷方式、共产党人的权利、色情文学、被告的逮捕与定罪,以及关于重新分配立法权的'一人一票'决议等引了路。"[2] 就沃伦个人而言,其实还可补充重要一点,那就是沃伦本人还曾经是调查肯尼迪被刺事件的"沃伦委员会"主席。

撇开其他领域不谈,单就刑事诉讼而言,沃伦法院时期的正当程序革命如今已成为当世中国刑事诉讼改革的精神支柱和思想动力源泉。对中国刑事司法现状的沮丧、愤怒和指责所激起的对于一种理想状态的刑事诉讼的追求,成为时下刑事诉讼法学研究的主流。受批评的每一项中国刑事诉讼规则都会被诉诸和美国的刑事司法进行比对,以沃伦法院时期的刑事判例为主体的美国刑事法,在绝对意义上成为对今日中国刑事诉讼法学研究(只是"人法")具有引领作用的"自然法的箴规"[3]。但是前提并不总是那么重要,尤其当前提是一

---

[1] 米歇尔·福柯:"尼采·谱系学·历史学",苏力译,载汪民安、陈永国编:《尼采的幽灵——西方后现代语境中的尼采》,北京:社会科学文献出版社2001年,页118。

[2] 威廉·曼彻斯特:《光荣与梦想——1932—1972年美国实录》(第四册),广州外国语学院美英问题研究室翻译组、朱协合译,北京:商务印书馆1979年,页1597。

[3] 阿奎那:《阿奎那政治著作选》,马清槐译,北京:商务印书馆1963年,页106—124。

个错误的时候。因此把一个殊相识别为是一个共相是要倍加小心的。

作为困囿美国之外,尤其是未亲历20世纪60年代美国社会大动荡年代,甚至未曾深入到美国社会内部多年去熏染其多元文化的域外人,又要在不亲炙原始案卷材料和各种第一手文献的境况下,去对这一时段的联邦最高法院和美国刑事诉讼制度说三道四、指手画脚,无异于自我讥讽。我之所以自不量力的原因是因为正当程序革命是理解今天中国的程序正义无法绕开的最重大的理论支持和历史事件。

本文所试图廓清的就是沃伦法院及其正当程序革命是否就是如其被标定(labeled)的那样辉煌,是否就如我们所原意的那么伟大。别人的辉煌和伟大原本不能代表自己也能同样的辉煌和伟大,而当"那样一般"辉煌和伟大也只是被构造出来或我们自己想象出来的时候,黯淡就是它原本应该具有的本真之色了。

一、沃伦法院:意外进入的时代

恩格斯曾经有言:"恰巧某个伟大人物在一定时间出现于某个国家,这当然纯粹是一种偶然现象。但是,如果我们把这个人去掉,那时就会需要有另外一个人来代替他,并且这个代替者是会出现的,不论好一些或差一些,但是最终总会出现的。恰巧拿破仑这个科西嘉人做了被本身的战争弄得精疲力竭的法兰西共和国所需要的军事独裁者,这是个偶然现象。但是,假如没有拿破仑这个人,他的角色就有另一人来扮演。这一点可以由下面的事实来证明:每当需要有这样一个人的时候,他就会出现,如恺撒、奥古斯都、克伦威尔等等。"[4]

但是在沃伦于正当程序革命而言,这种语句也仍然可能会是一种独断。从沃伦革命的发生审视,并不是美国历史的行程到了20世纪50年代末和60年代初,就定会发生正当程序革命,没有了沃伦也一定会有另外一个人来担当,似乎一切都是历史的必然。决不是这样。

1953年9月8日,联邦最高法院大法官文森去世,总统艾森豪威尔于是有了任命联邦法院大法官的机会,他通知司法部长布劳内尔向其推荐联邦法官候选人必须符合以下标准[5]:(1)人选能够维持九名成员中的党派平衡,他不希望最高法院成为"一个偏于一党意见的场所";(2)凡不为美国律师公会赞同和不受他所处的社会尊敬的人,他不会任命;(3)要借助联邦调查局对一位内定人选的声誉及其生活的每一有关细节进行充分调查;(4)初次被任命为联邦

---

[4] 恩格斯:"恩格斯致瓦·博尔吉乌斯",载《马克思恩格斯选集》(第四卷),北京:人民出版社1995年,页733。

[5] 德怀特·艾森豪威尔:《艾森豪威尔回忆录——白宫岁月(上)·受命变革(1953—1956)》,复旦大学资本主义国家经济研究所译,北京:生活·读书·新知三联书店1977年,页266。

法院法官的最高年限为62岁,如果其他条件特别令人佩服,则可放宽一岁;(5)健康状况;(6)"我高度重视稳健的知识——一种难以解释但为多数人充分理解的品质,任何在法律和哲学上有极端思想的人我们都不会列入内定候选人的名单,我希望联邦法官能博得人民的尊敬和信任,而且人民将引以为豪。"而要担任首席法官,还必须符合另外的条件,这就是(7)"还得是一位才识出众的人,既具有有效地处理法庭事务这样公认的行政才干,而又能提供全国各地法庭所乐于接受的一种领导。"

艾森豪威尔本人和司法部长布劳内尔及其他幕僚提出了很多候选人,包括当时的国务卿——中国人十分熟悉的、大名鼎鼎的福斯特·杜勒斯和联邦第四巡回法院北卡罗来纳州法官约翰·J.帕克、新泽西州最高法院的首席法官阿瑟·T.范德比尔特、美国第十上诉巡回法院法官奥里·菲利普斯以及曾被提名作为民主党总统候选人的一位非常受人尊敬的律师约翰·W.戴维斯,还有就是加州州长沃伦。[6]

但是这个时候,联邦最高法院九个成员中已有八个是民主党人;杜勒斯谢绝了艾森豪威尔的这个提议,仍然从事他少年时代就感兴趣的外交和外事;内定人选中的其他人大多不符合艾森豪威尔总统圈定的年龄和健康条件。最后,只剩下了加州州长沃伦。

对于沃伦的提名,有一个流传十分广泛的说法是:"在1952年共和党大会作出的一个政治交易中,沃伦放弃了自己的总统抱负,把选票投给了艾森豪威尔,后者则答应在当选总统后提名沃伦坐联邦最高法院的第一把交椅。基于所获得的这种承诺,沃伦决定辞去加州州长职务,以便接受艾森豪威尔任命担任司法部副部长的职位。"[7]为下一步准备去联邦最高法院积累经验。但就在他准备就任司法部副部长职位之前,文森心脏病去世。而此时"艾森豪威尔政府一度曾试图否认艾森豪威尔的承诺,包括首席大法官的职位,但是,沃伦成功地促使总统信守了他的承诺,沃伦出乎预料地被抬到首席大法官的位置。"[8]

但是,艾森豪威尔坚决否认了这样一种说法,他在自己的回忆录中写道:"有几位写信人还议论州长的新任命,大概仅仅是偿还我被提名为总统时所欠他的个人政治债务。事实是,我并不负沃伦州长任何债务。我认为1952年共和党代表大会的历史充分证明了这种攻击是可笑的。沃伦州长即使认识到在第一次投票总数中只要增加9票便可保证我的提名,也没有采取任何行动把他手中加利福尼亚的70张选票投给我以保证我的提名。明尼苏达州提供了这些

---

[6] 德怀特·艾森豪威尔:同前注,页267。
[7] 莫顿·J.霍维茨:《沃伦法院对正义的追求》,信春鹰、张志铭译,北京:中国政法大学出版社2003年,页8—9。
[8] 莫顿·J.霍维茨:同前注,页9。

选票,甚至那时沃伦州长的代表团还拒绝转变,直到有人提议候选人必须是一致通过时才转变过来。"〔9〕

客观而言,艾森豪威尔曾经是二战欧洲盟军最高司令、战后的美国陆军参谋长,退役后1948年担任著名的哥伦比亚大学校长,1950年任北大西洋公约组织武装部队最高司令,按照尼克松的说法是"真正受人爱戴的英雄,如果能够提名,几乎肯定会在竞选中获胜"〔10〕。而共和党急需找这么一个众望所归的人,去击败民主党,因为民主党已经蝉联了20年的总统的位置了〔11〕。沃伦显然不具备这种"冲顶"的比较优势。

沃伦之所以最后被提名的原因,除了前边所说的其他候选人的推辞或不足而使所有可能集中于其一身之外,就具有提名权的艾森豪威尔总统的考虑而言,(1)对沃伦的经历及其在本州和全国的名望在选任前作了一系列调查,他在担任加州的首席检察官若干年和州长的期间,个人声誉无瑕,还曾被提名为总统候选人〔12〕;(2)是一个共和党人;(3)虽然各处有人对他的政治哲学提出疑问,而艾森豪威尔此时认为这类疑问一般是偶然的或是无关紧要的。

但是,事实上正是最后这一点,让后来的艾森豪威尔懊悔不已,艾森豪威尔回首这次任命的时候说过:"这是我人生中,所犯下的最愚蠢的一个错误"〔13〕。沃伦自己也曾经对他的助理说过,他自己都没有想到过在1953年艾森豪威尔总统会选上他,之所以选上他,是因为他奉行的"中间路线"。〔14〕 按照日后的学者的说法是:"如果参议院能够预见'沃伦法院'的根本方针——实际上,用他自己的话说,如果总统能够洞察未来——这项批准就可能在此时此地被否决。"〔15〕

看艾森豪威尔日记,早在1957年1月30日的日记中,艾森豪威尔就有过这么一段记载:"首席法官似乎有点不满意于我最近在一次记者招待会上同意了他以前的一个说法,即'最高法院和政治应该分开'。"〔16〕那么沃伦不满意的原因就是他本人在思想历程上前后有一个明显的分期,存在一个前后冲突的断

---

〔9〕 德怀特·艾森豪威尔:同前注〔5〕,页268—269。
〔10〕 理查德·尼克松:《尼克松回忆录》(上册),伍任译,北京:商务印书馆1978年,页107—108。
〔11〕 共和党此后打出的竞选口号就是:"20年了,还不够吗?"
〔12〕 德怀特·艾森豪威尔:同前注〔5〕,页267—268。
〔13〕 鲍伯·伍华德、史考特·阿姆斯壮:《最高法院兄弟们》,吴懿婷、洪丽倩译,台北:商周出版社2001年,页26。
〔14〕 鲍伯·伍华德、史考特·阿姆斯壮:同前注,页26。
〔15〕 亨利·J.亚伯拉罕:《法官与总统——一部任命最高法院法官的政治史》,刘泰星译,北京:商务印书馆1990年,页235。
〔16〕 罗伯特·H.费雷尔编选:《艾森豪威尔日记》,陈子思等译,北京:新华出版社1987年,页411—412。

裂,有他不愿意提起的往事。翻检沃伦的历史档案,发现作为正当程序革命教父的沃伦绝非一颗红心始终如一,中年之前的沃伦恰是一个老年沃伦所坚决反对的人物形象。

首席大法官之前的沃伦是加州州长,州长之前是加州检察长。当他在检察长任上的时候,正逢二战。当1941年珍珠港事件发生后,美国民众的仇日心理严重。而当时有11万多日裔美国人住在沿太平洋的加州一带。这些大部分已经是美国公民的日本人很多都是渔民。他们一般在晚上出海捕鱼,而渔船上的灯光被认为可能成为日军的潜水艇信号指示。因此美国政府下令这些日裔美国人内迁到远离太平洋750英里的内陆的内华达州等地,违者被关进了美国政府设立的集中营(concentration camps)中。而时任加州检察长(district attorney)的沃伦在这场排日行动中,积极行动并且提供证据支持,扮演了一个十分激进的革命军中马前卒角色,他支持"应该从潜在的第五纵队的角度考虑每一个日本侨民"[17]。只是到了晚年在写回忆录的时候,才对于他这段经历表示了悔恨(regret)和良心谴责(conscience-stricken)[18]。但是这段经历在1953年艾森豪威尔授意司法部长安排联邦调查局调查他是否可以充当首席大法官的时候,歪打正着,却起到了很好的"加分"作用,"沃伦作为一位有经验的检察官显示了某种坚实的维护法律与秩序的战斗精神:况且,他曾经是这样的一位人士,1942年曾经如此强烈地、成功地促请将美国国籍的日本人从他们的住宅和土地上撤离。这种表现很难说是'头脑糊涂的自由主义者'的标志!"[19]但是,沃伦为什么会从一个保守派摇身一变成为自由派,日后的美国首席大法官伯格曾经对他的助理有过的一个评价可能做了差强人意的解释:"当右派分子有利于他时,沃伦是个右派分子,然后当时代潮流改变时,他又会换边站。"[20]此外,从党派和意识形态上来看,同样作为共和党人的沃伦为什么后来会与艾森豪威尔死磕?一个可能的解释就是沃伦本人观念的流变,而且美国的党派极为松散,只是有竞选时候的投票划线作用,而没有列宁主义政党那样严格的纪律。不能以我们熟悉的党纪来要求沃伦。

不管如何,阴差阳错,最后,还是沃伦经总统提名,参议院表决通过,"转业军人进了法院"[21],成为日后开创正当程序革命的首席大法官。

---

[17] 保罗·布莱斯特等编著:《宪法决策的过程:案例与材料》(第四版·下册),陆符嘉等译,北京:中国政法大学出版社2002年,页781。

[18] 以上史事和内容均出自沃伦本人的回忆录 Earl warren, *The memoirs of Chief Justice Earl Warren*, Maryland: Madison Books, 2001, pp. 148—149.

[19] 亨利·J. 亚伯拉罕:同前注[15],页235。

[20] 鲍伯·伍华德、史考特·阿姆斯壮《最高法院兄弟们》,同前注[13],页50。

[21] 沃伦曾经参加过一次大战,军衔至 first lieutenant(中尉),见 Earl warren,同前注[18],页47—52。

只是,在初始的几年中,沃伦并没有表现出什么激进和能动主义(activism),沃伦开始高举程序正义大旗,在刑事诉讼领域进行激进变革是迟至其担任首席大法官 8 年之后的 1963 年,也就是以著名的 *Gideon v. Wainwright* 案件和 *Douglas v. California* 案件打头阵。[22] 这种现象的原因是:此前最高法院内部九个法官中自由主义者和保守主义者的力量对比还没有达到有利于沃伦的局面。自由主义者占据力量对比优势是在 1962 年,这一年,保守的弗兰克福特大法官退休,接替的是自由主义派的原劳工部长戈德堡,自由派和保守派于是形成 5:4。到了 1969 年沃伦退休之前时形成 7:2。所以在这之前,沃伦哪怕已经准备好了政治路线,但是还没有组织路线给他贯彻政治路线提供保证。[23]

有种说法认为沃伦之所以并没有马上发动革命是因为沃伦需要智识上适应氛围,这似乎与沃伦本人的经历相扭,因为沃伦毕业于西海岸名校加州伯克利法学院,后作过 19 年的律师,还任过加州的总检察长以及三任加州州长[24],绝非是法律的门外汉。

实际上,沃伦在加州担任三届州长的经历可能还更为重要,因为在实行联邦与州分权而治的复合共和制的美国,在"行政主导"下的州长在绝对意义上来说是一位权柄在握的"封疆大吏":大量行政事务的处理为其提供了坚实的人生历练,作为"一把手"又要求他无法推诿责任而必须自己"拍板决定"。沃伦正是凭借其丰富的行政首脑经验和顽强的"领袖"意志在 1953—1969 年的联邦最高法院处于一个绝对的主导地位。作为米兰达案件裁决法庭的法官之一,福塔斯就曾经告诉伯纳德·施瓦茨教授说:米兰达案件完全是沃伦本人的决定。[25]

沃伦 16 年首席大法官生涯后几年留下的行动,无疑更让美国的保守分子们恼悔当年艾森豪威尔的一念之差,因为如果没有沃伦,就笃定不会有日后的正当程序革命。

"得其人则存,失其人则亡",人亡政息的偶在性不但在沃伦就任和沃伦革命发生时如此,在沃伦本人和沃伦法院几位同道的大法官的离任上显现得更加

---

[22] Yale Kamisar: "The Warren Court (Was it really so defense-minded?), the Burger Court (Is it really so prosecution-oriented?), and police investigatory practices"; Vincent Blasi ed. : *The Burger Court—The Counter-revolution that Wasn't*, New Haven: Yale University, 1983, p. 62.

[23] 邓小平同志总结的非常清楚:"政治路线确立了,要由人来具体地贯彻执行。由什么样的人来执行……结果不一样。"参见邓小平:"思想路线政治路线的实现要靠组织路线来保证"(1979 年 7 月 29 日),载《邓小平文选》(第二卷),北京:人民出版社 1994 年,页 191。

[24] 参见 Earl warren,同前注[18]。

[25] Bernard Schwartz: *Main Currents in America Legal Thought*, North Carolina: Academic Press, 1993, p. 552.

明白。甚至颇有些"机关算尽太聪明,反误了卿卿性命"的意味。因此,时代的呼唤和历史必然性的说法更觉勉强。

二、法袍下的肉身:沃伦和沃伦法院的法官

1968年,时任总统约翰逊由于扩大越战的政策和国内政策失误遭受美国民众强烈反对,人心大去,所以自己识趣主动不参加当年总统竞选,成为"跛鸭总统"(lame duck)[26]。而当年的总统竞选一个呼声极高的大热门就是曾经担任过众议员、参议员和两次出任副总统的尼克松,但尼克松从在加州的时候就一直是沃伦的政治对头,在几乎所有的问题上和沃伦针锋相对。因此,在白宫肯定要易主而且是阵线就要丢失的情况下,已经77岁高龄的沃伦法官,"主动"于1968年6月13日向约翰逊总统提出辞职,并且建议提名自己在联邦最高法院的亲密战友大法官阿贝·福塔斯接任首席大法官。[27] 沃伦为什么独独拔出福塔斯来继承自己的衣钵而没有推荐在革命期间与自己有肱股之谊的布伦南呢?原因在于,福塔斯一定能通过获得法官任命最重要环节的总统提名一关。

因为福塔斯法官正是时任总统约翰逊的"政治救命恩人":1948年,约翰逊竞选参议员,但某联邦地方法院签发一项限制命令,禁止将约翰逊的名字印在选票上。福塔斯作为约翰逊的律师向最高法院提出了紧急诉讼。最终得以使约翰逊官司打赢,并且以总数1百万投票中区区87票的优势险胜,成功当选参议员。从此两人成为亲密朋友[28]。为了报答恩情,约翰逊1965年不惜说服在任的联邦最高法院大法官戈德堡调往联合国任大使,腾出位置,让律师福塔斯接替。甚至1965年福塔斯出任大法官后还仍然作为总统的亲密顾问,为作为行政分支的总统提供各种决策咨询,致使三权分立原则受到破坏而被美国朝野攻击。[29]

凭此人脉优势,如果沃伦"主动"离任后,还能保证把"班"交到自己人手里,而福塔斯担任了首席大法官,就又可以空一个位子,还能再任命一个"自己人"去把守战壕,这样就不给即将当选的总统有改组最高法院的机会。[30] 但是,福塔斯在被报送到参议院审查的时候,被揭露出曾私下收受1.5万美元的演讲费,于是在审议的时候遭到很多参议员的抨击。福塔斯无奈向约翰逊总统

---

[26] 大意为虽然只是第一任期,但已经连任无望。
[27] 亨利·J.亚伯拉罕:同前注[15],页1。
[28] 详细请见前注,页259—260。
[29] 阿瑟·林克、威廉·卡顿:《一九〇〇年以来的美国史》(下册),刘绪贻等译,北京:中国社会科学出版社1983年,页216。
[30] William O. Douglas: *The Court of Years 1939—1975——The Autobiography of William O. Douglas*, New York: Random House, Inc., 1980, p.255.

要求撤回提名。

旋即，当年大选结果出来，果然是尼克松"高中"。尼克松于是一上台就兴高采烈的任命了一个和自己意识形态极为相近的人来接替了厄尔·沃伦，这个人就是后来的反正当程序革命的沃伦·伯格。[31] 而几乎同时，倒霉的福塔斯又被无孔不入的号称美国第四权力分支的新闻媒体揭露出曾收受一个基金会的两万美元贿赂，而该基金会负责人已经锒铛入狱。福塔斯只好辞职，成为美国最高法院历史上第一个因贿赂而辞职的联邦大法官。所以，天赐的机缘不但帮尼克松往曾经的沃伦法院"甩了石头"，还让心花怒放的尼克松抓住机会又往最高法院"掺了一大把砂子"，为1971年底尼克松彻底扭转最高法院内自由派和保守派大法官的比例直接铺平了道路。[32]

读到此处，我不禁怀疑：沃伦革命的发动有多少只是政治党派和意识形态分歧上的"叫劲"——"只要是对方赞成的就是我们反对的，只要是对方反对的就是我们拥护的"，甚至纯粹是"与天斗与地斗与人斗"的意气之争？事实可能确实如此，双方由政治观念分歧造成了政治之外各方面的冲突，而政治之外的冲突又反过来形成更严重的政治对立：

1956年艾森豪维尔总统任命50岁的布伦南成为联邦最高法院的九名成员之一，但是布伦南始终不明白为什么要任命他到最高法院，因为他终身都是一位民主党人，"历史学家们说那是为了讨好民主党和天主教人士"[33]。但是艾森豪维尔的讨好并没有回报，因为作为民主党人的布伦南坚定的和共和党的艾森豪维尔作对，使得艾森豪维尔非常后悔他这一个决定，声称是"我所犯的第二个严重错误"[34]。

一般来说，作为一个处理人间事务的法官，必须对所生活的世界有深入的了解，这是胜任的基础，但是晚年的布伦南已经非常不熟悉美国社会了[35]，并且作为一个八十多岁的老人身患中风、喉癌、胆囊摘除等多种病患折磨，但是布伦南一直坚持不离职，原因就是对伦奎斯特法院时期保守派法官居多数的局面

---

[31] Tinsley E. Yarbrough, *The Burger Court — Justices, Rulings, and Legacy*, Santa Barbara, California: ABC-CLIO, Inc. 2000, pp. 4—7.

[32] 该部分内容参见亨利·J. 亚伯拉罕：同前注[15]，页1—10、258—261；理查德·尼克松：《尼克松回忆录》（中册），裘克安等译，北京：商务印书馆1979年，页69—75。

[33] 彼得·沃尔主编：《美国政府内幕——人物与政治》，李洪等译，北京：社会科学文献出版社1992年，第388页。该书原名为 *Behind the Scenes in American Government: Personalities and Politics*, Eighteen Edition, New York: Harper Collins Publishers Inc., 1991.

[34] 第一个严重错误就是对沃伦的任命。

[35] 布伦南在最高法院的秘书玛丽·福勒（68岁时成为布伦南第二任妻子）经常讲的一个故事是："布伦南带着孙女去看电影，因发现票价6美元而大吃一惊。当孙女要喝可口可乐时，布伦南给她50美分。'他是多么惊奇'，玛丽说，电影院里的可口可乐至少要1.25美元。'这可以看出他与外界生活多么不合拍。'"彼得·沃尔主编：《美国政府内幕——人物与政治》，李洪等译，北京：社会科学文献出版社1992年，页391。

不信任。

另一个更可能令人瞠目的事件是"当沃伦患病需要住院时,尼克松利用总统兼美军总司令的权力,阻挠沃伦住进全美医疗设施和环境最佳的海军总医院,气得沃伦老泪纵横"。[36] 沃伦的好友、沃伦法院时期的重要大将道格拉斯去看望病床上的沃伦的时候,沃伦拼尽气力(exhausted him)向道格拉斯面授针对尼克松弹劾案的机宜。道格拉斯走后的当晚八点,沃伦就因过于激动而气绝身亡。[37]

这位道格拉斯法官,77 岁的时候,身患重病,要坐在轮椅上被助手们推着才能行动;庭审的时候要被人抬上法庭;庭审时神志不清;法官讨论案件的时候已经没有气力使他的话让别人听清楚,经常开着会就睡着了;并且由于小便失禁,开案件讨论会都要带着尿袋被推进会议室,以至于他的助手必须"喷洒来舒消毒芳香剂,以掩饰从失禁尿袋发出的臭味"。[38] 公众、媒体舆论、朋友和家人都认为这位从 1939—1975 年已经担任了 36 年的联邦最高法院大法官的道格拉斯应该退休了,但是他坚决不离开最高法院。当他的好友、前耶鲁大学教授查理斯·瑞(Charles Reich)受道格拉斯夫人的邀请来劝说他辞职的时候,他全然不顾自己平常的礼仪,躺在病榻上与她谈话,并且告诉她:不辞职的理由就是"如果他辞职的话,福特将会任命他的继任者。那个人必定是另外一派的人"。当被他一系列话所激怒的查理斯·瑞质问他道:"你连阅读都不行了,你要如何审判案件呢?"道格拉斯法官说了一句令人瞠目结舌但却是最终道出了他心底最深处的话:"我将观察首席大法官(伯格)表决的情形,然后和他作出相反的决定。"[39] 这是一种最直白的政治"站队"后的立场宣示——不论是非,只看阵营,只要是对手赞成的,就是我反对的;只要是对手反对的,就是我赞成的。

很难相信这是一位广受人尊敬、对程序正义论产生过巨大推动作用的美国联邦最高法院大法官的话,更难相信这是说出那句被程序正义论者援引最多的"正是程序决定了人治和法治的区别"[40] 这句格言的同一个人。

一直到晚年,本应是"耳顺"甚至"其言也善"的时候,道格拉斯法官在自己

---

[36] 任东来等著:《美国宪政历程:影响美国的 25 个司法大案》,北京:中国法制出版社 2004 年,页 372。

[37] William O. Douglas,同前注[30],页 238。

[38] 以上内容均参见鲍伯·伍华德、史考特·阿姆斯壮:同前注[12],页 584—590。

[39] 鲍伯·伍华德、史考特·阿姆斯壮:同前注[12],第 587 页。原文是:"I'll listen and see how the chief votes and vote the other way." Bob Woodward & Scott Armstrong: *The Brethren inside the Supreme Court*, New York: Simon and Schuster a Division of Gulf & Western Corporation, 1979, p. 391。

[40] 季卫东:"法律程序的意义——对中国法制建设的另一种思考",载《法治秩序的建构》,北京:中国政法大学出版社 1999 年,页 3。

的回忆录中,还用了很长的篇幅,用极其低下的语言对自己的政敌尼克松破口大骂,给阅读者留下了极为深刻的影响。[41]

同样是这位道格拉斯法官,虽然是程序正义论的中流砥柱,在中国被广受传颂。但是在美国,他是罕见的在任法官期间三次被弹劾的联邦最高法院大法官:1953,在其他法官赴各地参加巡回审判,自己留值的时候,违反集体讨论的规定,独自作出了暂缓执行已经判决的两名窃取美国原子弹秘密的间谍[42]死刑命令的决定;1968年,以68岁高龄迎娶了一位23岁的女子作第四任夫人;1970年,在一家兼营拉斯维加斯赌场的基金会兼职领薪,赚取非法所得[43]。

写到这里时,我自己好几次反身自问:自己是不是在落入旧文人的文风?是不是因袭了旧时学术争论时用攻击对方人品、揭短来达到瓦解对手论点的方式?这种方式不是在学术上进行针对对方论点、论据、论证方式的争论而是用攻击对方人格、泼脏水的方式扭曲学术争论。但我其实要做的工作只是想表明一个常识:所有人都只是一个具有"沉重的肉身"的凡俗的生物体,而不是被供奉的位格神。我只是想把已经被神圣化的沃伦革命重新凡俗化,从被人造的圣殿拉回凡间。因为,在传播程序正义理论的时候,一种倾向就是把沃伦革命的诸法官神化,把这几位法官几乎描写成:为了正义不惜殉身的普罗米修斯一样的神话英雄。这种论证使得对之进行的反驳具有反道德的意味,将学术争论引入了明显的话语霸权路径。

三、革命斜阳:后沃伦时代的美国最高法院和刑事诉讼程序

沃伦革命开始之初,在美国就激起了强烈的反对声音,"乡村、国会和新闻界出现一股'保守'观点抬头的浪潮,全国出现了大量'弹劾厄尔·沃伦'的标语,国会中提出好几项弹劾议案"。[44] 尼克松在自己的回忆录中也回忆当时的情形:"50年代和60年代,在首席法官厄尔·沃伦的领导下,法院在政治上空前活跃。像许多政治上和法律上稳健的保守派一样,我感到有些最高法院法官往往利用他们解释法律的权力,根据自己的社会观、政治观和思想意识来改造美国社会。"[45] 从1963年到1970年间美国杀人案件的比率翻了一番,从每十万人中的4.6上升到9.2,犯罪较1961年上涨了139%;为抑制犯罪,每千人中的警察数量超过了人口增长率的2倍,但是破案率还是下降31%,定罪率也下

---

[41] William O. Douglas,同前注[30],页351—354。
[42] 应该是罗森堡夫妇。
[43] 见朱瑞祥:《美国联邦最高法院判例史程》,台北:黎明文化事业股份有限公司1990年,页592、596。
[44] 希尔斯曼:《美国是如何治理的》,曹大鹏译,北京:商务印书馆1986年,页186。
[45] 理查德·尼克松:《尼克松回忆录》(中册),裘克安等译,北京:商务印书馆1979年,页69。

降6%。[46]

但是,不管是民意还是历史背景或者"时代的最强音",很多时候并不能改变政治事态,历史前行中各种不确定因素经常有着更重要的导向作用。沃伦革命结束的直接导因就是美国1968年大选后保守分子尼克松登台。

尼克松竞选上台,打的一张重要的牌就是法律和秩序(law and order)。这一点几乎成为尼克松的政治主张标志。毛泽东在会见斯诺的时候,就谈到:"你们的尼克松总统不是喜欢 law and order(法律和秩序)吗?他是喜欢那个 law(法律),是喜欢那个 order(秩序)的。"[47]而沃伦法院开始黯淡,是因为尼克松任命了一个新的首席法官接替了沃伦,而这个人是一个"尼克松主义"的坚定拥护者——"现行反革命分子"[48]沃伦·伯格(1969—1986年在任)。果然伯格一上台,就不断地宣布以前的一些判例要被推翻,榜上有名的就是 Miranda,Gideon,Chimel,Reynolds v. Sims 等沃伦时期正当程序革命的标志性案件。[49]

从沃伦王朝到伯格时代,虽然在象征意义上是一个极大的跳跃,但是在实际操作中并没有很大的断裂。伯格并没有能力一下子推翻沃伦时代的所有激进的判例。这一方面是因为沃伦时代的四名大法官还在位,也就是布莱克、道格拉斯、布伦南、马歇尔。而福塔斯去后,很长一段时间最高法院是八名法官,空缺一位。伯格虽然是首席大法官,并不是如同中国最高法院首席大法官一样,同时还是具有严格的科层体系的官僚机关中握有"首长负责制"大权的"行政一把手",伯格也只是具有一票的权力,并不能以中国法院院长惯常利用的行政资源左右其他并非"下属"的法官。所以伯格不可能争取到推翻先例的多数票。这与沃伦刚到最高法院的时候的情形一样。而作为伯格本人来说,又不想让外界看到最高法院内部的分裂,因为明显的分裂会削弱最高法院对外界的权威,从而给今后他在最高法院的生涯蒙上阴影;另外,他也不想让外界评论说他没有沃伦那样有领导能力,没有像沃伦一样把最高法院团结在一起(至少表面上)。所以,在初期的一些案件上,伯格都不惜以维护最高法院权威为出发点,低调处理一些争议,迁就自由派的法官,来保持联邦最高法院的"一个声音"。除了上述人脉上的原因,另一方面我认为与美国法官年龄有关:美国最高法院毕竟是一个由耄耋老人组成的守旧的群体,整个最高审判机关突然的断

---

[46] Lucas A. Power, Jr.: *The Warren court and American politics*, Massachusetts: The Belknap Press of Harvard University Press, 2000, p408.
[47] "会见斯诺的谈话纪要"(1970年12月18日),载《建国以来毛泽东文稿》(第十三册),北京:中央文献出版社1998年,页175。
[48] 说美国联邦最高法院大法官伯格是"反革命分子"绝非我的想象和独创,而是出自美国的通说。请见 Vincent Blasi ed.:同前注[22]。
[49] William O. Douglas:同前注[30],页231。

裂并且转向,将与老年人多年来坚守的经验主义、因循旧例信念抵牾。而从技术上来看,作为消极被动的法院改正先前判例,必须有案件诉至最高法院而不是像握有司法解释权和主动再审权、将"司法能动主义"上演到极点的中国最高法院一样可以主动出击。再心急想改判,也必须耐心等待社会上发生这类案件,并且就此发生争议后经历漫长诉讼旅行,到达最高法院。

所以,美国政府政治上的右转虽然开始极大地触动了美国法院,但是伯格并没有能马上兑现扬言推翻沃伦的革命成果,而只是遏制了沃伦时期激进的革命态势,不再发展出新的革命规则。

但是"人亡政息,人存政举",1970年尼克松总统任命的哈里·布莱克门大法官代替了福塔斯,接着又于1972年任命刘易斯·鲍威尔取代了雨果·布莱克。[50] 尼克松因为水门事件黯然离去后,接任的福特总统于1975年任命史蒂文斯代替了道格拉斯,至此,当年的沃伦王朝已经江山不在,伯格系人马已经彻底控制了最高法院。[51] 到了1990年[52],老布什总统任命苏特代替了当年沃伦首席大法官的"文胆"布伦南,1991年又任命托马斯代替了黑人法官马歇尔后,沃伦革命时代的众军帅都彻底消退,转而只成为美国最高法院史中的群像被后人评说。正当程序革命曲终人散。

纵观20世纪五六十年代以来在刑事审判方面的美国最高法院,就像一个巨大的战车,由沃伦操控驾驶的时候,开足了马力奋勇向前;到了伯格接过方向盘后,开始放慢,变得平缓,终于在突破临界点后,在伯格法院后期和继任的伦奎斯特法院时期,整个动向开始慢慢地逆转。在沃伦时代,最高法院以激进的司法态势不断将此前最高法院的一些规则推翻,而沃伦去后,伯格法院和如今的伦奎斯特法院又不断将沃伦时代确立的判例试图再推翻或者施加很多几将这些革命成果架空的大量限制性例外,如同一个钟摆往复回摆:

比如1961年沃伦法院在 *Mapp v. Ohio*[53]案件中修正了1914年 *Weeks v. United States*[54] 中所确立的 *Weeks* 规则,将非法证据排除规则确立为联邦规

---

〔50〕 尼克松任上还任命了伦奎斯特大法官,但是伦奎斯特取代的是同为保守派的哈兰大法官,保守阵营和自由派阵营的格局没有因此任命变化。

〔51〕 该时段的美国最高法院的复杂仍超出任何简单化的概括,比如1977年的 Brewer v. Williams 430 U.S. 387, 97 S.Ct. 1232, 51 L.Ed. 2d 424 (1977)。案件中就是否排除一个杀害十岁幼女的被告人 Williams 口供问题,结果就是5:4。斯图尔特、马歇尔、鲍威尔、斯蒂文斯、布伦南赞成,而伯格、伦奎斯特、布莱克门、怀特反对。

〔52〕 之前的1981年里根总统曾经任命了第一位女大法官奥康娜接替了保守派阵营内辞职的斯图尔特大法官。她的任命对于刑事诉讼领域正当程序革命影响的进一步消退有很大影响,因为奥康娜"在处理犯罪嫌疑人权利的问题上十分严格保守,寸步不让。但在其他问题上却采取宽松妥协的态度"。见王希:《原则与妥协:美国宪法的精神与实践》,北京:北京大学出版社2000年,页554。

〔53〕 367 U.S. 643, 81 S.Ct. 1684, 6 L.Ed. 2d 1081 (1961).

〔54〕 466 U.S. 740, 104 S.Ct. 2091, 80 L.Ed. 2d 732(1984)

则,适用于各州。但是,沃伦革命去后,1984年,美国最高法院先是在 United States v. Leon[55] 中确立了一个"真诚相信例外规则",然后又在 Nix v. Williams[56] 案件中竖立了另一个新的规则"必将发现例外规则"(Inevitable discovery exception),修正了 Mapp 案件所确立的立场,对非法证据排除作出了限制。再如 1964 年最高法院先是在 Escobedo v. State of Illinois[57] 案件,继之在 1966 年革命性的 Miranda v. Arizona[58] 案件中颠覆了 1936 年最高法院在 Brown v. Mississippi[59] 中所作的判决的理由,不再将"供词自愿"作为理由,而是直接诉诸宪法第五修正案,确立了极为严格的"反对自证其罪"的操作性规则。为了减少 Miranda 规则带来的社会控制能力的下降,美国国会 1968 年制定了《公共汽车犯罪和街道安全法案》(Omnibus Crime Control and Safe Streets Act of 1968),其中第 3501 款规定:在联邦案件中,即使受控告者未被告知其权利,只要是被控告人自愿的供述,那么也可用作证据。1984 年最高法院又在 New York v. Quarles[60] 案件中,设立了警察可以不宣读"米兰达警告"的"公共安全例外"[61](public safety exception)。在 2000 年,在 Dickerson v. United States [530 US 428 (2000)] 案件中,虽然最高法院裁定米兰达警告出自美国宪法精神,不能被立法机构法案推翻,但是,最高法院还是划时代地将"米兰达规则"抽空,规定只要是犯罪嫌疑人供述系出自愿,即使是警察没有宣读"米兰达警告",口供仍然可以作为合法证据被使用。

如果我们不是在"唯名论"意义上来讨论作为 Miranda 案件所确立的非法证据排除规则的话,那么我们发现,正是随着沃伦法院的消退,作为正当程序革命期间的标志性案件米兰达规则也实际上只是明日黄花了。

四、偶然还是必然:历史境域中的沃伦革命

梁启超当年曾经提出一个问题:"史界因果之劈头一大问题,则英雄造时势耶?时势造英雄耶?换言之,则所谓'历史为少数伟大人物之产儿''英雄传即历史'者,其说然耶否耶?罗素曾言:'一部世界史,试将其中十余人抽出,恐局面或将全变。'……此等人得名之曰'历史的人格者'。何以谓之'历史的人格者'?则以当时此地所演生之一群史实,此等人实为主动——最少一部分的

---

[55] 468 U.S. 897,104 S.Ct.3405,82 L. Ed.2d 677 (1984).
[56] 467 U.S. 431,104 S.Ct.2501,81 L. Ed.2d 377 (1984).
[57] 378 U.S. 478,84 S.Ct.1758,12 L. Ed.2d 977 (1964).
[58] 384 U.S. 436,86 S.Ct. 1602,16 L. Ed.2d 694 (1966).
[59] 297 U.S. 278,56 S.Ct 461,80 L. Ed. 682 (1936).
[60] 467 U.S. 649,104 S.Ct.2626,81 L. Ed. 2d 550 (1984).
[61] 该案件中发现有一支装满子弹的枪支。

主动——而其人面影之扩大,几于掩覆其社会也。"[62]从正当程序革命的发生来看,正如我上文的描述分析,沃伦某种程度上就是这样的"历史的人格者"。但是,完全抛开时势所形成的条件制约,沃伦革命可能未必有如其实际发生的那样的剧烈。

马克思在其著名的《路易·波拿巴的雾月十八日》中透辟的分析了由于法国国内阶级冲突所造成的局势,导致"一个有3600万人的民族竟会被三个衣冠楚楚的骗子偷袭而毫无抵抗地做了俘虏"。[63]我以为在沃伦革命时代,沃伦本人可能是非常巧妙地利用了20世纪60年代的美国历史。

普林斯顿大学的历史教授阿瑟·林克、威廉·卡顿曾这样描述美国的20世纪60年代:"以十年为期来衡量社会变化,容易引起误解,而且与实际不符,然而,自始至终生活在50年代和60年代的美国人,几乎没有谁会否认后者的显著差异,即使是繁荣的20年代和大萧条的30年代,也没有形成更为明显的对照。像所有'各个时代'一样,虽然这些年代是历史的无缝之网的一部分,而且完全是以往历史的继续,但是,美国以前的任何经历,没有和他们完全相似的。""60年代是一个幻想破灭,愤怒和恐惧的年代,是乱糟糟的十年。"[64]正当程序革命就发生在60年代。

正当程序革命发生的20世纪60年代,正是美国二战结束后生育高峰(baby boom)年代出生的婴儿成长为青年的时代。美国社会中青年人占的比例大幅增加,而青年又永远是一个社会中最富有反叛精神的一代。但是在这样一个青年人口为主的年代,他们面对的却是当时美国一个重大的事件"越战"。一方面,这些青年处在战后美国经济发展迅猛、社会生活极为富足的黄金阶段,另一方面又时刻面临着被征召到战场葬身于东南亚的稻田、热带雨林的危险。因此,在美国以青年为主体掀起了前所未有的人权运动。[65] 客观而论,在施行征兵制度的当年[66],作为这一代的美国人,高扬人权口号,并非是人性有异——天性比其父辈和作为其子孙的当代美国人更关心人权,而是在美国军队尚没有研制出远距离精确制导武器,所以士兵伤亡严重的"前海湾战争"、"前阿富汗

---

[62] 梁启超:《中国历史研究法》,载《梁启超史学论著四种》,长沙:岳麓书社1998年,页223。

[63] 马克思:"路易·波拿巴的雾月十八日",载《马克思恩格斯选集》(第一卷),北京:人民出版社1995年,页590。

[64] 阿瑟·林克、威廉·卡顿:《一九〇〇年以来的美国史》(中册),刘绪贻等译,北京:中国社会科学出版社1983年,页344—345。

[65] 这些逃避服越战兵役的青年中就有日后的美国总统克林顿。逃兵克林顿能够在1992年击败二战英雄飞行员出身的老布什获选美国总统,可见美国人对当年这一运动的看法以及人数之众。

[66] 美国60年代学生运动期间的标志性反抗行动除了共知的抽大麻、摇滚、嬉皮士外,还有一个就是烧征兵卡。

战争"、"前伊拉克战争"年代,为了自己的个人利益而作出的本能举动。

借反战运动这股东风,拉丁美洲人运动、美国本土人(印第安人)运动、黑人权利运动、妇女权利运动、被告人权利运动等各种运动风起云涌[67],遂将美国的六十年代变成一个和西欧学生运动[68]并称的革命年代[69],如毛泽东诗词所言,这是一个"四海翻腾云水怒,五洲震荡风雷激"的时代。正当程序革命只是革命大时代、大叙事中的一个片断而已。

同时,在美国政府的国内政策上,由于约翰逊总统倡导的"伟大社会"计划的施行,"工人阶级和中产阶级被抛弃并要为改革付出代价","当城市骚乱持续,阶级和种族对立恶化,以及政治冲突升级的时候,自由主义者已经无言可对了"。"由于'伟大社会',自由主义者自己到了终点。"[70] 亲历过那个时代的卢卡斯多年以后就评论到:米兰达所激起的对沃伦法院的反对演变为一种政治势力,给警察戴上手铐、对罪犯温情脉脉的作法很容易导致对法院的贬抑。事实上,米兰达案件成为1968年民主党在大选中失败的一个重要原因。[71] 尼克松竞选演说中充分抓住了民主党的这一软肋,十分煽情地说:"就在美国刚刚过去的四十五分钟内,有一个人被杀,两个人被强奸,四十五起重要的暴力犯罪发生,另有无数次的抢劫和汽车被盗。"[72] 后果就是1968年的美国总统大选,保守的尼克松的获胜以及接下来的"尼克松时代"的到来,这被认为是美国自由主义的崩溃和终结。

我倾向于认为,越战和民权运动、沃伦的正当程序革命可能存在着互相借力的关系,但是用任何的单一变量来诠释沃伦革命都是一种独断。仅就越战而言,北部湾事件(美国称为东京湾事件)是在1964年10月,这个时候沃伦革命已经开始;沃伦下台后,越战在尼克松手里继续扩大,扩大轰炸越南北方和柬埔寨都是在尼克松第一任期。沃伦革命后期与越战有所重叠,绝非是共变关系。美国国内政治态势的变化和社会局势对最高法院法官的态度的确可以起到加速或阻滞作用,因为作为浸淫于实用主义哲学的美国联邦最高法院大法官们会对自己的决定所可能产生的后果有一个判断。时势的影响力我想就在于此。

---

[67] 霍华德·津恩:《美国人民的历史》,许先春等译,上海:上海人民出版社2000年,页375—397"或者会爆发"和页398—426"胜利无望的越战"。

[68] 洛朗·若弗兰:《1968年5月法国的"文化大革命"》,万家星译,武汉:长江文艺出版社2004年。

[69] "附录:中国红卫兵运动与美国等学生青年运动对照表(一九六二——九七一年)",载任知初:《红卫兵与嬉皮士》,香港:明镜出版社1996年,页321—336;许平、朱晓罕:《一场改变了一切的虚假革命——20世纪60年代西方学生运动》,上海:上海人民出版社2004年。

[70] 戴维·斯泰格沃德:《六十年代与现代美国的终结》,周朗等译,北京:商务印书馆2002年,第5页。

[71] Lucas A. Power, Jr.:同前注[46],页399—400。

[72] Lucas A. Power, Jr.:同前注,页408。

接下来的美国历史大致印证了这点。1973年美国停止在越南的战争（1975年彻底撤出），并将征兵制度改为募兵制度[73]，青年的反战运动迅速烟消云散，附着于其上的各种运动也因此大幅衰退。经历尼克松、福特、卡特几年的过度后，进入20世纪80年代的美国进入了其二百多年历史中的又一个加速期。1980年，共和党内极右翼的保守人物里根上台，他高扬反凯恩斯主义、反罗斯福新政的大旗，与先一年在英国登上政权的保守党主席"铁娘子"撒切尔一起在大西洋两岸掀起了一场震荡全球的保守主义革命。[74] 从里根八年开始发轫，经克林顿时代的黄金八年和布什父子的八年，美国进入了战后又一个镀金时代，加上冷战的胜利和海湾、前南、阿富汗、伊拉克等地区战争和反恐的胜利，美国政府在国际和国内独步天下之感正浓。狂躁的60年代已经成为美国人的记忆。

非常能够印证我前文评价那些摇旗呐喊呼喊民权的美国大学的一桩事例就是：六七十年代美国民权运动的一个中心是美国西海岸的加州大学，加州大学伯克利分校更是运动的领军。但是到了20世纪90年代加州大学却摇身一变成为废除当年平权法案的旗手，并于1997年成为全美国第一个宣布废除"肯定性行动"（affirmative action）的公立大学。[75]

可能也正是因为往往有这样的历史表现使得英国史学家吉本有了这样的话："这是一个很明显的真理：时代必须适合于那些非凡卓绝的人物，克伦威尔或瑞兹这样的天才在今天可能会默默无闻终身。"[76]这话只是不能再夸大了。因为仅就沃伦革命而言，如果当初是国务卿杜勒斯接受了艾森豪威尔的劝说出任首席大法官；如果福塔斯的两万美元不被发现而顺利接替沃伦就任首席大法官；如果1969年大选上台的不是尼克松而是阿格纽；如果上台的尼克松不是有天赐的四次任命最高法院大法官的机会从而顺利改组了沃伦法院，而是落得如罗斯福一样对最高法院的顽固咬牙切齿而毫无机会，那么还会不会有沃伦法院，会不会有正当程序革命，会不会有日后"反革命分子"伯格、伦奎斯特的"反攻倒算"和"秋后算账"？

也许不会有，但是，"也许，也许，已没有也许"。历史不可能推倒重来，不能假设如果。[77] 充满了变数、偶然、不确定，没有一个必然的决定率，才是真的

---

[73] 美国于1973年3月，将征兵制度改为募兵制度（全自愿兵役制度），见李保忠：《中外军事制度比较》，北京：商务印书馆2003年，页215—216。

[74] 经济上的新自由主义、基督教原教旨主义、政治上的新保守主义。

[75] 任东来等著：《美国宪政历程：影响美国的25个司法大案》，北京：中国法制出版社2004年，第403页。

[76] 转引自爱德华·霍列特·卡尔：《历史是什么——1961年1月至3月在剑桥大学乔治·麦考利·特里维廉讲座中的讲演》，吴柱存译，北京：商务印书馆1981年，页55。

[77] 尼尔·弗格森：《未曾发生的历史》，丁进译，南京：江苏人民出版社2001年。

历史。更多时候,理论和主义都是依托于人的,尤其是处于关键岗位上的有权力的少数精英人物手中的。并没有一个超越时空的永恒存在于世间的真理之音,所以把一个作为特殊历史阶段的特定产物之观念放大,成为一个普遍性的意向君临天下,而不愿看到这种观念背后的个别性,这其实是一种压迫。如克罗齐曾经的放言:"先收聚事实,然后根据因果关系把她们联系起来;这就是决定论概念中所表现出来的历史家的工作方法。"[78]

即使是以其他形式表现出来的决定论也是不能让人信服的,美国学者霍维茨就坚持一种"出身决定论"。作为中国人看霍维茨的"出身决定论"分析方法让人感觉回到了"文革"时代。霍维茨认为沃伦法院六个法官之所以都是自由主义者,是因为这六个人均属于"出身贫下中农""祖孙三代做马牛""穷人的孩子早当家""苦大仇深"类型的社会边缘人。而保守派的大法官则都出身"五谷不分、四肢不勤的地主、资本家家庭"。[79] 实际上,霍维茨教授最后的结论就是如此:"在塑造沃伦法院的那些组成者因而也是塑造法律史的过程中,阶级出身、宗教信仰和种族特性皆起着重要作用。"[80]霍维茨教授的断言极容易被证伪,因为日后颠覆程序正义的"反革命分子"伯格的出身比沃伦的法官们更为寒苦:伯格为瑞士移民后代;"家庭务农,家境清贫";七个孩子中排行第四,高中靠送报纸赚学费;无钱上大学,上夜校成材。[81] 日后的黑人大法官克拉伦斯·托马斯在一系列问题上都与第一位黑人大法官、沃伦革命时期的马歇尔针锋相对[82],尽管两人具有相同的种族特性。

我以为,作为法律人应当像法律一样,关注人的行为,而不是人的思想和出身。还是马克思的那句话的启示:"只是由于我表现自己,只是由于我踏入现实的领域,我才进入受立法者支配的范围。对于法律来说,除了我的行为以外,我是根本不存在的,我根本不是法律的对象。我的行为就是法律在处置我时所应依据的唯一的东西,因为我的行为就是我为之要求生存权利、要求现实权利的唯一东西,而且因此我才受到现行法的支配。"[83]

当然我必须承认,历史人物和事件往往"誉者或失其真、损者或过其实"。但是,有一点是后世的人都不否认的,即沃伦治下的美国联邦最高法院是美国

---

[78] 贝奈戴托·克罗齐:《历史学的理论和实际》,傅任敢译,北京:商务印书馆1982年,页47。

[79] 我虽用语不庄重,但是霍维茨教授的选词、造句让受众实在就是这种感受。详细请见莫顿·J. 霍维茨:同前注[7],页6—22。

[80] 莫顿·J. 霍维茨:同前注,页22。着重号为引者加。

[81] 见朱瑞祥:同前注[43],页581。

[82] 王希:同前注[52],页554。

[83] 马克思:"评普鲁士最近的书报检查令",载《马克思恩格斯全集》(第一卷),北京:人民出版社1956年,页16—17。

最高法院历史上最革命、最有争议的时期。

虽然美国联邦宪法第五修正案规定了"无论任何人,不经正当法律程序,不得被剥夺生命、自由或财产"。但是按照1833年马歇尔大法官在 Barron v. Baltimore 案件中所作的解释,该条只适用于联邦。内战后的1866年提出,1868年获得批准的第十四修正案第一款将正当程序条款的使用扩大到各州,要求"任何一州……不经正当法律程序,不得剥夺任何人的生命、自由和财产"。但是在施行判例法制的美国,这一条款并没有给予各级法官以一种可操作性的(operative)方式予以推行。一直到沃伦法院中后期,自由派法官赋予"正当"(due)[84]一词无限丰富的含义,从两个条款中汲取了无穷的资源,才将第五、第十四修正案锻造为向美国百姓输出自己信念的两件利器。

而沃伦法院时代被称为革命的时代是恰当的,沃伦时代占美国联邦最高法院存续期间的不到1/10的时段,但是它所推翻的最高法院判决却占到了此前时代总和的50%。沃伦刚坐到最高法院首席大法官位置上的时候,整个最高法院只有88次推翻前例的记录,沃伦时代开始之后,就45次推翻前例,1967年一个开庭期就飙了7个,在沃伦时代开庭期的最后一天(1968年6月23日),还将两个推翻前例的刑事案件判决作出[85],与惯常美国法院司法克制、保守的形象相去甚远。

当然,我绝不是要"扬伯格抑沃伦"。本文中我一直想表达的一个意思就是,每一个人都是外在条件和自我内心理性、情欲约束下的普通个体。沃伦如此,伯格也不例外。1986年,78岁的伯格突然提出退休。外界猜测伯格此举意在给意识形态相近的里根以任命保守法官的机会而不让自由派攫得空隙。今日看来,时人的指摘确实不虚,因为里根第二任总统任期也已经过半,1988年大选鹿死谁手无法断言。首席大法官伯格一人身退就可以给里根总统两个任命机会。和当年的沃伦的筹划如出一辙。只是里根和伯格比约翰逊和沃伦幸运,事情按照筹划既遂:伯格退休,里根于是提名保守的伦奎斯特为首席大法官,又再任命了另一个保守分子哥伦比亚特区上诉法院法官斯卡里亚接替伦奎斯特成为大法官。[86]

五、这一张旧船票能否登上你的客船?

旧时,修家谱追溯先祖,无不将历史上的声名显赫的文人政客功臣名将作为自己的祖先,甚至远溯到三皇五帝。修家谱的没有一个自称是秦桧的后代

---

[84] 我认为 Due 应当翻译为"适当的"(appropriate),我另文分析。
[85] Lucas A. Power, Jr.:同前注[46],页481—482。
[86] James MacGregor Burns: *Government by the People: national, state, and local version*, New Jersey: Prentice-Hall, Inc. 1998, pp. 431—432.

的,而且是"人从宋后无名桧,我到坟前愧姓秦"[87]。"当年上海大亨杜月笙发迹后,嫌自己出身卑贱,发迹前是个卖水果的小贩,便请名士杨度为自己修家谱。开始杨度选择了唐朝宰相杜如晦为其先祖,杜月笙认为名字晦气,于是杨度又换成杜甫,杜月笙也变成了杜甫的后裔了"[88]。而且是"无论忠奸贤愚、士农工商,一入谱传,无不尊师重教,文风蔚然,诗礼传家"[89]。在很多时候,学术理论在开创之初,尚没有声响、无人喝彩的时候,都要给自己找一个正当性的根据,这种根据由于无法诉诸实践所以通常不能从现世的效果来获得,而大多是诉诸往昔——从往昔中去发明自己的历史,通过重新解释过去和现在的关系来为当下提供生存根据。程序正义论者就通常将程序正义的源头追溯到 1215 年英国《大宪章》,断言程序正义的九项标准"有不少或许全部都包括在英国法学家称作'自然正义'的东西里"[90]。

这种对历史的叙述和书写其实从来都是一种今世的想象和重构。在具体的可操作意义上,当世中国程序正义论者所坚持的各种原则、定理、命题基本是出自于美国沃伦法院革命时期的判例。所以,在策略上,程序正义论者的处理方式就是一方面将繁复的各种规则抽象还原为少数几个关键语词,进而声称这些语词在先贤圣祖那里已经有讲述,是"源远流长"的"人类的精神文明之花",而不顾正当、正义等语词在内涵上极为柔软,是可以任意解释的。另一方面就是不断地圣化沃伦革命,将这场革命表述得无比崇高,将沃伦一系的最高法院成员锻造为圣贤。

中国程序正义理论的最初的理论来源和灵感基本上是来自罗尔斯[91]、谷口安平[92]、贝勒斯[93]、季卫东[94]等的介绍。尤其是季卫东那篇文章传布甚广,

---

[87] 张伯驹编著:《素月楼联语》,上海:上海古籍出版社 1991 年,页 18。
[88] 葛剑雄、周晓赟:《历史学是什么》,北京:北京大学出版社 2002 年,页 104。
[89] 葛剑雄:"家谱:作为历史文献的价值和局限",载《葛剑雄自选集》,桂林:广西师范大学出版社 1999 年,页 232。
[90] 马丁·P. 戈尔丁:《法律哲学》,齐海滨译,北京:生活·读书·新知三联书店 1987 年,页 241。
[91] 约翰·罗尔斯:《正义论》,何怀宏、何包钢、廖申白译,北京:中国社会科学出版社 1988 年;另有谢延光译本,上海译文出版社 1991 年。
[92] 谷口安平:"程序公正",董鹤莉译,载宋冰编:《程序、正义与现代化——外国法学家在华讲演录》,北京:中国政法大学出版社 1998 年,页 356—391;谷口安平:"程序的正义",《程序的正义与诉讼》,王亚新、刘荣军译,北京:中国政法大学出版社 1996 年,页 1—22。
[93] 迈克尔·D. 贝勒斯:《法律的原则——一个规范的分析》,张文显等译,北京:中国大百科全书出版社 1996 年。
[94] 季卫东:同前注[40],页 3—86。

先后在不同刊物以不同形式出版。[95] 罗尔斯的著作在1988年就被翻译为中文,在1990年代中后期中国大陆诉讼法学界开始高度关注罗尔斯,迅速掀起了传播、复制、讨论的热潮。但此前中国诉讼法学界,主要是因为两个人的两篇论文的介绍而结识罗尔斯和程序正义论的。一篇是前述那篇季卫东的文章《法律程序的意义》。另外一篇真正搅动诉讼法学界,产生最大影响的是翻译的日本谷口安平的《程序的正义》。从引证率可以看出这些作品的影响程度。收录季卫东《法律程序的意义》的《法治秩序的建构》在"他引最多的研究型著作(1998—2002)"中排名第12位[96];贝勒斯的那本名为《法律的原则》的译作在1998—2002年期间的"他引最多的学术性译著"排名中名列第11位。[97] 而且如果考虑到这本书的出版时间比起来上榜的其他书都偏晚以及著者的知名度其实都较低而言,能达到这样高的引证真的是惊人的。原因就是因为这本书中有相当部分是在谈程序正义。1998年以后,正是程序正义炽热开始的季节。前述那本"搅得周天寒彻"的谷口安平的《程序的正义与诉讼》在1998—2002年期间的"他引最多的学术性译著"排名中名列第6位。[98] 这些作品的人气大多是诉讼法学者和研究司法制度的学者顶上去的,所以在惯常都喜欢引用法理学书籍的学界,在整个法学领域中,这几本作为部门法的诉讼法学相关作品能达到这么高的引证率,可以显明地看出中国诉讼法学界在近十年对程序正义研究的热度。

这些著作在论证程序正义理论的时候,所使用的个例尤其是话语资源几乎都是取自沃伦时期的美国联邦最高法院。尤其是大法官道格拉斯一句"正是程序决定了人治和法治的区别"被广为引用、转引,和伯尔曼的"法律必须被信仰,否则形同虚设"一起成为当代中国法治的熟语。在论证的时候,只要是一方搬出来美国联邦最高法院的大法官的话,那么另一方就往往无以应对。阿奎那曾经将法律分为自然法、神法、人法。在今天的刑事诉讼研究中,美国法律制度、法律实践一直是如同自然法一样,成为长久以来我们的指引。单就沃伦掀起的正当程序革命而言,它在程序正义理论体系建构中发挥了重要的论证支持作用,对整个程序正义理论的提供了巨大的精神支持和理论动力。

而我在本文中想表明的是:历史仅仅是在发生,是由人作出的发生。传统是被制造出来的,传统并非都是悠久,很多只是近期人为的发明,许多甚至是谎

---

〔95〕 简编本发表于《中国社会科学》1993年第1期;详编本发表于《比较法研究》1993年第1期;收入季卫东文集《法治秩序的建构》,北京:中国政法大学出版社1999年;2004年又出版了单行本《法律程序的意义——对中国法制建设的另一种思考》,北京:中国法制出版社2004年。同主题文章还刊登在《北京大学学报》(哲学社科版),2006年第1期。

〔96〕 苏力:《也许正在发生:转型中国的法学》,北京:法律出版社2004年,页65。

〔97〕 同前注,页66。

〔98〕 同前注。

言,谎言重复千遍就成了传统。很多时候,传统只是一种想象,一种刻意的构建,一种有目的的设计。"'被发明的传统'意味着一整套通常有已被公开或私下接受的规则所控制的实践活动,具有一种仪式或象征特性,试图通过重复来灌输一定的价值和行为规范,而且必须暗含与过去的连续性。事实上,只要有可能,它们通常就试图与某一适当的具有重大历史意义的过去建立连续性。""就与历史意义重大的过去存在着联系而言,'被发明的传统'之独特性在于它们与过去的这种连续性大多是人为的(factitious)。总之,它们采取参照旧形势的方式来回应新形势,或是通过近乎强制性的重复来建立它们自己的过去。"[99] 我们总是先确立一种知识型,然后根据这种确定了的知识型在历史上搜索相关的、相近的形态,再将这些分处于不同时段、受制于不同的社会历史条件的观念形态用一种连续性的手法标绘出来,赋予这些处于不同地层中的观念形态以一种线形的传承关系。然后,翻过头来,用历史正当来论证实存的合理根据。

实际上每一个世代的观念形态都是这个世代的人回应它所处的社会存在的反应,不断变迁的社会不可能将同一个条件重复给世人,所以诉诸时间的做法,只是一种观念史/思想史领域的作法,而对于行动中的实践来说,并不是行动前提。

在程序正义理论的语言中,美国联邦最高法院一直是作为一个"英雄的整体"和"光辉的形象"激励我们在司法制度和刑事诉讼上的每一次改革的。美国联邦最高法院的九名大法官几被作为神谕的宣示者(oracles)。尽管它只是一个带有极强的制度偶然性的产物。此外,从这段"官场现形记"中,还颠覆了一个神话就是美国的法官独立。就今日的中国很多学者而言,都对于美国的法官独立称赞不已,但仅从这一段美国最高法院法官任命的历史来看,实际上是所有的总统在选择法官的时候其实就已经埋下了"连理",道格拉斯曾经直言不讳地说:"大多数总统都是提名那些将会和自己投一样票的法官。要是我是总统,我也会这样做。"[100]

但缘何程序正义理论到了中国就能够成为一种普遍性的话语资源,成为具有绝对霸权地位的理论?以至于凡是反对程序正义就是反对人类的文明进步,就是要将中国人民带入黑暗与暴力、极权之中。

美国学者雷迅马从他的视角曾经有过一个解释,就是冷战时代的美国政府和学界互相配合,以进化论的单线发展观为理论依据,塑造了关于世界发展形态的一整套理论,从而形成"现代化"的理论,使得这些欠发达国家的思想界在

---

[99] E. 霍布斯鲍姆等:《传统的发明》,顾杭、庞冠群译,南京:译林出版社2004年,页2。
[100] William O. Douglas:同前注[30],页242。

面对自己国家的政治衰败、经济停滞、文化畸形等现实状态下,几乎不加任何思索地就接受了这套理论。[101]

我猜测在程序正义话语成为强势语言的发生过程中,一个重要的因素可能就是对于中国目前刑事诉讼观念、立法和司法的强烈不满。学者们可能在无意识地重复当年严复的道路。

在中国近代思想史上,严复作为"最早睁眼看西方的人"将斯宾塞、孟德斯鸠等人的著作翻译介绍到中国来,但在引介西学的过程中,严复钩玄提要加进了大量自己的理解。这种现象成为许多后人抨击严复时的一个重要口实。钱钟书等人就对严复的翻译和对西学的介绍嗤之以鼻,钱本人评价严复:"几道本乏深湛之思,治西学亦求卑之无甚高论者……所译之书,理不胜词,斯乃识趣所囿也。"[102]但是更多的研究严复思想的学者勘破此点,认为严复的这样作法的目的是在积贫积弱、思想远未开化的晚清中国进行思想上的棒喝启蒙。[103]正因为具有很多开创性意义的思想而不只是西学的传声筒,所以在当世,严复成为中国政治、哲学、社会学思想史和海外汉学研究的一个极为重要的人物。

在程序正义理论引进介绍中,很多学者虽未言明,但是在实际行动中表露出来的恰恰是百年之前中国第一次西潮新潮[104]涌动的时候,严复这一辈学者所具有的心态。

刑事诉讼法学者对待程序正义的态度其实还有着一个不予言明的内在观点支持,就是"补课论"。因为立法、司法的转变要以观念诱导在先,而观念的转变在中国阙如,所以中国要补"对程序的尊重"这一课,修正"实体优于程序"的固有观念。大量新的理论词汇的引入、大量新的观念的吸收、大量新的话语形式的使用,目的就是要纠正传统的刑事诉讼法所持有的观念形态表述形式和分析工具。

对于此,华裔学者王汎森曾认为"每一个时代所凭借的'思想资源'和'概念工具'都有或多或少的不同,人们靠着这些资源来思考、整理、构筑他们的生活世界,同时也用它们来诠释过去、设计现在、想象未来。人们受益于思想资源,同时也受限于它们。在'思想资源'与'概念工具'没有重大改变之前,思想的种种变化,有点像'鸟笼经济',盘旋变化是可能的,出现一批特别秀异独特的思想家也是可能的,但是变化创造的幅度与深度还是受到原有思想资源的限

---

[101] 雷迅马:《作为意识形态的现代化——社会科学与美国对第三世界政策》,牛可译,北京:中央编译出版社2003年。
[102] 张汝伦:《现代中国思想研究》,上海:上海人民出版社2001年,页19。
[103] 详细参见本杰明·史华兹:《寻求富强:严复与西方》,叶凤美译,南京:江苏人民出版社1996年。
[104] 蒋梦麟:《西潮·新潮》,岳麓书社2000年。

制,不大可能挣脱这个鸟笼而飞出一片全新的天地。"[105]

王汎森以清末中国刚开启变法图强时候的事例试图说明,大量词汇的引进"相当微妙地改变了中文的文法。假如没有这些词汇作为'概念工具',许多文章就不会以那样的方式去思考,也不会以那种方式写出来。新的词汇、新的概念工具,使得人们在理解及诠释他们的经验世界时,产生了深刻的变化。譬如'国家'、'国民'、'社会'等概念,在经过日本人之手而后反馈中国之后,几乎重新规范了中国人对于社会、政治的看法,也广泛影响学术研究"。[106]刑事诉讼法学研究大量传播的程序正义、公正程序、程序正当、程序优先于实体、结果产生于程序等概念工具不仅仅是传统表述方式发生了变化,更重要的是极大扭转了我们对刑事诉讼法的认识。

所以,改变刑事诉讼的理论实践和观念补课之说这两个目的成为程序正义传播的原动力。而要达到上述这两个目的,使得传统观念松动,接受"程序独立价值",在方式上学者们认为必须具有很大的冲击力,也就是必须"矫枉过正"。

对于矫枉过正的提法,在当代,大抵都是授受自当年毛泽东流传极广作为语录学习的文字。1927年毛泽东对于陈独秀等指责农民运动"所谓'过分'的问题"曾经反驳到:"农民若不用极大的力量,决不能推翻几千年根深蒂固的地主权力。所有一切所谓'过分'的举动,在第二时期都有革命的意义。质言之,每个农村都必须造成一个短时期的恐怖现象,非如此决不能镇压农村反革命派的活动,决不能打倒绅权。矫枉必须过正,不过正不能矫枉。"[107]

程序正义理论在中国的传布和兴盛的历程标明学者们已经成功地做到了这一点,至少在观念意识上已经做到了深入人心。从此以后,任何企图回到从前的作法都已经不可能。

但是,这种强力反拨的矫枉过正的作法潜含着一种逆向的反弹的可能。当年纳粹主义在德国上台,法西斯主义在意大利兴起分别与此前魏玛共和国和意大利国内自由主义的高涨带来的一系列国内问题有关。伯格之后迄今美国的保守主义的抬头与强化与沃伦时期推行的革命带来的社会秩序的恶化直接相关。在中国,由于1996年《刑事诉讼法》过激的改正一些制度,导致了1996年以前罕有的一些现象在1997年1月1日修正后的《刑事诉讼法》实施后出现。以超期羁押的出现为例,鉴于中国1979年《刑事诉讼法》对被告人"获得迅速

---

[105] 王汎森:"'思想资源'与'概念工具'——戊戌前后的几种日本因素",载王汎森:《中国近代思想与学术的系谱》,石家庄:河北教育出版社2001年,页150。
[106] 同前注,页158。
[107] 毛泽东:"湖南农民运动考察报告"(1927年3月),载《毛泽东选集》(第一卷),北京:人民出版社1991年,页17。

审判权"(speedy trial,出自美国联邦宪法第六修正案)的保护不够,《刑事诉讼法》对强制措施和羁押作了严格的限制:取消收审,将1980年2月29日国务院发布《关于将强制劳动和收容审查两项措施统一于劳动教养的通知》(著名的国发[1980]56号文件)和1991年6月11日公安部《关于进一步控制使用收容审查手段的通知》和1992年7月20日《关于对收容审查范围问题的批复》中规定的俗称的"一个前提,四个对象"吸收入《刑事诉讼法》,并给予严格的限制;规定"传唤、拘传持续的时间最长不得超过12小时。不得以连续传唤、拘传的形式变相拘禁犯罪嫌疑人";严格限制监视居住的条件、期限、适用条件执行机关;收紧各种延期报批手续;将最高检察院的特殊批准延期审理申请权架空。[108] 1996年《刑事诉讼法》修改的幅度变动最大的就是强制措施和羁押制度。这次修改是正当程序理论作为一种新锐的观点第一次全面进入立法,虽然还没有全面覆盖整个《刑事诉讼法》,但是仅就羁押一隅,较之1979年已经非常强烈地体现出了正当程序要求有利于被告人的要求。

但是,此后,先是各个机关抱怨期限不够用,然后紧接着就是全面铺开的公然违反期限规定对被告人超期羁押。一旦成了"现象",就似乎仅仅因为法不责众而具有可适性,几乎所有的案件都可以被漫不经心地办理,而不用担心被指责超期。最高法院更是利用自己作为终极裁决机关兼享有权司法解释发布的身份发布了突破《刑事诉讼法》期限的自我授权的规定,即最高人民法院《关于严格执行案件审理期限制度的若干规定》(2000年9月14日)。

从1998年开始,治理超期羁押的规定就高频出台:最高人民检察院《关于清理和纠正检察机关直接受理侦查案件超期羁押犯罪嫌疑人问题的通知》(1998年6月5日)、最高人民检察院、最高人民法院、公安部《关于严格执行刑事诉讼法关于对犯罪嫌疑人、被告羁押期限的规定坚决纠正超期羁押问题的通知》(1998年10月19日)、最高人民检察院《关于进一步清理和纠正案件超期羁押问题的通知》(2001年1月21日)、最高人民法院《关于清理超期羁押案件有关问题的通知》(2003年7月29日)、最高人民法院、最高人民检察院、公安部《关于严格执行刑事诉讼法,切实纠防超期羁押的通知》(2003年11月12日)、最高人民检察院《关于在检察工作中防止和纠正超期羁押的若干规定》(2003年11月24日)、最高人民法院《关于推行十项制度切实防止产生新的超期羁押的通知》(2003年11月30日)。措词严厉的通知一个个接连出台本身就说明事态的严重,否则,一个通知就可以克服的问题,何以连篇累牍!

此外,在1997年以前只是个别现象的如律师被抓问题一时巨幅上升;此前

---

[108] 顾昂然:"刑事诉讼法制定、修改情况和主要内容",载《新中国的诉讼、仲裁和国家赔偿制度》,北京:法律出版社1996年,页14。

尚未蔓延开来的反贪侦查借用纪委"两指两规"手段的问题成为风潮;精心设计的一些制度革新如检察院移送案卷的时间、方式和庭审改革重新回到了1996年以前;试图改观的一些方面如被害人权利保护、被告人权利保护则基本上没有变化;新增加的一些权利规定如律师侦查阶段会见犯罪嫌疑人权利被消极漠视。综观1996年《刑事诉讼法》修改的主要内容,除了公检两机关的管辖权调整得到了落实,其他条款增、改,要么回到了1996年之前,要么被公然违反,成为"三令五申""仍然我行我素"以至于必须通过"执法大检查"等行政手段再来纠正的现象。

  这些叙述,并非表明本文观点就要从"是"中得出"应当","所面对的"并非就是"被想望的",本文依然秉持"休谟之叉"的立场。对于中国刑事诉讼的现状,本文作者不满之意更甚。但是,一种学术的姿态可能不是豪情万丈的理想,而是如张五常所言"解释行为或世事的重点,是考察真实世界的局限条件"[109]。

  以美国20世纪60年代沃伦正当程序革命为精神激励的今日中国《刑事诉讼法》的变革,必须面对的就是弥合逻辑自洽与经验悖反之间的裂隙,即在逻辑的空间里具有无限多样的可能性,在经验的真实世界里,逻辑的自洽并不能总保证经验的确证。否则就应了康德曾经有的一个挖苦:"在形而上学里可以犯各种各样的错误而不必担心被发觉。问题只在于不自相矛盾",所以"在别的科学不敢说话的人,在形而上学问题上却派头十足地夸夸其谈,大言不惭的妄加评论"[110]。

2004年12月7日于北京大学30楼215

(初审编辑:李晟)

---

[109] 张五常:"《佃农理论》的前因后果",载《佃农理论》,易宪容译,北京:商务印书馆2000年,页43。

[110] 康德:《未来形而上学导论》,沈叔平译,北京:商务印书馆1982年,页15、123。

规则建立过程的知识考察

——以"刘涌案"事件为空间

杨晓雷[*]

The Knowledge in the Process of Establishment of Rule:
Based on the Liu Yong Case Affair

Yang Xiao-lei

内容摘要:"刘涌案"曾经在中国法律界甚至更大的社会范围引起很大的轰动与反响。围绕着"刘涌案"审理与判决所出现的各种问题,法律界以及社会大众等群体间产生了不同的认识与主张,从而在社会空间中产生了一系列事件。本文首先通过对"刘涌案"事件中不同群体对该案的看法及所依知识的分析,概括描述了该事件呈现出的各种刑事诉讼法律知识的存在状态。然后,对这些知识在建立程序规则以解决事件冲突中体现出的特点与相互间的结构关系进行了分析,进而阐述了该案程序规则所依据的知识理论在事件发展中展现

---

[*] 北京大学法学院2005级博士研究生。感谢导师张玉镶教授的悉心关怀与建议;感谢导师组汪建成、陈瑞华、潘剑锋、傅郁林诸位教授的不吝赐教及《北大法律评论》编辑们的修改建议,当然,文责自负。

出逻辑与系谱。接着,由"刘涌案"事件引申,对更大范围的中国法治现代化中的诉讼法律知识型的品格、结构进行了分析。最后,反思了对现今知识型条件下的刑事诉讼理论构建及制度建设中出现的问题,特别提出了中国问题和中国经验的重要性。

关键词:"刘涌案"事件 知识型与系谱 中国问题

Abstract: The case of Liu Yong stirred a significant impact on the society, especially on legal professionals in China, the debate aroused between the professionals and the public on various issues of criminal procedure law during the process of the trial and especially the decision of the case. With an analysis of different ideas and the knowledge background of various groups, this paper identifies the existing forms of the diverse knowledge about criminal procedure law with Liu Yong Case. A discussion follows on the characteristics and structural interrelationship in the process during which various knowledges shape the rules of criminal procedure, and further, on the logic and genealogy of the knowledge background for rules of trial procedure that appeared in the affair. Based on the Liu Yong Case, the article then discusses the character and structure of the episteme of procedure law in the progress of the modernization of rule of law in China, and makes the final part a reflection on the problems in the procedure law theory building and criminal procedure systems establishing under the current episteme. In the end, the article emphasizes the importance of identifying the problem of China, the means to resolve.

Key words: Liu Yong Case episteme and genealogy

> 在我们最无望的地方寻找它们,在我们倾向于没有历史的地方寻找它们,在情感中、在爱中、在本能中寻找它们。[1]
>
> ——米歇尔·福柯

---

[1] 参见王治河:《福柯》,长沙:湖南教育出版社1999年。

一、引言：事件与事件后

刘涌案于 2003 年 12 月审结，"刘涌案"事件也已尘埃落定三年有余。[2] 现今，大量的新鲜事物的覆盖速度愈来愈快，人们很容易因此而忘记旧东西。但是，从一个普通的个案发展成为轰动全国的事件，刘涌案给我们留下的东西，很多很深。关于刘涌案与"刘涌案"事件的经过与情节，与其有关联或没有关联的人，都能以各自的形式发表意见。它可能成为流传在街头巷尾的黑社会老大如何难逃法网，青天大人如何伸张正义的平民故事；也可以是某个新闻记者的灯下杂记，爆料；还可以是司法人员经验总结的典型案例以及法学院研究素材，等等。

无疑，这个案件及事件的记述版本是多样的。可能的原因在于，事件发生后，人们部分地忘记与记住了这个事件。其实，人们总是习惯于根据自己的视角、观念或情感，讲述或记录自己所认识的故事。这样的取舍不仅仅是在事件发生后在事件中，不同的人已经采取了不同的视角与观念。而取舍的不同导致了人们对这个事件的不同认识，比如说，刘涌是否该死的问题，司法是否该独立的问题，非法证据是否应该排除的问题，程序正义与实质正义的关系问题[3]，

---

[2] 刘涌案与"刘涌案"事件：刘涌，原沈阳嘉阳集团董事长、和平区政协委，1997 年 12 月当选为第十二届沈阳市人民代表大会代表。1994 年因犯伤害罪曾被沈阳市公安局收容审查，2000 年 7 月 11 日被沈阳市公安局刑事拘留，同年 8 月 10 日经沈阳市人民检察院批准逮捕。

2002 年 4 月 17 日，辽宁省铁岭市中级人民法院对刘涌等 22 人组织、领导黑社会性质组织及故意伤害等案一审公开宣判。以组织、领导、参加黑社会性质组织罪、故意伤害罪、非法持有枪支罪等多项罪名，判处被告人刘涌、宋健飞死刑。

2003 年 8 月 15 日，辽宁省高级人民法院认为"论罪应当判处死刑，但鉴于其犯罪的事实、犯罪的性质、情节和对于社会的危害程度以及本案的具体情况"，以及"不能从根本上排除公安机关在侦讯过程中存在刑讯逼供的情况"，由此，在终审中判处刘涌死刑、缓期两年执行。辽宁省高级人民法院此举在社会上引起了强烈的反响，引起舆论大哗，人们通过网络、媒体等各种方式对此案表示质疑，认为"刘涌不死，天理难容"，认为案件的背后存在着司法腐败甚至各种法律界内部的交易。而法学界大部分人评价认为，二审的改判符合法治的精神，符合"程序正义"的理念与法律的规定。因此，判决书的内容也在法学界、司法界和民间引起了广泛的争议。仅在搜狐评论栏目中，有关刘涌案件的网友留言就超过 8 万条，创造了中国互联网历史上的记录。就在民间对刘涌一案的判决结果广泛质疑的时候，最高法院认为本案的改判值得重视，并提审该案，于 2003 年 9 月中旬向刘涌送达了提审决定。

2003 年 12 月 22 日上午最高人民法院对刘涌案经再审后作出判决：以故意伤害罪，判处刘涌死刑，剥夺政治权利终身；与其所犯其他各罪并罚，决定执行死刑，剥夺政治权利终身。宣判后，辽宁省铁岭市中级人民法院遵照最高人民法院下达的执行命令，当日对刘涌执行了死刑。

需要说明的是，本文所说的"刘涌案"事件，指的是围绕"刘涌案"而在社会中产生的司法事件，包括社会上各个层面与角度对"刘涌案"的各种反应及相互间的冲突，而不仅仅是"刘涌案"本身。

[3] 关于程序正义与实质正义的解释，参见谷口安平：《程序的正义与诉讼》，王亚新、刘荣军译，北京：中国政法大学出版社 1996 年。

等等。因此,整个案件的审判和事件的进展与其说是处理刘涌案本身,不如说是在不同的认识与理解中辨析和取舍。

无论案件的结果如何,案件一旦审结后,各种各样的矛盾与冲突就获得了一种解决,最起码在刘涌案中便是如此[4]。经验告诉我们,冲突与矛盾的解决,常常意味着妥协的出现,如果不存在双赢的效果,肯定是一方成功了,另一方失败了。在刑事诉讼法学界,关于此案结果的一种共识是,在与实质正义的冲突与较量中,多年来学界所极力倡导的废除死刑、司法独立、程序正义的理念与制度在现实中遭遇了阻却、误解甚至是"失败"[5]。

对于这样的结果,面对法律实践与理想中的法律的距离,不少遭遇"失败"的人坚持不馁,继续前行。这是值得肯定的,因为在学术研究中,成功与失败对于学术价值的判断来说没有太多意义。就像不能因为美国民众支持辛普森案审理过程对程序正义理念的恪守而否认实质正义的价值[6],同样,在刘涌的案件中,人们也不能因为程序正义的精神没有得到彰显而否认其价值。在这两个案件中,成功与失败只是体现两种知识观念与案件的结合,而不涉及现实中的知识的意义与价值。因此,程序正义理念的坚持者们完全有理由主张:在刘涌案件中程序正义不能得以实现,并不意味着程序正义没有价值,以及在未来的诉讼案件甚至诉讼程序制度中不能实现。因此,应该创造条件,促使这种程序正义尽早实现。因此,理论界应该构建合理科学的知识体系,参加创新性司法实践活动,不断研究与探索,以促进刑事诉讼司法制度的完善与进步。[7]

然而,现实往往远在理想之后。刘涌案结束后的几年来,一系列案件(如余祥林案)的发生让现实中的程序正义理念又遭受打击。程序正义等现代诉讼理念在经历了这样一些事件后,似乎依然不能在民众间唤醒什么,反而让人觉得现实中总是有一种暗流在潜行。于是,程序正义的坚持者们不得不开始认真寻找自己的敌手。找到了敌手,也就意味着找到了出路。于是,再次把目光投向其视野能看到的——"实质正义"。因为,从逻辑上看,既然程序正义是还

---

[4] 当然,这只是一种解决状态,也许关于实质正义、程序正义、司法独立等相关的理论争论还是没有得到最终解决,甚至又进入了新一轮的开始。参见魏雅华:"刘涌的句号并非刘涌案的句号",载《新西部》2004年02期,http://scholar.ilib.cn/A-xxb200402023.html(最后访问2007年4月20日)。

[5] 参见万兴亚:"刑法学研究会副会长:刘涌案改判是为了保障人权",http://www.south-cn.com/news/china/china04/ly/sffx/200312171255.htm(最后访问2007年4月29日);"刘涌案 中国法学界的耻辱还是光荣?",http://news.sina.com.cn/c/2003-12-24/08461416965s.shtml(最后访问2007年4月29日);"刘涌案:中国一批法学精英的倒掉",http://news.xinhuanet.com/comments/2003-12/23/content_1243820.htm(最后访问2007年4月29日)。

[6] 关于辛普森案件的情况,参见王达人、曾粤兴:《正义的诉求》,北京:法律出版社2003年。

[7] 关于现实中这样的主张,参见高昱:"《商务周刊》社论刘涌死了 但是法治不能死",http://news.sohu.com/2003/12/26/36/news217463643.shtml(最后访问2007年4月26日)。

没有完全发生的应然,那么现实就由实质正义占据着;而现实对"实质正义"的抱守是程序正义的障碍。

但"刘涌案"事件的问题和冲突真的是实质正义和程序正义的较量和冲突吗?程序正义真的是被实质正义打败的吗?其实,刘涌案蕴含着不同人们的期许与各种应然命题,实质是引发了关于刑事诉讼法律观念与理论的碰撞。那么,是什么样的诉讼法律观念、知识与理论在碰撞?碰撞又是如何进行的?又会给中国刑事诉讼理论研究和法律规则的建立带来什么?

二、事件的知识考察

通过"刘涌案"事件,我们看到了一个个争议和冲突的主张,也看到了哪些实现了,哪些没有。这些争议主要是对选择什么样的诉讼程序及如何审理与判决的不同认识与观念。如果把"刘涌案"事件看作一个空间,那么,在这里看到的,是各种关于刑事诉讼程序的知识的积极运行、相互作用,并伴随着案件始终。

在这个空间里,知识并不仅仅只有程序正义这一种,当然也不为实质正义所独断,虽然似乎它在案件中获得了最终胜利。而程序正义与实质正义只是其中一种标准下的知识划分。事实上,这里涉及的知识和标准是多样的。

比如说,从认知主体来看,不同认识主体往往会因持有知识不同而对同一现象产生不同看法,也因此表现为不同的知识。针对这个案件,因为主体的不同,在案件运行过程中,呈现出了大众、检察官、法官、律师以及学者等相同或者相异的见解与主张。因此,可将刘涌案中的知识分为:大众的知识、检察官的知识、法官的知识、律师的知识以及学者的知识等等。

又比如说,从认知对象的角度来说,认知对象不同,知识也会不同。在刘涌案中,由于案件审理的相对复杂,需要分辨的方面很多:运用怎样的证据规则;遵循怎样的程序;这种程序所体现的是程序正义还是实质正义;司法是否应该独立、如何独立以及是否应该废除死刑等。这些方面基本涵盖了刑事诉讼的主要部分与刑事处罚的主要问题,而这些方面的知识将影响甚至塑造一国刑事诉讼的基本精神和制度。

而"刘涌案"中程序正义知识与实质正义知识之分,则是依据理念与价值的不同划分。至少在学术界看来,这是刘涌案的知识构成基础和理念标准。"实质正义"与"程序正义",一般来说,不仅是一种制度的价值体现与精神气质,而且是一种诉讼制度的形而上的至高理念,是整个程序的精华所在。这样的一种知识划分与评价,就像一根线索,把依据主体而划分的知识以及依据认识对象等标准划分的知识串了起来,形成实质正义或者程序正义的知识体系与制度体系;或者像一个舞台,赋予每一个知识的主体与对象以不同的角色,演绎实质正义或者程序正义的脚本。[8] 那么,这样的贯串是如何实现的呢? 为了便于说明,本文尝试将这种知识形式与体系归纳如下图:

"刘涌案"事件中呈现出来的诉讼知识型

特征 名称	价值指向	表现形式	基本内容		
			司法制度	证据规则	程序与实体
大众型	复仇与惩罚罪犯,死刑	权利意识导致的激情的社会舆论表达	清官司法	实事求是原则	实质正义
现代法治型	人权的保障与依法治理	理性的知识探索、表达与制度建设追求	完全的司法独立	严格的非法证据排除	程序正义
行政司法型	社会的稳定与基层利益平衡	国家的系统法律规则与制度	政治性行政司法	实事求是的非法证据排除规则	程序正义与实质正义兼顾

以上知识类型都是本文的一种列举,只是一个大致的描述,并不代表人人都是那么看待的,也不代表其中的观点本文作者都认同。但是,这样的列举能够说明它们的存在及合理性。在"刘涌案"事件的空间里,我们着实能够看到的是:该案的判决结果是以上各种不同知识合力的结果[9],而整个事件就是以各种不同的知识关系架构出来的历史空间。因此,在本文看来,如果这些知识是当时中国各种诉讼法律知识的一种展现,那么,这个事件呈现出来的就是当时中国刑事诉讼法律知识与规则的一种结构。

三、事件的系谱

现实各种知识类型的内部构成并不完全恪守表中的体系与结构,相反,会有不同程度的交叉与变换,比如说,大众型的知识未必就绝对不会主张程序正义,现代法治型的知识也未必就绝对不会出现实质正义的要求[10],关键要看想

---

[8] 参见搜狐新闻中心:"聊天实录:北大法学院副院长谈刘涌为何不该杀?",http://news.sohu.com/59/88/news212628859.shtml(最后访问2007年4月29日);"陈瑞华:二审法院判刘涌死缓没有给予充分论证",http://news.sohu.com/70/59/news212695970.shtml(最后访问2007年4月29日);"刘涌案改判之争的两种正义",http://news.sina.com.cn/c/2003-09-16/15201754133.shtml(最后访问2007年4月29日)。

[9] 来自民间的声音表达了这样一个愿望,强烈要求法官们能够遵循民意,落实正义(人们的行动实际是他们内心认定的正义价值的体现);而法律专家的意见则认为,本案的证据有颇多漏洞,在侦查过程中可能存在法律严禁的逼供行为,缓刑是对人权的尊重(这才是超越了人主观意志的法律的正义。)关于两者间的争论参见"最高人民法院提审刘涌案 属建国以来首次",http://www.southcn.com/news/china/china04/ly/lytt/200312171126.htm(最后访问2007年4月29日)。

[10] 参见"中国新闻周刊:刘涌案改判之争的两种正义",http://news.sina.com.cn/c/2003-09-16/15201754133.shtml(最后访问2007年4月27日)。

运用它们达到什么样的目的。知识构成要素本身的内容只是要素的一个方面,如前所言,我们还要看看知识要素在现实中体现出来的形式与结构以及这些要素在自己的形式与结构之下又是如何碰撞、实现乃至落空的。

在中国,像"黑社会老大"被绳之以法的案件肯定不只是刘涌案这一桩,但是,近些年来,在中国能如刘涌案一样产生如此大影响的,还是很少见。是什么导致这个案件有这么大的影响力?只要是了解本案审理经过的人,想必很少有人会认为是案件本身或者该黑社会组织的罪大恶极所致。在司法机关,每天都有大量的案件在司法流水线上运转,而刘涌案的审理也是一个产品。但与以往案件相比,这个案件超越了这个流程,甚至打破了司法流程和司法程序。最主要的征候是公众广泛、长期地关注并参与到司法流程中来,产生了很大的影响力。当然,这里的公众不只是老百姓,还包括专家、新闻媒体以及其他组织。[11]

问题也正在于此。规范的审判主体之外的公众与学者的大量广泛参与,导致在刘涌案司法程序中形成了两种知识的强势交锋——较为传统的追求实质正义的大众意识,与较为现代的、追求程序正义的专业理论知识。"刘涌案"事件就在这两个知识体系的演绎、冲突中产生并发展着。这使得刘涌案件的整个司法程序操作成为中国刑事诉讼发展过程中的一个丰厚的锋面。

一方面,自1996年以来,中国的刑事诉讼法得到了修改与发展。在此前后,刑事诉讼法学理论出现了空前的繁荣局面。为了中国的法治事业的发展与刑事诉讼的现代化,大量的国外理论不断得到研究与介绍,并由此分析、梳理出中国的大量问题,也通过提出了具有建设性的理念与想法。刘涌案件中出现的程序正义、非法证据排除规则、司法独立等一系列的主张就是这些理论研究成果的体现。这些成果以一定的知识认知、价值观念以及操作技术规定为基础,构成一套完整的诉讼理论与制度体系。在学界的大多数研究者看来,它们代表着未来刑事诉讼的发展方向,体现着现代化的要求与进步。而且,在学界的呼吁与推动下,一些理念与规定在现行的《刑事诉讼法》中也得到或多或少的体现,部分成为刑事诉讼法的有机构成。[12] 这样的一种知识体系同时也是一种标准,可以用它来衡量任何一个现实中的司法案件操作是否符合现代刑事诉讼法律的基本精神与发展方向。[13] 刘涌案也不例外,也需要这样的标准来检验,也需要按照现代化的刑诉理念审理。

然而,另一方面,在现实中,这样的建设遇到了多重的困难,不仅仅是技术

---

[11] 参见韦洪乾:"刘涌案报道回顾",http://whq.fyfz.cn/blog/whq/index.aspx? blogid = 26814(最后访问2007年4月29日);刘以宾:"关于'公愤'——当稀缺资源重回人间",http://news.sohu.com/37/68/news212766837.shtml(最后访问2007年4月25日)。

[12] 比如,《中华人民共和国刑事诉讼法》第96条的规定。

[13] 参见卞建林:《刑事诉讼的现代化》,北京:中国法制出版社2003年。

上的,而且是认知上、习惯上、甚至是制度上的,而刘涌案本身就是一个很好的例证。原因解释有很多,依据现代刑事诉讼的评价标准,这主要是由于中国社会现存的诉讼的知识、观念以及制度影响造成的。可归结为,传统的中国政治、经济、法律以及文化的因素影响,造成中国社会目前欠缺现代诉讼法律的知识、习惯以及制度。按照这些理论,在刘涌案中,同样仍然留存着传统的关于审判案件的认知以及习惯等。它们影响甚至制约着审判机关按照现代司法程序与制度来审理该案。

根据以上的分析,刘涌案的审理似乎既需要体现时代进步与现代诉讼精神,同时,又无法摆脱传统观念与制度的束缚。正是两者的并存与冲突,构成了"刘涌案"事件。因此,它迟早是要出现的,即使不是"刘涌案"事件,也会是张三李四案事件。

但是,有人会说,虽然刘涌案中的交锋结果是现代刑事诉讼理论失利了,但只能说由于现实的复杂性,中国刑事诉讼的进步事业还需要付出更多的努力。一个单独的个案并不能影响理论与制度的必然实现。

这样的说法具有相当的合理性与说服性,并在当今学界占据着主导地位。但在本文看来,无论从逻辑还是事实上看,说法与理解应该会有很多种,而不应该是一种。并且,一种说法再完美,也可能会有其理论上的真空与无法跨越的自身界限。体现现代诉讼法律精神的程序正义理论也不例外。比如说,如果我们探讨案件是如何发生与运行的,或者案件审理整个过程,依据以上认识,现实中所有的中国刑事诉讼案件的审理过程应该是相同的,"刘涌案"事件应该与其他日常司法案件一样,都是这两种知识冲突演绎的必然结论,都是现代刑事诉讼制度进步的一个注脚,但事实似乎并不如此。因为,在本文看来,这样的理解毕竟是众多理解中的一种。

其实,现实呈现给我们的每一个案件的过程都有很大差异性、偶然性、变化性。而一般性无法真实地说明事物是如何发生的以及其间的差异性。因此,差异性才是新事物产生的机会与空间:如果"刘涌案"事件与其他案件都是同样地产生与审理,那怎么还会有如此突兀的影响。由此,我们又怎么能够说明"刘涌案"事件是如何发生的以及在程序上会产生怎样的不同。

无疑,在刘涌案中,差异性比共同性所起的作用更重要,偶然因素比必然规律更具有决定意义。那么,"刘涌案"事件到底是如何发生与发展的? 又是什么造成刘涌案发生与发展的?

我们需要用不同于上述坚持程序正义的另外一种角度描述与分析。在本文看来,"刘涌案"事件产生与发展的因素很多,但首要的是现代社会媒体对刘涌案件的广泛、深入的关注,是外在于司法程序的偶然因素导致了案件审理事件的发生与发展。这看似有些荒唐与不可信,但这的确是实际情况。[14] 我们已知道,与其他案件相比,刘涌案审理过程最大的不同是大众的广泛参与以及与坚持程序正义理念的法律人的交锋与争论,这是一种事实,也是共识。

而这种差异的形成发端于大量媒体对此案的关注与报道,或者说是媒体引发的舆论使刘涌案为更多群体所知悉,为案件的争论创造了巨大而深厚的社会空间。如前文所述,在日常的司法工作中,如刘涌案一样的案件不仅是这一桩,甚至是很多,只是由于未得到披露,除了司法人员,它们不为更多人所知地经历了司法流水线而终结。而刘涌案不同,它被媒体多角度地传播开来,司法体系以外的人因此熟知了这一案件,并带着各种认识与情感参与到案件审理中了。在信息公开与公众知情权正当化的背景下[15],信息共享改变了全社会分享信息的权力结构。社会信息一旦公开,一石激起千层浪,首先激起的是公众对一桩案件的朴素的、简单的好奇与情感,并把目光转向案件的审理。"刘涌案"事件就在这样的条件下产生了。对于一种司法程序与诉讼制度来说,这纯属意外与偶然,存在于司法运行体系之外,也与程序正义与实质正义无关。[16]

当然,对于这个事件,信息公开化、给大众和部分学人搭建的介入平台,只是一个起因。事件的发展似乎还有其他因素的与介入。那么是什么？是大众和学者的情感吗？情感可以引发人们去关注一个问题,但是,在解决问题方面,人是不太相信情感的。人们面对一种现象可以嬉笑怒骂,但是在解决问题时,则更依赖于知识,因为知识代表着理性、清醒与节制。

因此,大众、学界、法律界不知不觉地不再依赖于媒体的信息和空间,而是对案件进行更加深入的关注——多维度地热烈讨论案件应当如何审理。从感性走向理性,从好奇转向思考。于是诉讼法律制度的观念与知识开始登上了舞台、浮出了水面,这是学界所热衷于关注的,也是整个事件的焦点,因此,所有参与的人都会对此热衷讨论。知识的出现意味着终极意义的挖掘与理性的攀升。就其深度与广度而言,讨论的不仅仅是刘涌案件本身及其个案解决办法,而且是整个国家与社会司法制度的理论基础、价值选择与发展方向；不仅是关于刘涌个人的死活问题,而且是国家与民族的强盛与进步。知识出现了,那么它们对整个事件是如何发挥作用的呢？

在学界,现代诉讼理论的拥护与坚持者极力主张依据程序正义、运用现行刑事诉讼法审理此案。如前所述,这不仅是要坚持现有法律制度,给刘涌案一

---

〔14〕 参见潘华:"从'孙志刚案'、'刘涌案'看媒体舆论监督格局的变化",http://www.cddc.net/shownews.asp? newsid = 6383(最后访问 2007 年 4 月 26 日)。

〔15〕 参见北京青年报"从刘涌死刑改判死缓看司法信息披露的重要性",http://news.sohu.com/80/67/news212556780.shtml；"媒体质疑刘涌死缓判决的价值",http://news.sohu.com/87/54/news212455487.shtml(最后访问 2007 年 4 月 26 日)。

〔16〕 参见前注〔14〕、〔15〕。

个公正审判,更重要的是要保护和捍卫学界多年来在艰难环境下构建的现代刑事诉讼成果[17]。甚至在学界看来,即便该案出现辛普森案那样[18]的情况,为了现代刑事司法制度的构建,有不尽如人意的,也要容忍的。这值得敬重,不可否认,一项事业的发展与实现需要这样的超脱和付出。

事实上,这种主张在刘涌案中确实发挥过作用——导致了二审的改判[19],程序正义的坚持者们也因此看到了光明的未来。然而,令人难以料想的是,二审结果在大众中的传播,激起了新一轮大众对案件关注的高潮,公众开始运用自己的知识分析刘涌案的审判。人们开始热衷于讨论刘涌该不该死的问题,刑讯逼供获得的证据能否运用问题,以及大众语言下的实质正义与程序正义问题。

而这与学界的观点产生了碰撞。[20] 不可否认的是,公众当中,也有一部分人,虽然不是专业的法律学者或者工作人员,但是持有与程序正义理念相同的思路,认为应该坚持正当程序,注重对犯罪嫌疑人人权的保护,但这部分人相对较少。但大多数民众认为,不管怎样,杀人者就该抵命,像刘涌这样罪大恶极的黑社会头子更应如此,如果刘涌不能被绳之以法、判处死刑,那么,正义将荡然无存,天理难容。[21] 当然,还有一部分人坚持以事实为根据,以法律为准绳,实事求是地依据现有的法律进行审判,应当尊重现有刑事诉讼法律制度——现有法律如何规定,就如何审理。[22] 如何来看待这些不同的主张与意见呢?第一种意见与程序正义不谋而合,无需多谈。就第二种大众意见而言,在程序正义理念看来,这种主张无疑与现代程序正义理念相冲突。从表面看来,似乎是这种主张导致了正当程序在该案的难以坚持,但我们不能由此必然地、肯定地得出结论:刘涌案是由于大众反对程序正义理念造成最终的结果。刘涌的死活不

---

[17] 参见前注[12]、[13]。

[18] 参见前注[6]。

[19] 参见陈光中:"改判死缓体现了法治精神",http://www.law-thinker.com/show.asp? id = 1900(最后访问 2007 年 4 月 29 日);江晓阳:"刘涌案改判司法意义更高",http://news.sohu.com/2003/12/22/28/news217252888.shtml(最后访问 2007 年 4 月 29 日访问);陈杰人:"不杀刘涌有利于推进法治",http://news.sohu.com/2003/12/21/71/news217207123.shtml(最后访问 2007 年 4 月 29 日)。

[20] 参见外滩画报"对沈阳黑帮头目刘涌改判死缓的质疑",http://news.sina.com.cn/c/2003-08-21/01351583471.shtml(最后访问 2007 年 4 月 29 日);三湘都市报"质疑刘涌死缓",http://news.sohu.com/2003/12/22/00/news217240077.shtml(最后访问 2007 年 4 月 29 日);"北大教授为刘涌改判叫好 遭到网友'责难'",http://news.sina.com.cn/c/2003-09-01/19191656277.shtml(最后访问 2007 年 4 月 29 日)。

[21] 参见王海波:"刘涌的人权就比别人贵吗?",http://news.sohu.com/60/94/news212809460.shtml(最后访问 2007 年 4 月 29 日)。

[22] 参见华夏时报"再审刘涌人们期待什么?",http://news.sina.com.cn/c/2003-12-18/00591366559s.shtml(最后访问 2007 年 4 月 29 日);"让法律说话,不该用民众情绪来卖座",http://news.sohu.com/97/83/news212588397.shtml(最后访问 2007 年 4 月 29 日)。

能与坚持程序正义或者实质正义天然地捆绑到一起,因为,从现实看来,这其中的一部分人甚至不反对程序正义并认为其是合理的。[23] 事实上,大多数人讨论的不是是否应当遵循程序正义理念以及其他什么理念的问题,而是对"刘涌案"改判的问题要有个说法。[24] 一定程度上是媒体的"忽悠"使大众的法律推理过程具备了"可采"的法律证据以及构成法律事实的小前提,得出了刘涌必须得死的结论。可见,在想当然地认为媒体传播的信息是真实的并将其作为逻辑推理的一部分的情况下,大众的这种主张在逻辑上远远超越了程序正义的空间与范围,它们并不属于一个空间层,二者没有形成所谓的针锋相对的冲突。第三种大众意见呢?可以先看看现在运行的中国《刑事诉讼法》是如何规定的。可以说,现行刑事诉讼法律已具有贯彻程序正义理念的规定,虽然在学界看来,还不是那么完备与纯粹。因此,我们还不能断然说依法审理的主张者是不坚持程序正义的或者反对程序正义理念的。

因此,不能不承认,大众关于审判刘涌案的知识与学界主张的程序正义知识间并没有针锋相对的冲突。在现实中,也无法看到强大甚至"顽固"的实质正义通过自身的逻辑演绎占取了优势并必然地决定了刘涌案的最终过程与结果。因此,关于刘涌案是这两种知识的对抗与较量的看法是一种误读。

那么,到底是什么导致刘涌案冲突和跌宕呢?

本文认为首先是由于大众对司法者、律师及学者的信任危机造成的,甚至可以说,这种冲突存在于信任与不信任之间,而不在于知识的本身内容。一句话,在大众看来,如果刘涌没有被判死刑,肯定是中国的腐败造成的。这里不知会有多少司法工作人员、律师以及学者之间的交易与猫腻。[25] 一种经验意识与共同感觉,使大众将他们钉在了腐败的十字架上。

这样的结论会有些让人一时失语。在系统的学术理论看来,大众持有的这样的关联过于简单甚至是轻率:不具有事实基础,不具有因果关系与逻辑性,太不具有专业精神。但是,管你如何,现实就以这样的关联发生了。没有太多的人关注这究竟是实质正义还是程序正义,只要你有可能腐败,我就不信任你,我不信任你了,你说的越好,就越有可能是更大的骗局。因此,这样的判断造成的局面是,整个审判过程失控了,无论程序正义还是实质正义的系统知识被悬置了,现代刑事诉讼理论的逻辑推演在这个真实的空间中被中断了。

---

[23] 参见中国新闻周刊"网络民意与'程序正义'",http://www.chinanewsweek.com.cn/2004-01-26/1/2984.html(最后访问2007年4月29日);华夏时报"再审刘涌人们期待什么?" http://news.sina.com.cn/c/2003-12-18/00591366559s.shtml(最后访问2007年4月29日);

[24] 参见"对'三审'刘涌的几点希望",http://news.sina.com.cn/c/2003-12-18/01431366683s.shtml(最后访问2007年4月29日)。

[25] 参见前注;同时参见苏力"面对中国的法学",载苏力:《道路通向城市——转型中国的法治》,北京:法律出版社2004年。

多么简单的、偶然的现象与因素,没有什么深刻的道理。它外在于系统的诉讼理论知识的逻辑网络与刑事司法实践,但是,就是它——信任危机制造了新的矛盾,并导致整个刘涌案跌宕与变化。

事实上,到了发展阶段,整个刘涌案的规则及制度已不仅仅甚至不再是这个案件自身的结果,更主要的是如何处理好这个新出现的矛盾。刘涌案承载的东西远远超过了自身本应当承担的东西,已经被符号化、社会化了。于是,接下来的审判过程,超越了刘涌案本身,走进了更宽广的社会空间:不再主要考虑实质正义与程序正义,而是考虑如何化解大众对司法机关的信任危机,消除大众关于权力机构腐败的印象,从而保证社会的稳定与和谐。

解决这样的危机,在中国现有的司法制度中,办法就是要运用政治司法机制或者要考虑司法的政治性。[26] 换言之,此时,法律的规定与运行只是一种空间、形式与载体,真正要考虑的是政治正确。政治性司法机制是中国刑事司法制度的有机组成部分,是政治考量与评价标准进入所谓纯粹的司法领域的一个重要通道。我们不能否认,政治正确的考量会时不时地进入到司法程序中来,打断正在依据纯粹的固有标准进行的司法,并发挥重要甚至是决定性的作用。

就刘涌案而言,既然它的主要矛盾在于大众对于司法活动形成了腐败的印象,有了信任危机,那么政治司法活动就要改变这种印象,解除这种危机;既然大众认为只要刘涌没有被判死刑,就肯定存在着司法腐败,那么,解决的方法也很简单,只要判处刘涌死刑就可以了。事实上也的确如此,通过最高人民法院的提审,刘涌被判处死刑并立即执行。

不能否认,刘涌被判处死刑了,在全社会化解了一场很深的信任危机,或多或少地改变了大众对国家和司法机构的腐败印象,至少没有使这种印象更加恶化。[27] 由此,由舆论界所传出来的大众声音是,正义得到实现了,司法审判最终没有腐败或者被腐败的因素所影响。[28]

值得注意的是,这样的正义是什么,是程序正义还是实质正义?其实,除了学界以外,没有更多的人来对此关注与认真思考,大众相信的是国家的司法机构,他们相信,只要后者没有腐败,正义就肯定得到了坚持,国家司法机构的权威也由此再次得到了强化与巩固。

---

[26] 萧翰:"刘涌案之司法政治化与一般性杀刘舆论解读",http://www.law-thinker.com/show.asp?id=1919(最后访问 2007 年 4 月 29 日);参见"刘涌被判死刑显中国政府全力维护社会稳定决心",http://news.sohu.com/2003/12/25/76/news217397628.shtml(最后访问 2007 年 4 月 29 日)。

[27] 参见时代商报"刘涌案带来三点启示",http://news.sina.com.cn/c/2003-12-23/02052440813.shtml(最后访问 2007 年 4 月 29 日)。

[28] 参见刘吉涛:"刘涌杀了 正义胜了",http://www.people.com.cn/GB/guandian/1036/2258915.html(最后访问 2007 年 4 月 29 日)。

刘涌被执行了死刑，事件终于结束了，而关于刘涌案的一整套诉讼法律与制度在这个案件所代表的空间中发生和显现出来了。

如前所述，这样的规则与制度的发生与形成的知识基础不是一以贯之的实质正义、程序正义以及二者的较量，或者说不是他俩的知识的逻辑演绎，因为他们或者被某种因素悬置了，或者在事实上没有形成真正的冲突。反而在媒体介入、信任危机以及政治性司法的介入下，这些系统的法律知识职能只能时断时续地发挥作用。质言之，在整个案件过程中，各种知识的逻辑从来没有进行过彻底的推理与演绎，总是不断地被打断并面临着新问题与形势。

因此，在"刘涌案"事件的这个时空里，我们可以看到，如前所描述的三种甚至更多种的知识在这样同一个空间里展开了时间上的排列，作为要素架构出整个当时的中国诉讼法律知识的框架，并在相互的作用中形成合力，影响并形成了"刘涌案"事件的结论。在这个案件空间中，这些诉讼法律知识要素形成了如下的结构关系：

第一，我们能够看到，三者在"刘涌案"的空间里是共时性排列的。在同一时间里对一个事件产生了作用，在历史与逻辑上不存在着先与后的区别。

第二，三种诉讼法律知识无法进行彼此判断。也就是说无法绝对地用一种知识去判断另外一种知识的正确与否，真假与否。因为每种知识的价值指向与分类原则甚至知识内部的排列结构都不同。[29]

第三，三种诉讼法律知识间是断裂的。三者间不存在历史发展进化与继承关系，不存在一种知识定会在将来发展成为另一种知识的单线进化形式。

第四，三种诉讼法律知识的斗争与合作性。三种知识代言着不同的利益、价值观念并以不同形式进行着对抗、斗争与较量，从而形成了合力，促成了事件结论的形成。

本文认为，虽然上述各种诉讼法知识形式存在于同一个时间的历史空间中，是"共时"的，但其知识结构先于这些作为要素的知识形式。在诉讼法律知识发挥作用之前，决定它的结构已经存在了。[30] 这样的知识结构必将决定着这些知识要素如何在这样的事件中相互作用与冲突，并制造出这个事件中的诉讼法律问题并解决这些问题。而更重要的是，这些问题并不仅仅是通过其中一种知识的分类标准衡量出来的，也不是一种知识解决的。

福柯在《词与物》的开始，描述了一则寓言笑话，通过这个笑话，他向人们

---

[29] 参见福柯：《知识考古学》，谢强、马月译，北京：生活·读书·新知三联书店1999年；王治河：《福柯》，长沙：湖南教育出版社1999年。

[30] 参见前注[29]。

展示了思想体系与知识的界限。[31] 与此相似,"刘涌案"事件,不是一部程序正义的发展历史,也不完全是实质正义的发展的历史,而是实质正义与程序正义的规则与标准都不能完全读懂的一种事件与图画。事实上,在整个时间发生的过程中,实质正义与程序正义恰恰是同一标准的孪生兄弟,都没有在其中发挥着决定性的作用,它们谁也没胜利,也不是它们决定了审判的结果——实质正义被冤枉了,而程序正义找错了打败自己的敌人。

四、反思:中国的问题

如果把中国刑事诉讼发展看作是一个历史的沉积过程,那么可以把"刘涌案"事件比作这个历史空间中的一个化石与标本。而且,无论从何种角度或运用何种标准衡量,"刘涌案"事件是现代中国诉讼法律发展历程上一个非常有价值的"标本"和化石。如果继续沿着这条道路往前走,在这个事件的历史界点上,通过对它的诉讼法律知识实践过程的研究与反思,可能会获得关于中国诉讼知识、理论与诉讼规则的新启发。

如果刘涌案的各种知识是构建该案诉讼法律理论与制度不可缺少要素的总和,那么,依据福柯对知识的考古方式来看,这种知识要素与诉讼法律理论及规则间的关系就是一种诉讼法律的知识型。知识型的品格支配着案件整体的知识配置,提供了案件的知识条件;也是案件的理论、规则与制度形成的历史先决条件。[32]

"刘涌案"事件如此,那么,整个中国诉讼法律发展空间中的知识、理论与规则以及制度间关系如何呢?

近代中国,由于国力衰微导致话语权丧失。在西方的知识理论与价值观的标准下,国内的政治、经济、文化等诸多领域陷于落后被动,这不仅使国力更加衰弱,更使国家与国人丧失信心。为求改变,仁人志士开始探索,振兴民族之路而且今天仍在继续。基本共识是,要大力引进西方先进的文化知识理论,变被动为主动,同时重视民族文化合理精髓,将二者有机结合起来,变法图强以实现民族复兴。在这样的时代条件与社会背景下,无疑,西方的理论知识与已有理

---

[31] 在《词与物》的前言中,福柯引用了一个寓言家(Borges)写的一则笑话:"有一本中国的百科全书,把动物分为这样几类:(1) 属于皇帝的,(2) 有香味的,(3) 温顺的,(4) 乳猪,(5) 海牛类动物,(6) 传说中的,(7) 离群的狗,(8) 包括在本类中的,(9) 疯狂的,(10) 不可数的,(11) 拖有精致的驼毛尾巴的,(12) 等等,(13) 杠杠打破水罐的,(14) 远看像苍蝇的。"西方人对此感到好笑。福柯指出:"这则寓言所展示的是一个奇异的思想体系,是我们自己思想体系的界限。"福柯借用这则寓言向人说明,人们所熟悉的事物的分类原则不是唯一的,其他的分类原则也是可能的。Michel Foucault, The Order of Things, An Archaeology of the Human Sciences, Random House, New York, 1971, Preface, XV.

[32] 参见前注[29]。

论知识的相结合,构成了整个近现代中国各项事业发展与制度建设的基本知识类型。一时间,如果谁的知识与研究没有讨论并参照外国的做法,那么这种知识是残缺的,甚至是不值得重视的[33]。

在刑事诉讼法领域,将西方理论知识引进中国并与中国传统的理论知识结合,依此发现与解决中国的问题,从而促进法治事业的繁荣,就形成了近现代中国的刑事诉讼理论的知识型。这种知识型有独特的品格。其中之一是它具有普遍性,从知识考古角度来看,这种普遍性是指它作为理论发生要素的知识所具有的一般性特征。就刑事诉讼理论形成的知识要素来说,这种一般性指的是国外的知识与中国的知识与经验相结合的结构。因此,这种品格使其具有强烈的社会人文关怀以及民族法律振兴的使命感与责任感[34]。

程序正义知识理论近些年来被引入中国,其主要理论来源于英美法系。学界看来,将这种理论引进中国,结合于中国的实际,可以解决中国刑事诉讼中时常出现的践踏人权的问题,从而使中国的司法制度更加科学、文明[35]。其实,这只是近些年的事,在此之前,一百多年来,还有很多国外的知识与理论引进中国以促进中国刑事诉讼法律的完善,就连或多或少被看做是与程序正义相对的、甚至冲突的实质正义理论,也不完全是中国土生土长的,其基本理念与话语来自另外一个同样具有借鉴地位的大陆法系。

因此,在中国刑事诉讼理论与制度的发展中,在这片土地上,程序正义与实质正义恰似一对接踵而至的、釜中釜底的孪生兄弟[36],虽然来自于不同国度,但它们如今可能将在同一片土地上共享雨露,共同见证中国诉讼法规则建立的过程。

刑事诉讼知识型的这种一般性、相似性的品格与特点是这些知识要素在这个时空中得以出现的结构与条件,这种品格意味着更多的同种知识要素的出现,这也使中国刑事诉讼理论知识的形成具备了可能性。

但可能仅仅是可能。这些知识要素的出现并不必然形成一种诉讼理论或者建构一种制度。事实也是如此。就如从刘涌案看到的,一种理论与制度的形成没有什么必然性,该案件规则的运用是多种外在于某一理论中心的偶然因素作用于具体的知识要素上发生的。因此,当新知识开始时,没有理性内部的发展逻辑,有的只是外部突发的、偶然的社会力量的介入。[37]

---

[33] 参见苏亦工:"译者前言",载于戴维·鲁本:《法律现代主义》,苏亦工译,北京:中国政法大学出版社2001年;李贵连:《近代中国法制与法学》,北京:北京大学出版社2002年。

[34] 参见李春雷:《中国近代刑事诉讼制度变革研究(1895—1928)》,北京:北京大学出版社2004年。

[35] 参见前注[13]。

[36] 参见曹植:《七步诗》;同时参见前注[33]。

[37] 参见赵敦华:《现代西方哲学新编》,北京:北京大学出版社2000年,第418页。

由此可以看出,科学理论知识的形成仍需要其他条件,这个条件所体现的便是知识要素与理论知识间的另外一层关系,也就是知识型的另外一种品格,即知识型的深度性。这种深度性构成刑事诉讼理论形成的历史先决条件,阐释着理论知识与规则是如何产生的。在刘涌案中,案件的审理与判决规则的运用既不是以程序正义理论也不是以实质正义理论为中心的逻辑演绎。这些知识在整个案件运行中不是连续的而是中断的;不是深层的而是表面的,是在一系列外在偶然因素、问题解决要求的作用下形成的。因此,通过刘涌案可透视出,诉讼理论与制度的形成有着知识型品格。这种知识型品格说明了种种知识要素如何形成了理论知识、创建了规则与制度。由此,知识型以及他的一般性与深度性恰恰向我们展示了一种理论知识与规则发生的机理与过程。[38]

但是长期以来,准确地说,从变法图强到实施依法治国、尊重人权以建设现代诉讼法律的整个过程中,我们对这种知识型及它的两种品格缺乏认识。其一,没有足够认识到,大量引进的知识只是给中国的诉讼法律学说与制度的发生、形成提供一种可能性,这些知识要素并不必然会在中国产生完全以其为基础、为特征的法律规则及理论;其二,没有足够认识到,在理论知识形成与规则制度发生的过程中,大量偶然的非法律的社会问题会发挥关键性的作用,或者说这些知识的作用发挥是以一定偶然的社会事件及政治力量为条件的。[39]

刘涌案如此,整个现代刑事诉讼法律理论与制度发展也同样存在这样误判。比如,以前大量学习大陆法系,现在更热衷于英美法系,然而到目前为止,经过一百多年的探索与实践,没有一种理论能够很好地甚至部分较满意地解决中国问题。现代诉讼法律学术与制度的引进者们,已经逐步体味到这种危机感。于是,诉讼法学界的有识之士开始疾呼:"中国的问题,世界的眼光。"[40]

为什么要有自己的问题意识? 问题是学说的物质基础,解决与探讨问题是学说的目标与灵魂。可以说,没有自己的问题,也就没有自己的创造性方法,也就没有以中国经验为支撑的诉讼法律知识,中国诉讼法律学者也就不会作出自己的贡献[41],也无助于探索中国诉讼法的发展。如前所言,这种新的知识在形成与发挥作用前,已经具备了它自己独立的结构与条件,如果不具有中国自己的问题意识并依据这些问题去探讨研究,是行不通的。比如,作用于"刘涌案"的诉讼法律知识的要素很多,而这些力量、知识标准的冲突恰恰就产生了"刘

---

[38] 关于知识型及知识型品格的介绍,可参见 Michel Foucault, *The Order of Things, An Archaeology of the Human Sciences*, Random House, New York,1971。

[39] 参见前注[37]。

[40] 参见陈瑞华"中国的问题,世界的眼光(代序言)",载陈瑞华:《问题与主义之间——刑事诉讼基本问题研究》,北京:中国人民大学出版社 2003 年。

[41] 参见苏力"什么是你的贡献(自序)",载苏力:《法治及其本土资源》,北京:中国政法大学出版社 1996 年。

涌案"事件的法律问题,最后也形成了解决这些问题的方法,虽然并不是令所有人都满意。因此,应当认真对待刘涌案中的知识与问题,并予以研究。

那么,到底什么是中国刑事诉讼法学界与实务界自己的问题以及问题意识?这样的问题及意识是不是一般性的、抽象的、历史性的问题与意识?是不是用外国的理论模式或标准衡量中国实践从而格式化地提出问题以及意识?它们来自于某种书本理论还是中国经验?

中国的诉讼法学经历了条文注释研究阶段、国外理论介绍阶段以及运用外国学说解释中国问题并建议移植外国的规则解决中国问题的对策法学阶段[42]。尽管,这些发展历程具有独特的历史意义。但是也造成了不少弊端:其一,我们一直把一些外国问题当作中国自己的问题去解决对待,造成中国问题的忽略、悬置与回避;其二,把一以贯之的知识体系之内的具有必然性的法律问题当作所有现实中所有问题来对待,造成了于理论学说与制度创建具有更重要意义的问题的忽略、悬置以及回避。

这二者致使现行的刑事诉讼理论学说与制度在解决现实问题中难以发挥应有作用。这也是现今时常出现的刑事程序失灵或者说刑事程序呈现二元结构的原因所在。中国问题的发现和中国经验的抽象上的不足,造成了中国的诉讼法律制度存在的真正缺陷被蒙蔽、掩盖了,继而造成解决中国问题的力不从心。因此,随着法律社会生活的丰富,作为一种知识,要能真正解决问题,能达到满足现实需要、促进社会发展,就必须超越上述发展阶段。

当然,关于到底什么是中国的诉讼法律问题,这不是本文能够回答的。本文只能看到,问题不存在于抽象的理论中,而在理论之外。只有不断出现的问题,不存在一劳永逸的理论。如前所述,当新知识开始时,没有理性内部的发展逻辑,有的只是外部突发的、偶然的社会力量的介入。因此,诉讼法学的研究要特别注意诉讼法律的理论学说不是一种知识的自给自足,也不是在纯粹的法律规则的知识中推理与探讨就能够创造出来的。因为法律终归要解决社会问题,所以诉讼法律的学说的根基在于法律实践中所获的经验。

而对于中国的制度实践来说,从上述结论可以看出的是,以强大的国家权力为后盾,一个现代国家的诉讼法律制度的立法构建可以是相对统一或者是一以贯之某种意识形态;但其在一个参与式的、开放多元的现代社会中的有效实施却受着多方面知识、问题等因素的制约与影响。一个相对稳定的诉讼法律制度与秩序的形成,往往是这些方面冲突、沟通与互动的结果。要尊重多方面知识与力量因素的影响并充分考虑它们之间相互作用,而不能削足适履地改变一个民族的法律制度执实践,以诠释或适应某一种理念与学说。

---

[42] 参见前注[40]。

不能否认,我们注重自己的经验与偶然因素的历史还很短,问题还没有更多地发掘并获得认同;我们的自信心还没有得以完全恢复;我们的学说仍然被各种逻辑与主义捆缚着。不过既然方向已校正好了,中国问题和中国经验上的不懈努力将会一点一点地发挥功效。而且不能否认,已有不少诉讼法学者尝试着走出书斋,努力地超越着自己曾经对域外法系的迷信。

(初审编辑:朱桐辉)

实 现 正 义*

——公平审判权在中国的发展

詹妮弗·史密斯** 迈克尔·冈珀斯***
唐俊杰**** 译 张建伟***** 校

Realizing Justice:
The Development of Fair Trial Rights in China

Jennifer Smith & Michael Gompers

Translated by Tang Jun-jie Proofed by Zhang Jian-wei

内容摘要: 文章强调了一个有效的辩护援助体系对保障公平审判权的必要性。为了保障穷人能够平等地享有正义,一个国家必须拥有一套提供给他们律师的机制。文章分析了促使一个国家为她的公民建立有效公平审判权的关键

---

* 本文来自于本刊合作刊物 Chinese Law and Policy Review 与本刊共同组织的同主题研讨。

** 詹妮弗·史密斯是一名同时具有美国马塞诸塞州和纽约州公设辩护人身份的刑事辩护律师,其指导的律师已经遍布美国东北部。1996—1997 年,她在柬埔寨开展法律援助工作。2004 年,她来到中国,服务于国际司法桥梁基金会(IBJ)。

*** 迈克尔·冈珀斯担任刑事辩护律师已经超过 16 年,他是纽约法律援助协会刑事辩护分会的成员。作为法律援助协会的资深出庭律师,他为同事们制定庭上辩护策略,并监督初级律师的开庭准备和法庭表现。2005 年,他来到中国,服务于国际司法桥梁基金会。

**** 唐俊杰,清华大学法学院硕士研究生,电子邮件:cktoy@163.com。

***** 张建伟,清华大学法学院副教授,法学博士。

因素。

文章首先论述了，中国的法律援助体系在其公民权利保护进程中扮演的关键角色和继续发展法律援助对中国长远利益的必要性。其次，本文表明了，国际组织怎样通过培训和能力培养方式在支持权利保护的进程中发挥巨大作用。最后，文章指出只有充分尊重中国的自治，国际合作才能发挥更大作用。

文章特别展示了IBJ的经验，以显示国际组织如何与中国政府开展合作，成功地提高中国公民权利保护水平。

关键词：公平审判权　法律援助体系　享有正义　国际司法桥梁

Abstract: This Article emphasized that effective indigent defense system is necessary to guarantee the right to a fair trial. In order to ensure that the poor have equal access to justice, a nation must have a mechanism to provide counsel to them. It examined some of the key factors that enable a country to build the meaningful right to fair trial for its citizens.

Firstly, this Article addressed the key role that China's legal aid system has had on the advancement of rights protection for its citizens, and the necessary of promote development of legal aid for the long-term interests of China. Secondly, the Article suggested how international organizations can play an important role in supporting the growth of rights protection through training and capacity building. Finally, this article points out international partnerships will flourish only if they are respectful of China's autonomy.

Especially, the experience of IBJ was offered to show how international organizations in partnership with the Chinese government, can successfully improve the level of rights protection for China's citizens.

Key words: the right to a fair trial　legal aid system　access to justice　IBJ

一、引言

中国刑事司法体制正处于重大改革时期，其目标在于更广泛地保护广大公民的权利。近段时间以来，立法机关一直在探索如何加强公平审判权的保护，许多政府领导人也越来越愿意谈论司法过程中"进一步尊重和保护人权"[1]的必要性。与此同时，中国政府已经表示，建立有效的贫困辩护援助体系是政府

---

[1] 肖扬：《依法保障人权 保证无罪的人不受刑事追究》，来源于2004年12月16日新华网，转引自 http://news.sina.com.cn/c/2004-12-16/18305242107.shtml。

的责任,中国将增加法律援助中心的数量,并对穷人的法律服务给予更多财政支持。[2] 随即,全国人大宣布将在今年晚些时候修改《刑事诉讼法》[3],可以预见的是,新的立法将明显提高刑事辩护律师的地位。[4] 现在,较之以往任何时候,不论是保护社会最易受侵害群体的利益,还是保证每一个中国公民都平等地享有正义,律师都有更多的机会发挥显著作用。

　　上述进步确实值得称道,但是也要看到,在中国,被告人的许多基本权利仍然缺乏保障。主要原因在于,中国刑事司法系统缺乏足够的财力和合格律师来保障每一个被告人享有公正审判所必需的一系列权利。虽然中国刑事司法系统一直在坚定不移地进行改革,但其立法机关却未保证大部分被告人享有正当程序。同时,律师太少,刑事辩护援助的需求却在日益增长,结果大部分的被告在法庭上无人辩护。这一矛盾在某些地方更为突出,因为培养律师并使他们留在当地十分困难。经济上的考虑也使很多律师不愿或无力承担贫穷被告人的案件。另外,大量的合格法律人才仍在成长过程中,目前受过良好训练的律师、法官、检察官和公安人员实在太少。许多律师没有上过大学,大部分也没有接受过专业法律培训。而法官、检察官和公安人员的情况也好不到哪儿去。在此背景下,权力滥用极有可能发生。好在,中国政府已经有所意识,并正在日益努力地处理和纠正这些问题。

　　本文的目的在于讨论,中国政府依照本国法和国际法准则,为保障刑事被告基本的公平审判权——包括律师权和辩护权——而作出的令人起敬的不懈努力。必须考虑到,由于受现实条件的制约,中国还不能完全达到人权标准的要求,而且,中国的司法体制仍处于早期起步阶段,要完全保障公平审判权实属重大挑战。随着时间的推移,公平理念不可避免地深入人心,人们的公正意识增强了,市场经济也逐步完善,中国刑事司法系统在进步过程中,面临着许多美国曾经经历过的相同问题。所以,本文以美国公平审判权的发展历程作为参考,来分析决定公平审判权能否在中国实现的关键因素。

　　一个有效的辩护援助体系对实现公平审判权来说是必需的。为了保证穷人也能平等地享有正义,国家应当建立起一种机制,使这部分最易受到侵害的公民能够享有律师的帮助。基于此,本文首先将论述,在推动中国民权保护的进程中,法律援助体系扮演的关键角色,并且该体系的继续发展符合中国的长

---

〔2〕 参见下文及注〔38〕。

〔3〕 参见:*China to Revise Criminal Procedure Law, Read Insurance Law in 2007*, PEOPLE's DAILY ONLINE, Feb. 28, 2007, http://english.people.com.cn/200702/28/eng20070228_352836.html。

〔4〕 修正后的《刑事诉讼法》有望扩大律师在审前程序中的权利。具体而言,律师在审查起诉阶段将享有目前在审判阶段的权利,在侦查阶段将享有目前在审查起诉阶段的权利。来源于2007年3月与政府官员的谈话。

远利益。其次,本文将表明,在这一进程中,国际组织通过培训和能力培养的方式,发挥了广泛的协助作用。当然,只有充分尊重中国的自治,并且意识到一个国家司法改革只能由其内部开始启动,国际合作才能发挥更大作用。

在本文中,将会特别提到非政府组织——国际司法桥梁基金会(IBJ)*的工作。它支持中国刑事司法系统改革,在组织结构、知识和其他方面作出了贡献,被评为国际组织示范性工作之一,列入优秀国际组织名录在世界各国广泛宣传。本文将展示 IBJ 的经验,观察国际组织如何与中国政府开展合作,成功地促进中国民权保护。

IBJ 由一批感兴趣的律师、学者和商界人士于 2000 年成立,通过促进立法,改进政府管理职能,推动一国刑事辩护以及司法和人权方面法律的有效执行,使公民权利平等地受到法律保护。在中国,IBJ 采用创新的模式,和中国政府合作,致力于提高贫困辩护援助律师的专业化水平,提供广泛的刑事司法人员培训,并支持人权法律的实施。在这一方针指导下,2001 年,IBJ 与负责法律援助的政府机构——司法部国家法律援助中心(NLAC)**签订了谅解备忘录。双方愿意在如下方面开展紧密合作:帮助全国各地的法律援助中心、法院、检察院和公安机关增强权利意识;通过培训促进辩护律师和司法人员的专业化;加强法律援助机构提供有效刑事辩护服务的能力。

本文重点涉及中国司法体系改革中的许多积极变化。虽然改革必然面临重重阻碍,但这些变化已经为被告人权利保护设定了基础框架,并将对中国刑事司法体制产生长远影响。另外,像 IBJ 这样的国际组织所开展的工作,有利于提高律师和领导中国进步的核心人物的专业化水平,他们的工作对改革有着显著的帮助。

本文观点均出自于笔者。许多材料来自笔者经验和与全国各地政府官员、律师、法官以及检察官的讨论。在广泛培训律师和司法人员过程中,IBJ 深入了解了中国的刑事法律和程序,并敏锐意识到了司法实践普遍面临的条件。在过去两年半时间里,笔者对中国贫困被告人辩护援助的情况进行了广泛的社会调查,获得了大量第一手资料。需要说明的是,在许多培训活动中,参与者公开坦率地表达了他们的观点,出于可理解的原因,笔者隐藏了人物身份和地点。

本文的观点是:(1)在中国,刑事被告人最重要的公平审判权利法律上已经有所规定。(2)但这些法律还没有被真正落实,因为缺乏相应的组织机构、知识和实施细则。(3)在促进被告人权利保护的长期过程中,法律援助体系将扮演重要角色。(4)国际组织,如 IBJ,有助于中国刑事司法体制的发展。他们

---

* 以下简称 IBJ——译者注
** 以下简称 NLAC——译者注

和中国政府的合作,真正实现并增进了被告人的公平审判权利。我将在本文的分析框架中,通过阐明落实被告公平审判权对于中国司法体制发展的重要性,论证上述观点。

二、中国公平审判权的规定

与民事案件形成鲜明对比的是,刑事案件常常带来严重的不可挽回的侵害(在民事案件中,当事人有望得到经济上的补偿)。如果一个人的行为被判有罪,他很可能面临长期监禁,如果是最严重的犯罪,就会被判死刑。法律赋予公民公平审判的权利就是为了保护他们的生命和财产自由不被非法和任意剥夺。[5] 刑事审判所带来的影响如此之大,被告人理当享有在一公正的程序中辩护的权利,以确保只有真正犯了罪的人才被惩罚。如果国家对这种权利缺乏足够的保护,无辜者就可能被定罪,公民将遭受折磨或法律强制力滥用的痛苦。

但凡法治国家,享有公平审判乃是公民最基本的权利之一。[6] 1948年,《世界人权宣言》(UDHR)将公平审判权确立为基本人权[7],规定:任何被指控有罪的人,都有权利获得"公正、公开"的审判,国家应当为其辩护提供所有必要的保证。[8] 中国所加入的《公民权利和政治权利国际公约》[9](ICCPR)对此作了更为明确的规定,它详细列举了"公平审判权"所包含的具体权利:犯罪嫌疑人因为贫困或是司法公正的需要有获得免费法律援助的权利;有充足的时间和条件准备辩护以及与律师交流的权利;免于刑讯或其他残酷的、不人道的、有辱人格的对待或处罚的权利;免于任意逮捕或拘留的权利;在法庭上诘问证

---

〔5〕 See Universal Declaration of Human Rights, G. A. Res. 217A, U.N. GAOR, 3d Sess., U. N. Doc. A/217A (1948) [hereinafter UDHR] art. 3 ("Everyone has the right to life, liberty and security of person"); International Covenant on Civil and Political Rights, 999 U. N. T. S. 171, 6 I. L. M. 368 (in force 1976) [hereinafter ICCPR] art. 6 ("Every human being has the inherent right to life. This right shall be protected by law. No one shall be arbitrarily deprived of his life"), art. 9 ("Everyone has the right to liberty and security of person. No one shall be subjected to arbitrary arrest or detention. No one shall be deprived of his liberty except on such grounds and in accordance with such procedure as are prescribed by law"). 也可参见《中华人民共和国宪法》第37条("中华人民共和国公民的人身自由不受侵犯")。

〔6〕 See UDHR art. 10,11. 尽管《世界人权宣言》对国家不具有强制约束力,但是它体现出了国际社会对基本人权以及所有人民和所有国家努力实现人权的共同标准的广泛共识。见前注序言部分。

〔7〕 同前注。

〔8〕 同前注。

〔9〕 中国已签署但尚未正式加入《公民权利与政治权利国际公约》。See Office of the United Nations High Commissioner for Human Rights, Ratifications and Reservations, International Covenant on Civil and Political Rights. (visited Mar. 1, 2007), http://www.ohchr.org/english/countries/ratification/4.htm.

人的权利以及不服判决上诉的权利。[10]

近年来,中国在保障公民公平审判权方面已取得显著成就。1996 年《刑事诉讼法》修订时,将许多实现公平审判的制度引入了刑事司法体系,包括扩大律师权利[11];禁止刑讯逼供[12],以及设计更公正的司法程序[13]。1996 年修正后的《刑事诉讼法》在许多方面更多地表现出了对抗制诉讼模式的特征。在这种模式下,控辩双方为了发现案件真实都变得更为积极主动,法官则消极居中,依法独立作出判决。这次修正案以及随后由司法部制订的相关规定和最高人民法院、最高人民检察院出台的司法解释[14],都把保护被告人权利放在极其重要的位置。几乎在《刑事诉讼法》修正同时,中国制定并颁布了《律师法》[15],它规定律师有义务保护当事人的权利和利益,并且为穷人提供免费法律援助。[16] 更近一段时间,在 2004 年 3 月,全国代表大会通过的宪法修正条款再次强调国家保障公民的公平审判权利,任何人的自由不得非法剥夺[17],国家尊重和保护人权。[18]

在刑事司法体制改革和发展过程中,中国特别关注未成年人或其他易受伤害群体所面临的问题。最新实施的规定要求,当犯罪嫌疑人是未成年人时,检察院要特别注意保护他们的权利。尤其是作出如下规定:对于未成年犯罪嫌

---

[10] See ICCPR, art. 14(d), 7, 9(1), 14(3)(b), 14(3)(e), 14(5). ICCPR 对所有国家提出如下公正审判标准:无罪假定;(art. 14(2)),告之刑事指控罪名和性质;(art. 14(3)(a)),反对非法逮捕和拘禁权;(art. 9(3)),平等审判权;(art. 14(1)),由合格的独立的无偏私的法院进行公开和公正审判的权利;(14(1)),及时审判的权利;(art. 14(3)(c)),辩解的权利(art. 14(3)(f))和不得强迫自证其罪的权利(art. 14(3)(g))。

[11] 在这之前,被告只有在审判阶段才享有律师辩护权。See Jonathan Hecht, Human Rights First (formerly the Lawyers Committee for Human Rights), Opening to Reform: An Analysis of China's Revised Criminal Procedure Law 36 (1996).

[12] 见《中华人民共和国刑事诉讼法》(1996)第 43 条的规定。("严禁刑讯逼供和以威胁、引诱、欺骗以及其他非法的方法收集证据。")

[13] 修正前的《刑事诉讼法》规定,法院在开庭前有义务进行全面的庭前审查,以确定案件事实是否清楚,证据是否确凿。See Opening to Reform, 同前注[11],页 51。如果法院认为事实不清,可以将案件退回检察院补充侦查。见 1979 年《刑事诉讼法》第 108 条。该程序实质上在开庭前就做出了有罪认定。修正后的《刑事诉讼法》规定,法院庭前审查仅限于公诉方是否提供明确的指控犯罪事实并且附有证据目录,证人名单和主要证据复印件,如果有,则应当开庭审判。见 1996 年《刑事诉讼法》第 150 条。这样,审判以公诉方和辩护人的对抗为重心,法官则处于听取事实并居中裁判的中立地位。

[14] 1996 年《刑事诉讼法》修正以后,中国司法机关发布了许多进一步明确被告权利的重要规定和解释。包括《最高人民法院关于执行中华人民共和国刑事诉讼法若干问题的解释》,《最高人民法院、最高人民检察院、公安部关于严格执行刑事诉讼法,切实纠防超期羁押的通知》和《公安部关于贯彻实施刑事诉讼若干问题的通知》。

[15] 见《中华人民共和国律师法》(1996),第 27 条。

[16] 同前注,第 42 条。

[17] 参见《中华人民共和国宪法》,第 37 条。

[18] 同前注,第 33 条。

人,在讯问时应当通知他们的法定代理人到场[19];如果他们没有能力聘请律师,应当提供法律援助[20];并且对检察院批准逮捕规定了更为严格的条件[21]。除此之外,中国已经决定要设立未成年人特别法院,以更快符合国际法和国内法保护未成年人的要求。[22] 这些法院设立后,法官和其他的主要工作人员能更妥当地处理未成年人案件中的特殊问题。

为了进一步保护未成年犯罪者的权利,对他们主要以行为矫正来代替科处刑罚。中国已经逐渐找到符合未成年犯罪者及其社区利益的最佳方式。现在,法院可以考虑对未成年犯罪者做出非监禁判决,社区提出"替代性矫正计划"作为配套措施[23],如建立青少年犯罪矫正中心,社区矫正项目允许未成年犯罪者返回家庭或是继续上学,从而为这些人提供了学习和工作的机会。一些社区甚至为他们提供律师咨询服务。[24] 而且,在未成年人特定的轻微犯罪非刑事化方面,最高人民法院也作出了一些努力,它所列举的某些未成年人违法行为,法院可以不按犯罪处理。[25] 所有以上措施,为系统地起诉和审理未成年人犯罪案件奠定了坚实的基础。

死刑是最严厉的惩罚,中国对死刑案件的起诉和复核程序也进行了长时间反思。最近,中国对死刑案件程序进行了重大改革,以保证法院不会非法或任意剥夺被告人的生命。新的程序规定:所有上诉至高级人民法院的死刑案件都必须开庭审理,所有死刑判决都必须经最高人民法院复核后才能执行[26],从而改变了上诉法院对一审死刑判决草草复核,甚至没有听取被告人申辩就裁定死

---

[19] 见《人民检察院办理未成年人刑事案件的规定》(2006年12月28日通过)第10条。

[20] 同前注,第15—16条。

[21] 同前注,第12—14条。

[22] 参见:中国政府网,http://english.gov.cn/2006-08/23/content_368586.htm(最后访问2006年5月)。

[23] See Zhu Zhe, *Punishment "should Fit the Criminal,"* China Daily, (visited Mar. 14, 2007), http://www.chinadaily.com.cn/china/2007-03/14/content_826941.htm. (该文引用最高人民法院院长肖扬2007年3月13日在全国代表大会所做的报告。报告明确指出,法院在审理未成年人犯罪案件时可以做出相对较轻的判决)。

[24] As She 如最高人民法院副院长沈德咏所说:"法官尽量不给那些未成年的罪犯判处剥夺人身自由的刑罚……并且一直在努力教育他们,保证他们能健康成长,顺利返回社会。" See China's Juvenile Courts Convict Nearly 400,000 Minors in Seven Years, China Daily on-Line. (visited February 10, 2006), http://english.people.com.cn/200602/10/eng20060210_241522.html.

[25] 参见《最高人民法院关于审理未成年人刑事案件具体应用法律若干问题的解释》。

[26] See Ling, Hu, *Appeals on Death Penalty in Open Court*, China Daily. (visited Dec. 9, 2005), http://www.chinadaily.com.cn/china/2006-12/29/content_770292.htm. See also Zhu Zhe, *Top Court Reviews All Death Sentences*, China Daily. (visited Dec. 29, 2006), http://www.chinadaily.com.cn/china/2006-12/29/content_770292.htm. 对于最高人民法院统一收回死刑复核权的必要性,肖扬院长强调:中国高度尊重每一个公民的生命权。"最重要的就是那些人命关天的案件,我们在这方面一直特别谨慎。" See Zhao Huanxin and Xie Chuanjiao, *No Turning Back on Death Rule*, China Daily (visited March 15, 2007), http://www.chinadaily.com.cn/china/2007-03/15/content_828064.htm.

刑的情况。另外,死刑判决只适用于少数极为严重的犯罪。[27] 为了指导法院审理死刑案件,目前,最高人民法院正在起草《案件适用死刑指导意见》,它将提高中国死刑适用标准的一致性。[28]

三、中国重要公平审判权的实现

如上所述,中国在立法方面的持续变革,表明了其通过保障被告人公平审判权来构建和谐社会的立场与决心。不过,纸面上的立法规定和现实生活中的贯彻执行总是存在较大差距。自然的,我们需要追问:怎样才能真正保障被告人的权利?有学者认为,中国只有继续修改刑事法律,公民权利才能得到真正意义上的保障。许多激进派甚至认为,如果不将无罪推定、反对强迫自证其罪、非法证据排除等确立为基本原则,中国的刑事法律根本无法取得进步。现在来看,修正立法在许多方面确实有助于改革,但无论怎么修正,也不会直接改变现实。从1996年至今,中国颁布了大量立法,规定公民的辩护权,严禁刑讯逼供,反对任意逮捕和拘留,赋予辩护律师更多权利以保证他们在刑事诉讼中可以发挥更重要的作用。颁布了这些法律,似乎公民的公平审判权利有了保障,但是在司法实践中,这些法律却很难得到施行。

中国持续改革所面临的最大挑战不是创立新的法律,而是如何在实践中贯彻执行法律。要做到这一点,不仅需要进行立法技术和法律人才方面的培训,而且需要重新定位刑事司法体系中律师、法官、检察官和公安人员的角色。随着中国刑事法律的进步,这些人的权利义务也应当有所变化。不过,作为司法改革的关键人物,需要有人指导他们如何去实现角色转换,但几乎无人关注这一点。可以说,中国司法改革在多大程度上能够进行,与其能否培养出具有改革意识和专业水平的法律人共同体直接相关。显然,在这个共同体中,强大的高水平的律师群体将发挥最重要的作用。中国想要完全实现长期改革的目标,就必须建立有效的机制,确保那些深思熟虑后才制定出来的良好法律具有实际效力。这需要不断增强司法机关的能力,以及给执行法律的律师、法官、检察官和公安人员提供更多的培训和资源。

为了解决当前刑事司法体制中存在的问题,中国的主要策略是持续地、全方位地发展法律援助体系。对法律援助作深入理解之后可知,它能够在很大程度上保障数量庞大的贫困被告人的权利。然而,目前这套体系正在建立之中,没有多少被告人真正有机会得到法律援助,即使得到,被告人也会发现,援助律

---

[27] See China Metes out Least Number of Death Sentences in '06, China Daily (visited Mar. 15, 2007), http://www.chinadaily.com.cn/china/2007-03/15/content_828775.htm.

[28] 袁定波、王斗斗:《最高法正在制定案件适用死刑指导意见:严格控制和慎重适用死刑》,载《法制日报》2007年3月2日第5版。

师存在种种阻碍无法进行有效的辩护。在本文接下来的部分,笔者将详细描述贫困被告人获取法律援助的现实状态,并且将着重分析影响被告人重要公平审判权实现的种种因素。从分析中可以看出,中国在这些问题上已经取得了坚实的成就,许多人为此付出了辛勤努力。当然,本文还是就中国如何进一步加强被告人权利保护提出了一些建议。

中国可以通过国际社会的帮助,获得改进执法所需的知识指引、装备和专业资源。双方已经有着令人称道的合作,并将长期开展下去。其影响在改变中国司法现状、推进执法和民权保护方面,已经逐渐表现出来。那些有着丰富经验的国际组织,如 IBJ,能够给中国政府带来重要的建议、培训和发展资源。

（一）律师权

在被告人享有的所有权利当中,律师权是最根本的权利,因为它直接影响被告人主张其他权利的能力。[29] 律师通过主张程序性权利保护被告人免遭滥用的或任意的拘留;通过帮助被告人理解"不得自证其罪"的权利来维护法律的正当程序;更重要的,律师通过质证控诉方的证据,或是提出无罪证据,或是证明案件属于"疑罪",从而为被告人辩护。

任何时候,政府若意图剥夺公民的生命或自由,必须给予公民为自己辩护的机会。在刑事案件中,政府占据着绝对的强势：公安机关可以凭借法律强制力收集证据,公诉机关对错综复杂的刑事法律和程序了如指掌,经验丰富。而被告人,若无律师帮助,则处于明显的,很可能是致命的劣势。因此,必须由胜任的律师发挥平衡轮的作用,才能形成诉讼理想的均衡状态。司法正义要求一个人唯有确凿证据才得被定罪——而不是因为缺少辩护技巧和法律知识。但是,大部分的犯罪嫌疑人都缺乏权利意识,一般也不太懂得法律,因此,他们在刑事诉讼的每一阶段都需要律师的帮助,以保护自己的合法权利,并进行有力的辩护。如果是死刑案件,或者被告人因为年龄和身体原因更可能被侵害时,律师的帮助尤为重要。在美国,最高法院通过判例确立了死刑案件被告人享有律师辩护权,最早的一份判例由大法官萨瑟兰做出,他写道：

> 不论是天才,还是受过良好教育的人,都只略通法律,有时甚至一无所知。在刑事案件中,一般来说,被告人根本无法自我判断犯罪指控的意义,也不熟悉证据规则。如果没有律师的帮助,他很可能以不恰当的罪名被起诉,然后依据不充分,不相关,或是不具有可采性的证据被法庭定罪。即使被告有充分的无罪理由,他也缺乏足够的技能和知识进行自我辩护。所以,刑事诉讼的每一步,被告人都需有律师帮助,没有它,即使是无辜之人

---

[29] See Anthony Lewis, Gideon's Trumpet, 109 (quoting then Justice of the Supreme Court of Illinois, Schaefer, "Federalism and State Criminal Procedure", 70 *Harv. L. Rev.* 1, 8 (1956)).

也面临着有罪的危险,因为他不知道如何证明自己的清白。也许人类确有聪明,但我更愿相信人之愚钝,或仅是智慧初开。[30]

中国法律允许每一个公民在刑事诉讼中聘请律师,然而,仅在几种特殊情形下才会指定律师为其辩护,如:犯罪嫌疑人是未成年人、聋哑人、盲人,或是有可能被判处死刑。[31] 在这些情形之外,如果被告人因为经济困难而无力聘请律师,人民法院可以但并不是必须为其指定律师。[32] 1994年,中国政府认识到,需要有全职律师为那些贫穷的被告人提供辩护,于是开始建立政府法律援助体系。1996年12月16日,司法部国家法律援助中心正式成立,它的职责是,加快建立起全国范围内的政府法律援助体系,并且监督这一体系的运行。时至今日,中国已经建立起3000多个法律援助中心[33],服务范围涉及民事、刑事和行政诉讼案件。[34] 根据"刑事法律援助以政府承担为主,大学和非政府组织为辅"的方针,司法部作为全国司法行政的主管机关,不仅要求那些服务于政府法律援助部门的全职律师为穷人服务,也要求私人执业律师每年承担一定数量的法律援助任务。[35] 在这种贫困辩护援助体制中,所有的律师费用都由政府承担。[36]

1. 律师辩护权
(1) 在中国的发展

在中国,与世界上其他国家类似,有太多被告人因为贫穷而无力自己聘请律师。面对这种情况,中国建立起了法律援助体系来保护穷人权利,以使所有人都能平等地享有正义。对于中国这样一个地域辽阔、国情复杂的国家来说,法律援助的出现及迅速发展具有纪念碑式的意义。NLAC最近公布了中国法律援助的发展情况,详细统计了1999—2005年全国法律援助中心、工作人员及受理案件的数量。[37] 到2005年底,全国共计有3129家法律援助中心,比之1999年的1235家,增长了150%。[38] 这一超常规的发展,实现了各省、自治区

---

[30] *Powell v. Alabama*, 287 U.S. 45, 69 (1932).
[31] 《中华人民共和国刑事诉讼法》第34条。
[32] 同前注。
[33] 参见《中国法律援助年鉴》(2005)第98页"1999年至2005年全国法律援助统计数据表"。2006年的统计尚未出来,它们将由司法部法律援助中心收集并在今年晚些时候公布。
[34] 参见《法律援助条例》(2003),第10—13条。
[35] 参见《律师法》第42条。各省或市的司法行政部门一般要求私人执业律师每年完成两起以上的法律援助案件。(有的地方对案件数量没有规定)但是不强制规定案件的性质(如民事还是刑事案件)。
[36] 《法律援助条例》(2003),第24条。
[37] 同前注。
[38] "法律援助的财政支出也有增加",参见前注[33],《中国法律援助年鉴》第98页。

都有法律援助中心,甚至全国3229个县,也几乎是每县一家。[39]

随着法律援助体系的建立,刑事诉讼中开始出现了贫困辩护援助。但是,若要实现所有被指控的人均享有律师辩护权,还有很长的路要走。首先,中国法律援助体系还没有能力满足所有贫穷被告人的辩护需要。尽管全国各地都建立起了法律援助中心,但是,新建立的机构远远没有正常运作,因为没有几家法律援助中心有足够的物力和人力来保证服务。2005年底,全国所有法律援助中心总共只有5029名专职律师[40],许多地方就几个人,甚至根本没有,以至于有时不得不靠私人执业律师或法律援助工作者来代理刑事辩护。而且,法律援助中心并非将全部精力都放在刑事辩护上。严格说来,中国并没有专门的公设辩护人机构,因为援助中心对各个法律部门的大量案件都提供法律服务,其律师根本忙不过手脚。再者,刑事辩护援助从来既不时髦,也不轻松,许多法律援助中心为避开这一潜在麻烦,更愿意承接民事案件。在这些案件中,例如,工伤赔偿、劳动合同纠纷或财产纠纷,律师感觉会见当事人和诉讼准备要比代理刑事案件时有更多自由。更重要的是,对援助律师来说,为当事人主张民事权利更容易获得公众认可。最后,大多数的法律援助中心缺少充足的财力和必要的基础设施来提供大量的贫困辩护援助。

那些私人执业的律师也不能满足日益增多的贫困被告人辩护的需要。尽管中国律师数量猛增,从1981年大约5500名[41]到今天12万多名[42],但相对中国13亿人口,仍然远远不够,并且大部分律师都涌向发达地区和大城市寻找更赚钱的工作,于是进一步加重了这个矛盾。据我们所知,这就导致了许多地方,特别是中国西部地区,贫困辩护援助严重缺乏。云南,一个中国西南部的贫穷省份,可以说明这一问题。它的人口和面积都与美国加利福尼亚州相近,但全省仅仅有2782名律师为4千4百万人提供法律服务。[43] 作为明显的对比,加州有155992名律师,比中国全部注册律师还要多。[44] 另一个可比较的例子是贵州,它是中国最贫穷省份之一,有近4000万人口,仅有1400名律师。[45]

---

[39] 参见中华人民共和国行政区划,(访问日期2004年12月31日), http://www.xzqh.org/quhua/。

[40] 同前注。

[41] Randall Peerenboom, Human Rights First (Formerly the Lawyers Committee for Human Rights), Lawyers in China: Obstacles to Independence and the Defense of Rights, 28 (1998)。

[42] See China's Lawyers Failing to Provide Nationwide Service. (visited July 10, 2006), http://english.people.com.cn/200607/10/eng20060710_281725.html (根据中华律师协会主席的发言,中国律师数量是121,889名)。

[43] 2007年3月与政府官员的谈话。

[44] See The State Bar of California, Member Demographics. (visited Mar. 23, 2007), http://members.calbar.ca.gov/search/demographics.aspx。

[45] 2007年3月与政府官员的谈话。

当这些贫困地区正想方设法留住律师来为当地服务时,那些经济发达地区却吸引走了大量律师。重庆只有大约 3500 名律师,北京已经超过了 1 万名。即使是经济贫穷地区,大多数律师也集中在较大城市。仍以云南为例,大约 60%的律师都在昆明。[46] 与此相似,贵阳——贵州省省会——有 700 多名律师,占了该省律师一半以上。[47] 这种分布导致大量农村地区根本没有律师。

很多地方,因为没有足够的援助律师完成贫困辩护援助,只能在不同程度上依赖于私人执业律师。公正地说,私人执业律师没有承担多少援助案件。2005 年,中国近 115000 名私人执业律师仅承担了 108299 件援助案件。[48] 而在美国,大约 5500 名辩护援助律师[49]就承担了 87011 件贫困辩护援助案件。[50] 如果说,中国市场经济飞速发展使得民事领域需要大量合格的律师,那么,相应的,律师也更想靠民事案件来赚钱。没有几个律师愿意承担贫困辩护援助,一方面没钱,另一方面,刑事案件没有挑战性,而且潜在风险很大,办案过程中限制太多。再者,担任贫困辩护援助,往往被大家瞧不起。因为贫穷被告人在社会中根本没有地位,尽管政府努力在公民中开展普法教育[51],大部分人对刑事司法体系的结构和运作仍然知之甚少,律师很可能因为出色辩护反遭批评,他们为社会所作的贡献很少被理解。于是,许多律师也找不到为贫困被告人辩护的动力。[52] 如果律师界缺少对贫困辩护援助的支持、帮助和理解,那么,蔓延于律师之中的普遍心态很难改变。

全国提供法律援助的律师如此之少,如何才能满足贫困被告人的需要?在一些欠发达地区,允许法律援助工作者承担贫困辩护援助。这些人接受过一些法律培训,但没有通过国家统一司法考试。[53] 一场内部争论由此引发,批评者认为这种做法降低了刑事辩护的质量。不过,在许多偏远地区,情况实在太糟,迫于无奈,找一个多少学过法律的人为被告辩护总比什么也没有要强。贵州省通过资格考试的律师很少,率先确立了法律援助工作者的资格要求,并为合格者颁证上岗。目前来看,这似乎是唯一可行的办法。因为全省仅有 30 名专职法律援助律师。[54] 为了保证辩护质量,贵州省对法律援助工作者制定的资格

---

[46] 同前注〔43〕。昆明有 1677 名律师。
[47] 同前注〔45〕。
[48] 同前注〔33〕,《中国法律援助年鉴》(2005),第 105 页。
[49] 同前注,第 98—105 页。
[50] 同前注〔33〕,《中国法律援助年鉴》(2005),第 102 页。
[51] 政府定期开展,也鼓励其他社团组织开展普法活动,宣扬公民权利。在每年 12 月 4 日的全国普法日(以纪念《中华人民共和国宪法》在这一天获得通过),政府机关,公民和社团组织在各个社区摆摊,散发公民权利宣传单,并为公民提供法律咨询。
[52] 2004 年 10 月至 2007 年 3 月间与全国各地的律师和专家的谈话。
[53] 例如,《贵州省法律援助条例》第 2 条。
[54] 同前注,第 49 条。

要求规定,必须有两年以上法学学历,受过专业培训,除在法律援助中心工作外,不得兼任他职。[55] 自 2002 年这一制度施行以后,发展迅速,目前贵州省有 400 多名法律援助工作者在大约 90 个法律援助中心工作。[56] 这种模式,作为中国在法律援助律师严重匮乏情况下采取的对策,值得其他国家学习和思考。

毫无疑问,考虑到中国如此辽阔的面积和巨大的人口,政府在贫困法律援助问题上一直面临着特别挑战。尽管中国已经为此做出了很大努力,但是,每年刑事诉讼都会出现大量的贫困被告人,要使辩护援助能够满足全部需求,中国仍有太多工作要做。从 1998 年 1 月到 2006 年 9 月,中国有 620 万被告人被判有罪[57],其中仅仅只有 10% 获得了法律援助。[58] 可以认为,中国法律援助体系在多大程度上能够发展,进一步专业化并拓宽其覆盖面,取决于有效的贫困辩护援助体系的成功。在这一问题上,单纯的立法并不能导致有意义的改变,必须有专业化的有组织的辩护律师来推动实现。国际组织通过给予技术支持,提供资源管理建议和能力培养,促进中国法律援助事业。而且,一些国际组织,如 IBJ,有丰富的刑事辩护经验,能为中国引入改进刑事法律援助体系的相关模式。

通过培训和资源投入,IBJ 帮助全国各地的法律援助中心有能力处理越来越多的刑事辩护援助。基本上,IBJ 知道贫困辩护援助真正需要的是什么,它的培训教师来自世界各国,都有着在公设辩护人机构担任出庭律师的经验。IBJ 正利用它对中国贫困辩护援助体系的专门知识和了解,实施一项培训计划,帮助培养一批富有能力和责任心,能够承受日益繁重工作的优秀律师。经过培训,律师们学会了更有效地工作,更重要的是,他们产生了热情和责任感,愿意承担更多的援助案件。如上所述,研究表明,从 2004 年开始,中国东南地区的法律援助中心在接受 IBJ 培训后,办案量平均提高了 27%。[59] 目前,这些法律援助中心还承担了大量的边缘案件,从 2004 年开始,平均每年增加 33.5%。[60] ——根据法律规定,边缘案件绝大部分都不属于必须援助范围。

与此同时,IBJ 与中国顶尖的律师及大学合作,帮助中国政府起草贫困辩护援助相关指南和标准,指南有助于 NLAC 规定援助律师的工作准则,标准将

---

[55] 参见《关于贵州省法律援助工作者承办法律援助的事务的通知》中的要求。
[56] 同前注[54]。
[57] *China Convicts Nearly 99 Percent of Criminal Defendants: State Media*. (visited Nov. 9, 2006), http://jurist.law.pitt.edu/paperchase/2006/11/china-convicts-nearly-99-percent-of.php.
[58] 该结果来自于 1998 年 1 月至 2006 年 9 月的刑事案件的总数,除 1999 年至 2005 年法律援助案件的总数(见前注[36])。1998 年全年和 2006 年前 9 个月的法律援助案件数量用推断方法得出。
[59] Statistical data on file with IBJ.
[60] 同前注。

要求各地法律援助中心明确如何提高效率,例如,NLAC确立了援助案件受理数额,这一规定提高了全国范围内法律援助的效率和质量。

(2) 在美国的发展

在美国,律师辩护权神圣地记载于宪法第六修正案中。该修正案的一部分规定:"在所有的刑事诉讼中,被告都有如下权利……有律师为其辩护的权利。"[61]尽管该规定看起来如此全面和绝对,但在一百多年的时间里,它仅仅被解释为"被告有权聘请私人辩护律师",而不表示那些贫困的被告有要求法院为其指定律师的权利。在20世纪初,有几个城市开始设立法律援助中心,为穷人提供辩护援助。第一家政府法律援助中心是洛杉矶市于1913年设立的公设辩护人机构[62],但是这一时期,辩护援助仍然主要靠律师无偿提供,结果导致很多贫困被告人在法庭上没有律师辩护。

直到1932年的一个案件,最高法院才开始关注起贫困被告人的辩护权利。[63]在本案中,九名贫穷的且未受过教育的年轻人,因为强奸罪被判处死刑。审判明显违背了形式正义的要求。一时舆论大哗。因为被告全是黑人,而受害者为白人女性,该案发生在阿拉巴马州,一个公开歧视黑人的地方。被告在案发两个星期后即被开庭审判,所有会见律师的请求均被拒绝,尽管薄弱的、相互矛盾的证言让人怀疑强奸根本没有发生,但九名被告全部被判有罪。最高法院推翻了这一判决,并且第一次规定:在死刑案件中,法院必须为贫困的被告人指定免费辩护,因为享有律师辩护权乃是这类案件最基本的自然性质。[64]

整个20世纪,律师辩护权有了坚实的发展,国家提供物质条件和必要的律师为穷人进行法律援助。1942年,最高法院要求各州在某些特别情况下,如被告人无钱聘请律师、文盲、面临着复杂的或严重的犯罪指控时得提供律师援助。[65]那时候,已经有30个州在所有重罪案件中为被告人提供辩护律师[66],但在1963年以前,最高法院自己都没有这样做。这一问题在Gideon v. Wainright案[67]中被提了出来。此案被告人曾申请辩护援助但遭拒绝,那时佛罗里达州仅为死刑案件被告人指定辩护律师。被告人只能做自我辩护,后被州法院判处重罪。最高法院推翻了原审判决,认为,辩护权乃是"基本权利,公平审判

---

[61] U.S. CONST. amend. VI.
[62] Barbara Allen Babcock, Inventing the Public Defender, 43 *Am. Crim. L. Rev.* 1267, 1274 (Fall, 2006).
[63] *Powell v. Alabama*, 同前注[30]。
[64] 同前注,页73。
[65] *Betts v. Brady*, 316 U.S. 455 (1942).
[66] See Gideon's Trumpet, 同前注[29], 页138。
[67] *Gideon v. Wainright*, 372 U.S. 335 (1963).

的实质"[68],这一见解意义卓著,但并无新意,因为到那时为止,只剩下五个州反对在非死刑案件中为被告人指定辩护。[69] 不过值得一提的是,它推动了各州强制性地保护律师辩护权,结束了各州规定不一的状态。而且,它鼓励各州提高贫困辩护援助能力,当为穷人指定律师的案件持续增多时,辩护援助系统的容量就成为非常重要的问题。[70]

一直以来,尽管美国有着足够律师为贫困被告人提供法律援助,但是,各州及其政府必须考虑如何系统安排并给付律师报酬。相应的,各州在可承受的成本范围内寻找履行其义务的方式。最后,建立的辩护援助体系主要由三种模式混合而成:(1) 各州设立公设辩护人机构及专职带薪律师;(2) 个案委托私人执业律师;(3) 与私人律所或法律服务机构签订合同。

在许多方面,律师辩护权在美国的发展历程与中国有相似之处。起步之初,美国贫困辩护援助依赖于私人执业律师的慈善之心。这和中国开始时一样。随着美国司法系统的发展,很明显,这种方式不能满足全部贫困被告人的需求,也不是公民社会保护其成员平等享有正义的最佳途径,所以,美国逐渐在死刑案件和其他被告人易受侵害的案件中指定辩护援助,这与目前中国的情形有很多相似。现在美国已经逐步发展到为所有被指控的人指定辩护律师的程度。[71] 随着中国法律人才的增多和法律援助体系的完善,有一天中国也同样有能力履行其义务——为所有的贫困被告人进行法律援助。

2. 有效辩护权

律师辩护权已经不单指为被告人提供律师的行为,作为被告人最重要的权利,它隐含着如下含义:如果律师在法庭上不能作出有效的辩护,该权利将毫无意义。辩护律师被赋予了如此重要的责任,事关当事人生命和自由,理所当然,他们必须具有相当的能力才可以担此重任。刑事诉讼中的问题如此复杂,以至于要求辩护律师必须经受过较高水平的法律教育和培训,如果是最严重的案件,如死刑案件,律师要求有更丰富的经验和更高超的技巧。除此之外,在所有的刑事案件中,律师都必须为其当事人全力提供最好的辩护,不管是否有能力支付费用。

贫困被告人也理当获得充足的辩护,这与那些有钱聘请律师的人一样。然

---

[68] 同前注,页 340 (recalling the rights guaranteed in *Betts v. Brady*)。

[69] William M. Beaney, *The Right to Counsel*: *Past*, *Present and Future* 49 *VA. L. REV.* 1150, 1156 (1963).

[70] *See* Gideon's Trumpet,同前注[29],页 138。

[71] *Gideon v. Wainwright*, 372 U.S. 335 (1963) (establishing the right to counsel in all felony cases); *In re Gault*, 387 U.S. 1 (1967) (recognizing right to counsel in juvenile delinquency proceedings); *Argersinger v. Hamlin*, 407 U.S. 25, 32 (1972) (extending right to counsel "to any criminal trial, where an accused is deprived of his liberty").

而,经常性的是一些缺乏能力的律师在替穷人辩护,他们没有资源,却要承担如此重要的责任。贫困被告人法律援助必须要能提供有效的辩护,为履行这一义务,中国将完善已有的法律援助体系,目前全国已经建立起了足够数量的法律援助中心,下一步就是加强和提高这些机构的能力,以保证为那些贫穷的被告人提供更好的法律援助服务。

(1) 在中国的发展

近几年,中国正努力提高法律服务的效率和质量。进入司法职业,包括律师和其他专业的难度已经大大提高。新的立法对进入这一职业做出了规定。2001年修正后的《律师法》《法官法》和《检察官法》要求,必须通过统一司法考试后才能获得律师、法官和检察官执业资格。[72] 而且,修正后的法律对参加国家司法考试者提出了最低学历要求[73],现在,必须具有高等院校本科以上学历。对缺乏高等教育的偏远地区[74],作了例外规定。这一考试意在统一并拔高各法律职业的门槛,并促进司法职业化。中国也开始强调律师和法官的职业道德,必须遵守《律师法》和《法官法》的规定。[75]

尽管取得了这些积极的进步,但是为了保证有效地为穷人提供法律援助,中国还需要建立相关的合理的标准和监督制度。在实践中,辩护援助经常是随便指定一个能接案的律师做做就了事。这些专职的援助律师只有很少或没有报酬,也就缺乏动力。他们中许多律师,缺乏刑事辩护的高超技巧,而且对这类案件毫无兴趣。结果就是,经常是一些没有经验,也没有兴趣向刑事辩护方向发展的律师在为贫困被告人辩护。不幸的是,许多私人执业律师,有着深厚的刑事辩护经验,却未能承担这些案件,以丰富自己的私人执业生涯。

中国法律援助体系能否发展,关键取决于它为贫困被告人提供高质量的辩护援助的能力。贫困辩护援助体系的一种模式是个案委托私人执业律师。这样做,首要好处在于它能保证辩护质量,因为法律援助中心可以选择那些有丰富刑事诉讼经验的律师。在国际组织的支持下,中国政府可以进一步改进它的援助模式。比如,对专职援助律师进行长期的有计划的培训,监督他们的援助活动。而且,还可以启动一个持续性的法律教育项目,为那些新加入的辩护律

---

[72] 参见《律师法》第6条;《中华人民共和国法官法》第12条(2001年6月30日修正,2002年1月1日施行);也可参见中华人民共和国司法部公告:《全国人大常委会关于修改〈中华人民共和国检察官法〉的决定》(2001年6月30日修正,2002年1月1日施行)。

[73] 参见《律师法》第6条;《中华人民共和国法官法》第9条;《中华人民共和国检察官法》第10条。

[74] 同前注。

[75] 参见《中华人民共和国法官职业道德基本准则》(最高人民法院2001年10月18日发布,同日施行), translated in http://www.accci.com.au/code.htm (last visited Apr. 1 2007);也可参见《律师职业道德和执业纪律规范》(中华全国律师协会2002年3月3日发布,同日施行)。

师进行培训,提供指导,并统一安排法律援助和调度各种服务资源。

目前,NLAC正对全国法律援助中心的培训能力,援助律师的专业水平和人数,援助中心提供贫困辩护援助必须达到的最低标准进行评估。考虑到中国法律援助中心的数量、面积和国情之复杂,这项工程必然浩大无比。幸好,来自国际社会的支持,有助于中国建立起法律援助的组织体系,制定援助律师最低服务标准以及提高各个法律援助中心的培训能力。

到现在为止,IBJ与中国政府合作,已经开展了五十多次全国或地方性的培训,并支持了许多辩护律师的项目,以鼓励他们在辩护中提供更好的服务。IBJ用自己独特的方法,在中国法律共同体的发展、教育、技术支持、培训以及全国律师与中外法律专家的融合方面做出了努力,提高了辩护援助律师的能力,准确表达了他们参与法律援助的具体需求,并且帮助他们发现最好的工作模式。IBJ的培训课程依据中国国情设计,其内容完全以律师执业过程中的技能需要为导向。为提高律师能力,IBJ培训将目标定位于:逐步培养律师对其工作的目的意识以及律师在司法体系中的核心角色意识。

尽管中国律师通常受过很好的法律理论教育,但在他们求学过程中及离开法学院之后,却没几个人接受过批判性思考、辩论和谈判技巧等方面的正式培训。所以,他们办案时常常准备不足。从接受委托开始,律师就倾向于相信检察官的指控是不可辩驳的,并放弃了许多可行的辩护策略。相似的,很多律师对辩论技巧不熟悉,如直接询问和交叉询问,也不了解辩护理论的最新发展,因为他们从未参与过互动式培训,错过了学习和锻炼这些能力的机会。[76]

许多律师不清楚自己在刑事司法体系中的角色以及如何保障当事人的权利。这些不足源于以下事实:律师没有足够资源,也得不到有经验的角色引导者的支持。许多律师工作的地方没有多少同行,做刑事辩护的就更少。缺乏能够提供培训和引导的律师群体,他们只有依赖于与当地公安和检察院的关系办案,而忘记了自己的辩护律师角色。一个合适的例子是,在IBJ2006年的培训中,一名来自中国西南某县法律援助中心的律师写道:"我、公安局和检察院都为同一个政府服务,我不能反对他们的立场,而必须与他们共同工作以达到同一目标。如果我们都相信无罪推定的话,那我就能为被告人做得更多。"

IBJ从全国挑选出部分律师和示范性法律援助中心,并和他们一起努力,培养专业化的刑事辩护律师。这种方式,将形成中国未来辩护律师的领导力量。他们对辩护事业充满激情,富有经验。也正是他们,在努力实现公平审判权利的过程中,帮助中国认识到刑事诉讼法的目的所在。

---

[76] 2007年3月,在中国西北地区的一次培训课上,一名律师谈起他在最近一次庭审中采用了交叉询问。当被问及他是如何学会这些技巧时,他说,这是他第一次采用,没有人教他这些技巧,他是从美国电影中自学来的。

IBJ 的培训已经初见成效。来自中国西南部的一名律师经过 IBJ 培训后——在那里,他第一次接受到实用辩护训练——完全改变了自己对辩护人角色的认识。对他来说,学会用批判性思维分析案件标志着彻底的转变。现在,他正在 IBJ 的指导下,学习如何质证控方证据并为当事人辩护。在一桩指控谋杀的案件中,这名律师成功地将被告人从死刑中挽救回来。

(2) 在美国的发展

在美国,被告人享有有效辩护的权利也是逐渐发展的。在确立律师权的一系列判例中,最高法院将律师有效辩护权表述为一种相关的辅助性的问题。具体来说,法院在指定辩护援助律师时,应当确信律师在诉讼准备和法庭审判中能提供有效帮助。[77] 在美国,同中国一样,有效辩护权随着贫困辩护援助体系的发展而越来越引人关注。为贫困被告人提供法律援助的负担日益沉重,在许多案件中,辩护的充分性和有效性在减弱——表现为律师水平下降,法律援助培训机构减少,律师监督不足,财政投入也有所削减。

为了完成指定的辩护援助,律师必须精通其执业所在州的各种法律。另外,律师还要遵守由美国律师协会和刑事辩护律师协会颁布的适用于全国的准则。这些准则对以下问题做出了规定:律师的工作任务;律师的资格要求;承接案件数量;利益冲突的解决及贫困辩护援助体系的行政管理。如果该律师工作于公设辩护人机构,他还须遵守该机构制定的执业准则。

在美国,公设辩护人机构能为贫困被告人提供高质量的辩护,这样的例子很多。这种模式之所以成功,乃是因为他们对辩护援助律师的监督、培训和支持一直持之以续。许多公设辩护人机构建立起了良好的监督制度,保证律师提供高质量的辩护服务。而且,他们通过有效途径使新加入的律师从富有经验的前辈那里学到许多专业技巧。在这些机构中,新手跟随老资格的律师们一起工作,后者既是指导者又是监督者,负责组织律师们召开例会,详细讨论疑难案件,旁听和评判法庭审理,回顾案卷,通过这些方式指导新律师。这些机构还定期地将不同经验的律师分成一组,让他们协同讨论并互相帮助准备各自的案件。

(二) 辩护权

每一个面临刑事指控的公民都有为自己辩护的权利,中国已经将这一基本权利写入宪法:"被告人有权获得辩护。"[78] 为了确保这一权利,实现审判实质公正,中国《刑事诉讼法》作了许多规定,如被告享有在审查起诉阶段委托辩护

---

[77] See Powell v. Alabama,同前注[30],页 69。
[78] 参见《中华人民共和国宪法》(1982),第 125 条。

人的权利[79];有对控方证据质证的权利[80];有由公诉方承担全部举证责任[81];未经审判不得确定有罪的权利[82];还有讯问和质证证人[83]以及出示证据的权利。[84]

但在实践中,有许多因素在阻碍上述权利得以全部实现。包括:1) 委托律师的机会和准备辩护的时间都不充分。2) 不能及时、完全地获知控方证据。3) 无罪推定原则缺乏有效保证。4) 不能当庭对证人质证。5) 辩护律师收集和出示己方证据十分困难。这些都妨害了被告辩护的权利。而要对该权利予以全面保护,则必须提高律师在刑事司法体系中的地位,并且增强律师准备和出示证据的能力,使他们有机会证明公诉方的有罪证据不足,从而当事人应当无罪或减轻处罚。

1. 尽早委托律师的权利

必须有充足的时间来准备辩护。[85]这使得被告有机会尽早委托律师并与其商量成为必要。如果辩护律师被拒绝会见当事人,也没有足够的时间准备辩护,那么,律师将无所作为,辩护只会是走走过场,敷衍了事。所以,辩护权内含着如下要求:必须要有充足的时间以保证被告与其律师互相商量,查阅控方证据,会见证人,申请鉴定,以及精心准备己方证据和辩词来完成辩护。由此可见,被告尽早会见律师的权利与其辩护权实为一体,为公平审判权重要内涵之一。

(1) 在中国的发展

最近几年,律师在审前阶段介入案件和会见在押当事人的权利有了较大的法律保障。1996 年修正后的《刑事诉讼法》特别规定了律师在侦查阶段和审查起诉阶段有会见当事人的权利。[86]而且,2005 年施行的规定要求,公安机关和检察院必须告知所有的犯罪嫌疑人可以申请法律援助,从而,那些贫困犯罪嫌疑人在审前阶段接受律师帮助的权利有所扩大。[87]在侦查阶段,如果犯罪嫌疑人无钱自己聘请律师,申请法律援助提供了又一救济途径。[88]为了执行这些规定,当犯罪嫌疑人申请法律援助时,公安机关和检察院必须在 24 时内通知

---

[79] 同前注,第 33,96 条。
[80] 同前注,第 45 条。
[81] 同前注,第 162 条。
[82] 同前注,第 12 条。
[83] 同前注,第 47 条。
[84] 同前注,第 157 条,也可见第 37 条。
[85] See ICCPR, art. 14(3)(b).
[86] 参见《刑事诉讼法》第 36、96 条。
[87] 参见《最高人民法院、最高人民检察院、公安部、司法部关于刑事诉讼法律援助工作的规定》。
[88] 同前注,第 4 条。

法律援助中心。[89] 并且,应当积极支持法律援助律师的工作,特别是应当告知犯罪嫌疑人涉嫌罪名,依法安排律师会见在押犯罪嫌疑人,为律师向犯罪嫌疑人提供法律咨询、代理申诉、控告,为在押犯罪嫌疑人申请取保候审等提供必要的便利条件。[90] 除此之外,在审查起诉阶段,检察院应当为援助律师查阅、复制案件材料以及同在押的犯罪嫌疑人会见和通信提供便利条件。[91]

上述新的法律和规定的施行,尽管是巨大的进步,但是并没有完全取得预想的效果。援助律师在审前阶段会见当事人仍然困难重重,可望不可即。事实上,在许多案件中,当律师接到法律援助指定时,已经少于法定的"开庭十日前"的期限;甚至,有的法官在开庭当日才给贫困被告指定律师。[92] 总之,大多数案件中,法律援助律师无法及时有效地安排与当事人会见。其中缘由当然很多。在审判阶段,是由法律援助中心而不是直接由私人执业的律师来承担援助义务,有时,法律援助中心会因为协调能力不足而延迟援助。[93] 更常见的原因是,法院先等着被告自己聘请律师[94],往往最后在开庭不足10日前才将案件通知法律援助中心。[95] 另外一个原因则是,在许多案件中,特别是未成年人犯罪案件,法院认为事实已经清楚,没有必要再安排辩护律师。[96] 最后,在刑事诉讼审前阶段,申请法律援助的责任由贫困犯罪嫌疑人自己承担,但他们对法律赋予的权利几乎一无所知,也不清楚法律援助的意义和目的。因此,他们不知道如何行使这一权利。在IBJ主持的一次圆桌培训项目中,法官、检察官、公安人员和辩护律师聚集在一起,讨论为什么贫困犯罪嫌疑人和被告很少申请法律援助。一位公安人员说,他们已经将这项权利和相关解释打印成表,提供给犯罪嫌疑人,但他同时也承认,解释并不是十分清楚。[97] "没有建立有效机制来保证被关押者理解这些内容。"他说,"这是一个严重的问题。"他希望通过公安机关和律师的合作共同解决。

IBJ一系列圆桌培训项目均服务于一个重要目标:引导司法界对本国司法实践中存在的问题进行广泛讨论并求得共识。在培训过程中,IBJ发现,中国

---

[89] 同前注,第6条。

[90] 同前注,第16条。

[91] 同前注,第17条。

[92] 参见《刑事诉讼法》第34、51条。《最高人民法院 司法部关于刑事法律援助工作的联合通知》(最高人民法院、司法部1997年4月9日发布)第5条,法律和规定要求应当在开庭10日前通知辩护人,然而,在许多地方的司法实践中,通常是在开庭前3日,甚至更短的期限才指定法律援助律师。一些案件,特别是法院认为后果轻微的,如未成年人犯罪,律师可能在开庭当天才接到指定辩护援助的通知。2004年10月至2007年3月与政府官员的谈话。

[93] 2004年10月至2007年3月与中国法律专家和律师的谈话。

[94] 同前注。

[95] 同前注。

[96] 同前注。

[97] 2006年7月在中国西南地区与公安人员的谈话。

司法界对刑事司法改革并无太大分歧——可以肯定不会大于其他国家。如上文中公安人员所指出的,各方都在努力寻找保护被告权利的有效机制。当然,加强对话仅是途径之一,司法界还需要拿出具体的行动计划。为此,2005年,IBJ和哈佛法学院"谈判"项目合作,共同制定培训方针,帮助律师学会如何尽早介入刑事诉讼。

  法律和规定没有真正执行的一个重要原因在于,大部分的援助律师缺乏动力在审前阶段去会见贫困犯罪嫌疑人。因为律师觉得,其努力工作不仅得不到合理回报(律师费很低),而且在这一阶段做再多的准备也是白费力气,所以,律师持有消极态度。关于律师费,不论是法律援助还是私人聘请,都应该包括与案件相关的所有费用。如,差旅费,调查取证费和其他的诉讼准备费用。不过事实上,辩护援助律师的办案补贴(相当于律师费)实在太少——在中国许多地方大概是300—800人民币(约40—100美元),在北京是1000人民币(约130美元)——根本无法准备一场真正意义的辩护。另外与此相关的是,在案件结束以前,律师是拿不到补贴的,援助过程中所有的相关费用,都得律师自己垫付。

  在侦查阶段,尽管法律限制了律师部分权利,律师仍然可以为辩护做许多实质性的准备工作。IBJ努力帮助中国的律师、公安人员和检察官意识到,律师在案件侦查阶段担任着重要角色。即便律师不能查阅侦查案卷,也不能调查案件事实,律师仍然可以:给当事人提供有价值的法律建议和咨询;获知案件发生的事实和相关情况;正式建立代理关系,以合法的身份为当事人的权利和利益申诉。在审查起诉阶段,律师可以单独调查,也可以向检察机关提供有实质意义的意见。许多情况下,律师和检察官之间的交流有助于弄清案件真相,当律师告之对方自己所知的案件事实和相关情况时,可以帮助检察机关决定更合适的起诉罪名,或是干脆不起诉。

  律师的主要职责就是保护当事人的合法权利。[98] 为了鼓励律师更积极地参与刑事诉讼,IBJ举行了许多培训活动来强调律师在审前阶段的权利和义务。这些培训创造性地解决了辩护实践中的难题。2005年7月,参加中国东南地区IBJ培训项目的律师和检察院达成协议:凡遇到严重犯罪案件或是复杂案件时,检察院将帮助被告申请法律援助。不久前,IBJ还促成中国西南地区

---

  [98] 2006年5月,在中国东南地区IBJ培训项目中,律师和检察官陈述了各自的理由,认为他们没有责任保证被告在审前阶段获得律师帮助。律师们认为,中国法律明确规定检察机关和公安机关有义务告之犯罪嫌疑人、被告委托律师的权利,如果他们希望,那就应当给他们请律师。但是,在正式申请法律援助之前,律师不可能主动提供援助。另一方面,检察官们认为,应当主要由公安机关告之犯罪嫌疑人委托律师的权利,如果在侦查阶段公安机关很好地履行了这一义务,那么,检察院就没有必要再次履行。而且,检察院的其他工作已经超负荷,如果再加上所有的犯罪嫌疑人都由检察院来告之其权利,显然无力承受。

的某公安机关实行改革,所有的未成年人犯罪案件,在侦查阶段允许律师会见当事人。另外,双方正努力实现一更高目标,在侦查阶段审讯未成年犯罪嫌疑人时,将允许律师在场。

(2) 在美国的发展

在美国,犯罪嫌疑人尽早会见律师的权利受到合法的程序保护。一般的,在犯罪嫌疑人逮捕后 48 小时内,警察必须将其带至法院(治安法官)。[99] 在法官面前,被告将被告之为何被逮捕,以及被正式起诉。同时,贫穷的被告将会有指定律师援助。无论律师何时接手案件,一般都可以自由会见当事人,并且展开案件调查——即使警察或公诉机关还没有开始侦查。律师还可以代理当事人申请取保候审以保护当事人的权利。富有经验且负责任的律师会尽可能早地展开案件调查。调查方式种多样,不仅包括询问本案的证人,还包括勘验犯罪现场,咨询专家证人,与被告的亲友谈话等等。律师会尽早且尽量多地与当事人会面,互相讨论案情,研究可行的辩护策略,并告之当事人诉讼程序的最新进展。最后,律师将会搜寻所有相关法律条款并准备最好的辩护策略。

安排辩护律师,不仅是为了保护被告的辩护权利,还可以在警察审讯时保护其免受强迫取证。虽然警察讯问有着严格的时间限制,必须在被告逮捕后 48 小时内完成。[100] 不过在实践中,当被告带至法院(治安法官)时,常常已经接受完讯问并向警察作出了陈述。在拘留被告时,警察必须行使所谓的"米兰达"警告,[101] 警示被告有聘请律师和保持沉默拒绝回答任何问题的权利。虽然"米兰达"警告意在限制警察获取口供的方式,但是刑讯和其他非法取证情形仍有发生。[102] 除了警察权力滥用的情形外,其他一些实践和心理原因也会使犯罪嫌疑人放弃"米兰达"权利。在有些案例中,犯罪嫌疑人相信能够证明自己是清白的,或者不用承担刑事责任,供述完了就可以回家。有时,警察会采用欺骗手段使犯罪嫌疑人放弃自己的权利。例如,向其谎称已经有证人指证他的

---

[99] 在美国,逮捕(arrest)并不是必须事先获得检察官批准的正式程序,它经常是指警察留置公民并对其进行盘问某一刑事犯罪的情形。

[100] See *County of Riverside v. McLaughlin*, 500 U.S. 44 (1991) (setting definite time limits on interrogations).

[101] "米兰达"警告(你有权保持沉默。如果你放弃沉默,你所说的一切有可能在法庭上对你不利。你有权聘请律师,若无资力,法院会在警察讯问前为你指派一名律师)确立于最高法院的 *Miranda v. Arizona* 判例, 384 U.S. 436 (1966), 意在保护被告不得自证其罪的特权。在拘留犯罪嫌疑人时,一般要求警察向其宣示"米兰达"警告,然后才能对其进行讯问。如果在讯问前没有宣示,或是当犯罪嫌疑人表示必须咨询其律师后才回答的情况下,警察仍然继续向其讯问,则获得的陈述不具有可采性。

[102] See *Conclusions and Recommendations of the United Nations Committee against Torture*: United States of America. 15/05/2000. A/55/44, paras. 175—180. (Concluding Observations/Comments), http://www.unhchr.ch/tbs/doc.nsf/(Symbol)/59a7a114139ef798802568e3004e289e?Opendocument.

犯罪。更多时候，警察会想方设法与犯罪嫌疑人建立友善或亲密关系，诱使犯罪嫌疑人陷入虚假的安全意识，以为自己是在进行无危险的陈述。

许多情况下，在讯问犯罪嫌疑人的时候，律师很难阻止可能发生的权力滥用，也无法阻止犯罪嫌疑人的错误供述。所以，一些公设辩护人机构和律师不断地改进援助办法，使得在带至法庭前就能为贫穷被告提供法律援助。如，由公设辩护人机构和律师志愿者开通免费电话咨询，或是直接在警察局设立法律援助咨询点。[103] 其次，在社区内设立法律援助办公室，通过举行众多的、公开性的宣传活动，鼓励公民在面临刑事调查或被警察拘留时，立即申请法律援助。

当然，律师办案也受其时间和财力的限制。没有哪一个被告有足够的钱来保持一个律师团队对其案件竭尽全力。人们经常所关心的是，对于贫穷的被告来说，他们的审判结果比那些有钱聘请律师的人更有可能充满变数。因为公设辩护人要处理的案件太多，报酬却很低。出于这种压力，援助律师可能无法满足当事人的所有需要，或是按我们所希望的那样进行调查和准备辩护。为了改变这一状况，保证辩护援助的质量，一方面，公设辩护人机构和律师协会订立了援助律师办理案件的数量上限。[104] 因为大家都认识到了一个事实，律师在太过繁重的任务压力下，将无法充分发挥能力开展工作。另一方面，公设辩护人机构也在想办法提高法律援助经费，例如，向州和地方政府游说，以争取更多的财政支持。

2. 知悉控方证据的权利

法律规定证据开示的目的在于保证被告有足够的时间知悉不利于己的证据。在案件侦查阶段，警察或检察官将取得大量的供述、报告和其他有法律意义的证据，辩护律师知悉这些证据对于更好的辩护和反对指控来说至关重要。根据中国《刑事诉讼法》的规定，检察院在案件提起公诉的同时将证据材料移送法院。[105] 在这时，辩护律师才可以查阅、摘抄或复制这些材料。[106]

（1）在中国的发展

根据中国法律，在审前审查起诉阶段，辩护律师有权利获悉限定范围内的

---

[103] See e.g., Neighborhood Defender Service of Harlem, http://www.ndsny.org/; First Defense Legal Aid, http://www.first-defense.org/.

[104] 关于援助案件数量限制的相关信息，see e.g., the National Association of Criminal Defense Lawyers, Standards for the Defense, Standard 13.12, Workload of Public Defenders (公设辩护律师每人每年受理的案件不超过以下数量：重罪案件:150；轻罪案件(包括交通肇事犯罪):400；未成年人犯罪案件:200；上诉案件:25。http://www.nlada.org/Defender/Defender_Standards/Standards_For_The_Defense#thirteentwelve.

[105] 参见《刑事诉讼法》，第150条。

[106] 同前注，第36条。

证据。[107] 检察机关在提起公诉时,会将案件主要证据移送法院。[108] 这时,律师可以从法院获取公诉方移送的全部证据的复印件。[109]

相对辩护方来说,公诉方有着巨大的优势,因为他们可以在开庭前十日才移送证据[110],而且公诉方永远有着更强大的调查取证和诉讼准备能力,辩护方则受到严格的限制。在这一点上,公诉方的证据开示对辩护律师通常是毫无意义的,因为根本没有充足的时间进行检查,辩护方既不能利用,也无法反对这些证据。除此之外,许多公诉机关并不移送看起来用处不大也不能证明被告清白的证据,但这种判断很多时候只是表明他们在证据上存有偏见,也许他们并未意识到某一特定证据对被告恰恰有用。尽管辩护方可以申请法院要求公诉方及时开示证据,或是补充提供被遗漏的证据,甚至申请法院调查核实证据,但是,辩护律师常常没有经验,不知道如何申请[111],大部分的律师也没有能力与公诉方进行协商,约定证据开示的问题。

律师的庭前准备是 IBJ 培训课程的重要部分。培训者将掌握刑事诉讼中的证据类型,学会从公诉机关那里及时获悉证据的合法技巧。与此同样重要的是,培训者还学会了大量取证方法及取证时如何运用各种资源。IBJ 鼓励辩护律师形成一种思维,将其当事人看成最佳线索来源,才能引导案件调查进一步深入并掌握案件事实及相关情况。灵活运用这些策略,使得律师能够充分利用各阶段所知悉的证据来进行辩护。

为了帮助解决实践中证据开示和审前阶段存在的相关问题,IBJ 经常组织法官、检察官和律师的联合培训。在活动中,各方均可以提出改革思路。一位能力突出的检察官曾在 IBJ 课堂上指出,律师作为刑事诉讼中的重要一方,应当充分利用刑事法律赋予的权利,尽心竭力为自己的当事人辩护。

(2) 在美国的发展

在美国,公诉方有义务向辩护方揭示所有与案件相关的关键证据。[112] 另外,如果被告申请,公诉方应当移送所有证据并开示,只要这些证据对被告定罪或量刑能产生实质性的影响。[113] 对于那些对被告有利的证据,公诉方也有义

---

[107] 在审前侦查阶段,律师无权获悉案件任何证据,仅仅可以被告之当事人所涉嫌的罪名。
[108] 同前注,第 150 条。
[109] 同前注,第 36 条。
[110] 经常性的,特别是在经济不发达地区,检察官经常才开庭当天才向法院提交证据。2004 年 10 月至 2007 年 3 月与中国律师的谈话。
[111] 《刑事诉讼法》第 159 条。
[112] See *United States v. Bagley*, 473 U.S. 667 (1985)(认为检察官未揭示证据即构成宪法上之错误仅当证据十分关键且有可能影响案件判决结果时)。
[113] See *Brady v. Maryland*, 373 U.S. 83 (1963)(认为"检察官未揭示证据违反了正当程序条款")。

务揭示——即使这些证据只被警方掌握。[114] 公诉方因此承担了一个神圣的责任,他们得审查警察的侦查案卷,把任何可能证明被告清白的证据找出来。[115]

联邦及部分州,包括纽约州的法律规定,证人的陈述可以在诉讼程序非常迟的阶段——审判开始进行时才揭示(有时是在审判过程中)。[116] 在实践中,律师能从检察官那里知悉多少证据取决于检察官的职业水平、律师和检察官的私人关系以及案件的性质。检察官只向律师揭示很少或根本不揭示证据的情况也比较普遍。所以,律师已经精通于通过其他方式来调查案件和准备辩护。这些方式主要有:在开庭和独立进行广泛调查之前就尽早且尽量多地会见被告;进行特别广泛的调查,通常包括:尝试面见本案的所有证人,勘验犯罪现场,进行拍照和实地测量,获取与本案相关的重要记录和其他材料,发现当事人内心独白的证据。这样一来,律师可以尽可能地熟悉案件,一旦知悉了公诉方的证据,律师就能很快将这些证据运用到自己的辩护之中。

3. 无罪推定的权利

(1) 在中国的发展

"无罪推定"原则在中国已经获得广泛认同[117],它要求公诉方在法庭上承担证明被告有罪的责任。[118] 另外,法律严禁仅仅依据被告的供述就对其定罪,公诉方必须提供其他充足可靠的证据来证明被告的罪行。[119] 通过这些规定,中国已经表明对"不得强迫被告证明自己是无辜者"原则的支持。然而,与此不协调的是,事实上,中国没有赋予被告"不得自证己罪"的特权。恰恰相反,在审讯过程中,犯罪嫌疑人有义务交待犯罪事实或是做无罪辩解并回答相关提问。[120] 而且,被告必须在法庭上进行陈述并接受公诉方的讯问。[121] "反对强迫自证其罪"应当写入《刑事诉讼法》在法律界获得了广泛支持,然而,2007年10月《刑事诉讼法》修正时,是否会确立这一原则尚未明确。[122] 虽然广泛的共识都认为,立法必须给被告提供强有力的保护,以反对刑讯逼供和其他非法获

---

[114] See Kyles v. Whitley, 514 U. S. 419 (1995) (重申"检察官有揭示于被告有利证据之义务")。

[115] 同前注。

[116] 联邦证据规则对检察官揭示证人陈述的要求比许多州宽松得多。Under 18 U. S. C. § 3432,只有在叛国罪和死刑犯罪案件中,联邦检察官须于开庭三日前向被告揭示证人的陈述。See U. S. A. Federal Rules of Criminal Procedure, Rule 16.

[117] 中国的法律规定:"未经人民法院依法判决,对任何人都不得确定有罪",见《中华人民共和国刑事诉讼法》第12条。

[118] 同前注,第162条。

[119] 同前注,第46条。

[120] 同前注,第93条。

[121] 同前注,第155条。

[122] 2007年3月与政府官员的谈话。

取供述的行为[123],但是,许多执法人员认为,如果不强迫要求犯罪嫌疑人回答问题,那么破案会变得十分困难,而且,一些法官也认为,被告供述是发现案件真实的重要手段。

在审判中,证明标准要求达到"案件事实清楚,证据确实、充分"的程度[124],被告可能被依法直接认定,或因证据不足而认定为无罪。[125] 尽管被告不享有"反对强迫自证其罪"的特权,他不能保持沉默,但是中国法律也规定:只有被告供述,没有其他证据的,不能认定被告有罪和处以刑罚。[126] 而且,不能轻信口供[127],法院、检察院和公安机关还必须收集能证明犯罪嫌疑人、被告有罪或无罪、罪轻或罪重的各种证据。[128]

辩护律师必须清楚的最重要的问题之一就是公诉方的举证责任。具体地说,即公诉方是否能够完成举证的义务。大多数情况下,律师搞错了自己辩护人的角色,而站到了公诉人一边。如前所述,IBJ 培训一个重要环节就是帮助律师学会如何分析公诉方的指控和举证,只有这样,律师才能在法庭辩论中变得更有说服力。

(2) 在美国的发展

"无罪推定"意指如下原则,即一个人在被证明有罪之前应当被认为无罪。这一推定意味着检察官必须向法官或陪审团证明被告确实有罪,而被告不必说或做任何事情来为自己辩解。如果检察官不能说服陪审团,则被告应当立即无罪释放。"无罪推定"原则并没有记载于美国宪法或其他任何联邦法律之中,相反,它是普通法、法律习惯和那些根源于英格兰且随后被美国法院精致解释的法律价值的共同产物。[129] 1895 年,最高法院表示,法官或陪审员必须在假定被告无罪的基础上才能决定其是否有罪,从而确立了无罪推定原则。[130]

在实践中,"无罪推定"作为一项原则,有时很难被法官和陪审员们遵守。当他们在刑事法庭上见到被告时,内心常有的疑惑是"这家伙做了什么",而不是想"他为何被起诉"。人之天性使我们偏信,如果被告没有做错事,就根本不会遭到逮捕并被起诉。所以,辩护律师必须正视这一事实,并努力克服那些对被告不利的偏见。这就是为什么一个优秀的律师总是花无数的时间准备一场

---

[123] 人们希望在新的法律中,能初步规定若干非法证据排除规则,并且/或更严厉地处理非法讯问行为。
[124] 见《中华人民共和国刑事诉讼法》第 162 条。
[125] 同前注。
[126] 同前注,第 46 条。
[127] 同前注。
[128] 同前注,第 43 条。
[129] See Coffin v. U.S., 156 U.S. 432 (1895)(确立了刑事被告无罪推定原则)。
[130] 同前注,第 453 条。

雄伟的辩护,目的正在于唤起审判官对被告的同情。律师也必须时刻准备好,提醒法庭遵循"无罪推定"原则,如果检察官没有能够证明被告的罪行,那么法庭就应当作出无罪判决。

4. 对质诘问的权利

(1) 在中国的发展

被告在法庭上享有向所有证人对质的法定权利。尤其是《刑事诉讼法》规定:各方的证人必须在法庭上经公诉人、被害人和被告、辩护人询问和质证,其证言被各方听取且经过查实后,才能作为定案的根据。[131] 不过,司法实践中,刑事案件证人极少出庭作证,自然也无法进行交叉询问。[132] 在上述规定写入《刑事诉讼法》后不久,最高人民法院发布的司法解释规定,在如下情况下,经法院允许,证人可以不出庭作证:1) 未成年人;2) 庭审期间身患严重疾病或者行动极为不便的;3) 其证言对案件的审判不起直接决定作用的;或 4) 有其他原因的。[133] 在实践中,这一规定几乎适用于法院所遇到的全部案件。为了取代证人出庭作证,公诉方会提交证人的证言笔录作为证据。[134] 而且,如果辩护律师请求法院传唤证人时,这一申请可能被拒绝,即使法院同意申请,证人也可以不予理睬。[135] 因为法院虽有权向证人发传票,但如果证人拒不出庭时,也不能对他进行法律处罚。[136]

如果不能与证人对质,被告显然处于极度劣势,他不能弹劾证人的可信赖度,也不能诘问其证言的真伪。尽管这是一个显而易见的制度缺陷,但是,中国政府,学术界以及法律界的人在持久讨论后仍然认为,全部案件要求证人出庭不符合中国目前的国情。因为,中国没有正式的辩诉交易制度[137],所有的刑事案件都须经法院审判。但法院没有充足的财力,也没有充足的时间保证所有案

---

[131] 《中华人民共和国刑事诉讼法》第 47 条。

[132] *Miranda Inspires Reform Call*, Renmin Wang [People's Daily Online], Mar. 16, 2007, http://english.people.com.cn/200703/16/eng20070316_358183.html (文中全国人大代表江德明表示:统计表明刑事案件证人出庭率不足 8%。在经济落后地区这一数字甚至更低。2007 年 3 月,在中国西北地区的律师培训课上,律师们认为 98% 的刑事案件证人都不出庭。

[133] 《最高人民法院执行中华人民共和国刑事诉讼法若干问题的解释》第 141 条。

[134] 《中华人民共和国刑事诉讼法》第 157 条。证人如果不出庭,应当在法庭上宣读其证言笔录。

[135] 同前注,第 37 条。律师可以申请法院通知证人出庭作证。

[136] 冉多文:"证人不出庭,刑案难审理,法律人士认为应尽快完善证人出庭作证制度",http://www.legaldaily.com.cn/misc/2005-11/15/content_219302.htm。

[137] 事实上,中国的审判也包含了非正式的认罪交易,而不用调查全部案件事实,尽管这种"交易"不是与公诉方进行。当被告坦白自己的罪行并请求法院从轻判处时(在许多案件中都是如此),本质上是被告与法官在进行"审判交易"。在美国许多司法区有着相似的程序,被告在法官面前承认有罪,他们甚至不知道将会面临什么样的判决,但是他们知道,如果在审判中争辩案件事实,将只会导致更严厉的判决。

件证人都到庭作证。这一要求不仅在法院遭遇阻碍,有许多反对者还认为,对于那些犯罪事实清楚,被告准备认罪的案件,只需采用更简单的程序,如简易程序审理就可,并且希望简易程序的适用范围能进一步扩大。[138] 不过实践中,对于一些特定类型的案件,法院开始要求证人以及鉴定人出庭作证。例如,像谋杀这样极其严重或者非常复杂的案件,或是对证人证言存在重大争议的案件。这些案件,依据"关键案件模式"(critical case method)因其包含了许多核心问题而必须进行更精密的事实求证。[139] 一些大城市已经开始实施新的规定,要求法院必须传唤证人到庭并支付证人所有相关费用。[140] 例如,北京市第一中级人民法院最近宣布,若审判中证据有争议或相互矛盾或属非法获取证据的情况下,证人必须出庭作证。[141]

IBJ致力于培养全世界每一位律师都应当掌握的基本的、普遍的技能,并将这些技能运用于日常工作之中。大部分参与过 IBJ 培训的律师掌握了交叉询问的初步技巧。虽然刑事案件中证人很少出庭,但是律师经常要办理共同犯罪案件,需要对共同被告进行交叉询问。至于证据方面,IBJ 教会律师们如何以恰当的、灵活的方式向法院提出取证申请,同时训练他们充分利用实物证据和言词证据的能力,以有效地反驳公诉方的举证。即使在证人不出庭的情况下,律师也有能力发现书面证言内在的矛盾和与其他证据的冲突,从而指出控方证据虚假或证据不足。

(2) 在美国的发展

美国宪法赋予被告"有与不利于己的证人对质"的权利。[142] 原则上,它意味着,刑事案件开庭时,被告人有权在法官和陪审员面前,与对方证人面对面。

---

[138] 目前简易程序适用于以下案件:依法可能判处三年以下有期徒刑、拘役、管制、单处罚金的公诉案件,事实清楚,证据充分,人民检察院建议或者同意适用简易程序的。见《刑事诉讼法》第174条。为了提高诉讼效率,并且鼓励法官尽量做出非监禁判决,《刑事诉讼法》修正时很可能扩大这一程序的适用范围。与政府官员2007年3月的谈话。

[139] See Charles J. Ogletree, Jr. , "Access to Justice: The Social Responsibility of Lawyers: The Challenge of Providing 'Legal Representation' in the United States, South Africa, and China", 7 WASH. U. J. L. & POL'Y 47 (2001)(作者认为,在指定辩护援助律师的背景下,关键案件模式使被告的律师权进一步受到限制.它将导致律师优先分配给那些最需要援助的人)。

[140] 参见李罡:"八类证人出庭作证,相关费用法院买单",载《北京青年报》2007年3月20日第1版。

[141] 特别以下八类证人应当出庭作证:1)证明控辩双方争议事实的关键证人;2)对于搜查、勘验、检查等侦查活动中形成的笔录存在争议,需要负责侦查的人员以及搜查、勘验、检查等活动的见证人出庭陈述有关情况的侦查人员、见证人;3)控辩双方对鉴定结论有争议的鉴定人;4)控辩双方存在争议的涉及被告自首和立功、犯罪未遂、犯罪中止、正当防卫等法定从轻量刑情节的证人;5)被告提出侦查中存在刑讯逼供、诱供等违法侦查问题所涉及的侦查人员;6)以及提供过不同证言的主要证人;7)新证人和8)主动要求出庭作证并经法院允许的证人。见前注[140]。

[142] U.S. Const. amend. VI.

这一权利意使被告人有机会向不利于他的证人进行交叉询问,也使法官和陪审员有机会观察证人作证时的表情,推测其证言是否可信。[143] 虽然现在的法律规定得相当明确,证人未经交叉询问,其不利于被告人的证言不得当作证据,但是直到三年前判例才正式确认这一规则。[144] 宪法对这一权利的规定表面上看起来清楚明白,但是在 1980 年,最高法院认为,当证人确实无法出庭作证,而其书面的证言又充分可信,那么可以采纳为证据。[145] 2004 年,最高法院推翻了先前判决,强调证人对质条款的目的在于确保证人证言的真实性,而真实性的判断唯有经交叉询问这一特定程序才得以实现。[146] 以前的做法,是将判断太多地托付给"不能总是相信他们在保护公民权利"的法官们的身上。[147]

在法庭上,交叉询问被认为是发现案件真实最有力的武器,一个优秀律师总是要反复训练并最终精于此道。借助于交叉询问,能将证言的准确性和真实性昭然展示于法官面前,而且,那些隐藏于证人心中,引诱他们进行错误陈述、歪曲真相或撒谎的恶意、偏见和动机也被一并揭露。不过,交叉询问也有其限制。对于被告方来说,他不能涉及某些特定问题,例如与案件不相关或是间接性的问题,迷惑性的问题,重复性的或带有偏见的问题。同样,被告人可以拒绝仅带有扰乱视线目的的连续追问。

5. 出示证据的权利

(1) 在中国的发展

被告依法律规定可以举证为自己辩护。[148] 但是,他们收集和出示证据的能力存在着巨大阻碍。法律规定:辩护律师经证人或者其他有关单位和个人同意,可以向他们收集与本案有关的材料。[149] 律师却很少单独调查案件,有许多原因导致这一现状。首先是,按惯例,律师接手案件距开庭只剩几天,限制了他们调查的机会。即使有时间展开调查,律师也得经法院或检察院允许后才能会见被害人。[150] 但法院或检察院许可的情况实在太少,一般都不予同意。其次,辩护律师还要担心,如果他们提出与公诉方相冲突的证据,很可能会惹上作伪

---

[143] See Pollitt, "The Right of Confrontation: Its History and Modern Dress", 8 J. PUB. L. 381, 384—387 (1959).

[144] See Crawford v. Washington, 541 U.S. 36 (2004)(明确传闻证据不可采信,除非证人接受交叉询问)。

[145] See Ohio v. Roberts, 448 U.S. 56 (1980)(详细解释证人对质条款)。

[146] See Crawford v. Washington, 同前注[144]。

[147] 同前注。

[148] 《刑事诉讼法》第35、157条。

[149] 同前注,第37条。

[150] 同前注。

证的罪名。[151] 最后,即使律师自己收集到了一些证据,也面临着不被法官采纳的困难。通常情况下,法官认为辩方证据不具有关联性而不予理睬,或是认为不真实而不予认定。[152]

被告缺乏收集证据的机会和能力,为了帮助解决这一问题,IBJ 与中国的法律界人士一起试验可行的解决方案。最主要的途径是,IBJ 通过培训律师提高他们在执业过程中必须具备的技能和实用性知识。其次,IBJ 鼓励律师创造性地思考案件,充分利用法律来为当事人辩护。在课堂上,培训老师向律师们举例说明,在法庭上如何通过特别的询问方式来增强被告陈述的清晰度和可信度,并让法官采信。另外,IBJ 也注意培养律师的辩论口才,使他们更有可能说服法官,以获得允许提交证据。IBJ 坚信,就算中国律师确实面临着许多挑战,也不可以完全丧失希望,变成消极冷漠的旁观者。

(2) 在美国的发展

美国《宪法》第六修正案规定:"在所有的刑事诉讼中,被告享有以下权利……有强制对己有利的证人作证的权利。"[153] 在美国,被告有权出示相关的无罪证据来对抗指控[154],强制取证权也保证被告可以请求法院传唤证人作证,或发命令要求他人将书证或其他证据交出,以利被告辩护。[155] 理所当然,被告可以进行自我辩护。

出示证据的权利是被告辩护权的核心。辩护律师可以提交证人证言、书证和其他相关证据。这些证据,可能证明被告不在犯罪现场,或者没有犯罪故意,或是其他的反驳指控,如被告的行为乃是出于正当防卫。这些证据也可以用于抗辩控方的举证,或是证明控方证人有强烈的撒谎动机和偏见。经验丰富的律师总是尽可能出示全部证据,来证明被告无罪或只犯轻罪,至少争取法官从轻处罚。

不过在实践中,辩护律师在当庭出示某一证据前总是要斟酌一番。这取决于他们反驳控方证据的能力。律师担心法庭是否会相信自己的证人。就算证人所言属实,也有可能因为作证时过于紧张或是言词不清,而导致被怀疑在作伪证。另外,提交证据同时也含有风险:举证责任将转移到被告身上。法官和

---

[151] 《中华人民共和国刑法》第 306 条规定:"在刑事诉讼中,辩护人……毁灭、伪造证据,帮助当事人毁灭、伪造证据,威胁、引诱证人违背事实改变证言或者作伪证的,判处……"承担法律援助或是其他贫穷辩护援助的律师努力为那些不起眼的案件辩护,反而会遭到起诉,不论这是否可能,上述罪名都极度打击了律师自己进行案件调查的企望。

[152] 2004 年 10 月至 2007 年 3 月与中国律师和检察官的谈话。

[153] U.S. CONST. amend VI.

[154] U.S. CONST. amend. VI.

[155] *Washington v. Texas*, 388 U.S. 14 (1967). 美国《宪法》第十四修正案扩展了被告依据第六修正案所享有的对质诘问权。

陪审团不再注意检察官是否已经完成了指控,而是将注意力集中于被告,要求被告完成证明或解释。所以,在提交证据之前,律师将仔细分析案件,权衡利弊之后,才会作出决定。

四、法律援助是权利保护之关键

有太多被指控有罪的人无力自己聘请律师,发展法律援助是建立公平正义的刑事司法体制的关键一步。法律援助的任务在于,确保每一个男人、女人、大人、小孩都能享有同等的法律服务,而不论他的经济条件如何。贫穷的阴影不能遮蔽正义的光辉。那些贫困的被告,不论是接受法律援助或是自己聘请律师,都在为战胜软弱和沉默而斗争,都应当享有基本的人权保护。许多人,从被指控有罪的那一刻起,就陷入社会的边缘,遭受歧视和侮辱。法律援助,帮助他们逃离绝境,并传播着人世间的正义、怜悯和真理。它不是万人瞩目的斗争,也常常无人感谢,但是,它是一名律师能向社会提供的最伟大的服务,它要求,也值得我们的政府、刑事司法系统和更广泛的社会的尊重和支持。

为保护其公民权利,中国发展法律援助体系是逻辑必然,也将是现实最好的选择。在政府、私人组织和国际社会的多方支持下,法律援助的能力和架构必将快速发展,并为众多的贫困被告提供服务。当然,这需要投入大量的资源,包括人力、物力、财力和订立标准化的实施程序。为了确保法律援助的质量,NLAC、地方各级司法行政部门和律师协会负责执行贫困辩护援助的规定,并共同督促经验丰富的律师给予年轻律师以指导。

随着法律援助的发展,将越来越依赖于政府法律援助中心来为贫困的刑事被告服务,提高辩护援助的质量。虽然许多私人执业律师认为这种援助水平不高,无法独立为穷人提供很好的服务,但他们也不得不承认,长期依赖私人性质的律师协会来完成法律援助不太现实。[156] 个人执业律师自己的事情都忙不过来,很多人也不是特别熟悉刑事法律和程序。另外,贫困辩护援助的报酬如此之低,律师不愿意,也不可能参与太多。

在不久的将来,法律援助应当重点提高其在社会公众中的印象和地位,为此,法律援助必须采取有力措施来改进服务质量,并在所有的贫困辩护援助中都保持相同标准。另外,不论是对公立律师,还是个人执业律师,都有必要建立

---

[156] 2004年10月至2007年3月与中国律师的谈话。中国律师认为做法律援助缺乏独立性,这与美国设立之初的公设辩护人律师十分相似。但很快有人指出其中的错误:美国的公设辩护人体系并没有给律师设定任何内在限制,也不会有任何政治性指令,律师完全是凭自己的职业伦理竭力为当事人服务。See Barry Siegal, "Gideon and Beyond: Achieving an Adequate Defense for the Indigent", 59 *J. of Crim. L, Criminology, & Police Science* 73, 77 (1968).

相应的监督和指导机制。[157] 为了获取刑事司法系统的支持,法律援助应当有明确定位:为当事人提供最好的辩护是它的首要责任。虽然法律援助律师由政府付给报酬,但并不能就此得出结论,律师没有独立性,不能全力为当事人权利辩护。在美国,公设辩护律师也是由政府付钱,然而他们的行动已经证明,律师是独立的,只忠于当事人利益的坚强卫士。

对于援助律师来说,要想扩大其地位和影响,他们必须主动联合法官、检察官、公安人员、律师协会和社会团体,共同致力于系统解决贫困辩护援助中存在的问题。只有真诚合作,才有希望达成共识,攻克难关。法律援助律师对外发展友谊,对内明确定位,通过这些方式,不论是在代理案件中,还是针对影响司法行政管理中的系统性问题,律师都能发出自己的声音,并形成实质性的改变。对于社会各界来说,应当给予援助工作广泛理解,通过协商达成解决问题的框架,消除争议。而对于刑事司法系统的各成员来说,则应当在互相尊重的前提下,建立一个更有效地执行法律的司法共同体。

五、结论

中国将继续加强公民基本权利的法律保护,而且,显然正在关注刑事被告的保护问题,尤其是那些权利特别容易被侵害的——如死刑或未成年人犯罪案件中的——被告。这是进步的一面,然而,中国公民许多公平审判的权利仍然有待保护。

如本文所坚持的观点,单纯的立法修改并不能加快公民权利保护的进程,还必须深入持久地建立起刑事司法改革所必须的结构、知识和体系。国际组织同时也在催化中国的进步,多种多样的培训提供给我们专业知识和经验。不过,这种合作最终要想成功,国际组织应当考虑中国目前的经济和实践条件,而且,还必须尊重中国的基本制度,以协助者的角色来帮助中国执行本国法律和保护公民权利。

过去六年多来,IBJ与中国政府合作,为中国的律师和司法体系中其他重要人员提供广泛的培训以及支持。这些合作,催生了新一批的律师,他们擅长辩护,能力突出。同时,IBJ帮助各级法律援助中心建立统一的法律服务标准以提高援助质量,兴建基础设施以满足社区法律服务的需求。最后,IBJ还促成律师与许多刑事司法机关之间富有成效的对话,以创造有益改革的局面。

在中国,法律援助体系对刑事被告权利的保护必将产生巨大影响。首先,中国已经建立的法律援助中心网络覆盖了几乎每一个县——其中许多地方没

---

[157] 作为参考,中国可以研究世界各国相似的公设辩护人模式,如美国马萨诸塞州的"公共律师服务委员会"(Committee for Public Counsel Services, CPCS),对所有贫困被告的法律代理予以监督,不论这种服务是由公设辩护人机构提供,还是由个人执业律师提供。

有私人执业律师。再者,比起以往任何时候,中国政府都在努力推进更有效、更充分的贫困辩护援助。每年,国家都在加大对法律援助的支持和财政投入,并且为律师援助营造更宽松的政策和法律环境。最后,律师专业化问题正在被日益关注。这些都强烈表明:在推动执行保护被告权利法律的过程中,法律援助将担任领导角色。"现在是律师扩大贫困辩护援助最好的时期",如一位曾多次参加 IBJ 培训的律师最近所言,"中国正在建设和谐社会,必然更加关注人权保护问题。"[158]

中国的民权要得到真正的保障,不仅需要领导人的眼识,更需要依靠公民自己的行动。IBJ 的经验表明,只要投身于这一事业,不断提高律师和司法人员的专业水平,充分利用现有法律的规定,民权保护的进步不仅可能,而且大有希望。笔者相信,正在为之奋斗的人——法律援助律师,刑事司法人员,专家学者,政府官员——怀着人人得享正义的理想,必然将做出正确选择,并引发中国更为深刻的变革。

(初审编辑:朱桐辉)

---

[158] 2007 年 3 月与中国东南地区律师的谈话。

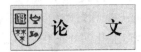

离婚案件审理中法官话语的性别偏向

陈雪飞[*]

Gender Preference in Judges' Discourse during the Trial of Divorce Cases

Chen Xue-fei

内容摘要：运用听审记录和访谈资料进行的话语分析，向我们展示了离婚案件审理中法官话语的男性偏向，其深层次原因包括：照顾弱者政策的执行受到女性形象转变的冲击、中国日趋格式化的司法体系缺乏对性别意识和女性话语的关注，以及法官话语性别议题背后的权力配置。通过对这些因素的揭示与分析，希望促进人们对司法领域中失语群体的关注，从而有助于构建更为完善合理的司法体系。

关键词：性别偏向　法官话语　话语分析

Abstract: The article explored judges' gender preferences for males by analyzing their wordings, tones and intonations, based on court hearing records and interviewing materials to judges, lawyers and parties. Combined with literature analyses, this article made an attempt to dig out in-depth causations underlying the

---

[*] 香港中文大学性别研究哲学博士候选人，电子邮件：msxf79@gmail.com。本文基于作者的硕士论文修改而成，特此感谢我的硕士导师北京大学法学院马忆南教授。

gender preferences for males, such as the impact of women's changing images on the judges' policy choice of protecting the weak, the absence of gender consciousness and women's discourse in current frame of judicatory system in China, as well as the power setting of judges' discourse behind of gender issues. Moreover, this article added a new perspective to our understandings of one perfect judicatory system by drawing people's more attention to the groups in want of discourse power.

Key words: gender preference　judges' discourse　discourse analysis

一、问题的提出

法律通常被视为客观中立的规范,在它面前,人人平等,无论男人还是女人。不仅法律没有性别之分,司法也不存在性别偏向。作为司法者的法官,是法律的代表,在不偏不倚的立场上解释法律,适用法律,也不存在特定的性别偏向。

然而,性别视角的提出,也即女性问题的展开,动摇了上述判断。作为一套话语体系,法律的中立中性形象受到了强烈质疑。男性书写了历史,创造了语言、逻辑和法律结构,强化了男性价值和父权制[1],成就了男性话语霸权;这种男性话语霸权进而把自己设定为整个人类的标准,设定为平等的尺度[2],排斥并吞噬异质性话语;这种男性话语霸权使男女角色的二元定位得以强化:男性与理性、积极、思想、理智、文化、权力、客观、规则、抽象相关,而女性则与非理性、消极、感性、情感、自然性、敏感、主观、联想、私人化相联[3];并且,基于对法律技术问题的不同态度,男性和女性形成了相互对立的法律观念和法律概念。[4]而话语本身就和权力密不可分,一旦掌握了话语支配权,也就意味着在权力的支配关系中成为支配者。[5]简言之,话语分析的首要问题在于"谁

---

〔1〕　Make reference to, "Feminist Jurisprudence: An Overview", LII(Legal Information Institute), http://www.law.cornell.edu/wex/index.php/Feminist_jurisprudence. (最后访问 2007 年 4 月 25 日)

〔2〕　Catharine A. Mackinnon, "Feminism, Marxism, Method, and the State: Toward Feminist Jurisprudence", in Frances E. Olsen (ed.), *Feminist Legal Theory*, Volume I, Aldershort: Dartmouth Publishing Company Limited, 1995, p.92.

〔3〕　Frances Olsen, "Feminism and Critical Legal Theory: An American Perspective", 同前注〔2〕书, pp.473—474.

〔4〕　理查德·A.波斯纳:《法理学问题》,苏力译,北京:中国政法大学出版社 2001 年,页 505;Posner A. Richard, *Law and Literature: A Misunderstood Relation*, Mass.: Harvard University Press, 1988, p.108。

〔5〕　福柯:"权力的眼睛",参见福柯:《福柯访谈录》,严锋译,上海:上海人民出版社 1996 年,页 228;强世功:"乡村社会的司法实践:知识、技术与权力——一起乡村民事调解案",载《战略与管理》1997 年第 4 期,页 110。

在说话"。[6] 正如医生在医学领域中那样,在法庭上,是法官在说话。他们是法言法语的拥有者……而当事人只是法官行使法律话语权的对象……所以根本不存在所谓中性、中立的话语。[7]

理论层面是如此,但如果具体到经验事实的层面,就较少有研究论及法律话语体系中这种两性的二元对立是如何得以展现的。本文正尝试以离婚案件为切入点,通过对听审记录和访谈资料的话语分析,从实证层面探讨一下法官是如何借由偏向男性的话语来展示这种对立的。

选择离婚案件的原因有二。首先,婚姻家庭问题的各个方面在转型期的中国开始凸显,特别是中国家庭的离婚率大幅上升[8],而其中女性面对的利害关系和利益状况也日渐多样化;其次,在离婚案件审理中,法官面对的当事人通常都是由男女双方构成,相对于其他类型的案件,可以更好地对案情等变量进行控制,从而更加直观有效地检视法官话语中的性别偏向。

对于法官而言,他们虽不是语言学家,却要运用语言学知识来解释作为语言的法律;普通人对日常生活中的语言难题可以不必"打破沙锅问到底",可以"难得糊涂",而法官却不能"打马虎眼",他们最终必须做出一个裁判,要给当事人一个"说法"。而这个裁判抑或"说法"本身及其作出的过程,却可能蕴涵和体现了法官相同或不同、有偏或无偏的认知。一旦法官话语中流露出某种性别偏好,就很可能对另一性别的当事人造成一种心理压力,使其认为自己的权益被漠视、被忽略,进而质疑法庭的公正性,并影响到她/他捍卫自身权益的勇气和信心。本文在对这一问题进行实证考察的同时,也试图揭示出其深层次的原因。

二、资料来源以及分析方法

本文资料收集主要运用了参与观察(作为参与者的观察者、作为观察者的参与者)和无结构式访问的方法,历时半年共收集 14 份案例。基本情况如下:

---

[6] Michel Foucault, *The Archaeology of Knowledge and The Discourse on Language*, translated from the French by A. M. Sheridan Smith, New York: Pantheon Books, 1972, pp.50—51.

[7] 熊沐清:"话语分析的整合性研究构想",载《天津外国语学报》2001 年第 1 期,页 16。

[8] 2000 年,全国有 848 万多对新人喜结良缘,121 万多对夫妻走出围城,离婚率超过 13%,比 1980 年增加了近 19 倍,http://www.chinahunyin.com/list.asp? unid=250(最后访问 2006 年 12 月 18 日)。

调查对象	性别	年龄段	地区	法院审级	资料类型	典型案例
法官 r(民庭)含三个案例	女	25—35	大型城市(A)	基层	听审/访谈	案例 2、9、10
书记员 s(民庭)	男	25—35	大型城市(A)	基层	听审	案例5
书记员 t(民庭)含两个案例	男	25—35	大型城市(A)	基层	听审	案例3、11
法官 u(民庭)	男	36—45	中型城市甲区(B1)	基层	听审	案例1
法官 v(民庭转经济庭)	男	25—35	中型城市甲区(B1)	基层	访谈	案例4
法官 m(民庭)	女	36—45	中型城市甲区(B1)	基层	听审	案例12
法官 w(民庭)	女	25—35	中型城市乙区(B2)	基层	听审	案例6
法官 x(民庭)已退休	男	大于60	中小型城市(C)	中级	访谈	案例8
法官 n(民庭)	男	35—45	中小型城市(D)	中级	访谈	案例略
法官 y(民庭)	男	25—35	中小型城市(D)	中级	访谈	案例7
当事人(z女士)	女	35—45	大型城市(A)	/	访谈	案例5
律师 n	男	25—35	中型城市(B)	/	访谈	案例略

作为参与者的观察者,笔者以做研究的名义,与 A 市某区和 B 市甲区人民法院的法官联系,直接听取离婚案件的审理过程;而作为观察者的参与者,笔者与一位律师联系,以其助手身份参与 B 市乙区人民法院离婚案件的审理。后者所收集资料的真实性与可靠度都高于前者,因为人们往往会利用理想化的表演努力掩饰那些与自身理想形象不一致的行为、事实和动机,尽量展现社会所期望和公认的价值,从而在他人(其他演员及观众,当然其他演员也是观众)心目中塑造自己所期望的形象。[9] 虽然在前者、后者两种场景中,法官都需要进行印象管理,但在后者的场景中,法官面对的观众是其他演员,大家属于一个团队,法官可以想当然地认为团队中每个人都是深谙个中规则,包括潜规则的;但在前者的场景中,法官知道自己确确实实面对着"我"这样一个观众,这个观众不属于他们的团队,而她只会以社会期望的价值进行丈量,所以法官会尽力"中规中矩"。尽管如此,他们的话语仍呈现出不同程度的性别偏向。这似乎从侧面表明,对于这些法官而言,其性别偏向更近乎一种无意识的流露,受其潜意识中性别偏见的支配,是不自觉的。

为尽量确保研究的中立性,本研究选择了不同地域[10]、不同性别的法官审理的案件进行随机听审,并未对案件和法官本身做专门遴选。同时,还运用无

---

[9] Erving Goffman, *The Presentation of Self in Everyday Life*, London: Allen Lane, 1969, pp. 30—31,42.

[10] A、B、C、D 市皆为中国的北方城市(其中 D 市带有城乡结合部的特征)。

结构式访问的方法,当面或电话访谈了不同地市的几位法官,一位离婚案件当事人和一位律师。访谈资料可以弥补听审资料较少的缺憾,两者可相互印证,从而增强听审资料的可信度。

本文以个案调查研究为基础,以女性主义法学为指导,以批判性话语分析为方法展开研究。

女性主义法学的重要启示在于:探究法律如何、为何不考虑对女性来说很重要的经验和价值,现行的法律标准和概念如何、为何对女性不利;强调法律问题的解决有赖于对具体问题的动态考察和实际反映,而不是仅就相互对立和矛盾的观点进行静止的选择和推理。[11]

话语分析是形成、发展于20世纪七八十年代的边缘学科,"结合了语用学、语法学(主要是句法)、语义学以及社会学、心理学、认知科学等学科的知识来研究语义"。[12] 本文采用的是其中批判性话语分析的方法,强调用话语分析来揭示或批判社会问题[13],同时循着话语与权力的分析思路,将话语权力主要着落在"控制"这一概念上,即一个群体掌握了控制另一群体的方式,也就拥有了相对于另一群体而言的权力。通俗地讲,如果我们可以让他人按照我们的意愿行事,那我们就控制了他们。[14] 因此,话语中的权力,即有权力的参与者可以限制、控制无权力参与者的参与度。[15] 对参与度的控制包括很多方面,比如决定谈话的类型、内容或者主题;控制谈话进程、速度以及停顿;通过控制话语参与者及其角色,控制话语行为的情境:谁可以到场,谁可以说或者听,谁必须以及怎样去说等等;选择适宜的谈话规则,甚至可以"偏爱一种特殊的语言或者类型:民族主义政策可能会要求非盎格鲁血统的美国公民不得说西班牙语,法官可能会指令被告只回答问题而不得阐述个人经验"。[16] 概而言之,在话语中拥有权力的一方往往既可发令也可发问,而没有权力的一方一般只能遵行和回答。对法官话语进行这种权力(控制)关系剖析,有助于展示法律知识本身作为一种资源在法官和一般民众中分配的失衡,发现影响司法领域中话语权力平衡(对女性话语的拒斥等等)的因素,促使人们更为细致、深入地理解法官话语中间是否隐含不公正的性别偏向。

---

[11] 巴特利特:"女性主义的法律方法",载王政、杜芳琴主编:《社会性别研究选译》,北京:生活·读书·新知三联书店1998年,页223—232。

[12] 潘光威:"话语分析及其应用一例",载《内蒙古教育学院学报》(教育科学版)1995年第2—3期,页57。

[13] James Paul Gee 著、杨信彰导读:*An Introduction to Discourse Analysis: Theory and Method*,北京:外语教学与研究出版社2000年,pp. F12—F14。

[14] Teun A. Van Dijk, *Discourse Studies: A Multidisciplinary Introduction*, London: Sage Publications, 1997, p.17.

[15] Norman Fairclough, *Language and Power*, London; New York: Longman, 1989, p.46.

[16] Teun A. Van Dijk,同前注[14],页21—22。

三、法官话语中性别偏向的分析维度

下文将从几个典型案例入手考察在离婚案件审理中,本该以中立者身份出现的法官,如何通过他们的话语折射出来的性别视角,直接或者间接对被忽视或受歧视的一方当事人施加影响并产生压力。

(一) 司法过程:审判与调解

本文所收集的案件,在不同程度上折射出了法官话语的性别偏向,无论是偏重审判过程的,还是偏重调解过程的。然而,司法审判场域的狭窄性、角色定位的特定化、过程的格式化限制了法官展示其个性化技术和知识的范围,因此,法官的性别偏向更多表现在询问当事人的语气、语速、语调等细节上;而调解过程则可以摆脱那种机械的司法程序、法律格式化的束缚,充分展现法官的个人技术和知识,法官在其中的性别偏向可能更多表现在他们所使用的语言上。下面试以两例析之。

1. 偏重审判过程

案例1(截选)(B市甲区人民法院,法官u,女方因家庭暴力起诉离婚):

……

原告:我要求离婚,依法分割财产。

法官:那孩子呢。(升调)

原告:孩子……我还是想要的。

法官:但你诉讼状上写的是让男方抚养。

原告:那是因为我单位发不出工资,无力抚养孩子。

法官:**那你还是坚持让被告抚养孩子?**(升调)

原告:……嗯

……

法官:原告你对分割财产有什么要求?

原告:家里有一辆客货两用的小货车……彩电……洗衣机……还有冰箱……

法官:这些你都想要吗(升调)?

原告:……(无应答)

法官:你们的共同财产还有什么?

原告:就是小货车、彩电冰箱什么的。

法官:**那你是不是都想要啊?**(升调)

原告:……我也不是都要,一人一半吧。

法官:**那你想要什么?**(升调)

原告:……这个……就要那辆车吧。

……

法官就孩子抚养和财产分割问题询问女方,这本身无可厚非。其一,女方在自我陈述时,虽未提及不抚养孩子这一主张(可能的原因有:忘记提起;认为起诉书上写了就没必要复述;担心这种要求与传统的好母亲形象相悖),但法官的确有必要就此询问一下,以确定原告是否做出意思表示变更;其二,询问财产状况也是这起涉及财产分割的离婚案件所必需的。问题在于法官询问的语气,庭审记录中黑体标注"升调"的地方,如果采用降调,所表达的意蕴将呈现出很大的差异:降调表明法官是在向当事人征询意见;而升调则表现了法官对当事人的反诘,这种反诘语气明显有否定与指责之意。

传统观念认为,关心孩子的父亲,就是受人称赞的好父亲;关心孩子的母亲,只是天性使然,不必大加称道,以致常常隐而不见。在离婚案件中,抛开法律规定和法官裁决不论,如果父亲放弃孩子的抚养权,似乎并不是那么离经叛道;而一旦母亲放弃孩子的抚养权,可能马上就会因为与女性自我奉献、自我牺牲的形象定位不合,而被社会舆论"刮目相看"。这种"刮目相看"很容易、事实上也经常形成排山倒海之势,形成道德上的"政治正确",成为女性在离婚、孩子抚养、财产分割等方面主张自身权益时不可逾越的障碍。这种社会观念一旦成为自然正当的认知背景,必然会影响人们处理事务的思路和方式。

本案中,对当事人的大多数询问,至少粗体标注的地方,都可采用降调以和缓语气,而没有必要一再采用升调不断地反问。再注意一下与法官语气相应的这两句话:"这些你都想要吗"和"那你是不是都想要啊",原告并未申明自己"都"想要,法官的反复强调很可能会对当事人造成一定的心理压力,使之认为法庭不会支持自己进一步的财产请求,毕竟自己已经主动放弃了孩子的抚养权。

2. 偏重调解过程

案例2(截选)(A市某区人民法院,法官r):

案情简介:男方半年前因双方性格不和起诉离婚,女方不同意,考虑到双方没有重大矛盾,法院没有判离。半年后女方却到法院起诉离婚(女方表示上次离婚不成后,男方责其离家,致使其半年来一直在外租房居住,且无机会与男方沟通),双方在财产分割上存在争议。女方表示可以搬离原住房,但要求男方给予一定补偿,男方不同意。而在男方申请离婚期间,女方先挂失了部分共同存款(几万元),后又声明这些钱已经"花光"。女方明显存在转移、隐藏、毁损共同财产的嫌疑。

(以下是法官与男方的对话——女方在外等候)
……
法官:你干嘛等法院判,法院判的话,她就有一部分居住权了。
被告:可她提的要求,我根本无法办到。

法官：那就把她花的钱作为补偿，房子还是由你来居住，如果她还有异议，再协商稍稍给她一定补偿。

被告：那行，我同意。

……

（以下是法官与女方的对话——男方在外等候）

法官：房子由他来居住，折给你的钱就由你的那笔花费来抵偿。

原告：那房子他还是应该折给我一定份额的。

法官：你要知道，你的那笔花费只能作为你的个人财产，不可能分割了。说点不好听的，你那就属于转移和消灭共同财产。

原告：可他交的房费是我们的共同财产，那房费还是很可观的。

法官：……要不然等法院判，看法院如何认定你的那部分个人消费。如果认定你是毁损共同财产，那你不但分不到财产，而且可能还要你做赔偿。

原告：能不能让他稍微折一些给我。

法官：要不然就这样，等法庭判吧。

原告：……要不……就这样吧。

法官：如果这样的话，就只是一个离婚问题了。那把被告叫进来吧。双方离婚，分割财产，房屋由被告居住，原告的花费就作为房屋折款的补偿。

（以下是调解后法官与书记员的一段对话）

书记员：案子怎么调的？

法官：我跟那女的说，房屋折的钱由她的那部分花费抵消了，就不折了。跟那男的说，折的钱由女的消费的那部分补偿，如果她坚决主张再稍给她一点。还给什么给，那女的开始也是说稍微给她一定份额，我一说她消费的那部分可能作为损毁共同财产处理，她也没再坚持，就这么判了。

……

这一调解过程鲜明地体现了我国目前民事诉讼体制中"调审结合"模式的职权主义色彩。在这种"调审结合"模式中，法官充当调解人，完全处于主导和控制地位，可以轻易削弱、勾销或消解当事人的要求。法官对当事人的这种潜在支配，使得自愿原则难以真正落实。当事人很难区分法官的职权者角色与中立调解人角色，加上其自身法律知识和信息掌握上的劣势，使之很难拒绝法官的调解建议，即便这些建议有违自己的意志。[17] 同时，调解过程还存在违法倾向，表现为"感性化调解、强迫或变相强迫调解、惩罚性调解、诱导性调解等等"。[18] 法官在调解完毕后与书记员的对话，明显带有感性情绪；而法官与女

---

[17] 高玮玮：" 强制离婚调解制度的评析与走向"，载《律师世界》2000年第8期，页37。

[18] 王骞：" 试论离婚调解程序"，载《甘肃行政学院学报》2002年第3期，页49。

方当事人的对话,又体现出其诱导甚至变相强迫的策略:当女方坚持要一定份额的折价时,法官申明"说不好听的,你那就属于转移和消灭共同财产……等法院判,看法院如何认定你的那部分个人消费。如果认定你是毁损共同财产……可能还要你做赔偿";等到女方态度变软,希望再协商协商,法官只丢给她一句话:"要不然就这样,等法庭判吧";女方最终彻底放弃。

除上述调解过程可能存在违法倾向之外,甚至在调解书的制作过程中,也可能会出现法官的违法操作,就比如:

案例3(截选)(A市某区人民法院,案件已经由书记员t调离,女方有事暂时不在场,男方在等待拿调解书)

法官:你那份财产有多少?

男方:十几万。

书记员:你就别说了,再说诉讼费就该你交了。

法官:你拥有的股票还写吗?

男方:股票?

法官:她知道吗?

男方:她知道。

法官:知道,那写上吧,万一以后再出什么问题。

……

案例2、3中法官的这种做法也许源于基层法院的法官考核机制——比如结案率、错案率[19]等要求,但的确存在违法行为。这种现象很可能是他们个人情感好恶的产物,也许他们以为自己是在惩恶扬善、捍卫司法公正,但实际上往往事与愿违。

在案例2中,女方确实有非常明显的转移、隐匿、销毁夫妻共同财产的行为,根据《中华人民共和国婚姻法》,在离婚分割夫妻共同财产时,的确可以责

---

[19] "一定程度的错案率是一个良好的司法制度下的自然现象,在实体上实现完全的公正毕竟是我们人类的能力所不可企及的"(参见贺卫方:"法律职业化的方法基础",http://www.hanjilawyer.com.cn/luntang/lun91.htm,最后访问2006年12月18日)。在美国,司法错案率在1%—5%之间(参见迈克尔·D.贝勒斯:《法律的原则:一个规范的分析》,张文显等译,北京:中国大百科全书出版社1996年,页24)。但由于中国实行法官错案追究责任制,即对违法的行为,对在执法中由于疏于执法、滥用职权、超越职权、违反程序、适用法律不当或者认定事实不清、证据不充分造成错误执法的案件,依据错案追究制度的规定,追究有关执法人员或者执法部门及领导责任的制度,这就令错案率的高低直接影响原审法官的切身利益,也影响原审法院的利益(参见许发民:"论刑罚的社会功能——刑罚功能的社会学分析",http://210.45.208.115/wwwuser/fxy/law-review/lr2/lxfdshhgn.htm,最后访问2006年12月18日)。所以中国基层法院往往将"零错案率"作为自己的目标,导致很多基层法院法官为了避免被追究错案,往往减少直接宣判而采用调解方式,因为调解不存在错案追究问题。

其少分或不分。[20] 但法官所说的"可能还要你做赔偿",已经超出了法律规定。也许有人会认为本案法官的行为虽然夸大了法律制裁的严厉性,但调解本身还是很公允、也很完满的。这种想法经不起认真推敲,即使法官在运用策略上表现出的果敢和机智值得称赞,女方当事人在离婚后所面临的具体困境仍然需要关注。

在案例2中,当事人双方房屋的预付款是夫妻二人的共同财产,且标的额较大,女方如果放弃住房,索要折价款本就合情合理。但由于女方缺乏法律知识,加上一时贪念,导致她亲手葬送了维护自己合法权益的机会。考虑到女方离婚后的状况:无论那部分共同存款她是否尽数花掉,她都将面对沉重的住房负担及其他日常花费,即便她获得升职机会或者找到更好的工作,即便她还可以与将来的丈夫共同购置一套新的住房。而男方却没有无处可住的忧虑,作为国家干部,他比作为公司职员的女方更能够获得稳定收入。

而且,男方本来已经同意支付给女方一定补偿费,为什么法官反而免除了男方的补偿责任,成了"还给什么给"呢?合理的解释,可能是法官反感女方一直坚持"应该"给她一半折价款的强硬态度,认为这是对自身权威的一种挑战;更为可能的是法官处理此案的底线是稍稍给女方一点补偿,且能低则低,越低越好,如果一点也不给,就可以结束双方就补偿数额所展开的拉锯战,节约时间资源。

由此,在如何"漂亮地"迅速结案这种"节约司法资源"的追求下,女方的合法权益被有意无意地削减了。在审判和调解过程中,法官都没有细致地避免其审判和调解方式对女方当事人造成的压力,没有切实地考虑女性的真正利益所在,以及女方在未来可能遇到的生活困难。偏重调解过程的案例2较为明显地展示了法官对待男方、女方当事人的态度和语言运用上的差异,法官似乎更倾向于维护男性的利益,即便考虑女方的过错因素,法官也没有给予女方维护其合法权益所需的充分机会,这也明显有悖于法官的职业道德基本准则。[21]

综合上述案例1、2,我们可以设想,因上嫁观念依旧占据主流,现代家庭中丈夫一方往往还是处于经济优势(但平均而言,女性为家庭投入的精力和时间

---

[20] 参见《婚姻法》第47条。
[21] 参见《中华人民共和国法官职业道德基本准则》第10条:法官在履行职责时,应当平等对待当事人和其他诉讼参与人,不得以其言语和行为表现出任何歧视,并有义务制止和纠正诉讼参与人和其他人员的任何歧视性言行。法官应当充分注意到由于当事人和其他诉讼参与人的民族、种族、性别、职业、宗教信仰、教育程度、健康状况和居住地等因素而可能产生的差别,保障诉讼各方平等、充分地行使诉讼权利和实体权利。第11条第1款:法官审理案件应当保持中立。法官在宣判前,不得通过言语、表情或者行为流露自己对于裁判结果的观点或者态度。

依然多于男性)[22],所以在离婚案件当中,女方在经济方面更可能差于男方(本文收集的资料也显示了这一点),而随着转型时期对传统的婚姻家庭、男女角色等观念的冲击,令女性越来越抛弃了那种"忍辱负重的"无私奉献之形象,转而坚决主张自己应得的利益。所以法庭之上,往往是女性在要求补偿,这也因此会令法官形成女性趁机向男性狮子大开口的印象,认为"现在这女的离婚就是想多要点钱"。这种成见是女性希望通过法律争取自我利益的樊篱。关于这一点亦可以在一些法官的言谈中得到印证,比如案例4中B市甲区人民法院法官v就表示:

> (新婚姻法虽然规定了,离婚时财产的分割要照顾到女方和孩子的利益)但这些都是些软的参考条款,完全掌握在法官的自由裁量权之中……一些法官他/她就是不支持你的这个照顾条款,那它就几乎等于一纸空文了……离婚案子中法官的自由裁量权比较大,他/她要做出怎样的判决跟他/她本身的知识背景、地域背景以及个人经历等都息息相关,当然这是在抛开滥用职权因素以后探讨的问题。从这个角度看……所谓性别偏向的问题可能是的确存在的。一方面,立法本身并没有切实地体现女性的利益,另一方面,一种深层文化的影响有可能使法官在审案过程中觉得女方应该有自我牺牲的精神,对他们(法官)而言,这只是其潜意识的行为,是其自身始料不及的。

(二) 事实与法律:感情破裂与财产分割

感情是否破裂、财产分割与子女抚养是离婚案件常见的争议点。

1. 感情破裂

尽管很多人不认同"感情破裂说",而推崇"婚姻关系破裂说",但感情破裂是我国的法定离婚条件之一:如感情确已破裂,调解无效,应准予离婚。[23] 感情确已破裂这一说法的确比较抽象,这种弹性规定使法官获得极大的自由裁量权,其后的列举式规定(由于第五项"其他情形"的存在)也没有真正弥补这一缺陷。也就是说,在具体案件中,是否符合这一条件,是由法官根据对事实与法律的个人认识来界定的。个人认识和价值取向不同,也就会产生判断差异,导致不同法院、不同法官对同类案件的不同处理,从而导致该离的不能离、不该离的却离了等不同裁决结果,使司法的统一性、权威和尊严受到伤害。[24]

---

[22] 2000 年开展的第二期中国妇女社会地位抽样调查显示,全国平均来看,女性每天承担家务 4.24 小时,高出男性 2.69 小时。国家统计局:http://www.stats.gov.cn/tjgb/qttjgb/qgqttjgb/t20020331_15816.htm。

[23] 参见《婚姻法》第 32 条。

[24] 滕蔓、丁慧、刘艺:《离婚纠纷及其后果的处置》,北京:法律出版社 2001 年,页 67。

案例5(A市某区人民法院,书记员s):
这是个比较典型的案例,男方因有第三者(被告在审理过程中就此质问过原告,原告没有否认)而以与妻子结婚仓促、相互不了解、婚后发现不和、经常争吵为由起诉离婚。

书记员:起诉书看了吗?
被告(z女士):没有。
书记员:你看看。
被告:起诉理由与事实不符。
书记员:那你同意离婚吗?
被告:我……同意。
书记员:同意! 那,还有什么问题?
……

经过一系列司法程序,案子最终调离,当法官要求双方在调解书上签字时,被告再次对起诉状上的离婚理由表示质疑。

被告:这个离婚理由能不能更改一下?
书记员:你同意离婚不就行了。
被告(一边流泪一边说):我要求附上"被告不同意离婚的起诉理由,真实原因是原告有外遇,导致夫妻感情破裂"。
书记员:那好,就附上——被告同意离婚,但对上述离婚理由表示质疑。这一句就够了,其他的太多了。

案件结束以后,被告z女士在访谈中说,她与丈夫结婚十多年,育有一子。婚后关系最初还算和睦,后因丈夫的婚外情而出现几次大波折。她不想让孩子生活在家庭破裂的阴影中,因此在丈夫多次挽留之下放弃了离婚的念头。这次丈夫突然起诉离婚,让尚在外地进修的她措手不及,而起诉书所列明的离婚理由,更加令她痛心。z女士表示之所以在离婚理由上那么较真,不是想要补偿,而是想要个"说法",却得不到法官的真正关切:

> 法律缺乏道德因素,抛弃了人性的和人文的关怀。本来像我们这些人对法院寄予了很大希望,但他们却是纯技术性的。就像西医动手术一样,他们不是把每个当事人视为有着不同经历、不同遭遇和深刻生活体验的人,而只是视作一样东西。他们只是按着一个程序化的东西处理经手的一个个离婚案件,相同的程序,相同的处理方法,很少给当事人阐释自己的机会和时间,他们没有想过这些对于当事人而言可能意味着很多沉重的东西。当事人想在法官那里找到理儿,但一切都淹没在技术中。
>
> 他们真的不关心被损害的到底是什么。他们看中的,是你被损害成什

么样了？疯了或是要自杀了。像我这样，又可以工作，又可以什么的，是不是就无所谓？要知道每个人的承受能力是不同的！其实问题不单单在于损害的程度，更在于损害了什么……（转述自 z 女士）

在司法领域中，像 z 女士这样的当事人正经受着司法话语的漠视、误解和伤害。她们看重的，是法庭认为不值一提的；她们要求的，是法庭觉得小题大做的。像秋菊一样，她们要法院给她们一个说法，这种要求在国家制定法中没有正式的法律地位，也往往被认为没有太大价值。女性主义法学方法正是在这种语境下启示我们，法律问题的解决有赖于对具体事实问题的实际考察和反映，而不是截然两分为简单的"是"或"否"。

2. 财产分割

离婚案件的经济因素主要指财产分割问题。我国《婚姻法》规定，离婚时，夫妻的共同财产由双方协议处理；协议不成时，由人民法院根据财产的具体情况，按照顾子女和女方权益的原则判决。[25] 但是，正如 B 市甲区法官 v 所言，"照顾子女和女方权益"这一要求实际是软性参考条款，照顾与否完全属于法官的自由裁量权。如果法官不支持，照顾条款也就只会成为一纸空文。在下面这个案例中，在询问女方当事人对财产分割与财产补偿的意见时，法官话语的语调、语气等因素表明了照顾条款的确缺乏实在意义。

案例 6（B 市乙区人民法院，法官 w，笔者以原告律师助理身份出席）：

男方以双方婚前缺乏了解、婚后感情不和为由起诉离婚。双方结婚 1 年多，只在头 3 个月共同生活，后因男方调至外地工作，女方生活全部自理。女方同意离婚的条件是男方要给予一定经济补偿（女方没有请律师）。

开庭时，女方的父亲和哥哥都在场，但由于原告律师申请不公开开庭，最终被告方只留下女方一人在庭。开庭前，笔者了解到女方要求男方补偿是她与家人商量的结果，或者说主要是家人的意见。女方没有固定工作，是从农村嫁过来的，个人没有什么谋生手段，在男方离开期间，衣食住行全部自理，这加重了她的生活负担，因此，她要求男方补偿也无可厚非。不过，法官似乎对此并不关心：

……

法官：你打算让原告给你多少？

被告：你看房租、水电这些日子差不多花了 2000，我学计算机也差不多用了 1000 多，还有……

法官：你别说那些了，你就说你到底打算让他赔多少吧，说个具体数。

被告：我也不是很清楚，我还没有算过……

---

[25] 参见《婚姻法》第 39 条第 1 款：离婚时，夫妻的共同财产由双方协议处理；协议不成时，由人民法院根据财产的具体情况，照顾女方和子女权益的原则判决。

法官：刚才你不是已经大体有个数了吗，大约多少啊？（皱着眉头，用中指敲击着桌上的答辩状）

被告：这个……（被告咬咬下唇）5000吧。

……

法官：原告方，你同意被告的要求吗？

原告：这不可能。

……

或许被告打算和等在外面的父亲和哥哥商议一下，或许他们曾经告诉过被告，要是问赔多少钱先不要说。庭上的被告不时揉搓衣角，显示她非常被动、犹豫、紧张和焦虑。弗洛伊德指出，任何给定情境中所感受的焦虑程度，很大程度依赖于个人"关于外在世界的知识和权力感"。[26] 在法庭这个特定场域里，被告既缺少足够的法律知识，又完全缺乏法律话语的权力，她的焦虑程度可想而知。可能被告的家人曾商议让被告多要些赔偿，但迫于当时的氛围，被告很无助而拿不定主意。至少原告还有一位律师和律师助理，而此时的法官已经等得很不耐烦了，这些因素迫使被告胆怯地说出5000元的补偿金额。

阿特金森（Atkinson）和德鲁（Drew）的研究指出，律师与证人的发言顺序并非按照毗邻原则你方唱罢我登场，而是事先设定好的：律师说话，然后是证人，然后再是律师，以此类推；说话的模式也是有规有矩的一问一答。通常而言，律师处在主动之位，证人则处于被动之势。[27] 本案中法官和当事人的关系结构也正如此。在法庭上，对话的方式、速度完全由法官掌握，被告的发言就曾多次被法官打断。

吉登斯在分析自我认同时指出，无法完整叙事的羞耻感会表现为焦虑，这会使叙述者在心理上觉得自己经历并不合理、不完整。[28] 被告在回答法官有关补偿金额的询问时"啰啰嗦嗦"，为什么？她是在努力为自己的要求寻找合法性。在人们的生活环境中，男孩从小受到的教育是独立、竞争、自信；面对男孩的优越，女孩希望得到保护、避免竞争（Carol J. Gilligan认为这与女性的人际取向特质有关）、缺乏自信，即使女性在某个领域表现出色或者取得成功，她也会认为自己"其实没那么优秀"。[29] 于是女性需要不断为自身行为寻找合法

---

[26] Sigmund Freud, *Introductory Lectures on Psychoanalysis*, translated from German by James Strachey, Harmondsworth: Penguin Books, 1974, p.395.

[27] Jonathan Potter and Margaret Wetherell, *Discourse and Social Psychology: Beyond Attitudes and Behavior*, London: Sage, 1987, pp.87—88.

[28] 吉登斯：《现代性与自我认同》，赵旭东、方文译，北京：生活·读书·新知三联书店1998年，页71—73。

[29] McIntosh, Peggy, "Feeling Like a Fraud", in *Work in Progress*. Wellesley, Stone Center Working Papers Series, p.18, 1985.

性,以证明自己的要求合情合理。她们希望通过对自身行为的解释获得他人更多的理解,所以她们偏爱细节,也因此单纯的"是"或"非"无以保障她们叙事的完整性。

本案的女当事人之所以要详述自己的花费,正是希望让法官理解自己所要求的补偿是有理有据并且合法的。不过,这在法官眼里并没有多大意义,法官只需要单纯的数字。被告没有机会完整阐述自己,这直接影响了她的自我认同。而法官与原告的对话,则很"清晰明了",法官问个是非,原告就给出个是非答案——既然法官没问为什么,也就无需给出任何解释。这种"清晰明了"完好地维持了他们完整叙事的自豪感,这正是男性的自信所在。

一项对女性法律地位的调查[30]也表明女性的这种叙事方式并非鲜见。在调查过程中,不少调查对象都非常感谢调查者的悉心聆听,因为法官在法庭上并不愿意听她们作详细的讲述。有调查对象表示,由于在离婚时没钱请律师,自己写了诉讼材料,被法院驳回了。法官这样解释驳回的理由:"谁让你写这么多,你只要针对事实,一二三条写出来就行了"。事实上,在很多情况下,女性对家庭的付出是不大容易讲清楚、也不大容易算明白的,可能是一针一线,可能是一粥一饭,这都难以用数字计量,恐怕也是男权社会不愿或不屑于计量的。[31] 由此可见,司法话语可以有效地抑制当事人的声音,而当事人一旦获允发言,就必须将话语和个人经验转化为"法律可以消化和处理的东西"。但在这个转化过程中,女性的部分生活经验将随之湮灭。[32] 正因为女性对自身经验事实的表达方式与法律对其诉求的处理方式不一致,女性也难以抑或没有机会使之一致,从而令她们无法完整表达自己的真实意愿。[33]

因此,我们有必要重视并切实实践女性主义法学一再强调的研究方法:解决法律问题要考察、反映具体问题,要将女性独特的个人经验考虑在内,通过细节更好地理解她们,"理解话语霸权压抑之下的权利,理解她们看似不理性的行为何以产生"[34]。

五、导致法官话语中性别偏向的重要因素

上文在几个维度下展现了法官话语排斥女性、偏向男性的倾向,由于分析

---

[30] 参见2000年,北京大学社会学系佟新教授主持的全国妇联——中国妇女地位调查研究子课题"妇女法律地位研究"。

[31] 参见北京大学中外妇女问题研究中心编:《妇女研究动态》"高校女性学学科建设研讨会"特辑,2001。

[32] Marjorie L. DeVault,"Talking and Listening from Women's Standpoint: Feminist Strategies for Interviewing and Analysis", In Darin Weinberg (ed.), *Qualitative Research Methods*, Mass.: Blackwell Publishers, 2002, p.94.

[33] Carol Smart, *Feminism and the Power of Law*, London; New York: Routledge, 1989, p.11.

[34] 同前注[31]。

样本数量有限,本文无意扩大这种倾向的存在范围和问题的严重程度。就本文所依据材料而言,法官话语之所以出现这种性别偏向,主要在于以下三个方面的原因:

(一) 照顾弱者政策的执行受到女性形象转变的冲击

《婚姻法》明确规定,离婚时财产分割要照顾到女方和孩子的利益,不过这只是个参考条款。至于何时参考,何时不参考,法官心中自有"分寸"。这个分寸就是"保护弱者的标准"。比如案例4中对法官v的访谈(截选):

? 据我对几次庭审的观察和分析,法官的确存在较为明显的性别偏向。

: 你是指男法官会偏向男方,女法官会偏向女方吗?

? 倒不是这样泾渭分明,也不是简单的偏向,我是指不论男法官还是女法官,在审案时通常都没有真正理解和维护女性的利益。

: 嗯,有意思,人们不是有一种普遍的同情弱者的情感吗?你的这种问题设计与人们一般观念相左啊……

再比如案例7对D市法官y的访谈(截选):

? 那双方离婚的时候肯定要涉及财产的分割问题,女方对分割财产的要求多吗?

: 这个女方除了要求返还嫁妆就是要求平均分割财产。

? 那男方是不是也要求返还彩礼呢?

: 离婚案子财产分割还是要照顾到妇女儿童的利益,要保护弱者……

两位法官很自然而然地把维护女性利益归结为同情或保护弱者,这正是问题的关键所在。的确,如果女方像"秦香莲"那般,温良贤淑,且具有自我牺牲的精神,是一种弱者、受害者的形象,往往可以从法官那里获得更多同情和支持。而一旦女方不符合这一"弱者"的特征,就有可能令法官产生成见,这一点可在下述案例中得到印证。

案例8(截选)对C市法官x的访谈:

法官x是一位具有近四十年工作经历的资深法官,上世纪60年代参加工作,刚刚退休,他的特征在"双重结构化下的法律解释"[35]中比较难归类。法官x属于非学院派,是部队转业到基层做法官的,没有接受过正规的法律教育,但

---

[35] 参见强世功、赵晓力:"双重结构化下的法律解释——对八名中国法官的调查",载梁治平编:《法律解释问题》,北京:法律出版社1998年。本文引自其修改稿《双重结构化下的法律解释——对十名中国法官的调查》,http://www.gongfa.com/jiangsgzhaoxlfalvjieshi.htm(最后访问2007年4月25日)。

在法院部门不是负责后勤工作,而是做了几十年的审判实务。他有点像"50—60年代的大学毕业生,这些法官'职业道德好,有为人民服务的思想'",但是又不像那些大学毕业生般"死抠法律",他采用的"事实调查多于对法律的解释"。法官 x 代表注重个人经验而轻视技术的老法官,他们身上有着时代变迁的深刻印记。

法官 x 认为离婚的诉因从前主要是经济问题,现在多是第三者插足,至于离婚责任不好确定女方多还是男方多。但在谈话中,他却明显比较"偏袒"男性。当他解释过去离婚多为经济原因时,举了一个例子:"文革前,有个小伙子,是个孤儿,在生产队当民兵,后来因为修河把腿弄伤了,大队就照顾他,让他好好养伤。改革开放了,好多人通过各种方式,合法的也好,不合法的也好富起来了,他老婆看到别人家的孩子读书、生活等条件都比她们家好,就不高兴了,然后回娘家不回来了,死活都要离婚,最终就离了"。

法官 x 的这一席话,虽未明言,但却暗含了对女方当事人嫌贫爱富的指责以及对男方当事人境遇的同情。他办案几十年,审案无数,面对提问,迅速拿出这个案件加以说明,足见这种"不具传统美德的"女性形象给了他多大的触动。

案例8中的法官话语如果只是提供了一种暗示,而案例3中,审理结束以后,庭下书记员向法官的抱怨则鲜明展现出对那些不符合"秦香莲"形象的女性的贬抑。

案例3中男方(博士)因感情不和为由起诉与女方(家庭妇女)离婚,庭审过程中,女方提出了多项索要财产的主张,男方多数同意。案件调离之后,庭下书记员向法官抱怨道:"你瞧那女的那倒霉样!"这种贬抑女性的传统观念固然不会登上判决书的"大雅之堂",却是法官、书记员心里的"一本账"。而且,庭下的环境属于"表演的后台",法官们不必掩饰自己,大可抒发真实感受,此时他们对女性的抱怨更为真实,更可能真正左右他们对保护弱者这一政策的选择性执行。

上述那些成见扎根于我们几千年男尊女卑的传统观念之中,其最具权威性的代表莫过于儒家思想的精髓——"礼"。礼的规范是历代编制法典的重要依据,它强调伦常纲纪、长幼尊卑各有其序。所以古代律例中贬抑女性的语言并不鲜见,而且从《中国古代判词研究》[36]以及《名公书判清明集》[37]来看,不少判词也的确存在公然贬抑女性的描述,比如"悍妇"、"泼妇"、"妒妇"等等。时至今日,这种贬抑似乎并未彻底丢进故纸堆,它所造成的偏见或者刻板印象,会

---

[36] 汪世荣:《中国古代判词研究》,北京:中国政法大学出版社1997年。

[37] 中国社会科学院历史研究所隋唐五代宋辽金元史研究室点校:《名公书判清明集》,北京:中华书局2002年。此书为一部诉讼判决书和官府公文的专门文集,是研究宋代,特别是南宋中后期社会史、经济史、法制史的珍贵资料。

使人们产生认知偏差,从而影响他们的言行。[38]

在"妇女能顶半边天"的观念深入人心的当下,在西方女性主义研究不断本土化的今天,女性地位无论从形式上还是从实质上都发生了深刻的改变,特别是女性的自主意识不断得到加强,她们开始在法庭上积极追寻自己的利益,比如要求补偿,分割财产,或者因自身经济条件不允许而主张让男方抚养子女等等,但这一切都不再符合法官愿意去保护的弱者形象(虽然她们实质上,至少在经济能力上往往弱于自己的丈夫——这也是在离婚时多是女性要求经济补偿的一个重要原因),在他们那儿,这些女性不再是值得同情、应该支持的"秦香莲",而是趁离婚之际努力捞取利益之人。一些法官的话语中也就难免会带有对这些女性的厌烦情绪,比如庭审时法官问女方:"这些你都想要吗?(升调)",抑或庭下法官抱怨"给她一万她还不愿意(具体案情见下文)",又或者书记员发牢骚说"瞧那女的那倒霉样"等,都印证了 B 市法官 v 的话:法官们往往预设女性应该具有自我牺牲的精神,她们应该是贤妻良母,应该是男人的贤内助,应该不计较个人得失,所以一旦违背这种预设就难免会招致"非议"。因此,"保护妇女的利益"容易成为一纸空文。这种偏向无论是潜意识的,还是显意识的,都会成为女性利益实现的屏障。

所以,法官需要理解并厘清离婚对男女双方可能造成的不同影响,考虑女性特殊的生存经验和价值认同,考虑她们为家庭所作的贡献及其普遍的劣势地位,真正理解女性在庭上和庭下的利益所在。否则,我们也许无法避免因离婚而导致"女性贫困化"的问题。同时,人们需要重新构建男女的角色定位,涵盖新的社会约束条件下男女角色的新意义。把女性从法官头脑中完美贤妻良母形象的桎梏中解放出来,真正理解并不偏不倚地支持女性争取自身的利益。

(二) 格式化的法官话语

格式化(format)[39]的司法话语与男性话语模式之间存在某种亲和力,而女性话语的生存空间则受到挤压。法官话语,也即格式化了的法言法语,有一整套模式和再生产方式,有一整套完备的法律专业知识,其贯穿于整个司法过程,从开庭到最终裁判文书的制作。它是依据男性所谓理性、客观、抽象的规则和逻辑体系构建起来,其合法性和权威性由国家权力所赋予。

---

[38] Jonathan Potter and Margaret Wetherell,同前注[27],页36。

[39] 参见苏力"纠缠于事实与法律之间"(载《法律科学》2000 年第 3 期,页10)一文对司法"格式化"的分析。"格式化"是指无论多么不规则的事件(话语中的、文本中的)在进入法律之时,都必须用即存的法律概念包装起来,以使之落入现有的法律理论、法律实践体系之中,可指涉格式化的司法文书、格式化的审判程序、格式化的司法话语等。格尔茨也曾指出法律具有将所发生的特定事件置于某种一般框架之中的力量。参见 Clifford Geertz, "Local Knowledge: Fact and Law in Comparative Perspective", in *Local Knowledge: Further Essays in Interpretive Anthropology*, New York: Basic Books, 1983, p.231。

在司法体系中,这种法官话语格式化的实现有其制度建构方面的原因。法官身份注定与其他普通人不同,从衣着服饰到工作方式、工作场所以及知识背景都不一样,这些无疑都是法律制度建构和运作的产物。法律制度所建构的社会关系空间,规定了成为法官的种种条件,限定了法官与其他人(包括当事人、律师以及政府官员等等)的特定社会关系。一旦成为法官,就意味着进入这种社会关系和权利义务网络,就必须服从这套制度的逻辑,才能维护自身的利益。因此,如果他想维持这个身份、并从这个身份中获益的话,就必须按照法定程序来审理,就必须掌握这种逻辑建构出来的法律知识。[40]

但是,女性的生存体验、经验知识、表达方式以及处事方式却与之不相协调,而是感性的、具体而微的知识体系。对处在"这个生活世界之外的人而言,它往往无法理解甚至不可理喻;但对生活于其中的人而言,这套知识体系是已经内化了的、不言而喻的、无须逻辑推理或者所谓理性计算"的,它不像法官拥有的知识那样体现在法典、法律档案、法律教科书、庭审笔录、司法判决等等可见文本之中,因此不是法律能够接受的"客观知识"。[41]

"在当代中国特别是基层司法中……有许多社会行动无法简单地落入现有的法律理论体系"。[42] 类似的,在法律界,女性的思维方式和话语方式也很难纳入以男性思维模式为标准格式化的司法话语、司法行为、司法体系之中。因此,法官们会尽量以男性思维界定的法律概念和话语体系来裁减、改造甚至压制被认为不规则的女性话语。

因此,女性话语成了"带刺的事实",必须自觉格式化以符合法官头脑中早已形成的格式化话语体系,否则就会被视为是在挑战法官、挑战法庭、挑战法律的权威和合法性。而这种合法性正是现有司法体制和司法知识体系对概念实体的迷信,是本本主义、本质主义[43]、法条主义。这种格式化使那些打算运用法律为权益而斗争的人们,在"招惹"法律之前,必须接受这套逻辑并与之合作,必须将自己"格式化得符合司法"。

这种司法话语的格式化使案件审理中法官话语的男性偏好得以合法化。它按照男性的思维模式编制程序,既节省时间又似乎相当有效:询问简单明了,回答也不要拖泥带水,最好能迅速做出回应;证据是可见的、文字的,最好是可度量的、可直接质证的,而不是自说自话的"讲故事"。于是,案件事实是否清楚并不取决于人们对细节有多么清楚的了解,重要的是法律对这些事实的界定

---

[40] 强世功:同前注[5],页108。
[41] 强世功:同前注[5],页106。
[42] 苏力:"纠缠于事实与法律之间",载《法律科学》2000年第3期,页8。
[43] 主张知识本身具有固定不变的意思。参见刘星:《民主的一个叙事立场》,北京:法律出版社2001年,p.145。

是否明确和稳定。也许,我们只能说这种格式化的司法偏爱的是那些可以合上它的节拍、可以在整套程序上跟它合作的人。

  这的确是个饱经格式化的世界,它即将"成为一个主要是由抽象的符号、概念或命题连接起来的网络,而不是像先前那样,是一个要由行动联系起来的网络。在这一过程中,许多人会逐渐获得更大的法律自由,他们可以更为熟练地运用这种话语和逻辑的力量来推进自己的利益;但是,另一方面,他们也会发现自己也正在日益失去自由,因为,他现在必须而且也只有这样行为,才能保证自己的理由获得新的利益。甚至他们会发现自己已经不会以其他方式行为了,不会说其他的话语了"。[44]

当然,法庭说到底还是一个有限的话语空间,而格式化了的司法可以提供迅速有效的审理。法官在庭审中注定还是要起主导作用,在引导当事人围绕法庭调查、法庭质证、法庭辩论的同时,有权制止当事人与案件无关的发言,也因此,法庭无法满足诉讼当事人一吐为快的愿望。我们不能期望法官允许当事人在法庭上毫无限制地大倒苦水,这很不实际,也相当无效率。但法官面对的毕竟不是一台台编好程序的机器,而是千姿百态的人,所以不可能用刻好的模子去套人生万象。我们需要反思我们的法律制度和司法体系"是否遗漏了女性?如果遗漏了,是在哪些方面遗漏的?……在处理实际问题的时候,不能一味把它当作二分的冲突,而需要作为多种视角、矛盾和不相一致的困境加以处理"。[45]

(三)性别议题背后的司法话语权

最后需要阐明的一点是,虽然本文在借性别问题"发挥",但并不想仅止于对性别问题的关注,正如苏力在对《安提戈涅》的解读中提到的,他并不认可将安提戈涅带有自然法的行为与克瑞翁带有制定法的行为完全冠以性别的名号,他认为这更可能源于社会分工的差别。[46] 本文所反映的女性话语模式与司法格式化的分野,也并不完全限定在男女两个性别阵营,女法官照样可以成为格式化司法的典型代表。

与本文开篇所提到的男女二元对立相承接,有人认为女性法官更注重道德规范、社会情境、社会网络而非抽象法律概念,更主张法律现实主义而反对法律形式主义。但这种观点并未获得广泛认同,一些社会科学家也已经指出,很少有证据表明女性法官之中存在不同于男性法官的声音(in a different voice),女

---

[44] 苏力:同前注[42],页 21。
[45] 巴特利特:同前注[11],页 223、227。
[46] 苏力:"自然法、家庭伦理和女权主义——《安提戈涅》重新解读及其方法论意义",载《法制与社会发展》2005 年第 6 期。

法官们本身也强烈否认自己的话语有别于男性法官。[47] 桑顿以"蜂后理论"对此做出解释:从事法律职业的女性为了自己的事业,会以经典的"蜂后"方式,自觉地与贬抑女性的男性特征保持一致。[48] 这一"蜂后"形象的塑造,很大程度得益于"规则中心主义"的教育方式。"规则中心主义"以规则理性的向心力排斥其他形式的知识,它把社会问题简化为可以预先确定的法律公式,使课程知识从情感领域和社会整体中剥离开来,从而有效地把公共与私人、思想与身体的分立等自由主义法治核心概念实质化。"规则中心主义"可能会加深"意识形态的冷漠",使法律职业工作者拒绝思考其工作的意义;使之在教授以"刚性法"为参照系的"柔性法"(比如家庭法)时,常常把后者作为从立法和案例法中提炼出来的一系列原则和规则,削弱或者忽略其人文义涵……[49]

这一点也与司法格式化密不可分,其结果就是法官成了一个男性的职业。这当然不是因为较少有女性进入司法领域,而是因为男性思维符合法律实践。并且,无论男性法官还是女性法官,都在遵循男性化的思维、话语、规则和体系。强世功和赵晓力对十名中国法官的调查[50]同样指出,法官们大都认为,他们之间"没有男女的差别,只有素质的差别"、"主要看脑子,与性别无关"。本文的调查也发现,法官的性别对其审理方式、话语方式都没有特别的影响。

而就当事人而言,虽然男性似乎更容易融入司法话语体系,而女性则往往像是格格不入的陌生人,但法官与男方当事人之间也有龃龉之时[51],如案例9(截选):

法官:你要给孩子抚养费。
男:我无业,没有收入,怎么给付抚养费?
法官:那你需要为此举证。
男:这个怎么举证?无业就是无业,我上哪里举证去?
法官:你不举证,我们怎么可能认定你无业?
男:那反过来,我问问你们,你们怎么证明我有职业?
法官:你别在这里跟我较真,你可以起诉,由法院来判。
男:哦……证明由街道上出具是吧?
法官:只要能证明你无业就可以。
男:哦。

---

[47] Sally J. Kenney, "Breaking the Silence: Gender Mainstreaming and the Composition of The European Court of Justice", *Feminist Legal Studies*, 2002, Vol. 10, 3, Kluwer Law International, printed in the Netherlands, 2002, p.268.
[48] 玛格丽特·桑顿:《不和谐与不信任:法律职业中的女性》,信春鹰、王莉译,北京:法律出版社2001年,页29。
[49] 同前注,页71。
[50] 强世功、赵晓力:同前注[35]。
[51] 这也是笔者收集的案例中法官与男方当事人唯一有话语冲突的一例。

这番对话中,男方当事人的声音是由大到小的,而法官的声音则是由小到大的,因为法官们知道,法庭之上他们拥有最有力的声音。

不过总体而言,法官与女方当事人的话语冲突则更为普遍,如案例10:

男方起诉离婚,因公房由男方承租,女方要求一定补偿,调解时法官提出一万元的总补偿额,女方没有接受,法官放弃调解。调解记录如下(截选):

……

女方:他也有存款,为什么我不能分?

法官:对此你要举证。

女方:我觉得法院应该去调查他单位的工资卡。

法官:工资卡不能作为证据。这些你不要再跟我辩论,有什么等法院判吧!签字。

……

(庭下,法官曾向笔者抱怨:"给她一万她还不愿意"。)

案例6(截选):

……

法官:原告对此有何异议?

原告(男):她住的房子是她一个亲戚的,所以我不能替她支付房租、水电费。另外,她学计算机这件事我也不知道。

被告(女):房子是我亲戚租别人的,而且……

法官:我没有问你,你就不要插话(不耐烦地)。原告还有什么要补充的?

原告:我给她彩礼钱的时候,她在场。我回家那天,她说我有钥匙,但我只有大门钥匙,没有小门钥匙,我不知道她当时干什么呢?!

法官:被告有什么要补充的?

被告:那房子是我亲戚从别人手中租来的,所以……

法官:那你有租赁证明吗?

……

本案中法官两次打断被告。第一次是因为被告不合时宜的"插话",法官当时正在询问原告,被告只能在旁聆听,有不同意见也只能在法官发问时才可表达。第二次是被告在重申先前被打断的问题时,"多余"的解释性说明——"所以……"——被法官强硬打断。对法官而言,重要的是能够当庭质证的可见证据,而不是描述性的言词解释。

案例11(截选)(A市某区人民法院,书记员t):

双方当事人离婚时就房屋分割存在异议,牵涉他们自己盖的一间房。

……

>　　书记员:有没有批示? 有批示,有正式房产权的,我肯定给你写(进判决),违章建筑我不负责。拆迁的时候看人家怎么给你处理的,如果给了补偿,那就平均分。
>　　女方(原告):我们那儿一般(欲说明房屋问题)……
>　　书记员:我不办一般,你拿房产证明来我就给你办。
>　　……

本案凸显了大众话语与司法话语之间的冲突。当事人想阐明自己的具体利益:这种利益可能依据一种社区性规则,如"我们那儿"的惯例;也可能是其个人权益主张的合法性、合理性证据,如当事人提到的"一般"。但是,作为"法官"的书记员看重的是作为普遍规则的国家法,从而自觉拒斥社会习俗和习惯。这种大众话语与司法话语之间的冲突,同时还体现了法律制度与普通大众的理解与需要之间的疏离,而掌握专业知识和司法话语权的法官们并未很好地成为二者之间的"沟通"桥梁,比如案例12(截选):

>　　……
>　　法官 m:双方当事人是否申请回避?
>　　男方(原告):不申请。
>　　女方(被告):……(约5秒钟之后)
>　　法官 m(转向女方):被告是否申请回避?
>　　女方:……(沉默大约不到5秒钟)嗯,不回避,没有啥要回避的,啥也不回避。
>　　……

女方其实并不知道何谓"申请回避",她一开始没有回答法官,可能是在思考申请回避到底是什么意思,申请不申请对自己有没有不同的影响。可能考虑到男方很爽快地说"不申请",她才会进一步怀疑"申请回避"不一定对自己有好处。而后又揣摩到回避是不是有什么涉及隐私的问题,在法庭上不便讲出来。想到双方根本也没什么事情,于是说"不回避",而且加上了一句"没有啥要回避的,啥也不回避",言外之意即:法官你说吧,我没什么见不得人的事情。当然,这一推理的确有几分臆测,但以女方在庭上无助和紧张的表情以及常理判断,这种分析还是基本可信的。另外,某法官的观点也可以部分地佐证这一推理的合理性:"其实老百姓有几个知道什么叫'申请回避'的,都不怎么懂,也很少有人会问,除非当事人带了律师,律师觉得必要会申请一下,不过这种状况是相当少的"。虽然很多法官意识到了这一点,但却很少有人会向当事人作出解释。

再比如

案例 11(截选)(当时男方暂时离开):
……
书记员:你们谁主张?
女方:啊? 什么……
书记员:算了算了(非常急速与不耐烦),等他(男方)回来再说吧。
……

在对话中,书记员提到的"谁主张",是指民事诉讼法中的举证原则:谁主张,谁举证。当事人对于自己提出的主张,有责任提供相应的证据。但"主张"这个语词、"谁主张"这个短语,对这位女当事人而言也许太陌生了,而书记员与法官都没有主动就此做出解释。

上述分析表明:掌握话语权的人决定着话语的类型、方式,不掌握话语权的一方只能"积极配合"。所以,更为重要的司法话语问题在于"谁在说话",是法官掌握着法庭上的话语权,他们可以控制其他诉讼参与人的在场和发言。应该说,法官所针对的并不是女性,而是那些不符合司法格式的要求,或者被法官视为挑战其权威的人,只是女性因其生存经验更容易扮演这种角色。对此,可参见下表就所有案例中法官与当事人话语特征的总结:

	法官(话语权力表现形式)	女性当事人	男性当事人
语言方面	采用直接的排斥性话语:你不要在这里闹笑话,你别跟我较真等。	有时会采用向法官征询意见的话语:您觉得……我是不是应该……等等。	通常而言,回答问题都比较直截了当。
	当事人面对提问短暂沉默未做回应时,法官通常单纯重复原问题,不予引导性解释。		
	在询问当事人要求对方给予多少抚养费或赔偿等问题时,不给当事人适当考虑问题的时间。	法官提问后,倾向于比男性停顿更长的时间再做反应;有时会默不作答。	法官提问后,回应比女性快,有问必答。
	不回答当事人的法律常识性提问。		
	在询问是非问题时,打断当事人的描述性回答,不允许其进行因果解释。	面对是非式提问,倾向于做因果解释,陈述个人经历。	面对是非式提问,通常给出是或非的明确答案,不做任何解释。
语气语调	有急躁、不耐烦的语气,比如:算了算了;行了行了。	感到焦虑时,话语伴有吞吞吐吐、重复等特征。	激动时会提高嗓门。
	对可用降调的话语,一味采用升调,表现出对当事人的反诘。		
行为	在激动时,用手指向当事人,或用笔等物敲击桌面。	感到焦虑时,伴有咬嘴唇、撕扯衣角等行为。	无明显行为特征。

从上表来看,在司法场域中,法官拥有绝对权威,不容置疑,同时男女当事人的话语特征的确存在差异,而似乎男性当事人的话语更符合法官的节拍。一般来讲,法官话语所流露的男性偏好本身,常常是一种集体无意识,他们并不认为自己的言语有任何偏差,反而认为自己恰恰照顾到了弱者,维护了司法公正。而司法格式化的过程则加强了法律话语同普通大众的分离,同时也强化了法律的男性化色彩,这令女性话语的生存环境更加恶劣。我们期待法律能够为多元的声音留下空间,期望司法者本身能够多一些反思,更多地关注司法领域中缺失话语权的群体。

六、为了建构的批判

本文通过分析有关离婚案件的庭审和访谈记录,展现了司法话语中的男性偏向问题。虽然这种偏向往往并非法官有意为之,但其存在却会对女方当事人形成压力,从而影响到她们对自己权益的维护。该现象存在的原因包括:照顾弱者政策的执行受到女性形象转变的冲击,中国日趋格式化的司法体系缺乏对性别意识和女性话语的关注,以及法官话语性别议题背后的权力配置。本文写作之目的,并非单纯批判司法话语男性偏好的存在,同时希望借此引起人们对司法领域当中失语群体的关注,这种关注既是必要的也是可能的。正如法学解构运动所倡导的:如果一种观念或观点可以存在,那么另一种观念或观点即使与之对立或者矛盾,也是可以存在的。这意味着一旦法学理论的偶然性被揭露了,那么,以"各类方式看待世界就是可能的";而且,"以不同方式看待法律,既是可能的,又是必要的"。[52] 当然这种多元视角并非仅限于性别的二元,而是一种多元共存、自由平等的模式:

> 人类的文化既是男性创造的,也是女性创造的,女性受压制不仅是女性的困境,也是男性的困境。女权主义法律观所提出的问题不仅是法律问题,而是整个人类的社会制度和文化的问题……在关注女性受压制的同时,也关注更广泛的使人类陷入困境的种族压制、民族压制和文化压制等[53],从而将各种问题和见解吸收到主流文化当中,在平等对话和自由沟通的基础上,建设一种多元共存的和自由平等的新文化。[54]

后现代法学理论业已指出,法学理论走向后现代,是为了重塑其对社会和

---

[52] 刘星:《语境中的法学与法律》,北京:法律出版社2001年,页165—166。

[53] 格尔茨更是将法律本身视作地方性的知识,而此处"地方不仅指时间、地点、阶级和各种议题,而且也指突出的特点,即把对所发生事件的本地描述与对可能发生事件的本地想象联系在一起"。参见 Clifford Geertz,同前注〔39〕,p.215。

[54] 强世功:"文学中的法律:安提戈涅、窦娥和鲍西娅——女权主义的法律视角及检讨",载《比较法研究》1996年第1期,页40—41。

理性的多元与开放性的追求,为法律多元化的努力提供理论资源,解放被压抑的叙事和声音。在法律适用过程中,法律实践者不仅仅是职业法律专家,法律实践者还包括那些利益边缘化的阶层、性别、种族和个人。因此,不仅要倾听法律专家的法律意见,而且要倾听在法律实践中被压抑者的另类"法律意见"。[55] 这种为了建构的批判,不是要"否定法律规则和法律原则的既定合法性,而是要肯定以往所忽视和遗忘的人类生活的各种可能性"[56],而其中我们所能采用的方法,也许很难达致哈贝马斯那种人类言论或话语的反思不受支配、不受强制、不受操控的所谓"理想言语情境"中的沟通;也不可能抹煞法律的功能观,而一味强调其阐释观。[57] 但无论如何,"通过面对那些丰富的现实,而非在一种无力的一般性与虚假慰藉中期望消除差异性,我们将会有更多收获"。[58] 这也是本文对一种法制建设理想的憧憬。

(初审编辑:尤陈俊)

---

〔55〕 Alan Hunt, "The Critique of Law: what is 'critical' about critical legal theory", in Peter Fitzpatrick and Alan Hunt (ed.), *Critical Legal Studies*, Oxford: Basic Blackwell, 1987. p10. 转引自刘星:《语境中的法学与法律》,北京:法律出版社 2001 年,页 172。

〔56〕 Jack Balkin, "Deconstructive Practice and Legal Theory", in 96 *Yale Law Journal*, 1987, p.763. 转引自刘星,《语境中的法学与法律》,北京:法律出版社 2001 年,页 172。

〔57〕 法律的阐释观(hermeneutic thinking about law)认为法律是一种赋予特定地方的特定事件以特殊意义的方式。参见 Clifford Geertz,同前注〔39〕,p.232。

〔58〕 同前注,p.234。

从经济学视角看中国的婚姻法改革

郁光华[*]

An Economic Approach to China's Marriage Law Reform

Yu Guang-hua

内容摘要：从经济学的一些基本概念出发，本文讨论了中国婚姻法改革的一系列问题，并通过三种婚姻形式的提出和分析，对离婚后当事人扶养安排、财产分割和子女监护权问题作了充分的讨论。从有效信号功能和有效分离功能的角度看，现代西方和中国婚姻法的改革都犯了有效分离功能不足的错误。经济帮助的方法由于缺乏合理的公共政策原理而应该在婚姻法中被删掉，婚姻合同中可能出现的机会主义行为问题则可以通过婚姻法或一般合同法进行处理。如此的改革将使中国的婚姻法内涵更加合理，也更加适合婚姻市场的现实。

关键词：婚姻法　信号功能　婚姻形式　经济赔偿

Abstract: From the economic perspective, this article uses some fundamental concepts to discuss a series of issues on marriage law reform in China. Viewed from the function of efficient signaling and efficient separating, contemporary marriage law reform both in China and in the West has committed the error of providing

---

[*] 郁光华，香港大学副教授，西南财经大学客座教授，电子邮箱：ghyu@hku.hk。

inadequate separating function. When raising and analyzing three forms of marriage, this article discusses issues of spousal maintenance, property division, and custody of children. Economic assistance in China's marriage law should be abolished on the ground of lacking a clear public policy rationale. And, opportunistic behaviors can be well dealt with by marriage law and general contract law in China. Such reform will make China's marriage law more coherent and more suitable to the marriage market in China.

Key words: marriage law   signaling function   forms of marriage   economic compensation

一、引子

从20世纪60年代开始,西方国家对婚姻法进行了一系列的改革。无可置疑,婚姻和婚姻法理论的发展对婚姻法的改革起了巨大的推动作用。在众多的理论中,法经济理论的表现尤为显著。早在20世纪70年代,贝克尔就提出了家庭成因的理论。[1] 兰德斯的投资理论从隐性合同解释了离婚赔偿问题。[2] 20世纪80年代,比朔普的婚姻信号论解释了独立的婚姻法的意义。[3] 20世纪90年代,斯科特夫妇从长期合同的角度分析了婚姻法中的一系列问题。[4]

同西方的婚姻和婚姻法理论相比,中国婚姻法问题的研究还处在摸索阶段。我认为经济方法的采用将有力地促进我国婚姻法问题的学术讨论和婚姻法的完善。本文将用基本的经济学概念来分析一系列的婚姻法问题,第二节介绍西方婚姻法的历史演变,第三节分析扩大合同自由安排的意义,第四节讨论对滥用合同自由安排的法律规范。

二、西方婚姻法的历史演变

西方的婚姻法经历了从婚姻终身制到个人责任制的转化。[5] 尽管传统的家庭法历史把这一转变描写成从男性的家族式家庭到男女平等的家庭,从集体

---

[1] G. Becker, *An Economic Approach to Human Behavior*, Cambridge: Harvard University Press, 1976.

[2] E. Landes, "Economics of Alimony," 7 *Journal of Legal Studies* 35 (1978).

[3] W. Bischop, "Is He Married?: Marriage as Information," 34 *University of Toronto Law Journal* 245 (1984).

[4] E. Scott and R. Scott, "A Contract Theory of Marriage" in F. Buckley ed., *The Fall and Rise of Freedom of Contract*, Durham: Duke University Press, 1999.

[5] M. Brinig and J. Carbone, "The Reliance Interest in Marriage and Divorce," 62 *Tulane Law Review* 855 (1988), pp. 857—70.

主义到个人主义,从身份到契约的演进,但 Minow 认为这些特点把女性过去几百年来对家庭和社会的作用予以简单化和扭曲化了。[6] Schneider 则试图从伦理的视角去解释造成婚姻法律变化的一系列因素。[7] 西方婚姻法律的变化主要反映在离婚的基础、离婚扶养费的目的、子女监护权及抚养义务和对婚前及婚后协议的认可程度方面。

(一) 离婚的基础

在西方的婚姻史上,家庭是一个在丈夫领导下的不能被削弱的组织。婚后,妻子丧失了独立的法律人格。[8] 家庭财产是在丈夫的名下,只有他能拥有财产、签订合同、提起诉讼和参与应诉。[9] 在这样的家庭财产制度下,稳定的婚姻对个人和社会都是极其重要的。因此,在婚姻法上,离婚是不被认可的。后来教会法庭逐渐承认了吃睡分离的"离婚",这实质上是法律上的分居。[10] 可是,除了同居义务的免除外,夫妻双方的其他婚姻权利义务基本不变。丈夫仍然管理家庭事务和财产,负责家庭成员的生活。妻子只要是贞洁和独身的,她仍然有权利得到分居丈夫的生活资助。[11] 不论分居有多长,妻子和丈夫依旧是同一家庭的成员。[12]

后来又缓慢地产生了可割裂婚姻结合的过错离婚制。[13] 在这种制度下,无过错的一方只要能证明对方从事了通奸、残忍、遗弃等行为就能获得不再承担婚姻义务的权利。[14] 虽然加拿大 1968 年的法律改革还保留了基于过错的衡量,但是立法专门引入了婚姻永久破裂(permanent marriage breakdown)以解除婚姻的准则。[15] 1968 年的法律改革似乎难以满足人们要求进一步改革婚姻法的愿望。1976 年,加拿大法律改革委员会指出继续适用当事人一方要有过

---

[6] M. Minow, "Forming Underneath Everything that Grows: Toward a History of Family", *Wisconsin Law Review* (1985), p. 819.

[7] C. Schneider, "Moral Discourse and the Transformation of American Family Law", 83 *Michigan Law Review* (1985), p. 1803.

[8] Brinig & Carbone, 同前注[5], 页 859。

[9] E. Shorter, *The Making of the Modern Family*, New York: Basic Books, 1975.

[10] Courson v. Courson, 213 Md. 183, 188, 129 A. 2d 917, 919 A. 2d 917, 919 (1957); Hyman v. Hyman [1929] AC 601 (HL).

[11] Wadlington, "Sexual Relations After Separation or Divorce: The New Morality and the Old and New Divorce Laws", 63 *Virginia Law Review* (1977), p. 249.

[12] Haskins v. Haskins, 188 Va 525, 50 S. E. ad 437 (1948).

[13] Neuner, "Modern Divorce Law—The Compromise Solution", 28 *Iowa Law Review* (1943), pp. 272, 276.

[14] Stegall v. Stegall, 2 Brock 256, 22 F. Cas 1226 (C. C. Va. 1825) (No. 13, 351).

[15] M. Trebilcock and R. Keshvani, "The Role of Private Ordering in Family Law: A Law and Economics Peerspective", 41 *University of Toronto Law Journal* (1991), pp. 533, 538.

错的要件除了使法律和现实在真空中继续唱反调外没有实现任何目的。[16] 这样,加拿大在1986年的《离婚法》认为婚姻不再是建立在终身合同的基础上,只要双方分居一年,他们就可以离婚。[17]

美国在20世纪60年代的离婚改革运动也是以弱化过错离婚制为方向的。法律的侧重点从认定某一方是否有过错或要受惩罚转移到认定婚姻破裂是否到了没有挽回的地步。[18] 各州采用了分居、不可补救的失败、双方不可调和及难和解使得婚姻无法维持等标准。[19] 当家庭不再是身份和财富的唯一决定因素时,婚姻的合理性已经从家庭和社会义务变为双方的爱慕。当双方已不再相爱时,除了子女抚养外,社会没有理由让他们继续保持婚姻关系。[20] 1985年后,社会的变化迫使所有的州都引入了"无过错"的离婚标准。

(二) 离婚补偿的目的

在过去西方婚姻终身制的情况下,即使吃住分离,丈夫对妻子的生活资助也还是永久性的。当婚姻法发展到过错离婚制时,无过错的一方只要能证明对方从事了通奸、残忍、遗弃等行为就能获得不再承担婚姻义务的权利。如果丈夫成功地和妻子离婚,那么他不仅保留了家庭资产的所有权和子女的监护权,而且也无需扶养离婚后的妻子。这样有过错的妻子在离婚后往往也有其他人抚养。相同的,如果女方成功地和丈夫离婚,那么她也无需继续承担顺从、忠贞和服务丈夫的义务。可是,由于离婚后丈夫仍然拥有包括共有财产在内的所有家庭资产,所以他仍然有义务扶养离婚后的妻子。[21] 显而易见,无论是婚姻终身制还是过错离婚制,扶养费不仅仅是无过错而且需要依赖女方的权利,而且公共利益也要求女方的这一权利是不可放弃的,以免使社会承担不必要的负担。[22] 阿肯法官在Hyman案中说道:"丈夫对离婚妻子抚养费的给付也是一个公共义务;妻子取得的受扶养权是不可放弃的事关公共利益的事项。"[23]

近代西方婚姻法的改革不再沿用终身婚姻的模式。改革的目标是确认女

---

〔16〕 Law Reform Commission of Canada Report on Family Law (Hull, Que.: Supply and Services Canada, 1976) at 3.

〔17〕 Divorce Act 1985 RSC 1986, c.4 ss 8(1) and (2) (a).

〔18〕 W. Wadlington and R. O'brien, *Domestic Relations*, New York: Foundation Press, 2002), p.293.

〔19〕 New York Domestic Relations Law, s 170 (5) and (6); California Family Code s 2310 (a); Uniform Marriage and Divorce Act, s 302 (a) (2).

〔20〕 K. Kenniston, *All Our Children: The American Family Under Pressure*, New York, Harcourt Brace Jovanovich, 1977, p.21.

〔21〕 Kempe v. Kempe, 1 Hag. Ecc. 532, 162 Eng. Rep. 668 (1828); Atkin, "Spousal Maintenance: A New Philosophy?" 9 *New Zealand University Law Review* (1981), pp.336,340.

〔22〕 Hyman v. Hyman [1929] AC 601, 614 (HL).

〔23〕 Hyman v. Hyman,同前注,页629。

方完全法律人格,从而她们可以进行和男人相同的活动。[24] 在新的模式下,男女双方是平等的合伙者,在自愿建立家庭经济体后,有关家庭扶养、财产管理、照看子女的功能都是双方协商一致的结果。[25] 例如加拿大的《离婚法》及其安大略省的《家庭法》都强调个人自足和个人负责。[26] 自然的,安大略的法律规定在离婚时家庭财产平等分配。[27] 法院只是在认为一方有不合理或不合适的行为时才不适用平等的财产分配办法。[28] 法律改革后的离婚扶养目的是促进经济自足和自立。[29] 加拿大最高法院也提出了离婚赔偿义务的干净分割(clean break)理论。[30] 最高法院认为法律的目标是终止双方之间包括经济互不依赖的所有关系以使他们在市场上找到各自的位置。[31] 在这一目标下,只有一方在证明了有扶养费的需要而且这种需要是由婚姻关系的经济依赖所造成时,她才能取得赔偿。重要的是这一权利的存在确有需要。如果需要不再存在时,那么一方获得扶养费的权利也随之消失。[32]

20世纪60年代以来,美国的婚姻法改革也是朝相同的方向发展。随着家庭分工重要性的降低,丈夫在离婚时已不再能够取得所有的家庭财产,妻子也不再当然获得离婚扶养费。现在大多数州允许在离婚时各自取得他们结婚时带入家庭的财产和他人给予自己的礼物和遗赠。[33] 他们的共有财产则按平等原则分配。[34] 法院在考虑是否给与一方离婚扶养费时应该考虑双方当事人的谋生能力以便使他们维持相当于婚姻期间的生活水平。[35] 法院在作如上决定时会考虑申请方在市场上的技能、劳动力市场所需的技能、通过培训取得这些技能的时间和费用以及申请者由于婚姻家务失业而造成挣钱能力的下降。[36] 法院也会考虑申请者为对方获得教育、训练、职位和执照的贡献、被申请者的给付能力、双方因婚姻生活水平而产生的需求、各自的财产状况、婚姻长短、申请

---

[24] Law Reform Commission of Canada Report on Family Law, 同前注[16],页35。
[25] 有关反对把家庭当成合伙学说的观点,参阅 Ira Ellman, "The Theory of Alimony", 77 *California Law Review* (1989), p.3.
[26] Family Law Act 1986, SO 1986 c.4; Divorce Act 1985, RSC 1986 c.4.
[27] Family Law Act, 同前注,第5条1款。
[28] Family Law Act, 同前注,第5条6款。
[29] Family Law Act, 同前注,第33条8款和9款。
[30] Pelech v Pelech (1987) 7 REL (3d) 225, 271 (SCC).
[31] Pelech v Pelech, 同前注,页272。
[32] 同上。
[33] New York Domestic Relations Law, s 236 (B) (1980); California Family Code, s. 4800 (West 1986).
[34] 同上。
[35] California Family Code (West 2001), s 4320 (a).
[36] 同上。

方在不影响照看子女的情况下参加工作的能力、双方的身体状况等因素。[37]

（三）子女监护权和抚养

在西方历史上,父亲通常对子女拥有绝对的监护权。[38] 这一权利似乎是建立在普通法上父亲抚养和保护子女的基础上。[39] 随着女方有权利拥有财产、签订合同、起诉和应诉,也随着社会分工使得男子更多地在市场上工作和妇女更多地管理家庭和照看子女,监护权也从父亲转向母亲。[40] 到了20世纪中叶,妇女在社会上的工作机会越来越多,夫妇的家庭分工在进一步减弱。按照贝克尔的理论,女性在社会上挣钱能力的增长和家庭子女的数量成反比。[41] 当家庭子女数目减少、劳动节省型家电设备的普及使得家务变轻后,家庭成员的平等性就变得重要起来。西方的法律改革在子女的监护权方面也体现了这种社会变迁。加拿大安大略省的《子女法律改革法》规定父母双方对子女有平等的监护权。[42] 这一法律也要求取得子女监护权的一方必须为孩子的最佳利益行使家长权利。[43] 现在美国大多数州的法律也大体如此规定。[44]

（四）婚前、婚后协议

婚前协议(prenuptial agreement)是指未婚夫妇双方在婚前就婚后的某些事项达成的在结婚时产生效力的协议。在西方的婚姻法历史上,就婚后的婚姻破裂而明确规定财产分割、扶养费给付、子女抚养的婚前协议常常不被法院认可或者被法院裁定为无效。这样的协议被认为有违于婚姻的公共政策。首先,这样的婚前协议有预期分居甚至离婚的嫌疑而被认为有鼓励离婚的倾向。[45] 其次,公共利益要求没有生活能力的一方在离婚后不会成为公共负担。[46] 再有,

---

[37] California Family Code (West 2001), s 4320 (b) to (k); New York Domestic Relations Law (West 1999), s 236 (6).

[38] Brinig and Carbone, 同前注[5], 第860页; Trebilcock and Keshvani, 同前注[15], 页545。

[39] P. Bromley, *Family Law*, 6th ed., London: Butterwords, 1981, p.276.

[40] L. Weitzman, *The Divorce Regulation: The Unexpected Social and Economic Consequences of Divorce for Women and Children in North America*, New York: Free Press, 1985, p.233; M. Glendon, "Family Law Reform in the 1980's", 44 *Louisiana Law Review* (1984), pp.1553—1585.

[41] G. Becker, *A Treatise on the Family*, Cambridge, Mass.: Harvard University Press, 1991), p.140.

[42] Ontario Children's Law Reform Act, RSO 1980 c.68 s 20 (1).

[43] 同前注。

[44] Garska v McCoy, 167 W. Va 59, 278 S. E. 2d 359 (1981); California Family Code (West 1994), s 3040 (a)(1); Wisconsin Statutes (West Supp. 2000), s 787. 24 (2)(a) and (b).

[45] H. Clark, Jr., "Antenuptial Contracts", 50 *University of Colorado Law Review* (1979), pp. 141, 147—54; C. Schneider and M. Brinig, *An Invitation to Family Law*, St. Paul, Minn.: West Publishing Co., 1996.

[46] L. Weitzman, *The Marriage Contract: Spouses, Lovers and the Law*, New York: Free Press, 1981, p.338; Delorean v. Delorean, 511 A. 2d 1259 (1986).

在过错离婚制度下,一方向对方支付扶养费的多少跟自己是否有过错有关。所以任何企图用婚前协议来改变扶养费给付义务的做法都会被法院认为是显失公正的。[47] 最后,这样的婚前协议被假定为容易导致机会主义的行为。[48]

但是随着社会的变迁,婚前协议在西方现在已变得广为认可了。在美国,佛罗里达州早在1970年就承认了婚前协议在婚姻合同方面的作用和合法性。[49] 自此以来,美国越来越多的法院认可了婚前协议在处理财产分割和扶养费给付方面的有效性。[50]《美国统一婚前协议法》以立法的形式来承认婚前协议的效力和规定检验协议有效性的条件。这部参考法允许夫妻双方当事人在婚前协议中规定对未来双方共同或各自所有财产的权利和义务,对财产的处分,在分居、离婚或死亡时对财产的处分,改变或取消对另一方的扶养资助等。[51] 虽然婚前协议不要求有对价,但是它却必须是书面的并经双方签字。[52] 婚前协议的可执行性也是有条件的。如果被执行方能证明自己并非自愿地签订了协议,或者协议有显失公平(unconscionability)的情形,那么这样的协议是不会被执行的。[53] 显失公平包括签订协议前对方没有公平合理地向自己披露其财产状况,自己没有放弃要求对方披露的权利和自己不能合理地拥有对方财产状况的足够信息。[54] 在这部法律下,如果婚前协议就有关对另一方扶养义务的规定或修改将导致依赖方有资格获得公共资助,那么这样的条款对法院是没有约束力的。[55] 美国州法院也常常要求对方在签订婚前协议时已咨询过律师。[56] 在有关子女的监护权、探访及抚养方面,婚前协议对法院无约束力。[57]

加拿大在婚前协议方面更多地反映了自由主义的女权主义观点,并且由于加拿大具有更丰裕的福利制度,所以加拿大对婚前协议的改革也最为彻底。安大略省1986年的《家庭法》允许未婚双方就婚后的财产所有和分割、扶养、对

---

[47] Trebilcock and Keshrani, 同前注[15],页544。

[48] Norris v. Norris, 624 P 2d 636 (1981); C. Gamble, "The Antenuptial Contract", 26 *University of Miami Law Review* (1992), pp.692, 719—20.

[49] Posner v. Posner, 233 So. 2d 381, 382 (1970).

[50] Norris v. Norris, 624 P. 2d 636 (1981); Sborne v. Sborne 384 Mass. 591, 428 N. E. 2d 810 (1981).

[51] Uniform Prenuptial Agreement Act (1983).

[52] 同前注, s 2。

[53] 同前注, s 6 (a) (1) and (2)。

[54] 同前注。

[55] 同前注, s 6 (b)。

[56] Delorean v. Delorean, 511 A2d 1257 (1986); Norris v. Norris, 624 P2d 636 (1981).

[57] Knox v. Remick, 371 Mass. 433, 358 N. E. 2d 432 (1976); Osborne v. Osborne, 384 Mass. 591, 428 N.E. 2d 81 (1981).

子女的抚养及教育方面的权利义务进行规定。[58] 和美国法相同,这部法律也不允许婚姻期间双方对子女的监护和探访进行协议规定。[59] 加拿大最高法院对在离婚后夫妻扶养义务的规定更为宽松。只有申请方能证明自己确因婚姻而使自己的挣钱能力发生了重大变化,才能得到法院对其扶养请求或者增加扶养费请求的批准。[60] 否则,无工作能力一方的生活困难应当由政府负责。[61]

分居协议(separation agreement)是指已婚夫妇已经决定分居或者离婚而就他们的财产分割、相互扶养和子女抚养、监护和探访作出规定的协议。在西方婚姻法历史上,分居协议有鼓励离婚的嫌疑从而基于公共政策的理由被法院严格限制。在 Hyman 案件中,夫妇双方在分居协议中约定的扶养费被认为是无效的。[62] 海尔斯曼法官和阿肯法官都认为妻子无权以协议的形式放弃自己取得扶养费的权利。[63] 除了技术原因外,法院在该案中最主要的考虑是离婚后女方是否会成为社会负担。[64] 普通法也规定分居或离婚协议规定转让子女监护权的条款有违公共政策而不能被执行(unenforceable)。[65]

随着无过错离婚制的引入,西方逐步用立法的手段方便分居或离婚协议的使用。美国 20 世纪 70 年代的《统一婚姻和离婚法》就允许夫妻双方以书面分居协议的方式就财产分配、相互扶养、子女抚养、监护和探访的权利义务作出规定。[66] 除了子女抚养、监护和探访的规定外,分居协议中的其他条款对法院有约束力。[67] 法院对协议中其他条款的审查只基于它们是否显失公平。[68]

在加拿大,分居后的夫妻在分居或离婚协议中可以规定子女的监护和抚养。[69] 当然即使有这样的分居或离婚协议,法院基于对子女最佳利益的考虑,仍然可以不承认分居协议的效力。[70] 加拿大最高法院在夫妻扶养方面的态度明显有别于英国的 Hyman 案。在 Pelech 一案中,最高法院认为没有在婚姻突变事件和导致生活困难之间建立因果关系之前,法院不会轻易地干扰双方之间达成的分居协议。[71] 可以看出,加拿大法院会承认分居或离婚协议在夫妻相

---

[58] Family Law Act 1986, SO 1986 c. 4 s 52.
[59] 同前注。
[60] Pelech v. Pelech, (1987) 7 RFL (3d) 255, 268 (SCC).
[61] 同前注。
[62] Hyman v. Hyman [1929] AC 601 (HL).
[63] 同前注,页 614 和页 629。
[64] 同前注。
[65] Weitzman,同前注[40],页 276。
[66] 1973 Uniform Marriage and Divorce Act, s 306 (a).
[67] 同前注,第 306(b)条款。
[68] 同前注。
[69] Family Law Act, R.S.O. 1990, C.F. 3, s 54.
[70] 同前注,第 56 条。
[71] Pelech v. Pelech (1987) 7 RFL (3d) 255, 270 (SCC).

互扶养方面对当事人的约束力。在讨论婚前协议时已经提及,加拿大法院认为如离婚一方的生活困难和婚姻无关,那么这样的责任应该由社会来承担。

本节简要地介绍了西方婚姻法的历史演变。有了这样的背景知识就能从比较的角度来分析婚姻法中的一系列问题,如离婚的基础、离婚补偿的目的、子女监护权和抚养以及婚前、婚后协议。同理,外国婚姻法改革的经验教训也能为分析中国婚姻法改革中的问题提供有益的参考。在下节,我将对婚姻法中的重要问题进行具体的分析。

三、扩大合同自由安排的意义

（一）婚姻的形式和离婚的处理

贝克尔的理论解释了传统家庭的成因。然而,贝克尔的理论却并不能很好地解释为什么要由婚姻法去规定离婚的理由、离婚后双方的扶养义务和子女的监护权。在现代社会中,夫妇双方也未必像他描述的那样有严格的市场与家庭的分工。在中国的城市和农村,非常多的家庭夫妇双方都从事家庭外的工作。兰德斯的理论则着眼于特定资产的投资保护。如果婚姻需要一方或双方进行特定资产的投资(如生小孩),那么除非特定资产投资的回报得到了承诺,人们是不愿进行这样的投资的。[72] 按照兰德斯的观点,婚姻合同提供了这一保证。假如其中的一方决定解除婚姻,那么他(她)必须给对方特定资产的投资损失提供赔偿。从这一角度看,婚姻是含有对一方特定资产投资遭受机会损失进行赔偿(扶养费)条款的隐性合同。兰德斯的理论较好地解释了传统家庭分解后扶养费的赔偿问题。可是对现代双方无子女及都有工作的家庭来说,双方似乎可以通过一般的合同来非常容易地解决婚姻中的财产分割问题。这种双方都工作的情况在中国更常见。中国的离婚登记制度给了双方当事人非常大的合同自由。兰德斯的理论因此不太适用于这样的家庭分解。富勒在讨论合同对价时指出强制性的法律规则因为规定了合同形成的形式和必要性质的义务而提高了协议的程序价值,提升了双方承诺的可证明性和方便了有相同偏好承诺双方的配对。[73] 富勒粗略地指出法律具有合同方寻找、拣选和配对的功能。

专门讨论婚姻具有信号功能的是比朔普。[74] 在寻找伙伴的婚姻市场上,一方表示愿意同居或结婚给对方提供了一个表达方偏好的信号。如果作为社会和法律制度的婚姻包含了相对清楚的权利与义务承诺,那么婚姻和同居等相比,在寻找、拣选和配对方面具有提供有效信号(efficient signaling)的功能。信

---

[72] Landes, 同前注[2]。

[73] L. Fuller, "Consideration and Form", 41 *Columbia Law Review* (1941), pp. 799,800—802.

[74] Bischop, 同前注[3]。

号传递的功能和有效分离(efficient separating)的功能是相对应的。如果婚姻法只规定一种相对清楚的权利义务关系,那么它的信号功能是非常强和有效的。如果人们不喜欢这一关系,他们要么选择同居,要么通过婚前或婚后的协议去更改婚姻法中的权利义务规定。这涉及法律是否允许人们进行更改的问题。正因为 Bischop 偏好于婚姻的这一有效信号功能,所以他既反对无过错的婚姻法改革,也反对婚姻法规定几种婚姻形式。换句话说,尽管他承认人们对婚姻关系有不同偏好,但是他不愿承认婚姻法只规定一种单一关系的成本。不过如果单一婚姻形式的婚姻法是没有缺点的,那么又怎么解释西方对过错婚姻制度的法律改革呢?还有,他的观点也和美国路易斯安那州在无过错婚姻之外增加的契约婚姻(covenant marriage)的现实不符。我认为婚姻法只规定一种婚姻形式虽然起到了提供有效信号的作用,但是只有一种婚姻形式却严重阻碍了有效分离功能的实现。有不同婚姻偏好的人都在一种婚姻形式里对导致过高的离婚率起了一定的作用。

既然婚姻的有效信号功能和婚姻的有效分离功能互为矛盾,那婚姻法应该规定几种婚姻和准婚姻的形式呢?我个人的观点是中国的婚姻法可以规定同居(准婚姻)、无过错婚姻和契约婚姻。

同居(准婚姻)关系适合那些暂时或永远不想结婚的男女。他们之间没有严格的市场和家庭分工,双方都从事市场上的工作,并且也不打算有小孩。这一关系适合城市中的许多人。他们之间的关系,大都可以通过一般的合同法来调节。关系破裂后,可以各走各的,财产分割非常简单。婚姻法只需要在以下三种情况下进行干预。第一,当双方生了小孩后,婚姻法对子女抚养和离婚后监护权的规定将产生作用。简单的限制合同自由原理说明当两个人的合同对第三者产生影响时,他们的合同自由将被适当的限制。子女是双方当事人的第三者。第二,当双方决定结婚后,他们的关系也自然受制于婚姻法的约束。第三,当双方同居满五年后,婚姻法有关夫妇离婚后双方扶养的规定也应该被适用。在通常情况下,因为这种关系的相对不稳定性,选择同居者不一定能一起同居五年之久。如果双方都满意他们之间的关系,五年后选择婚姻是比较理想的。即使他们仍然不打算生子女,现有的社会规范如忠贞、忠诚、互信、互利和分享也都帮助促进已婚夫妇的关系。但是一般的同居关系则没有这些非正式社会规范的支持。[75] 这一五年规定也起到了限制有些为逃避婚姻法规定的离婚后向对方履行扶养义务而采取同居的形式。如果双方确实愿意五年后继续过同居的生活,他们可以事前或事后用书面协议的方式明确表明继续过同居生

---

[75] E. Scott, "Marriage, Cohabitation and Collective Responsibility for Dependency", 2004 *University of Chicago Legal Forum*, pp. 225,241,244.

活。只要双方在签订书面协议时分别获得了独立的律师建议,婚姻法的这一五年规定就不再适用于他们之间的关系。当然,法院在受理同居争议案件时有权审查这样的合同的有效性。审查标准包括自愿性、公正性和双方各自充分地披露了自己的职业收入和财产状况。

中国以前对同居有限制及歧视的倾向。社会的非正式规范和司法实践把男女之间不以结婚为目的、不以夫妻身份相称的同居关系视为非法同居。[76] 但是法律和社会规范也是会变的。在加拿大,同居关系是合法的。只有在双方结婚后或同居三年后,婚姻法有关互为扶养的规定才起作用。[77] 在中国,最高人民法院《关于适用〈中华人民共和国婚姻法〉若干问题的解释(一)》(简称《解释(一)》)以1994年2月1日为界进行了规定。在1994年2月1日后,未按《婚姻法》第8条规定办理结婚登记而以夫妻名义共同生活的男女,起诉到法院要求离婚的,如果双方未补办结婚登记的,按解除同居关系处理。这样,最高人民法院以司法解释的方式认可了"同居关系"。当然这一规定是以双方以夫妻名义同居而且也只适用于双方要求离婚的案件。

最高人民法院《关于适用〈中华人民共和国婚姻法〉若干问题的解释(二)》(简称《解释(二)》)第1条规定:当事人起诉请求解除同居关系的,人民法院不予受理。最高人民法院的这一解释大致肯定了双方没有配偶的同居关系。这样的关系可以通过一般的合同原理来解决。但是不清楚为什么法院不愿按一般合同法来处理这样的案件。一方要求法院终止同居关系的目的是不希望另一方继续纠缠下去,而法院的判决则可以起到明确双方关系的目的。这一问题也说明法律规则不清楚将增加双方当事人的交易成本。我认为以立法的形式在婚姻法中规定同居关系并且允许双方当事人适当的合同自由将增进人们在婚姻配对市场上的福利。

婚姻法规定的第二种形式可以是当前流行的无过错婚姻。这种婚姻形式适合于希望有子女或无子女的家庭。当事人希望婚姻法和其他非正式社会规范作为背景规则。夫妇双方可以都从事市场上的职业工作,也可以是一方在市场上工作而另一方从事家务工作。这种婚姻在离婚时不需要任何一方以证明对方存在过错为条件。单方离婚则要求以分居一年为条件。规定一年的理由是人们在作有关感情方面的决定时会犯认识和判断方面的错误。斯科特认为认知上的缺陷会使处于不愉快婚姻中的一方或双方夸大短期婚姻的代价而影响对长期偏好的衡量。[78] 徐安琪的抽样调查发现大约有10%的离婚当事人后

---

[76] 罗恩荣(主编):《婚姻家庭和继承法》,杭州:浙江大学出版社2004年,页116。

[77] Family Law Act, R.S.O. 1990, C.F.3.

[78] E. Scott, "Rational Decision Making About Marriage and Divorce", 76 *Virginia Law Review* (1990), pp.9,68.

悔自己"当时离婚太冲动"。[79] 田岚也提出过要把分居作为离婚的条件统一适用于诉讼离婚和登记离婚。[80] 我个人认为婚姻法基于认知错误造成不当离婚而制定一年期分居的条款是可取的。10%也是一个不小的数字。但是我反对禁止双方当事人以书面协议的形式排除适用这一年期条款的规定。为了可能的10%的人之利益而牺牲90% 当事人的福利是不可取的,而且即使分居一年的规定适用于所有的离婚者也不能保证因认知错误而发生的冲动离婚不会产生。如果初次结婚双方当事人选择配对的信息是不完全的,那么因另有所好而离婚的人也有可能再次作出错误的决定。然而意识到再婚不如前婚的后果是必须在离婚并和新欢结婚后才产生的,不到黄河心不死,大概也包括这样的情况。当然,跟一般合同原理一样,这样的协议必须是自愿的、公正的和双方披露了各自相关的信息。同一般的商业合同不一样,法律应该要求双方当事人对这一排除适用条款获得独立的律师意见。

婚姻法规定的第三种婚姻形式是契约婚姻。在离婚时,离婚申请者必须证明对方有过错。过错包括通奸、暴力、犯罪、遗弃、虐待等。这样的规定既类似于美国路易斯安那州的法律,也符合中国现行的《婚姻法》。[81] 如果离婚申请者不能证明对方有过错,那么单方的诉讼离婚必须在双方分居两年后才能提起。这一规定也是和路易斯安那州的契约婚姻和中国现行婚姻法相类似的。因此,这样的法律改革难度是不会太大的。当然和第二种婚姻形式的离婚相类似,法律应该允许双方当事人以书面协议的形式排除这一分居两年的条款。也就是说我国的登记离婚制度可以保留。

契约婚姻的形式适用于结婚双方希望有子女的家庭。跟第二种婚姻形式相比,这种婚姻形式更适合夫妇双方有很大的市场和家庭分工。在这种婚姻里,不论哪一方当事人愿意进行更多的家庭特定资产投资,婚姻法应该比第二种婚姻形式更好地保护这种特定家庭资产的投资。我把离婚时双方的扶养补偿义务放在下一节讨论。

在讨论婚姻的有效信号功能和婚姻的有效分离功能时,Trebilcock也认为婚姻法在事前给婚姻市场上的伙伴有限的选择有利于提高婚姻的信号功能和有效分离功能。[82] Trebilcock认为没有理由限制婚姻当事人在事前或事后通过书面协议来适当改变婚姻法形式中的某些条款的适用。[83] 这样的协议给了

---

[79] 徐安琪:"婚姻法修改的误区:限制离婚",载《社会科学》1998年第4期,页55。
[80] 田岚:"中国改革开放后的离婚率与离婚方式探析",载《比较法研究》2004年第6期,页41。
[81] 《中华人民共和国婚姻法》,第32条。
[82] M. Trebilcock, "Marriage as a Signal," in F. Buckley ed., *The Fall and Rise of Freedom of Contract*, Durham: Duke University Press, 1999, p.252.
[83] 同前注。

双方当事人最大的合同自由。只要法律对这种协议的滥用进行适当的规范,扩大了的合同自由安排会提高协议方的福利。还有以协议来改变这三种婚姻形式中的任何一种本身就向对方发出了强有力的婚姻偏好信号。和 Trebilcock 相比,我更具体地提出了婚姻的三种形式。虽然有人认为在一种婚姻形式的情况下,婚姻市场的当事人也可以通过协议来约定合适自己偏好的婚姻关系,但是我认为婚姻关系不同于一般的商业合同。任何使婚姻关系法律化和正规化的协议行为对充满了利他的、带有丰富感情色彩的、双方互助互信的非正式关系的保持具有负面的作用。而事先规定好的这三种婚姻形式则可以相对容易地供人们选择而不必迫使他们在婚前进行讨价还价的协商行为。中国只有很小比例的夫妇选用约定财产制的这一调查结果表明,婚姻关系中当事人不愿用非常正式的合同来影响良好的婚姻关系。[84]

(二) 扶养补偿与财产分割

我国婚姻法对离婚后扶养义务的规定缺乏明确的公共政策理由。《婚姻法》第 40 条规定:夫妻书面约定婚姻关系存续期间所得的财产归各自所有,一方因抚育子女、照顾老人、协助另一方工作等付出较多义务的,离婚时有权向另一方请求补偿,另一方应当予以补偿。按该条款,如果双方约定是采用共同财产制或未作约定而适用《婚姻法》的共同财产制,那么付出很多家务劳动者就无法提出经济补偿请求。另外,虽然该条款提到了家务劳动的家庭分工概念,但是它并没有给出清楚的补偿标准。这在实践中会给法院带来操作上的困难。

我国学者对《婚姻法》第 40 条离婚后的扶养补偿也提出了自己的观点。夏吟兰认为对一方的家务劳动价值的承认不应该仅限于适用分别财产制度,在分割夫妻共同财产时,也要将一方从事家务劳动和协助另一方工作及对另一方事业发展所作的贡献作为分割夫妻共同财产时考虑的因素。[85] 显然,夏吟兰的观点对共同财产多的离婚家庭起作用。共同财产少的家庭一方所作的家庭特定资产投资在离婚时就不能从对方的将来收入中请求补偿吗?夏吟兰在该文中也混淆了经济补偿和经济帮助的概念。[86] 经济补偿应该是指一方在婚姻关系存续期间因为从事家庭特定资产的投资如照看小孩或对方而使自己在离婚时降低或丧失了市场上挣钱的能力;而经济帮助只是指一方在离婚时不能维持最低的社会生活标准,但是这一后果和婚姻没有关系。在离婚后,这样的人如不能取得婚前配偶的经济帮助将成为公共负担。

不难看出,经济补偿缺乏明确的标准是导致婚姻理论不清和司法实践困难的主要原因。无论是田岚还是夏吟兰都或多或少地提到了家庭特定资产投资

---

[84] 夏吟兰:"离婚救济制度之实证研究",载《政法论坛》2003 年第 6 期,页 150。
[85] 同前注,页 153。
[86] 同前注,页 154。

的概念。在论述将第 40 条修改为无论实行约定分别财产制还是共同财产制时,田岚指出:

> 由于承担了家务较多的一方,将其大部分心血倾注于经营家庭,往往其职业发展受到较大的限制,社会地位和谋生能力较弱,离婚后其已经无法通过自己以往的奉献得到对方的系统资源的回报。因此,法律应加大对家务劳动付出多一方补偿的保护力度,从而体现法律的公平性。[87]

遗憾的是,田岚在提出这一观点后就很快结尾了,至于经济补偿标准的讨论似乎是别人的责任。夏吟兰对经济补偿的讨论超越了《婚姻法》第 40 条。她提出了家庭特定资产——家务劳动的价值,然而她也没有给出一个衡量家务劳动在离婚时享有补偿权的标准。[88] 倒是田甜提出了一个粗略的标准。田甜认为:

> 补偿金额由双方协商确定,协商不成的,由人民法院综合考虑一方投入家务劳动的时间、劳动的强度、因照顾家庭而放弃的个人发展机会、各自的经济收入及工作前景等因素确定。[89]

虽然田甜提出了衡量家庭特定资产投资的经济补偿标准,但是她既没有分析为什么要采用这一标准,也没有讨论这一标准的适用问题。由于对家庭特定资产投资的保护是和财产分割具有不同性质的问题,所以对经济补偿问题的讨论有助于中国婚姻法的改革。

前面已经提到了兰德斯的投资理论。[90] 如果婚姻需要一方或双方进行特定资产的投资(如生小孩、照看小孩、照看和支持配偶),除非这样的家庭特定资产投资的回报得到了承诺,人们是不愿进行这样的投资的。兰德斯认为扶养补偿的作用是赔偿妻子因为结婚和投资于婚姻而失去的机会成本。[91] 扶养补偿的判决和执行鼓励了婚姻中的资源优化,增强了婚姻的收益和激励了婚姻的形成、生育和稳定。[92] 兰德斯的经验调查也发现了在禁止扶养费的州有更少的年轻妇女结婚和生育。[93]

崔比尔库克也赞同在离婚扶养费的衡量上应采用机会成本的概念。在严格适用机会成本标准时,法院应该采用如下的方法:申请方从结婚到离婚时收

---

[87] 田岚,同前注[80],页 41。
[88] 夏吟兰:"对中国夫妻共同财产范围的社会性别分析——兼论家务劳动的价值",载《法学杂志》2005 年第 2 期。
[89] 田甜:"论离婚时的经济补偿请求权",载《法学研究》2005 年第 4 期,页 42。
[90] Landes,同前注[2]。
[91] 同前注,页 35、页 49—51。
[92] 同前注,页 36。
[93] 同前注,页 58—62。

入减少的现值(放弃了有发展前途的工作或选择了低收入的工作或减少了人力资本投资)加上离婚后收入减少的现值减去从结婚到离婚时申请方从丈夫增加收入而带来的消费中获得收益的现值。[94] 从上可知,严格的机会成本标准必须考虑一方(通常为妻子)在婚姻期间自己的收入损失和从丈夫收入增值中获得的消费利益。由于在婚姻期间夫妻双方具有利他的、互助互信的、富有感情的关系,在离婚时计较这些收益或成本将有损于人们通常希望有的关系,这导致了 Ellman 放弃采用机会成本的观点。按照 Ellman 的理论,离婚扶养补偿只需要考虑在离婚时乙方由于从事家庭特定资产投资而丧失的市场上挣钱的能力。[95] 从这一点出发,只有因从事婚姻投资而导致离婚后挣钱能力的下降才能请求扶养费。[96] 而且,只有家庭财务上理性的合理分享才能获得挣钱能力降低的补偿。[97] 例如,在一个无子女的家庭里,一方在不增加夫妇双方共同收入的情况下放弃工作而从事家务工作。由这样的行为导致的女方挣钱能力的下降不能得到补偿。但是,如果一方放弃工作是为了另一方工作的搬迁并且导致了家庭总收入的增加,那么放弃工作的一方就有权利得到扶养费的补偿。

艾尔曼也认为如果从事家庭特定资产投资而造成了市场上挣钱能力的下降是为了照看子女,那么请求方有权得到一半由于挣钱能力下降而造成的收入损失。[98] 在平等的婚姻关系中,照看子女应该由双方共同承担。在具体操作上,法院可以结合类似案件中的统计数据和某个特定申请者本人的证据以确定申请方在不结婚的情况下的挣钱能力。[99]

兰德斯机会成本补偿或艾尔曼的投资保护补偿保护的只是依赖利益(reliance interest)。[100] 在某些传统婚姻中,夫妻双方都希望从对方的利益中获得分享。在这种情况下,采用机会成本的补偿是不够的,在这方面人们常常有不一致之处。斯科特夫妇认为对家庭特定资产的投资应该采用机会成本的方法。可是在职业学位方面,他们却认为从事家庭特定资产投资的一方应该获得分享而采用补偿预期利益的方法。[101] 艾尔曼的扶养费理论完全采用了对家庭特定资产投资保护的依赖利益补偿方法,可是她也承认:

---

[94] Trebilcock and Keshvani,同前注[15],页556。
[95] Ellman,同前注[25]。
[96] 同前注,页53。
[97] 同前注,页58。
[98] 同前注,页71。
[99] 同前注,页79。
[100] 有关依赖利益和预期利益的区别,请参阅 L. Fuller and W. Perdue, Jr., "The Reliance Interest in Contract Damages", *Yale Law Journal* 46 (1936)。
[101] Scott and Scott,同前注[4]。

传统妻子早期作了婚姻投资以期望得到丈夫在市场上最终成功的迟延收益。传统丈夫则在婚姻早期获得了子女和挣钱能力增长的收益,但是他和妻子一起分享从他增长的挣钱能力中获得收益的贡献却推迟到了婚姻后期。在任何收益和付出流在时间上不对称的双边关系中,一方欺诈对方的可能性是很高的。早期已经获得利益的一方具有在自己付出前终止这一双边关系的倾向性。[102]

显而易见,在这样的传统婚姻中,仅仅对依赖利益的补偿不符合合同预期利益的原则。一个研究表明,无过错婚姻使人们减少了家庭特定资产的投资(结婚率和失业率下降),但却增加了夫妻间的不当行为(暴力等)。[103] 兰德斯的研究也显示在不采用过错因素确定扶养费的州,结婚率和出生率都相对较低。[104]

上述讨论引出了两个问题。第一,过错是否应该作为离婚或扶养补偿的考虑因素? 第二,在什么情况下法律应该保护预期利益。从我把婚姻分成三种形式来看,在采用契约婚姻时,法律可以把过错作为离婚和扶养补偿的考虑因素。在这种婚姻形式里,双方有相对清楚的市场和家庭分工,有相互分享对方收益的预期,也有收益和付出流在时间上的不对称性。在无过错婚姻和同居关系中,过错都不应该是法院考虑的因素。从有效信号和有效分离的角度看,契约婚姻法律不仅应该保护家庭特定资产投资的依赖利益而且可以让从事这一投资者适当分享对方从市场挣钱能力的提高而带来的部分收益。分享程度可根据双方的关系、一方是否有过错等因素确定,但最高不超过对方收入的30%。Sugarman 的时间合并理论也从不同角度说明了在某些情况下,一方可以从对方的将来收益中获得部分预期利益(丈夫的部分收入)。[105] 根据这一理论,随着时间的增长,夫妻双方的人力资本逐渐融合而使一方在离婚时有权获得另一方将来收益的一个百分比,例如每婚姻年以2%计算直到达到对方收益的40%。[106] 从保险原理看完全取得预期利益将导致道德危机,这种危机在婚姻关系中表现为对婚姻关系的维持与改善持无所谓态度。在离婚时对预期利益的适当限制可增加一方努力维持婚姻关系的激励因素。在无过错婚姻中,从事家庭特定资产投资的一方只能获得依赖利益的补偿。最后,在同居关系中,关

---

[102] Ellman,同前注[25]。
[103] M. Brinig and S. Crafton, "Marriage and Opportunism", 23 *Journal of Legal Studies* 869 (1994).
[104] Landes,同前注[2]。
[105] S. Sugarman, "Dividing Financial Interests on Divorce", in S. Sugarman and H. Kay ed., *Divorce Reform at the Cross-Roads*, New Heaven: Yale University Press, 1990.
[106] 同前注。

系的解除不给任何一方提起补偿请求的权利。当然法律的这些规定并不排除双方当事人以婚前或分居(离婚)协议作出另外安排的可能性。

根据中国现行的《婚姻法》,如一方离婚时生活困难,另一方应从其住房等个人财产中给予适当帮助。具体办法由双方协议;协议不成时,由人民法院判决。[107] 这一条款引申出的问题是假如一方离婚时的生活困难并不是由于从事家庭特定资产的投资所造成的,那么经济帮助的公共政策原理是什么呢?在讨论西方婚姻法的演变时,我曾提到了在终身婚姻制和过错婚姻制的情况下,丈夫通常要在离婚时给妻子扶养费。妻子获得扶养费的权利基于公共政策是不可放弃的。在现代社会存在福利制度的情况下,人们必须清楚这样的生活困难究竟是应该由婚姻中的另一方当事人承担还是应该由政府承担。从我讨论的三种婚姻形式看,在解除同居关系和无过错婚姻时,这种生活困难应该由公共福利制度来解决。根据中国的一个调查,在建立了城市最低保障制度的地方,一些有困难者获得了社会生活最低保障。[108] 不然的话,婚姻有效信号的功能将减弱。另外,要求另一方承担这一义务也存在问题。一个问题是法律规定影响了可能打算跟无挣钱能力者结婚的决定。另一个问题是婚姻中的另一方也有死亡或丧失挣钱能力的可能。在后一种情况下,政府还得负起责任。但是在契约婚姻解体后,一方的生活困难应该由对方适当解决。既然在这种婚姻中,双方有市场和家庭的严格分工,双方也期望相互分享对方的收益和有长期稳定的婚姻关系。那么婚姻解体时有能力的人应该扶养对方。随着保险市场的发展,这样的家庭往往有能力购买保险以应对将来可能出现的意外情况。不然的话,一方也不可能有能力专职从事家庭工作。所以在契约婚姻解体时,政府不会承担太多的负担。

财产分割和经济补偿是不同的问题,应该分别讨论。但是,中国的《婚姻法》把分割财产和扶养问题连在一起,所以我在本节作一个简短的讨论。中国的《婚姻法》给了双方当事人最大的合同自由。双方当事人可以在婚前或婚后以书面协议的方式对财产分割加以规定。[109] 在双方没有协议的情况下,法院会用婚姻期间的财产适当照顾女方或子女。也就是说在大多数情况下,夫妻在离婚时的共有财产不一定是平均分配的。从婚姻的三种形式角度看,同居关系并不使双方关系人有严格的市场与家庭分工和相互依赖的期望。在关系解体时,财产分割应该比较简单。双方也更有可能通过协议对各自的财产进行规定,法院也可以根据一般的民事规则进行处理。在无过错婚姻解体时,除非协议有另外的规定,双方的共同财产应该平等分配。只是在一方用所得收入不足

---

[107] 《婚姻法》,第42条。
[108] 夏吟兰,同前注[84],页152。
[109] 《婚姻法》,第17、19和37—42条。

以补偿对方因从事家庭特定资产投资而造成的挣钱能力下降时,才对共同财产作出有利于从事家庭特定资产投资一方的分割。在采用契约婚姻的离婚案件中,从鼓励分享的角度出发,双方的共同财产原则上也应该平等分配。但是在有过错一方的将来收入不足以补偿从事家庭特定资产投资方挣钱能力下降和部分预期利益时,共同财产的分割也应该向从事家庭特定资产的无过错一方倾斜。虽然离婚可不考虑过错因素,但是在扶养费给付和财产分割上仍然应该在契约婚姻形式中对过错加以衡量。同理,法律的规定不应排斥双方当事人在采用不同的婚姻形式时作相反的书面规定,只要他们的协议符合一般合同有效的条件。

(三) 子女监护权和抚养义务

在同居关系中,双方当事人往往不打算生小孩。如果由于某种偶然的因素他们生下了小孩,那么他们的关系将自动地被作为无过错婚姻处理。前面已经讨论过,现代西方社会对监护权法律发展的趋向是父母双方对子女有平等的监护权。按照中国的婚姻法,离婚后哺乳期内的子女以随哺乳的母亲抚养为原则。[110] 哺乳期后的子女的监护权由双方协议决定,协议不成,则由法院根据子女的权益和双方的具体情况判决。[111] 因为《婚姻法》第34条规定女方在怀孕期间、分娩后1年内或中止妊娠后6个月内,男方不得提出离婚,所以用是否在哺乳期内决定强制性与任意性规范的区别意义不大。对无过错婚姻,父母双方对子女应该有平等的监护权。在具体的案例中究竟哪一方能获得监护权还应该看该方是否有能力照看好子女、有责任心、有利于子女的成长等。没有监护权的一方应该有探望和部分抚养义务。现行《婚姻法》对子女抚养的有关规定可以保留。

对于契约婚姻,法律应该鼓励相互分享和有利于家庭特定资产的投资保护。在婚姻期间,夫妻双方有分享不分割的权利与责任一起行使监护权。但是在离婚时,子女的监护权应该给予在婚姻期间从事更多的家庭特定资产投资的一方。斯科特夫妇提出的这一按在子女身上投资比例的标准(proportional investment test)决定子女监护权的方法有利于保护家庭特定资产的投资,也有利于夫妻双方维持良好的婚姻关系。[112] 如果因自己的原因而使婚姻破裂的话,那么从事市场工作的一方将失去子女监护权,显然,这一投资比例标准比双方都有平等的监护权能更好地保护契约婚姻。这也是为什么要在无过错婚姻外添加契约婚姻的原因。同理,无监护权的一方有探望权和抚养义务。我同样认为法律对监护权和抚养义务的规定并不排斥双方当事人另行的协议安排,只是

---

[110] 《婚姻法》,第36条第3款。
[111] 同前注。
[112] Scott and Scott, 同前注[4],页224—225。

法院或其他机构对有关第三者的协议有权加以更严格的审查。

四、对滥用合同自由行为的法律规范

上一节我从有效信号功能和有效分离功能讨论了婚姻的三种形式和在这三种形式下对离婚后扶养义务、财产分割、子女监护权等问题的法律和合同处理。虽然中国的婚姻法还不十分完善。但是它的一个显著优点是在离婚、财产分割和子女监护权的规定方面都给婚姻双方当事人最大的合同自由。由于人们对婚姻、财产和子女等问题有着千差万别的看法,即便《婚姻法》采用了我建议的三种方法仍然难以满足所有人的需要。这就要求婚姻法给当事人最大的合同自由。然而,合同安排必须在好的法律规则下进行。上一节的讨论也说明了清楚和良好的法律规则十分重要,不清楚或者差的法律会导致不确定性。如果法律规则给双方当事人大相径庭的期望,那么婚姻双方当事人便难以达成自己满意的协议。[113] 当双方难以达成协议时,诉讼的可能性和代价就会上升。另外,如果一方当事人由于缺乏财力,相对地厌恶诉讼风险,那么他(她)也更有可能接受对自己不利的合同安排。[114] 在法律的阴影下谈判,讲的也就是这个道理。[115] 有了好的清楚的法律规则后,当事人需要自己重新签订符合自己的协议的可能性就会降低。更为重要的是在好的法律规则下,合同自由可以非常大。可是,即使法律规则相对合理和清楚,合同谈判和交易过程中的机会主义行为还是难以避免。这种情况在非同时交换的合同里最为常见。婚姻合同正符合这种情况。在婚姻合同中,双方的投资和收益流在时间上完全是不同时的,这往往造成先获得收益的一方有毁约的机会主义倾向性。我论述的在无过错婚姻中采用投资(依赖利益)保护理论和在契约婚姻中采用依赖利益补偿和预期利益补偿的赔偿方法,正是为了消除这种机会主义行为。还有,在契约婚姻中补偿可考虑一方的过错行为,也是部分针对婚姻合同中的机会主义行为。

婚姻合同有别于一般的商业合同。在婚姻合同中,一方在离婚时很有可能被感情所困扰。研究表明,女性在再婚市场上往往处于不利的地位。[116] 对将来前景的不利因素会使女性在离婚谈判时处于不利的地位。前文提出的签订某一些协议前双方必须取得独立的律师意见,目的就是为了解决这种滥用对方感情脆弱的机会主义行为。如前所述,婚姻关系又充满了利他的、互信的和互

---

[113] Trebilcock and Keshvari,同前注[15],页551。

[114] 同前注。

[115] R. Mnookin and L. Kornhauser, "Bargaining in the Shadow of the Law: The Case of Divorce", 88 *Yale Law Review* (1979), p.1015.

[116] L. Cohen, "Marriage Divorce, and Quasi Rents; OR, 'I Gave Him the Best Years of My Life'", *Journal of Legal Studies* (1987), p.267.

助的精神。但是,我们又不能保证不存在一方利用这样的关系欺诈、隐瞒对方的可能性。在婚姻关系中,一方向对方隐瞒自己对婚姻的态度或者自己的财产状况,以便在离婚时处于有利的地位的情况是司空见惯的。在签订婚前、婚后协议或离婚时,要求双方充分了解相关方面的信息,意在消除这样的机会主义行为。除了婚姻法的这些特别规定外,一般合同法在减少婚姻合同中的机会主义行为方面起了很大的作用。在普通法中,自愿、胁迫、误导、显失公正等规则在减少合同中的机会主义行为方面起了很大的作用。在中国的《合同法》中,自愿、平等原则,诚实信用原则,反欺诈、胁迫原则,重大误解和显失公平原则同样也是消除婚姻合同中的机会主义行为的重要工具。中国的法院也已经具有在婚姻关系的处理中运用这些工具的能力。最高人民法院《解释(二)》第9条规定:

> 男女双方协议离婚后一年内就财产分割问题反悔,请求变更或者撤销财产分割协议的,人民法院应当受理。
>
> 人民法院审理后,未发现订立财产分割协议时存在欺诈、胁迫等情形的,应当依法驳回当事人的诉讼请求。

虽然《解释(二)》没有写入重大误解和显失公平的条文,但是没有理由排斥法院在适当的情况下援用这些原则的权力。

有了好的、清楚的法律规则,有了解决婚姻合同关系中机会主义行为的条款后,法院还必须面对婚前或婚后协议已经实施后的偶然事件。法院的焦点问题始终是在什么情况下可以对这些协议进行重新审理。从法经济学的角度考虑这一问题时,人们通常会问如果双方当事人在签约时考虑到这一问题,他们将如何处理这个问题。另外,从有效避免风险的角度考虑,婚姻合同当事人的哪一方更具有承担这一偶然事件风险的能力。[117]

我国《婚姻法》对双方当事人在婚前或离婚协议中涉及的偶然事件没有作出规定。但是,《婚姻法》第37条第2款规定关于子女生活费和教育费的协议或判决,不妨碍子女在必要时向父母任何一方提出超过协议或判决原定数额的合理要求。该条除了有第三人因素的考量而允许法院事后变更抚养协议外,也含有对由于将来偶然事件而使得原先的协议抚养费规定远离现实的考量。因此,在这两种原理下,该条都是可以得以合理化的。例如,由于通货膨胀引起物价消费的大幅攀升而使子女难以靠原先双方协议约定的数额生存,那么法院可以要求双方对这一偶然事件引起的抚养问题重新协商。同理,子女后来遇到车祸或严重疾病造成的抚养费用飙升的偶然事件时,法院也可以针对这样的情况

---

[117] Trdbilcock and Keshvani,同前注[15],页560—561。

要求父母作出有关子女抚养的重新安排。在如上的情形下,如果父母事前考虑到了这一因素,那么他们一定会事前对这一偶然事件进行协议规定。另外,跟子女相比,父母都是这样偶然事件风险的更佳承受者。保险市场也提供了这种偶然事件处理的保险安排。对在协议双方当事人身上发生的偶然事件,现代婚姻法从双方及时适应离婚后的新生活出发,一般不再重新审理双方当事人的婚前或离婚协议。从哪一方是这一偶然事件的更佳承受者考虑,任何一方都是自己遭遇车祸或患上严重疾病的更佳风险承受者。一般的保险安排很容易解决这样的问题。再有,要是双方事先考虑到这一问题的话,他们事前在协议中也会作出同样的安排。

五、结语

本文从经济学的一些基本概念出发,讨论了我国婚姻法改革的一系列问题。从有效信号功能和有效分离功能的角度看,现代西方和中国婚姻法的改革都犯了有效分离功能不足的错误。我提出的三种婚姻形式在保留婚姻有效信号功能的同时,着眼于更好地发挥婚姻的有效分离功能。在分析三种婚姻形式时,我对离婚后当事人扶养安排、财产分割和子女监护权问题作了充分讨论。在经济补偿问题上,无论对无过错婚姻中家庭特定资产的保护(依赖利益)还是对契约婚姻中家庭特定资产投资的保护和部分预期利益的保护都使相关的当事人得到了更好的补偿。这使得现在一部分份依靠经济帮助途径的人可以理直气壮地使用经济补偿的方法。经济帮助的方法由于缺乏合理的公共政策原理而应该在婚姻法改革中被删掉。在契约婚姻中法院应该把过错作为在离婚时考虑经济补偿的要件以促进互信、利他、互助及和谐的婚姻关系和减少这一婚姻合同中的机会主义行为。在这样的情况下,现行《婚姻法》第46条第1和2款已经无保留的必要性。由于该条第3和第4款可以通过一般的侵权法而达到相同的目的,因此《婚姻法》第46条可以在改革中删去。因为现实生活中人们对家庭婚姻、财产和子女的偏好各有不同,我建议保留我国《婚姻法》的优点部分,也就是允许婚姻当事人通过婚前及离婚协议就离婚后的扶养、财产分割和子女监护及抚养问题进行协议安排。有了好的规则,婚姻合同中可能出现的机会主义行为问题则可以通过婚姻法或一般合同法进行处理。如此的改革将使中国的婚姻法内涵更加合理,也更加适合婚姻市场的现实。

(初审编辑:艾佳慧)

思想/表达二分法的检讨

李雨峰*

Reflection on Idea/Expression Dichotomy in Copyright Law

Li Yu-feng

内容摘要:直到 19 世纪末,"思想"与"表达"才作为对立的范畴加以使用。作为版权法的一项基本制度,思想/表达二分法反映了私法上的机会平等要求,它给所有的人提供了独立创作的机会。同时,它还缓解了版权与信息自由之间的紧张关系。并不是所有的表达在任何时候都能够进入私权领域。"思想"与"表达"之间的界限是模糊的,隐喻性的,它并不是一个预先将某个作品置于公共领域或者作者专有权之内的原理,而是一种事后描述。在实践中,不应把思想/表达二分法视为一个教条。

关键词:二分法 平等 表达自由 表达的私有 隐喻

Abstract: Idea had not been contrasted with expression until the end of the nineteenth century. As a fundamental copyright system, idea/expression dichotomy represents the parties' equality as authors entitled to their own expression. In addition, the dichotomy serves as a safety valve of copyright-free speech dilemma.

---

* 李雨峰,法学博士,西南政法大学副教授。E-mail:dryufeng@hotmail.com

All expression can not be privatized at any time. Idea/expression is vague, elastic and metaphorical, it is not a perfect doctrine which could be used predictably to decide whether to put a particular work into the public domain or not, but only an ex post facto characterization. The dichotomy should not be used as a doctrine.

Key words: dichotomy equality freedom of expression ownership of expression metaphor

一、引言

思想/表达（idea/expression）二分法是版权法上的一项基本制度。它意味着版权法只保护作者具有独创性的表达，而对于思想，无论是否具备独创性，都不予。这一二分法构成了现代版权法上的一个格言[1]，其宗旨被认为是划定了版权保护的对象与公有领域之间，以及版权保护的对象与专利权保护的对象之间的界限。[2] 自该制度创建以来，诸多判例对之未加质疑地适用。[3]

然而，在理论界，这一制度一直伴随着批评的声音。早在20世纪20年代，就有学者断言这一二分法既不合理也不易于判案。[4] 四十年后，另一位学者指出，思想/表达二分法在处理作品的创作过程时并无实际意义，事实上，它是一个"语义的和历史的谬误。轻则它会导致司法专横，重则会导致实质不正义"。[5] 尽管如此，这一二分法似乎仍备受青睐，它不仅出现在法庭上，还在制

---

[1] 在版权史的早期，并没有思想/表达的二分法，也没有对表达的独创性要求，直到1911年，独创性的要求才在制定法上得以体现。参见 Kevin Garnett, Jonathan Rayner James and Gillian Davies, *Copinger and Skone Jones On Copyright*, Sweet & Maxwell, 1999, p.106; John Feather, *Publishing, Piracy and Politics*, Mansell Publishing Limited, 1994, cha.1。

[2] Julie E. Cohen etc, *Copyright in a Global Information Economy*, Citic Publishing House, 2003, p.90.

[3] 该制度最早由美国法院确立，因此，起初适用这一制度的判例主要是英美国家的案件。在世界范围内被确立以后，其他国家也开始在判案时引用该原理。在我国，有学者认为，1990年北京市西城区人民法院审理的"李淑贤、王庆祥诉贾英华侵犯著作权案"就运用了这一原理，而2006年北京市第二中级人民法院审理的"王天成诉周叶中、戴激涛、人民出版社侵犯著作权案"，则在判决书中直接写明"著作权法保护的是思想的表达形式，而非思想本身"。参见郑成思（主编）：《知识产权案例评析》，北京：法律出版社1994年，页2—7；《北京市第二中级人民法院（2006）二中民初字第06122号民事判决书》，http://www.dffy.com/sifashijian/ws/200607/20060721205003-3.htm（最后访问2007年3月21日）。

[4] Charles Collins, "Some Obsolescent Doctrines of the Law of Copyright", 1 *S. Cal. L. Rev.* 127(1928).

[5] Libott, Round the Prickly Pear: "The Idea-Expression Fallacy in a Mass Communications World", 14 *UCLA L. Rev.* 735(1967).

定法条文中占有一席之地,被称为"不死的神话"。[6] 或许这并不奇怪,一如有的学者所说,"它太笼统,很难用于具体的案件",因此,"它并不是一个预先(重点为引者所加)将某个作品置于公共领域或者作者专有权之内的原理,而是一种事后(重点为引者所加)描述,用于证明在其他更具体的事实上所得出的结论。因此,如果某个案件判决构成了侵权,作品就被认为是可予保护的表达;如果判决没有构成侵权,作品就被认定为思想"。[7]

一方面是实践中的长驱直入,另一方面却遭遇来自理论界的严厉批评,这就是思想/表达二分法的当前命运。这一二分法真的是"不死的神话"吗?它关涉什么样的命题?有没有比它更好的替代制度呢?本文试图通过梳理其起源、内涵以及与平等、信息自由之间的关系来检讨它的有效性。笔者的分析将表明,思想/表达二分法隐含着平等精神,它在一定程度上平衡了版权与信息自由之间的紧张关系。但思想/表达的内涵是隐喻性的、不确定的。这样,当论者们对诉争对象给予保护而归入独创性的"表达"或者对诉争对象不给予保护而归入"思想"时,他们关注的不是知识的真与伪问题,而是法律概念或关键词。[8] 为此,有的学者建议在实践中把思想/表达二分法作为最后的选择,而优先适用版权法上的其他制度,如独创性、实质类似、合理使用等。[9] 但笔者认为由于这些概念同样存在着模糊性,其选择未必合理。本文的态度是,尽管由于制度转换的高成本,我们不应放弃思想/表达二分法这一原理,但在实践中没有必要把它作为一个僵死的教条,更没有必要把任何不包括的对象都归结为"思想";把保护的对象限定为"表达"。在此基础上,笔者提出了实践中的具体操作建议。

二、思想/表达二分法的缘起

卡多佐曾经指出,"某些法律概念的研究之所以有它现在的形式,这几乎完全归功于历史,除了将它视为历史的产物外,我们便无法理解它们"[10],这一认识暗示了知识的累积性。正是在这个意义上,波斯纳指出,法律是最"依赖

---

[6] Steven Ang, "The Idea-Expression Dichotomy and Merger Doctrine in the Copyright Laws of the U.S. and the U.K.", 2 *Int'l J. L. & Info. Tech.* 111(1994).

[7] Edwards Samuels, "The Idea-Expression Dichotomy in Copyright Law", 56 *Tenn. L. Rev.* 324(1989—1990).

[8] 侯猛:"最高法院司法知识体制再生产",《北大法律评论》(第6卷第1辑),北京:法律出版社2005年,页135、141。

[9] Edwards Samuels, 同前注[7], 页462—463。

[10] 本杰明·卡多左:《司法过程的性质》,苏力译,北京:商务印书馆1998年,页31。

于往昔"的、尊崇传统、先例、谱系、古老文本、古代术语的学科。[11] 按此思路，为了准确把握思想/表达二分法的意义，我们便应当穿透时间的迷雾，去发掘它的最初形式。

从语源上看，"思想"(idea)这一概念可以追溯到希腊语 idaea，其最初的意思为"看见"(seen)。传统解释认为，"思想"(哲学上将 idea 译为理念)最初用于解释诸如三角形这样的几何形式。"我们在纸上看到的三角形其实只是接近于真正的三角形，后者要通过抽象的几何规则来界定。"[12] 在柏拉图看来，"思想"和具有规定性的物体不同，它并不存在于具体的时间和空间，永恒而无休止。相应地，我们也不能通过感官来理解"思想"，而必须借助沉思过程。这样，柏拉图的理论里，就出现了智思世界(intelligible world)和感官世界(sensible world)两个领域。有学者认为，这一划分对应了现代版权法上的思想/表达二分法，而柏拉图有关思想永恒而无止的理论就为版权法上"思想应如空气那样自由，没有人能对它主张所有权"的认识提供了基础。[13] 亚里士多德不同意柏拉图的看法，他并认为"思想"是永恒的、无休止的，他不相信柏拉图所谓的"思想"是绝对的实体。相反，他认为"思想"(idea)只是"形式"(form)的一种，其目的在于简化外在物的实现过程。为了在智思世界与感官世界之间架设一个桥梁，他更愿意使用 eidos 这个词。[14] 在从形式到外在物的实现过程中，亚里士多德提到了"可能性"(potentialities)这个概念。"雕刻艺术品在其现实化以前，其形式只存在于艺术家的心中，这时它只是隐藏在大理石或者涂料中的一种可能性(potential)，之后，雕刻艺术品才作为加工过程的感官的终极因表现出其智思形式。"[15] 正是这个可能性概念以及亚里士多德所运用的演绎方法为我们解释现代版权法的思想/表达二分法提供了一把有用的钥匙。[16]

显然，在与"表达"对应之前，"思想"这个范畴已经有了很长的历史。但它仍是作为二分法的一极而存在的。先哲们能够对整个世界进行二分，我辈不能对其他的东西，比如一本书，进行二分吗？这正是后代学人思考的问题。到 18 世纪，这一问题终于有了答案。在那个世纪的下半叶，德国的塞拉较早地注意

---

[11] 当然，波斯纳对历史研究的方法是批判性的，在他看来，很多情况下人们对古老知识、古老文本的膜拜仅是一个面具，他们真正的目的是为当下制造一个合理的理由。参见理查德·A. 波斯纳：《法律理论的前沿》，武欣、凌斌译，北京：中国政法大学出版社 2003 年，页 149。

[12] Philip. P. Wiener(ed.), *Dictionary of the History of Ideas: Studies of Pivotal of Ideas*(2), New York, 1973, p.542.

[13] Amaury Cruz, "What's the Big Idea Behind Idea-Expression Dichotomy", 18 *Fla. St. U. L. Rev.* 226(1990—1991).

[14] 尽管 idaea 和 eidos 这两个词都与希腊语"看"(to see)有关，但 eidos 更侧重"看"这个动词的对象，与其对应的英语单词为 form(表象、形式)。

[15] Philip. P. Wiener, 同前注[12], 页 544。

[16] Amaury Cruz, 同前注[13], 页 227。

到了作品与构成其内容的社会事实或事件的区别,他认为后者并不能成为所有权的客体,作者也不能排除第三人对作品内容的自由利用。18世纪末,另一位德国学者费希首次将哲学上的"形式"与"素材"概念引入作品之中,指出作品应与把它物化的书籍相区分。同时,作品本身又可以分为"思想内容"和"思想的表现形式"两个部分。作品的"表现形式"应归作者而具有所有权,而作品的"内容"则在作品公开发表以后脱离作者之手而成为公众的共有物。[17] 现代的学者更是从逻辑上把一个作品的创作看做是"从无形变为有形,从抽象到具体"的若干过程。"思想,最初抽象而模糊。面临描述的思想已是构思阶段。构思是为思想和情感寻找具体形式的过程,是相对清晰的思想,与被描述出来的对象在结构上是对应的。但它始终还处于主观世界,是'胸中之竹'。创造是一种实践活动,是思想与表现的中间环节,是通过描述,将构思的'胸中之竹'转化为'手中之竹'的过程,是主观向客观的桥梁。构思一旦被描述出来,就成为客观具象的形式,成为知识。法律保护及于被描述的表现,不延及所描述的思想或者情感。……这个原理的确立源于思想和情感与表现的本质区别。"[18]

在司法中,早期的法官在审理版权案件时,并没有将思想与表达对立起来。在1769年英国的那则著名的判例中,持不同意见的叶茨(Yates)法官指出:"思想是自由的。但当作者将它们限制在其论文中时,这些思想就像笼中鸟。除了作者,没有人能够将这些笼中鸟放飞。在作者认为适于公开以前,这些思想一直处于他的控制之下。"[19] 而该案的主审法官曼斯菲尔德(Mansfield)把版权描述为"印刷一些思想或者思维方式的无体权利,这些思想或者思维方式以语词、句子和各种表达方式来传达"。[20] 按此,版权既在思想之中,也在表达之中。它们都是作者的智力创作成果。显然,叶茨和曼斯菲尔德关于思想的认识是亚里士多德主义的,他们都不相信思想是永恒的实体,而更愿意把它视为人类的创造。在1845年的一则判例中,斯托里(Story)法官指出:"每个作者都对书中材料的计划、组织、安排以及阐述主题的方式享有版权,只要这本书的内容(substance)是新的、原创性的。"[21] 而在1869年的另一则判例中,主审法官表达了同样的看法。[22] 显然,那时的法官并没有将思想与表达作为对立的范畴,更没有把它们对应于版权保护与不保护的领域。较早将思想与表达对立使用

---

[17] 转引自吴汉东、王毅:"关于版权'保护思想的表现形式'理论的辨析",载《版权》1991年第3期。

[18] 刘春田:"知识财产权解析",载《中国社会科学》2003年第4期。

[19] Millar v. Taylor, 98 Eng. Rep. 242(K. B. 1769).

[20] 同前注,p.251。

[21] 8 F. Cas. 615(C.C.D. Mass. 1845).

[22] 8 F. Cas. 58(C.C.D. Mass. 1869).

的版权案件出现在1883年,在该案中,法庭把作品界定为"包括各种各样的著述、绘画、雕刻、蚀刻(etching)等,它们把作者心目中的思想给予有形的表达"。[23] 这种界定暗示了思想与表达是两种不同的实体,表达只是思想的外现。

目前被认为的较早阐发思想/表达二分法的著名判例是1879年的"Baker v. Selden"案。在该案中,布拉德利(Bradley)法官讨论了记账方法(the method or system of book-keeping)的保护问题。他指出,以记账方法为主题的书籍是版权法保护的对象。但是,这种保护只能延及书籍,而不延及记账方法本身。他认为科学真相和技术方法是整个世界的公有财产,任何人都可以以自己的方式对之进行表达、解释、使用。正是在这里,联邦最高法院对专利权和版权保护的领域进行了区分,前者保护的是记账方法这种技术,其目的在于使用;后者保护的对记账方法的表达,其目的在于解释。[24] 值得注意的是,尽管本案经常被认为是思想/表达二分法的正式起源,但法官并没有明确思想与表达这两个范畴的区别。在学者们和法庭经常引用的另一个支持思想/表达二分法的案例中,法庭指出:"版权法授予的权利并不是对某些词使用的权利,因为它们属于人类的共同财产,就像空气和阳光一样,不能归为私人所有。版权也不是对思想本身(alone)的权利,因为缺乏交流手段,除作者之外,没有人知道它的价值。相反,版权是对词汇组织安排的权利,借此作者表达了他的思想。……这种财产权的对象是作者著述中词汇的顺序(order),不是词汇本身。这些词汇是文章的元素,在它们被结合起来以前不能被专有。这种财产权的对象也不是词汇所表达的思想,它们只存在于心中,不能被专有。"[25] 同样,法官也没有明确将思想与表达对立起来,并将其视为版权保护领域的分界线。目前的研究表明,明确确定思想/表达二分法并将之对应于版权保护范围的是1894年的一个英国判例,在该案例中,法庭直截了当地指出:"……版权不延及思想、方案、原则、方法,它只限于表达,如果没有复制表达,就没有侵害版权。"[26] 之后,美国著名的大法官霍姆斯和汉德都在相应的案件中阐述过这一原理[27],而且汉德法官还提出了著名的"抽象检验法"。[28]

版权法不仅不保护思想概念范畴之类,当思想与表达密不可分之时,或者说,当某种思想观念只有一种或者有限的几种表达时,版权法不仅不保护思想,而且也不保护表达。在1971年的Herbert Rosenthal Jewelry Corp. v. Kalpakian

---

[23] 111 U.S. 58 (1883).
[24] Baker v. Selden, 101 U.S. 99 (1879).
[25] Holmes v. Hurst 174 U.S. 82 (1899).
[26] 3 Ch. 420 (1894).
[27] 222 U.S. 55 (1911).
[28] 282 U.S. 902 (1931).

案中,法院指出,"当思想与表达不可分离时,就不能阻碍对该表达的复制。"[29]
"在这种情况下,他人为了表述同样的思想观念,只能使用第一个人使用过的
表述,或者只能使用与第一个人使用过的表述基本相似的表述。这样,保护该
思想观念的唯一的或者有限的表达,等于事实上保护了该思想,这叫做思想观
念与表述的合并。"[30]

显然,思想/表达二分法并非自古既有,它源于柏拉图的智思世界与感官世
界的二分。思想最初作为永恒的实体,后来才被理解为人类的传造物。在司法
中,"思想"最初也不是与"表达"对立使用的,即使在那个被普遍认为是思想/
表达二分法之正式起源的"Baker v. Selden"案中,法官也没有明确地将"思想"
与"表达"对立。只是到了19世纪末,英国的一则判例才明确了这一二分法。
之后,这一二分被法官视为判案的格言,并在美国1976年版权法第102条(b)
款得到了法典化。按照《保护文学和艺术作品伯尔尼公约指南》的解释:"思想
本身是不受版权保护的。……这一思想一旦被阐述或表达出来,就存在对借以
表现这一思想的文字、符号、线条等的版权保护。换句话说,能受到保护的是表
现形式而不是思想本身。"[31]这一原则也在1994年4月通过的世界贸易组织
《与贸易有关的知识产权协议》(TRIPS)和1996年12月通过的《世界知识产权
组织版权条约》(WCT)中有所体现。[32]

三、思想/表达与机会平等

为什么不保护思想?这要从版权本身的性质说起。版权是一种基于作品
而产生的权利。但版权本身不是物、不是作品;相反,它是一种基于作品而产生
的人与人之间的关系。法律理论上,权利都对应于一定的义务。无论是私法的
绝对权还是相对权,就内容而言,它保护的是权利主体的利益;就权能而言,它
反应的是人与人之间的一种关系。一如康德告诉我们的,作为一种人与人之间

---

[29] 446 F. 2d 738(1971).
[30] 李明德:《美国知识产权法》,北京:法律出版社2003年,页139。
[31] 《保护文学和艺术作品伯尔尼公约指南》,刘波林译,北京:中国人民大学出版社2002年,页12。
[32] 参见 TRIPS 第9条(2),WCT 第2条。需要注意的是,《保护文学和艺术作品伯尔尼公约》和 TRIPS 以及 WCT 有关思想/表达的用法并不完全一致,前者的表述为 idea/the form of expression,而后者的表述为 idea/expression,按照中文的通常译法,前者一般译为思想/表现形式,后者译为思想/表达,据此,有学者认为,使用 idea/expression(思想/表达)更为准确。尽管如此,一个共同的结论是,属于思想领域的东西不属于版权法的保护范畴,其原因在于:第一,用版权法保护思想会导致思想的垄断,阻碍人类文明的发展,这有悖于版权法的立法本意;第二,由于思想是个人头脑中的思维活动,用版权法保护思想无法确定保护时间的起点;第三,通过这一原则,可以基本上划分版权与其他权利之间的分界线。参见郑成思:《版权法》,北京:中国人民大学出版社1997年,页41—48;姚红:《中华人民共和国版权法释解》,北京:群众出版社2001年,页54—55。

的关系,财产权不能从人对物的单边的行为(如劳动)中推延而来。[33] 按此,从权利的角度看,版权反映的就不是作者与作品之间的关系,而是作者与他人之间的关系。概言之,它侧重的是人与人之间的主体间性(intersubjectivity)。这种主体间性既包括作者与后续作者之间的关系,也包括作者与公众(包括其他作者)之间的关系。就作者与后续作者之间的关系而言,思想/表达二分法将思想置于公共领域,而给了不同的作者重新表达的机会,充分体现了现代私法要求的机会平等精神。就作者与公众之间的关系而言,思想/表达二分法侧重的是表达的私有与公众接触信息之间的不同向度,构成了版权法与信息自由之间紧张关系的安全阀。

著作权法不保护思想的一个原因在于,思想并没有把作者置于与他人的交流之中,没有反映主体间性。一个作者,既是一个思想者,也是一个表达者,没有表达、没有交流形式,思想就永远处于作者的个体范围之内。在这个意义上,版权法不保护思想的理由在于:只有借助于表达这样的交流形式,作者的内在情感才能外显,才能体现作者的个性。这也就是美国版权法要求作品必须固定在一定的介质上的原因。[34] 如果说当思想处于作者一个人的内心世界时不受保护是因为对赋予其权利无法反应主体间性,或者用一个显白的话说,是因为无法确定保护的对象,那么当思想表达出来以后,如果另一个人的作品利用了他的思想,版权法为什么不予禁止呢?答案在于思想的普遍性。在著名的 Nichols v. Universal Pictures Corp. 案中,汉德法官有一段被经常引用的话:"当越来越多的枝节被剔除出去以后,留下的是大量的适合于任何作品,尤其是戏剧的具有普遍意义的模式。最后剩下的可能只是有关作品内容的最一般讲述,有时,甚至唯有作品的标题。这一系列的抽象在某一点上不再受到保护,否则作者将会阻止对其'思想'的利用。"[35] 这样,汉德法官就把思想与表达之间的划分转化为普遍性与特殊性之间的划分,在他看来,太普遍的东西,如原型、通用情节、人物、场景、不值得保护。

不保护思想的另一层含义意味着不同的人都可以就相同的主题、思想重新进行描述,只要这种表述具有原创性或者独创性,是作者独立创作的。首先,原创性或者独创性表明表达来源于作者,而不是属于作者。因为,如果一个表达属于作者,那么他人就同样的思想而独立创作的相同的表达也构成了侵权。[36]

---

[33] Immanuel Kant, *Metaphysics of Morals*, Cambridge University Press, 1996, pp. 49—86.

[34] 我国的《著作权法》并没有要求作品固定化的要求,口头作品也可以受到版权保护的条件。事实上,口头作品也是表达的结果。美国版权法之所以要求作品必须固定在一定的介质上,还考虑了取证的方便。

[35] 王春燕:"作品中的表达与作品之间的实质相似",载《中外法学》2000 年第 5 期。

[36] Abraham Drassinower, A Right—Based View of the Idea/Expression Dichotomy in Copyright Law, 16 *Can. J. L. & Jurisprudence* 13(2003).

显然,独立创作暗示的是,他人就相同主题或者思想进行表达的权利。在这个意义上,版权保护的不是一般的物,而是表达,或者更严格地说,是作者与其表达之间的那种关系。这种关系不仅存在于先前的作者与作品之间,也存在于表达了同样思想的后续作者与作品之间。显然,就同一思想允许不同的表达,它反映的是私法上的机会平等要求,是一种亚里士多德式的从形式到实体的可能性。这意味着,在作者资格上,人人地位平等。独立创作的要求还表明,一个人对其表达的权利受制于他人就其表达的同样的权利。先前作者只有在他不侵害后续作者对其表达的权利的基础上才对自己的表达享有权利;反之依然。这意味着,如果先前的作者对其表达有资格享有权利,后续作者具有同样的资格。确切地说,在一个以平等为前提的世界里,如果先前作者对来源于他的表达主张版权,他就不能否认后续作者对来源自己的表达主张版权,即使来源于后续作者的表达恰巧与他的表达相同或者实质类似[37]。显然,思想/表达二分法标记的是当事人地位、作者地位的平等。

四、思想/表达与信息自由

思想/表达二分法在一定意义上预示了版权法与信息自由[38]之间的关系。[39] 这里涉及一个对信息自由之性质的根本认识。按照美国联邦宪法第一修正案的规定,"国会不得制定法律剥夺言论或新闻自由、或剥夺人民和平集会与请愿政府伸张正义的权利"。对此,有学者指出,宪法禁止的只是联邦政府对言论自由的干涉,并没有禁止各州、个人、社会团体等对言论自由的侵犯。按此解释,表达自由并非一项普遍性权利,不具备"第三者效应"。因此,如果

---

[37] 同前注。

[38] 信息自由,也称表达自由(freedom of expression),言论自由(freedom of speech),意指所见所闻所思以某种方式或形式表现于外的自由。在理论上,信息自由建立在下面三个互相依赖的理由上:(1) 在民主社会中,它保障个人能否搜集必要的信息以做出各种各样的选择;(2) 对获得的信息的有效分析可以促进真理的发现;(3) 信息自由本身就是目的,因为它可以促进个体的自我实践(self-actualization)。在道德进路看来,人是一种自我导向的生物,因而他们应该有权自由表达他们自己的思想和观点,应该有权接受可能便利他们实现自己作为自由、理性的选择者之潜能的任何思想和观点。而在工具主义进路看来,表达自由有助于一个国家的政治透明、经济繁荣和个人幸福。参见 E. Barendt, *Freedom of Speech*, Oxford University Press, London, 1985; E. Schauer, *Free Speech: A Philosophical Enquiry*, Cambridge University Press, London, 1982; Thomas Scanlon, "A Theory of Freedom of Expression", 1 *Philosophy and Public Affair* (1972); Daniel A. Farber, "Free Speech Without Romance: Public Choice and the First Amendment", 55 *Harvard Law Review* (1991); Richard. A. Posner, "Free Speech in an Economic Perspective", 20 *Suffolk University Law Review* (1986).

[39] Brett McDonnell, "Freedom of Speech and Appellate and Summary Judgment Review in Copyright Cases", 107 *Yale Law Journal* 2431 (1998).

一家报社出版了他人的作品,该作者就不能起诉报社侵害了他的表达自由。[40] 与此不同,德国《基本法》第五章关于表达自由的措词并没有仅仅指向国会或者联邦政府,而是指向了每一个人[41],并在"联合抵制电影案"中将这一精神加以落实。[42] 值得注意的是,最近的发展趋势认为,无论国家还是个人或者团体,都有可能构成侵害表达自由的主体。[43] 按此,版权与表达自由之间存在着冲突就是不可避免的,因为,版权经常保护各种传媒中的思想的表达。正是这种保护有时候侵害了信息自由。[44]

版权法在作品的两个不同阶段影响着表达自由。其一,由于出版商是一个商业性机构,因此,在作品的出版过程中,它们会选择那些具有较好营销渠道的作品的发行。这样,就很可能使某些具有重大学术价值但没有商业性的作品无法出版。由此,那些重要的信息就无法被公众获得。其二,作品一旦出版,读者们增加了获得作品信息的机会。但是,授予作者的版权这一激励机制对表达造成了一种人为的垄断,它把那些一文不名的用户驱除出了思想市场。[45] 尽管互联网给人们提供了获得诸多信息的方便途径,然而,每次阅读前的口令限制使人们丧失了比纸介媒体更多的阅读机会。版权的这种反发行(anti-dissemination)特征深深地植根于其早期与审查的联系中。[46]

关于版权与表达自由之间的关系,美国著名的知识产权专家尼默和戈德斯坦提供了两种不同的思路。在尼默看来,版权与表达自由之间冲突是潜在的,因为如果坚持一种表达自由的绝对主义立场,版权法就是违宪的。[47] 尽管如此,它还是为版权与表达自由之间的潜在冲突开了一副称为定义平衡(definitional balance)的药方。这一药方的必要一步是探寻版权和表达自由追求的目标[48],并把这些目标和利益置于定义平衡之中。在确定了表达自由的三项目

---

[40] Jonathan Griffiths and Uma Suthersanen, *Copyright and Free Speech: Comparative and International Analyses*, Oxford University Press, 2005, p. 13.

[41] 该章规定,"每个人都有权在言论、文字和图像中自由表达和传播其见解,并从通常可获得的来源中获取信息。通过广播和摄像的出版自由和报道自由必须受到保障,并禁止审查。"

[42] 张千帆:《西方宪政体系》(下),北京:中国政法大学出版社 2001 年,页 413—421。

[43] 参见苏力:《法治及其本土资源》,北京:中国政法大学出版社 2004 年,页 185—220;另见 376 US 254, 265(1964)。

[44] Paul L. C. Torremans(ed.), *Copyright and Human Rights*, Kluwer Law International, The Hague · London · New York, 2004, p. 88.

[45] P. Goldstein, "Copyright and the First Amendment", 70 *Columbia Law Review* 989(1970).

[46] B. Kaplan, *An Unhurried View of Copyright*, Columbia University Press, 1967.

[47] B. Nimmer, "Does Copyright Abridge the First Amendment Guarantees of Free Speech and Press?", 17 *UCLA Law Review* 1182 (1970).

[48] 在尼默看来,版权追求的目标是促进作品的创作和对作者隐私的保护(作品未出版前),而表达自由的目标在于:促进自治民主社会、本身就是目的以及反暴力行为的安全阀。同前注,p. 1188。

标之后,尼默开始检讨版权法是否服务于版权的基本目标而不蚕食表达自由的利益?他得出结论是肯定的。在尼默看来,思想/表达二分法就能服务于这些利益。按照定义平衡进路,版权不保护的思想属于表达自由的利益一端,而版权保护的表达,是对观点的组织和安排,属于版权利益的一端。思想是民主对话的必要内容,而复制思想的表达对于民主社会和思想市场的维护并不是必要的。尼默的进路预设了思想与表达之间的清晰界限,但思想与表达的界限并不完全清晰。而且,与思想相比,有时候,表达对于民主对话以及反暴力更为重要。尼默的定义平衡进路经常遭受批评的例子是新闻图片,比如美国越战中的"米莱大屠杀"(My-Lai Massacre)、日本侵华战争中的"南京大屠杀"等。在这种情况下,语词并不能完全描述屠杀的思想,而且它也不能取代公众通过照片而获得的认识。[49] 为此,尼默承认了思想/表达二分法的局限。但他认为,在这种情况下,作者完全控制着作品的发行是不能容忍的。为此,他提出对具有新闻价值的图片的版权进行限制,以弥补其定义平衡进路的不足。尽管如此,尼默认为,思想/表达二分法总体上体现了版权与言论自由之间的定义平衡。"尽管它在一定程度上蚕食了言论自由,但鼓励独创性作品的创作这一较大的公共利益使之正当化了;尽管它也在一定程度上限制了作者对作品的控制使思想不能获得保护,但自由接触思想是民主社会的一部分这一较大的公共利益使之正当化了。"[50]

戈德斯坦提出的进路与尼默存在较大的不同。在戈德斯坦看来,艺术表达是两种垄断——法定和企业(statutory and enterprise)垄断的客体。法定垄断的表现形式是版权,后者强化了作者控制表达的能力,并"削弱了公众对先前并不保护的表达的说和听的权利"。"企业垄断建基于个体版权的金字塔之上,它们对第一修正案(保护的是表达自由)的威胁,在种类和程度上,与来自版权的威胁不同。版权的威胁是直接的……而来自企业垄断的威胁更为精细。它不仅可以控制公众接触作品的时间和价格;它还可以控制公众接触作品的内容和种类,这种控制的程度与它拥有的版权总量大体一致。"[51] 为了协调这两种利益的冲突,戈德斯坦提出了两个协调的原则:第一个协调原则的内容是,如果被诉侵权的对象与公共利益有关,或者对这一对象的适当利用能够独立地促进公共利益,那么,版权侵权就是可免责的。第二个协调原则的内容是,只有具备"原创性"(original)的作品才可以防止他人擅自利用;当作者的利益优先时,他必须证明受到了实际的损害,而且作者获得的法定而非衡平(of legal, not equi-

---

[49] Jeffrey Oakes, Copyright and the First Amendment, 33 *Miami L. Rev.* 234(1978—1979).
[50] Melville B. Nimmer,同前注[47],页1192—1193。
[51] P. Goldstein, 同前注[45],页986。

table)的救济应当是一般性的原则。[52] 显然,戈德斯坦在第一个原则里强调了公共利益,在第二个原则里强调了原创性和实际的损害。他主张通过对版权法的限制来协调两种冲突的利益,并具体讨论了六项制度。[53] 在这一点上,他不像尼默,后者暗示了思想/表达二分法对其定义平衡进路的有效性,认为二分法是一项绝对的能够协调版权与表达自由之冲突的工具。不过,戈德斯坦也讨论了思想/表达二分法,他认为思想与表达之间的界限并不清晰,二者的区别只是一个程度的问题。正是思想/表达二分法界限的这种弹性使戈德斯坦认为它能够在一定程度上协调作品控制与表达自由之间的冲突。[54]

显然,作为知名的知识产权专家,尼默和戈德斯坦都认真讨论了思想/表达二分法对表达自由的促进作用。从基本的立场看,他们都肯定了这一二分法的功用。不同的是,尼默预设了思想与表达的清晰界限,把这一二分法的功能绝对化了,它忽略了思想与表达的界限的模糊性;而戈德斯坦恰恰主张借用这种模糊性,经由利益衡量来实现对协调作品控制与表达自由之间的冲突。

五、表达的私有

按照版权法上的二分法,能够私有的仅是作品的表达,而非作品的思想。"但是,这一二分法的表述本身容易形成一种误导:认为凡属表达的范畴,法律都应予以保护。"[55] 事实上,并非所有的表达都能进入私有领域。就保护的对象而言,版权存在着自己的边界。包括我国在内的很多国家的版权法都规定,法律禁止出版、传播的作品不能获得版权保护,这些作品主要包括宣传色情的、宣扬民族分裂的、宣传暴力的以及危害国家稳定的表达。[56] 这些禁止出版的情形,既不能使表达享有版权保护,也构成了对表达自由的限制。在这里,这些禁止出版的法律性规定构成了版权与表达自由的共同边界。依法禁止出版传播的作品不能享有版权的这种法律规定,被认为来源于《保护文学艺术作品伯

---

[52] P. Goldstein,同前注[45],页988。
[53] 这六项制度包括:(1) 有限的保护期,(2) 仅保护著述(writings),(3) 事先规定某些未经授权的使用,(4) 把侵权建立在实际(actual)复制而非偶然(incidental)复制上,(5) 作品一旦进入市场,就剥夺作者对其作品进一步控制的权利,(6) 把禁令作为一个自由决定的而非强制的救济。P. Goldstein,同前注[45],p.1007。
[54] P. Goldstein,同前注[45],页1016。
[55] 李琛:"树·阳光·二分法",载《电子知识产权》2005年第7期。
[56] 我国2001年12月颁布实施的《出版管理条例》第26条规定了依法禁止出版的情形:(1) 反对宪法确定的基本原则的;(2) 危害国家统一、主权和领土完整的;(3) 泄露国家秘密、危害国家安全或者损害国家荣誉和利益的;(4) 煽动民族仇恨、民族歧视,破坏民族团结,或者侵害民族习惯的;(5) 宣扬邪教、迷信的;(6) 扰乱社会秩序,破坏社会稳定的;(7) 宣扬淫秽、赌博、暴力或者教唆犯罪的;(8) 侮辱或者诽谤他人,侵害他人合法权益的;(9) 危害社会公德或者民族优秀文化传统的;(10) 有法律、行政法规和国家规定禁止的其他内容的。

尔尼公约》第 17 条的规定。[57] 其实,这是一种误读。《公约》第 2 条第 4 款、第 2 条之 2 第 1 款授权各内国法排除特定作品受保护的自由,但并不包括违禁作品;第 17 条授权各内国法允许、监督或者禁止任何作品或其复制品的发行、演出或者展出。[58] 显然,这一条的目的在于控制作品的传播,而非控制享有版权的范围,它具有出版法上的意义,而非是否享有版保护的依据。因此,在笔者看来,这些禁止出版传播的作品不能享有版权保护的规定并非都是具有合法性的。其一,有些宣扬色情的作品,是随着社会的发展而逐渐演变的[59],历史上曾一度列为禁书的《查泰莱夫人的情人》、《金瓶梅》等现在被奉为了经典就充分说明了这一问题。现在中国正处于一个伟大的转型时期,正在从文化共同感转向民族国家,治理方式从个人魅力型转向法理型[60],与之相应,随着市场经济的发展,社会资源的流动逐渐频繁,特别是在城市,正进入一个陌生人社会。人们的道德观正在异质化,不同的人对不同的表达的看法是不一样的。将某些不涉及国家安全而只与道德有关的作品不给予版权保护并不会起到预期的作用。与其不给予这些作品以版权,倒不如将这些问题纳入出版法的管辖范畴。即使这些违法的作品享有版权,但按照出版法不能流行于世,那又何妨呢?其二,如果某些之前被确定为不能获得版权保护的作品之后经由宽松的道德环境被认定为属于可以享有版权保护的作品,还存在着如果确定保护期的问题。比如一本在 1993 年创作并被确定为宣扬色情的作品,不能获得版权保护,到 2010 年被确定为不是宣传色情的作品后,该从哪个时间点确定其保护期。如果从 2010 年起算,显然破坏了版权法的自动保护主义原则;如果从 1993 年起算,则与被确定为违反作品本身相矛盾。

并不是历史上的每个时期,表达与言论都可以产权化、私有化。相反,表达/言论能否进入私权领域取决于一定社会和法律习惯,取决于各方力量的对比与当时的社会结构。在伍德曼西(Woodmansee)看来,表达私有化与作者身份的发明相伴随,而后者是 18 世纪的德国作家们摆脱贫困获得经济报酬的一种努力。作者身份的发明使一个人从写者(writer)转变为作者(author)。在这个过程中,"灵感不再被看做来自外部或者上帝,而是来自写作者自身。按照原创性的天才(这种看法),'灵感'是外现的,结果,有灵感的作品是写作者在

---

[57] 姚红,同前注[32],页 62—63。

[58] 《保护文学艺术作品伯尔尼公约》第 17 条规定:"本公约的规定绝不妨碍本联盟每一成员国政府以立法或行政程序行使允许、监督或禁止任何作品或其制品的发行、演出或展出的权利,如果当局认为有必要对这些作品行使权利的话。"

[59] 理查德·A. 波斯纳:《性与理性》,苏力译,北京:中国政法大学出版社 2002 年,页 94—110。

[60] 苏力:"当代中国的中央与地方分权",载《中国社会科学》2004 年第 2 期。

时间性和区别性纬度内制作的产品和财产"。[61] 而波斯纳认为,版权的产生与现代社会的个性崇拜密切相关。在他看来,个性意味着人类的个体,意味着成为一个个别的、与众不同的、令人钦佩的个体所作的努力。与个性崇拜是资本主义上升阶段的结果的左派观点不同,波斯纳认为阅读市场大小、知识产品和服务质量的信息成本、在法律上承认文学产品生产者的承认成本这三个变量对于版权的产生非常重要。[62] 尽管伍德曼西的形上分析进路和波斯纳的经济进路存在重大差异,但他们的论述都被置于18世纪这个语境之下。事实上,正是在这个世纪,随着资本主义中产阶级阅读量的上升,形成了一个较之前广阔的阅读市场。在这个市场中,著作者们逐渐摆脱了赞助体制的束缚,与出版商团结起来,并通过他们在议会中的代言人,确立了近代意义上的版权。[63]

表达若要在经验层面成为版权这一私权的对象,必须以"自由"为前提。如果缺失了表达的自由,这种不自由的表达制度就会使版权所保护的作品枯竭,从而使版权成了无源之水、无本之木。试想,由表达而构成的作品都不存在了,何谈版权?在中国,表达的私有化始于改革开放之后。因为,"改革开放以前,中国是以阶级成分、政治立场审查言论、分配待遇的,它主要立足于人的思想改造,尤其是干部和知识分子的清理和甄别使用。因言论而起的'人民内部矛盾',一般由单位、组织解决。这时,批评者和受批评者双方对批评言论所承担的政治责任是以立场来分配的。改革开放之后,随着民法制度的建立,言论渐渐进入了产权、契约和抽象人格织就的权利话语,一些言论的表达构成了版权的保护对象。"[64]因此,版权不保护思想只保护表达,并不意味着在私法史上的每个时期,表达都可以私权化,也不意味着所有的表达都可以进入私有领域。事实上,什么样的表达、什么时候进入私有领域,反映的是一个力量对比、价值选择问题。这无论就世界上第一部近代版权法的产生[65],还是就现代版权法的修改而言,都是如此。

六、隐喻的二分法

思想/表达二分法反映了作者地位的平等,在一定程度上协调了作品私有与表达自由之间的紧张关系,并暗含了表达私有化的范围和历史条件。正因为如此,它不仅被主要的版权国际公约和一些国家的版权法所确认,而且还获得

---

[61] Martha Woodmansee, "The Genius and the Copyright", 17 *Eighteenth-Century Studies* (1992);李雨峰:"从写者到作者",载《政法论坛》2006年第6期。
[62] 波斯纳:同前注[11],页43—45。
[63] See John Feather, *Publishing, Piracy and Politics*, Mansell Publishing Limited, 1994.
[64] 冯象:"县委书记的名誉权",载《读书》2003年第4期。
[65] Mark Rose, *Authors and Owners*, Harvard University Press, 1993.

了理论上的证明。[66] 然而,就思想/表达二分法的支持者而言,它预设思想与表达的界限是清晰的,各自的范围是固定的。[67] 这种二分法有古老的历史渊源,被视为是一种保守的社会、政治和法律秩序的支柱。[68] 本文以下的分析试图表明,认为思想/表达二分法意义的确定、并将之作为版权法的一个教义的态度是一种天真而又浪漫的幻想。

按照通常的理解,"思想"是"客观存在、反映在人的意识中经过思维活动而产生的结果",是存在于人脑中的智力活动结果,它必须通过外在表现才能为他人所感知;而"表达"则是用于以表述这一智力活动成果的语词。二者之间是内部与外部之间的关系。但是,"很多创造性劳动的产品介于作品的思想活动和最终的文字表达之间,而法院经常把其中的一些产品作为不受保护的 idea,而把另一些产品作为受保护的 expression。因此,idea 和 expression 不应用作语义学上的解释,而应当把它们各自作为一部作品中不受保护部分和受保护部分的隐喻。"[69] 这一看法告诉我们,idea 和 expression 都是符号性的,前者代表了不受版权保护的对象,包括概念、操作方法以及独创性表达的构成元素(情节、主题人物角色和布景等)。美国 1976 年《版权法》第 102 条(b)款规定:"在任何情形下,对作者独创作品的版权保护,不得扩大到任何 idea, procedure, process, system, method of operation, concept, principle 或 discovery,无论作品以何种形式对其加以描述、解释、说明或体现。"TRIPs 第 9 条第 2 款规定,"版权保护应延及表达,而不延及 idea, procedures, methods of operation or mathematical concepts as such"; WCT 第 2 条规定,"版权保护应延及表达,而不延及 idea, procedures, methods of operation or mathematical concepts as such。"显然,在这些法条里,都将 idea 与 procedures(工艺),process(步骤),methods of operation(操作方法) or mathematical concepts(数学概念)等并列,而没有将过程、工艺、方法、概念涵摄在 idea 这一术语之内。由此,也可佐证版权不保护的"idea"

---

[66] 波斯纳从法律经济学的角度论证了思想/表达二分法。在他看来,如果版权法保护了思想,将导致无效率的结果:(1)提高其他作者创作的表达成本(要么是为想出一个独创性思想而不得不投入时间和精力;要么是用额外的表达来替代其思想中与第一位作者的思想重合之处;要么是承担许可成本或者其他交易成本),减少被创作出来的作品数量,降低社会福利。(2)鼓励寻租行为。在大多数情况下,一种新思想的开发成本低于许可他人使用获得的收入,其结果是将引发开发思想和对之主张版权的狂潮。资源就会被吸收到开发最低表达的思想上,开发出来的思想也就被储存起来,以期将来的作者因为使用它们而支付费用。(3)保护思想将产生昂贵的管理成本。威廉·M.兰德斯、理查德·A.波斯纳:《知识产权法的经济结构》,金海军译,北京:北京大学出版社 2005 年,页 116—118。

[67] 就戈尔茨坦而言,由于他主张二分法的弹性,并主张衡量背后的利益,在这个意义上,他已经不是思想/表达二分法的支持者。

[68] 参见理查德·A.波斯纳:《超越法律》,苏力译,中国政法大学出版社 2001 年,页 446。

[69] Paul Goldstein, *Copyright: Principles, Law and Practice*, Little, Brown and Company, 1989, p.78.

是隐喻性的,即指涉那些不受版权保护的对象。照此,如果将英语中的 idea 译为中文的"思想",就会同样得出这里的思想也是隐喻性的这一结论,即"版权法上的思想(观念),其含义要比通常所说的思想观念宽泛得多,不仅包括了概念、原则、客观事实和发现等,而且包括了属于专利法保护的发明、程序、工艺和方法等"。[70] 这样,思想/表达这一构成版权法之基础的二分法就陷入了一个尴尬的境地:如果将"思想"做语义意义上的理解,版权法就必须保护概念、工艺、操作方法乃至客观事实之类,这显然是解释不通;如果将"思想"做隐喻意义上的理解,就是说它指的是那些版权法所不保护的东西,那就等于什么也没说,因为,思想/表达二分法本身就是用来解释版权法保护对象范围的。

思想/表达二分法的模糊性还来源于它的合法性地位。由于这一二分法经历了长久的历史发展,无论在判例法上还是在制定法上,都获得了充分肯定。因而,当后来的法官遇到疑难的案件纠纷时,不得不使用思想/表达二分法这一话语,为其自己的判决寻找合法性。这样,思想/表达二分法就成了一种符号,被意识形态化了,当法官认为诉争对象不予保护时,就把它解释为思想;而当认为诉争对象应当受到保护时,就把它解释为表达。[71] 这时,法官关心的不再是"思想"与"表达"的确定界限,不再是作为知识的"思想"与"表达"的真与伪问题,而是法律关键词。另一方面,当法官对当下争议中的对象是否给予版权保护存在疑问时,由于缺乏关键信息,经常通过类比获取自认为理性的法律后果。实践中,我们选择支配新案件的类比往往反映我们对当下政策、目的和后果的理解。[72] 在这种情况下,往往不是对思想/表达二分法的应用,而是对它的解释,使本来内涵就不清晰的"思想"、"表达"这样的术语更加模糊。例如,在民主话语下把思想/表达二分法视为是版权法上确保信息自由的制度设置,尽管美国较早的涉及到思想不予保护的判例没有提及信息自由[73];基于知情权的需求,把时事新闻归入"思想与表达的融合"之列,尽管英国早期的判例表明它是王室出版控制的结果;将自然发生的事实归入不保护的"思想"之列,是为了捍卫版权法上思想/表达二分法这一教义的地位,尽管"事实"与人类的智力无关而"思想"相反。有时候,我们先把被争议对象确定是"思想"或者"表达",然后再诉诸往昔的判例。结果,无论我们把当下争议的对象归为"思想"还是"表达",都可以找到与之相应的先例。例如,美国法院在 1987 年的一则案例中,将计算机程序的结构、组织、顺序确定为表达[74],而在 5 年后的另一则案例

---

[70] 李明德、许超:《版权法》,北京:法律出版社 2003 年,页 28。
[71] 李琛,同前注[55]所引文。
[72] 参见波斯纳,同前注[68],页 596。
[73] See Edwards Samuels,同前注[7],页 395—407。
[74] Whelan Associates v. Jaslow Dental Laboratory Inc., 797 F. 2d 1222 (3d Cir. 1986).

中,却又将它们视为不受保护的思想。[75] 因此,在之后有关计算机程序中结构、组织、顺序的纠纷中,法官就面对既把它们解释为思想又把它们解释为表达的两种可能性,其最后的决定因素必是"道德立场的策略选择,以及支持这些立场和选择的社会力量之对比、倾轧、聚散"。[76]

七、思想/表达二分法的检讨

如前所说,思想/表达二分法在一定程度上被认为体现了机会平等的要求,并是在版权制度内保障信息自由的一种选择。它作为保障版权垄断低成本的一种模式为绝大多数国家的版权法所采用。其目的在于确认:任何创作的最根本的构成元素都可以被自由地利用,而无须向发明或者发现该思想的人获得许可。但是,经由这一必需的谨慎来保护信息自由的前景并不怎么乐观。

其一,一如前面所述,思想与表达之间的界限并不清晰。如果一个新的艺术家碰巧跨过了这条线,他演绎出了一个新作品,但又成了侵权的牺牲品。正如有的学者通过分析所指出的那样:"思想/表达的区别并不能确保我们意欲自由接触的表达在实际上都可以接触到。"[77] 而在一个倚赖于自由表达的社会,却不断需求很多表达物,它们应该是公共领域的一部分,如重大事件的照片和录像片。因此,我们不能清楚地将思想与表达分开向我们昭示我们在某些时候(当然不是任何时候)应该将它们视为一体。在有的学者看来,有时思想与表达的密不可分不是例外而是常规。他们批评说,所谓的信息独立于表达的看法是一个幻想。[78]

其二,从另外一个角度看,机械地贯彻思想/表达二份法还会损害版权人的权利。因为,在很多情况下,我们经常把思想/表达二分法理解为不保护作品的内容,只保护作品的表达。对一本书而言,其思想必然要以语词来表达。如果上述格言为真,版权保护的范围就是书籍的语词这一表达形式。按此,他人就可以自由地借用书中的内容。这必然会窒息作品创作的积极性,最终使公民的信息自由成了无源之水。显然,这在任何国家的版权法上都是不可能的。当把一部小说的故事情节用电影画面表达时,或者把它改编成剧本,尽管其间的对白和原作中的任何句子都不相同,还是被认定为构成了侵权(摄制权和改编权)。版权法赋予了作者一系列创造性改变作品的权利,如翻译权、改编权,制片权等。这些创造性改变作品的行为显然在很大程度上改变了作品的表现形

---

[75] Computer Associates International Inc. v. Altai, Inc. ,982 F.2d 693(2d Cir. 1992).
[76] 冯象:《政法笔记》,南京:江苏人民出版社 2004 年,第 44 页。
[77] Melville Nimmer, 同前注[47]。
[78] See Richard Lanham, *Analyzing Prose*, Continuum International Publishing Group, 2003; Frank Lentricchia and Thomas Mclaughlin, *Critical Terms For Literary Study*, University of Chicago Press, 1990, p. 203.

式,如果从字面上理解《保护文学和艺术作品伯尔尼公约指南》第 2 条(1)2.3 关于"版权保护的是借以表现思想的文字、符号、线条等",就不能认为诸如翻译、改编、制片这样的行为侵害了作品的版权。为此,有学者指出,版权法上所谓的表达(expression)既包括了内容,也包括了文字、线条这样的表现形式。[79] 内容在很大程度上与符号传达的意义融合。文化人类学者认为,人与动物的区别在于人有语言系统这一表达思想的符号。[80] 能指与所指构成了符号的组成部分,能指是意在表达某一所指的媒介,物质于它是必须的,如文字、线条等,所指是符号的使用者通过符号所指的"某物"。[81] 符号学上的能指与所指的划分给我们的启示是,它们不能割裂开来。文字、线条这样的"能指"指向"所指"的过程就是意义的联结过程。意义之于符号不可或缺。显见,改造性利用作品的行为没有利用作品中既有能指的形式,但它们的能指传达了与之前能指同样的意义,因而,仍然为版权法所不许。意义这一概念的引入尽管在一定程度上支持了以由思想/表达为基础而建立起来的权利大厦,但它同样为大厦准备了掘墓人。

其三,即使在明确不受保护的这些对象中,如果从符号意义上理解"思想",它与表达的界限也不易划定。思想有时突然来到,甚或,它后于表达而完成。二者之间明显的不同有时被表达先于思想这样的过程加强了。在很多领域,一个人要为一个新思想的问世进行许多次的研究。更为清楚的是,有的论者在撰写一部书籍之后,才发现这其中体现的思想已与其计划相差很远。柏拉图的理念世界也为我们将思想与表达视作一体提供了理论前提。[82] 在这种观点看来,思想是已经存在的,主要的劳动乃在于将缥缈世界的思想照至人间可以使用的真实世界。假定我们接受思想作为柏拉图式的形式是先验的,唯一可能的工作就是表达。而这种表达无非是将思想翻译、转至人类可以接受的领域。

至此可知,作为版权法之理论基础的思想/表达二分法并不像我们想象的那样清晰,特别是在将计算机纳入版权保护的对象以后。它是版权法学界创造的一个神话。事实上,思想与表达都是符号性、隐喻性的,它们各自指涉那些版权法应当保护和不应当保护的对象。而这恰恰是版权法需要确定的范围。因此,思想/表达二分法与版权法应当保护的对象/不应当保护的对象就构成了一种循环论证。博伊尔(Boyle)曾用批评主义的眼光审视现代版权法。他指出,

---

[79] 参见郑成思:《版权公约、版权保护与版权贸易》,北京:中国人民大学出版社 1992 年,页 26。

[80] 恩斯特·卡西尔:《人论》,甘阳译,上海:上海译文出版社 1985 年,页 31—34。

[81] 罗兰·巴尔特:《符号学原理》,王东亮等译,北京三联书店 1999 年,页 34。

[82] Justin Hughes, "The Philosophy of Intellectual Property", 77 *Georgetown Law Journal* 320 (1988).

"现代意义上的'作者'是一部作品或者艺术品的独立创作人,其原创性确保它按照知识产权法特别是版权法或者作者权法获得保护。但是,这个理念既不是自然的,也不是恒久的。相反,它产生于特定的时间和空间——18世纪的欧洲——与一种专门的信息技术即印刷术有关。但是,它在我们的全球化、多元文化和后殖民电子时代保留了支配性的范式。我们必须认识到,对'作者身份'而言,存在着一种政治学:像目前所理解的,它是一扇我们获得财产权利必须通过的大门,是一扇关闭大量的非西方的、传统的、集体的或者民间流行作品生产的大门。"[83]一如博伊尔所说,作为私有领域与公有领域之界限的独创性标准,本身乃是版权政治学的发明物,是各种不同力量权力的角逐点。它既不能客观地划清私有领域与公有领域的界限,也不能客观地保障版权对表达自由的促进作用。为此,我们必须谨慎地把握思想/表达二分法这一版权法上的格言。

对此,有学者提出了一种超越思想/表达二分法的建议。在这一观点看来,(1) 由于这一二分法不能作为检验可版权性的基本范畴,只能把它作为司法实践的最后选择。在此之前,应当优先使用实质类似、独创性和合理使用原理进行判案。(2) 如果不废除这一二分法,就应当把它视为具有弹性的检验标准,用以对比诉争作品与原告作品之间是否存在实质类似;而不应当简单地、一开始就把它应用于受版权保护的作品。(3) 把思想/表达二分法中的表达界定在较低的程度上,一部作品只要进行了一般程度的表达,就可以作为版权保护的对象。(4) 慎重适用思想与表达的合并理论。[84]

在笔者看来,上述建议中的第一项内容预设了独创性、实质类似和合理使用的清晰界限,但事实上,这几个范畴同样是不清晰的;而建议中的第三项内容反映的同样是独创性的问题。相比之下,笔者同意上述观点中的第四项内容和第二项内容。但对于第二项建议,本文认为,与其将二分法的"弹性"限定在将其作为比较两个作品的标准,不如直接承认"思想"与"表达"之间界限的模糊性。由于任何文学艺术作品都包含了一系列用某种语言、符号表达的观点、思想、信息的组合,因此,当我们承认保护的范围并不限于实际采用的语言或者符号时,我们就必须承认保护的范围包含了观点、思想或者信息的联合。事实上,将版权的保护范围仅仅界定为表达,对作者是不公平的。[85]

为此,本文认为,尽管由于制度转换的高成本,我们不应放弃思想/表达二

---

[83] J. Boyle, *Shamans, Software and Spleens: Law and the Construction of the Information Society*, Harvard University Press, 1996, p. 195.

[84] See Edwards Samuels, 同前注[7], 页462—463。

[85] Laddie, Prescott and Vitoria, *The Modern Law of Copyright and Designs*, Vol. 1, 3rd edition, Butteworths, 2000, p. 98.

分法这一原理,但在实践中并不能把它作为一个僵死的教条,更没有必要把任何不包括的对象都归结为"思想";把保护的对象限定为"表达"。操作中,可以同时考虑下列因素:(1)有关的技能与劳动。独创性要求作者花费大量的技能、判断、创造性劳动等。这里的劳动和技能必须是足够直接产生文艺作品的劳动与技能,这就排除了基础性的间接性的劳动。换句话说,它必须是一部文艺作品所包含的劳动和技能。(2)一部作品借用了他人的富有技能和劳动的作品,并不必然构成侵权。若要构成侵权,还必须证明复制的是原作的实质性部分,如果不是实质性部分,就没有构成对版权的侵害。"实质"主要依赖于借用的质,即独创性的程度。这意味着后续作品是否借用了先前作品中所体现的大量的独立的技巧、劳动等。结果,如果仅仅作品的观点或者非实质性部分被借用,就不构成侵权。[86] (3)在认定版权的保护对象时,不能一概否弃结构或者情节(plot or scenario)。当版权法说不关心思想的独创性而只关注表达的独创性时,其意思在于表明,无论这个思想多么新颖,也不是版权法保护的对象。但这并不意味着一些聪明思想的集合与版权无关。[87] 事实上,在很多电影和文学作品中,结构与情节(作为思想的集合)才真正反映了作者的独创性。因此,我们在认定版权保护对象时,应当考虑其中的结构或者情节。英国的一些判例表明,如果某部作品的结构或者情节,具有独创性,而他人借用了这一独创性的结构或者情节,尽管没有使用原作的语言,仍应被认定为侵权。[88] 例如,在 Sutton Vane v. Famous Players Film Co Ltd 中,法院判定,尽管作品的思想或者目的不受版权保护,但戏剧性的事件和情节(dramatic incidents and action)应受版权保护。[89] 而在 Corelli v. Gray 中,法院也判决通常事件(stock incident)的组合具备一定程度的复杂性形成了独创性作品。[90]

(初审编辑:李晟)

---

[86] 同前注,页108。
[87] 同前注,页102。
[88] 同前注,页109。有学者指出:"对角色、情节、场景等元素则须作具体分析。它们与语言作为一种字面元素相对应,属于非字面元素。它们处于纯粹的思想与纯粹的表达之间,兼具两者的特点因此,有些可能因流于一般而被归入思想的范畴,也有些可能因独具特色而被视为表达,在不同的案件中会有不同的结果。但是,有一点是可以确定的,即戏剧作品的表达不限于语言,台词只是剧作家多种表现手法的一部分,除了言辞以外,他还以姿势、场景、服装甚至于演员自身的外表来构造其戏剧。"参见王春燕,同前注[35]所引文。
[89] MCC 6,CA(1928—35).
[90] MCC 6,CA(1911-16M).

"作为法律资源的天空"

——天学视野下君权制约和秩序构建的法律意义*

方 潇**

The Sky as Legal Resources:
Legal Meanings of Restricting King's Power and Constituting Legal Order under the Visual Field of Ancient Chinese Astrology

Fang Xiao

内容摘要：在天学的视野下，中国古人头顶的天空不仅成了"作为文化资源的天空"，而且更是成了"作为法律资源的天空"。古人通过对天象的细致观测，不仅从这个天空中获取了立法、司法等诸多具体的法律资源，更为重要的是，作为法律资源的天空在更深入的层次上表达了对于君主权力之制约和法律秩序之构建的重大法律意义。

关键词：天学 "作为法律资源的天空" 君权制约 秩序构建

---

* 本文是作者承担的 2006 年度司法部国家法治与法学理论研究中青年项目"天学视域：中国古代法律'则天'之本源路径探究"（06SFB3003）的阶段性成果。本文的修改得到《北大法律评论》初审编辑及匿名评审人的宝贵意见，在此表示感谢，当然，文中的不足乃至错误则由作者承担。

** 苏州大学王健法学院副教授，法学博士。

Abstract: Under the visual field of ancient Chinese astrology, the sky above the head of ancient Chinese is a heaven of culture resource as well as a heaven of legal resource. Through observing the phenomena of the sky, the ancient Chinese people acquired abundant concrete legal resources such as legislation, jurisdiction, from the sky. What is more important is that the sky, as legal resources, conveyed significant legal meanings that were able to restrict the power of king and constituted a legal order.

Key words: ancient chinese astrology the sky as legal resources restriction of king's power constitution of legal order

一、引言

我们头顶的"天空"到底是个什么概念？在今天科学知识教育下成长起来的人们看来，天空就是一个由太阳、月亮、星星等各种天体以及大气、云彩、尘埃等各种物质的所在空间。现代的天文学家、物理学家、气象学家虽然无法洞察这个天空的一切"奥秘"，但是已不会感到它的"神秘"了。即使所谓的"外星人"，那也只不过是另一个遥远星球上客观存在的比人类更为发达的一种生命体而已。总之，在科学的眼光下，天空只是一个有种种物质存乎其中的自然图景，只是与人类星球一样凡俗的"他者"，除了向它索取自然资源之外，再也没有其他的可资资源了。然而，在前科学时代，虽然人类头顶的还是同一个天空，但它并不是作为人类的"他者"而存在，而是以一种浓烈的"作为文化资源的天空"而存在，并和人类融为共体。

英国著名科学史学家米歇尔·霍斯金在他主编的名著《剑桥插图天文学史》中针对不列颠"巨石阵"（B.C 2000）的天文台性质，以及西班牙米诺卡岛陶拉圣坛（B.C 1000）、爱尔兰新格兰奇通道墓（B.C 3000）、苏格兰巴罗克罗伊三竖巨石（时间不确）的天文特色，安上了"作为史前欧洲人文化资源的天空"的小标题。[1] 显然，作者的意思不言而喻：史前欧洲人通过建立一些器物以观测天象，并以此为基准来指导人们对时间的掌握以及对人事的安排。实际上，从世界范围来看，不仅史前的欧洲人将天空作为文化资源，其他各大地域的人们都是如此；不仅史前如此，在整个古代乃至到了今天，仍还有人们继续从天空中

---

[1] 参见米歇尔·霍斯金主编：《剑桥插图天文学史》，江晓原、关增建、钮卫星译，济南：山东画报出版社2003年，页2—9。

获取赖以生存的文化资源。[2] 在中国古代,由于天学的兴盛,"作为文化资源的天空"尤为突出,人们几乎把所有的文化都归源于头顶之"天"。作为所有精神文化的最集中、最突出的体现者,法律更为如此。客观而论,这个头顶的天空给古代中国社会产生了巨大的法律能量,并作出了重大贡献。

二、"作为法律资源的天空"之天学视角诠释

从中国的场域来看,中国古人通过对天象的观测并与政治生死相连而形成的古代版本"天文学"——"天学",更是将天空作为"文化资源的天空"。在这种独特的天学视野下,中国古人将天上能观察到的相对位置基本恒定的星体划分为"三垣二十八宿"[3],它们以北极星为核心并围绕着它一起运转不息,而将那些在天球上一直运行不停的太阳、月亮和金、木、水、火、土五星称为"七曜"。无论是三垣二十八宿的每垣每宿每星,还是七曜中的各个天体,不仅均具有神性,而且都各有其独特的神秘意义。[4] 更为重要的是,在天空不断运行的七曜和位置相对固定的三垣二十八宿,两者各自交错而成的各种"天象"具有特别意义。虽然中国古人对天有着种种不同认识,如有"自然之天"、"义理之天"等,但是无论在官方还是在民间,占主流、支配地位并一直贯通、强化的却是"神灵之天"。在信仰神灵之天的语境中,人们相信天人感应,必须人合于天,以种种天象来决定和预知人事的安排和进退。所以,从本质上说,这样的天文

---

[2] 霍斯金的研究表明:今天在埃塞俄比亚西南部穆西地方的人们,虽然没有像我们那种"科学的"历法,但通过对半人马座和南十字座中四颗恒星等星象的观测来决定和安排他们的生活;哥伦比亚的巴拉撒那人会观察一个名叫"毛虫美洲虎"的星座,因为这星座被认为是地球上毛虫的父亲,随着这一星座在黄昏的天空中一天比一天高,地上的毛虫则会越来越多;安第斯村庄米斯米内的居民将银河视为一条天河,与地上的维尔卡诺塔河是结合在一起的系统,其功能是使水在天空和大地之间循环流转,从而观测银河就成为他们农业、个人活动和节庆的不可分割的一部分;而亚利桑那的霍比人则通过两个牧师共同观测太阳在远处一个凹口即80英里外的圣佛朗西斯科峰没入地平线来决定冬至典礼的进行。为此,霍斯金在他主编的著作中安上了"作为今日文化资源的天空"的标题。参见米歇尔·霍斯金,同前注,页14—17。实际上,类似的事例在世界上还有很多,只不过在科学昌盛的今天,它们往往被边缘化了。如星占术在当今台湾地区政治、经济、个人行为上的或明或暗的广泛运用即为一例。

[3] 三垣是北天极周围的三大星区,指紫微垣、太微垣和天市垣。由于各区东西两藩的星围成城墙的样子,所以称垣。其中紫微垣位于北天中央的位置,在北斗北,以北极星为中心,其东西两藩有星十五;太微垣位于紫微垣的西南角,其左右垣由十星组成;天市垣位于紫微垣的东南方,其左右垣由二十二星组成。二十八宿是指古代中国人在黄道和赤道附近两个带状区域内的二十八个星座。宿的意思是古人为观察天体,将天区分为各段,各段天区就如地球上沿途分布的驿站,当是为日月五星准备的临时住所。二十八宿是指东方七宿:角、亢、氐、房、心、尾、箕;北方七宿:斗、牛、女、虚、危、室、壁;西方七宿:奎、娄、胃、昴、毕、觜、参;南方七宿:井、鬼、柳、星、张、翼、轸。其中每宿又包括若干星。二十八宿和三垣之星都是恒星,它们为古人观察日月五星的运行提供坐标。三垣二十八宿把中国古人能够观测到的全天恒星包括已尽。

[4] 关于各星体的神秘意义,可参见陈久金:《星象解码——引领进入神秘的星座世界》,北京:群言出版社2004年。

之学虽然以精确观测星体位置及运行为出发点,却并非以揭示星体运行规律为最终目的,而主要是一种目的为卜占人事的"星占学",正如《汉书·艺文志》中所说"天文者,序二十八宿,步五星日月,以纪吉凶之象,圣王所以参政也"。可以说,在中国古代,大到军政国事,小到婚丧嫁娶,几乎所有的人事都要通过天象占卜而行,这实际上就是将"天"作为了一个民族安身立命的文化根本,以其为最高准则,以其为依靠力量,以其为生存资源。"文化资源的天空"可谓名符其实,深入人心。

不过,值得特别注意的是,在所有中国古人以天为本的文化资源中,窃以为法律资源是最为重要的。中国古代的统治理念,虽说是"德主刑辅",但这却只是统治者的"言词而已",只是表象,实质是"外儒内法",表露于外的儒家的"温情脉脉"主要是给世人看的,而聚敛于内的法家(律)"冷峻严酷"才是一切王权保有和秩序安定的根本保障。[5]

然而,中国古代的法律是如何制定的呢?法律的运行乃至法律设施的设置又是如何操作的呢?众所周知,今天的学界在抽象理论上都有着共同的认识,那就是:取法于天,则天立法,则天行法。不过,这样的认识由于仅停留在抽象之"天道"、"天理"方面,而似多流于空洞说词,并不能让人清晰辨明法律"则天"的具体路径。而从天学的视野来看,则就为我们打开一条新的认识通道,知晓法律的"则天"之路。诚如前述,天学的核心内容即是通过对日月星辰所构各种天象的细致观测,从中获取天意,从而为人事进行预决和安排。就法律人事而言,就是从种种天象中领会天之法意,从而为立法、司法、修法以及法律设施提供直接和间接的模拟[6],从而成就了法律的方方面面。

虽然法律一般是针对人事的种种状态而作出规定,我们好像看不出其中拥有多少天象、天意的特征或痕迹,但是就法律的本源性、合法性、正统性、威权性而言,所有的法律其实都是在人类头顶的神灵之天那无限巨大的"天眼"严密而深邃的注视和监督下才成为可能。法律的具体内容的确是来自于社会现状,但对这些具体内容的如何规范和表达,却是始终受制于天意,具体一点说,就是受到天的"脸谱"——天象的左右摆布,即要以天象为依据。可以说,古代中国以"星占"这个天学的核心来决定法律如何而为的事例,真可谓比比皆是,而以星占经验为结晶的各种官方星占文献即占辞经典[7],为法律具体运作之

---

[5] 传统观点普遍认为,中国古代的统治理念是(正统)儒家思想,但随着研究的深入,"外儒内法"现已基本成为学界的共识。郝铁川先生甚至更进一步认为,中华法系的本质就是法家学说而非儒家。参见郝铁川:《中华法系研究》,上海:复旦大学出版社1997年。

[6] 关于立法、司法、修法及法律设施对天象的直接和间接模拟,本人已另撰文具体分析,限于本文论题主旨,此处将不详细具体展开论述。

[7] 较为著名的,主要有唐初著名星占术士和天算学家李淳风所撰的《乙巳占》(共10卷)、唐代中期太史令瞿昙悉达编纂的《开元占经》(共120卷)等。

依据更是一以贯之,长久坚持。如太白金星为主秋主罚之星,进入秋天,人君当应顺太白行政,不可逆之,否则严重者将引来杀身之祸,是故占辞强调"太白之见也,以其时修法制、缮囹圄、具桎梏、禁奸邪、务执缚、察狱刑、戮罪过,斩杀必当,无留有罪"。[8] 又如占辞说"月晕轸角,大赦……晕大陵前足,赦死罪,后足,赦小罪"[9]、"荧惑在尾,与辰星相近,天下牢开,大赦"[10]、"日蚀轸,国有丧,以赦除其咎"[11]等等,均为人君恪守之道。不仅人间法律该如何运作要依天象而定,而且若统治者法治无方或滥法无度,便会导致凶险之灾异天象(如日月之蚀)。此类情形,经典占辞同样有种种一锤定音之语,如"君喜怒无常,轻杀不辜,戮无罪,慢天地,忽鬼神,则日蚀"[12]、"臣行刑法,执法不中,怨气盛,并滥及良善,则月蚀"[13]等等。而人君出于对灾异天象的惧怕,则会反过来触动或逼使其对已有法律改弦易辙,以应天意,如在众多的罪己诏中宣布实行大赦或赦免一些死罪、减轻刑罚、停止或废除某些措施(诸如赋税法律的执行)等等,即是此类。

所以,在中国古代,由于一种"外儒内法"的统治本质,特别是那种"取法于天"的法律本色,同时也是由于法律之于所有文化中的重要角色,作为文化资源的天空,其核心实际上就是"作为法律资源的天空"。它是天学视野中的应有之义,也是天学视野关注的焦点。

可以毫不夸张地说,"作为法律资源的天空"在中国是一个永不枯竭的也是颇具恒久性的法律之源。统治者们不仅大可放心和放肆地去挖掘这个宝藏,更为重要的是,它能够给统治王权及其法律带来神圣的光环和至上的威权,从而使得对天顶礼膜拜的人们诚心地服从甚至捍卫这个王权及其法律。[14] 所以,从天空中吸取种种法律资源就成为古代统治者一向遵行的圭臬和传统,不仅早在传说之帝尧时代就有突出表现[15],而且中经了几千年全面浸淫于浓厚

---

〔8〕《乙巳占卷第六·太白占第三十四》。
〔9〕《乙巳占卷第二·月晕五星及列宿中外官占第十二》。
〔10〕《乙巳占卷第五·荧惑入列宿占第二十九》。
〔11〕《开元占经卷十·日占六·日在南方七宿蚀八》引《河图圣洽符》之言。
〔12〕《开元占经卷九·日占五·日薄蚀三》引《礼斗威仪》之言。
〔13〕《开元占经卷十七·月占七·月薄蚀二》引董仲舒《对灾异》之言。
〔14〕当然,同样有人会从这个天空中挖掘出相关资源来对抗现行王权和法律,所以作为法律资源的天空,它为各色人等在权力和法律的舞台上进行博弈和展开厮杀,提供了极为丰富而充足的资本或武器。
〔15〕《尚书·尧典》在述及帝尧的政绩时说:"乃命羲和,钦若昊天,历象日月星辰,敬授人时。分命羲仲,宅嵎夷,曰旸谷,寅宾日出,平秩东作。日中、星鸟,以殷仲春。……申命羲叔,宅南交,平秩南讹,敬致。日永、星火,以正仲夏。……分命和仲宅西,曰昧谷,寅饯纳日,平秩西成。宵中、星虚,以殷仲秋。……申命和叔,宅朔方,曰幽都,平在朔易。日短、星昴,以正仲冬。"显然,帝尧是命令羲氏与和氏去观测天象,并根据天象来制订历法来指导农事和国事,而历法即是一种极为典型的法律,表面上它是以日月星辰的运行和排列为客观依据,但它更是赋予了统治者主观意志的色彩,并以国家强制力予以普遍推行,从而具有典型的法律属性。

的"则天立法行法"观念的各个王朝之后,就是到了末朝清代,即使在具有科学意义的西方天文学输入中国甚至由西人领导钦天监的语境下,统治者以头顶天空作为法律之源的作法依然强烈。著名科学史家席泽宗先生在其论著中曾讲了这么一个历史事件:

> 一直到 17 世纪,清政府任命传教士汤若望利用西洋方法编算历书,因为在颁行的历本封面上印了"依西洋新法"五个字,就被杨光先于 1660 年控告为"窃正朔之权以予西洋"等罪,引起清廷震惊。清政府判汤若望死刑,正欲执行,北京忽然地震,天空又出现了彗星,根据中国的星占术,认为这是上天发出了警告,断案有错,皇家应该对罪犯减刑,于是就释放了汤若望和他的助手南怀仁等人。[16]

如果说这个故事发生在清代前期,并且西方天文学还未扎根之际,时间还早,尚不足以说明问题的话,那么到了晚清西方天文学在当时颇为得势之时,清政府仍笃行祭天,朝中大臣普遍相信占卜之术,像曾国藩、左宗棠、张之洞、薛福成诸人尤为突出。薛福成就在笔记中说到:

> 天文家每测象纬,以占人事之吉凶,其法由来旧矣。……余所亲睹,如咸丰十一年五星联珠之瑞,即志之矣。又如咸丰八年九月,彗星出西北,其芒扫三台并及文昌四辅,月余乃灭。余谓三公中必当其灾者。未几,而科场之狱兴,军机大臣大学士柏俊以失察门丁舞弊,肃顺等复深文周内,竟雁大辟。[17]

可见,科学意义的西方天文学的输入,并未起到多大的启蒙作用,统治阶层从天空中挖掘法律资源的天学观念,到了晚清还是如此根深蒂固,至于民间将天空与法律对应起来则更为普遍。显然,这是几千年传承不绝的"集体意识"的结果,虽然有像王充之类高举"疾虚妄"大旗向传统天学开战,但终归徒而无功,集体的信仰就像大海一样造就了法律本源于头顶天空的宏大语境。"作为法律资源的天空",或可正如西人爱伯华(W. Eberhard)针对中国所表达出的意义——"天文学起了法典的作用"。[18]

在天学的视野下,中国古人从天空中获取立法、司法、修法及法律设施等有关法律的一切本源模型,从而使得作为法律资源的天空在古代社会的具体统治方面具有关键性的法律意义。然而,除了这些"具体法治"的意义外,作为法律资源的天空借着天学的观念载体,在更深的层次上还有着于对于古代统治者和

---

[16] 席泽宗:《科学史十论》,上海:复旦大学出版社 2003 年,页 159。
[17] 《庸庵笔记·史料》,转引自王玉德:《神秘主义与中国近代社会》,北京:中国社会科学出版社 2003 年,页 65。
[18] 转引自席泽宗,同前注[16],页 159。

古代社会更为重要的法律意义。

三、"作为法律资源的天空"对君权制约可行性的法律意义

权力制约是古今中外共同关注的问题,也是法律之于政治发生作用的重要手段。中国古代的法律同样对中央各部门设定了权力制约的方案和制度,但是,毋庸置疑,自从法家将人君权力推向极致,乃至于秦代建立皇帝制度以后,君主就一直居位法律之上、游离于法律之外,对君主始终有着法律制约的真空倾向,乃至于人们都习惯将古代君主的统治目为"专制"。[19] 然而,传统天学灾异论——这个中国古人从头顶天空获取的极重要资源的出现,却在"拟制法律"[20]的意义上弥补了这个真空,也阻遏了"专制"一词在古代中国的全部意义的展开,使得头顶天空作为神圣法律的资源所在更加突出和彰显,因此具有最根本的价值意义,从而使得一贯不可一世的君主不得不有所收敛,乃至修德、修身、修政和修法。

可以说,以往学界对灾异论多有精辟论析[21],但笔者以为,这些论析绝大部分都是在抽象意义的"天道"、"天理"等层面而展开,并没有将其置于主要以具象意义而表达的"天学"语境中;同时,这些论析又几乎都是在笼统的政治层面而展开,而并没有将其置于一个法律或拟制法律的语境中;至于将灾异论置

---

[19] 据中国台湾学者甘怀真考证分析,"专制"一词虽然是中国的古语,但被用来界定一种政体,即界定皇帝制度的时候,则是一种在近代从西方引进的理论说法。从具体时间来看,以专制来称传统中国的政体,始自19世纪后半期,尤其是维新运动前后,而第一位有体系地提出专制学说的则是梁启超。梁的专制概念明显来自西方学术界对于西欧政体从君主专制演进到君主立宪再进化到民主立宪的分类,而专制的被引进绝不是基于单纯的学术兴趣,而是出于现实的政治运动的需求,即专制并非是用来客观描述的一种政体,而是有着强烈的价值判断,是"破家亡国的总根源",是政治黑暗的根源和象征。然而,西方历史语境中的专制是指一种绝对的主权或王权,其政体主要存在于16世纪后期至18世纪,是用来对照欧洲中古时代受到封建习惯法和教会法约束的封建王权的。以专制这个外来的概念来判断、分析和界定中国古代国家的政体是有局限性的,应该进行反思。参见甘怀真:《皇权、礼仪与经典诠释:中国古代政治史研究》,台北:台湾大学出版中心2004年,页533—546。

[20] 此处所谓"拟制法律",并非指灾异论本身就是法律,而是指其具有法律特别是最高地位的法律的功能意义。本文后面将进行详细论述。

[21] 较早如陈顾远先生在《天道观念与中国固有法系之关系》(1937年)中论及墨家天道观和罪赦道观等时,就对天谴灾异论有所涉及,至于当代学者之论则较为突出,如席泽宗先生在其著《科学史十讲》(前注[16])、金春峰先生在其著《汉代思想史》(北京:中国社会科学出版社1997年)、张荣明先生在其著《中国的国教》(北京:中国社会科学出版社2001年)、范忠信先生在其著《中国法律传统的基本精神》(济南:山东人民出版社2001年)、张分田先生在《中国帝王观念——社会普遍意识中的"尊君—罪君"文化范式》(北京:中国人民大学出版社2004年)等均有集中论述。

于天学和法律或拟制法律的结合语境中进行论析则几乎空场。[22]而实际上,灾异背后真正的主宰,并非是一个抽象的天道和天理,而是一个十分"人格化"的力量无边的天神,或者说就是神灵之天。所谓天道、天理,只不过是这个神灵之天的永远正确思考的思想"元点",或者说就是天之本性的意志表达。中国古代的天学,就是建立在对神灵之天的思想和意志如何表达、人事如何遵奉的认知问题上。脱离了具有浓厚神灵色彩的天学的统筹,对灾异论的理解就往往只会在抽象的层面上徘徊,或者往往会误以为是中国古代存有天道的"自然(法)"思想对灾异起决定和支配作用,而事实上并非如此。如张分田先生虽然对天谴灾异论从天赋君权论角度进行了精辟论述,如认为天谴论对一个王朝或一个皇帝兼具论证与调整功能,即主旨是劝诫、规范君主,使其敬畏天命以防止革命,而其前提是承认这位被劝诫的君主正享有天命等等,但是他又认为天谴论只在汉代作用较大,而在唐宋之后随着天道自然思想的盛行而致使天谴论影响日益弱化的观点[23],则是值得大为商榷,或者说就是不当的。实际上,唐宋以后天谴灾异论同样十分流行,甚至在运作上更为完善,无论是帝王,还是臣子,都从灾异论中获取了大可利用的资源,唐宋及以后的历代正史中就有很多这方面的事例。又如陈顾远先生虽然对墨家学说中人格化神灵之天的认识十分精到,但又将体现为"杀一不辜者必有一不祥……予之不祥者天也"之类的墨家灾异论中天的"法仪"、"天志"与自然法属性相联系[24],则同样很令人疑义,因为实际上墨家之天充满着神性色彩。如果从天学的角度分析,灾异论的源远流长,恰恰是古人一直浸淫在神灵之天的观念语境中的结果,而所谓的"天道自然(法)"思想,实际上只是主要发生在少数的一些开明士大夫身上,并不具有主导性,具有主导性的仍然是传而统之的具有广大民众之信仰基础的天神观。显然,以广大民众为统治基础的人君为巩固王权,当然是很乐于运用神

---

[22] 当然,必须指出,江晓原先生在其《天学真原》(沈阳:辽宁教育出版社1991年)、黄一农先生在其《社会天文学史十讲》(上海:复旦大学出版社2004年)中,将灾异论置于天学的语境中进行分析,均有着非常精辟的论析。但是也必须承认,两位先生的论析平台均是政治性的,而非法律性的。将灾异论置入法律语境中的考察,当以瞿同祖先生在其名著《中国法律和中国社会》(北京:中华书局1981年)之"福报"一节中的论述为先河,此外郭成伟和孟庆超两位先生合著的论文《论"天道"观对中国传统法律的影响》(载《政法论坛》2003年第5期)则是近年在法律层面对灾异论进行论述的较为出色的成果。然而,两者却不是在天学的视野中展开。笔者曾有过将灾异论进行天学与法律的结合尝试,如拙文《古代中国"天学"视野下的天命与法律价值革命》(载《法制与社会发展》2005年第6期)、《灾异境遇:中国古代法律应对机制及当代意蕴》(载《政治与法律》2004年第3期)、《阴阳五行学说与秦汉法律路线之选择》(载《法商研究》2004年第6期)、《中国古代天学视野下的刑罚运行》(载《河南省政法管理干部学院学报》2004年第6期)等中有相关论述。

[23] 张分田:同前注[21],页367—368。

[24] 陈顾远:"天道观念与中国固有法系之关系",载范忠信、尤陈俊、翟文喆编校:《中国文化与中国法系——陈顾远法律史论集》,北京:中国政法大学出版社2006年。

秘灾异论的。至于其他一些论者虽然认为古代诸如地震、蝗灾、干旱、水涝、疾病、服妖等是灾异,但由于将这些灾异归之于自然范畴的阴阳失调问题,也就当然认为超越了神灵之天。这样的看法同样是片面的,也是一种对中国古代思维缺乏全面考察的"只见树木,不见森林"的误解。

同样,学界已有灾异论的各种论析,多是在政治层面进行政治意义上的展开。诚然,从古人灾异论的运作而言,的确是在政治层面上的推演。但我们也须注意到,虽然中国古代社会不存在相对独立的法律运作,法律只是依附于政治而运作,但是如果我们把依附于政治的法律从政治的巨大吸盘上相对地分离,将灾异论放置于法律或拟制法律的语境中去分析,当我们这样把传统的视角转换一下而赋予新的意义时,或许更能对中国古代的法律运作轨迹和功能,以及法律超越"线性"而具有的"放射性"、"发散性"[25]机能进行清晰地认识和体悟。基于前述,笔者在此所论,即主要是基于一种法律或拟制法律的视角,将古代中国的灾异论置于天学的语境范畴中进行分析。

从今天所能掌握的历史事例来看,以灾异来推演天神谴告并进行罪己行为,更早在商汤时就已出现,商汤很可能是灾异论最原始型态的确立者。《吕氏春秋》有云:

> 昔者汤克夏而正天下。天大旱,五年不收。汤乃以身祷于桑林曰:余一人有罪,无及万夫;万夫有罪,在余一人。无以一人之不敏,使上帝鬼神伤民之命!于是剪其发,磨其手,以身为牺牲,用祈福于上帝。民乃甚悦,雨乃大至。[26]

汤将大旱之罪归于己身而竟欲牺牲自己性命以救万民,着实令人感到天降灾异的巨大威慑力量以及他的崇高德性。如果说商汤对待灾异,是开启王者身体力行罪己的先河,同时也是此类典范的话,那么至汉代文帝时,则开始运用法令形式和手段来解读灾异并推行补救行为了。《史记·孝文本纪》记载:

> 十一月晦,日有食之。十二月望,日又食。上曰:"朕闻之,天生蒸民,为之置君以养治之。人主不德,布政不均,则天示之以灾,以诫不治。乃十一月晦,日有食之,适见于天,灾孰大焉!朕获保宗庙,以微眇之身托于兆民君王之上,天下治乱,在朕一人,唯二三执政犹吾股肱也。朕下不能理育群生,上以累三光之明,其不德大矣。令至,其悉思朕之过失,及知见思之所

---

[25] 所谓法律的"线性",是指法律的设置和运作不是单线的、独立的,更不是纯粹的。所谓法律的"放射性"或"发散性",是指法律的设置和运行是一个开放性的、多元性的、包容性的,就如某个东西虽然没有贴上法律的标签,但它却具有法律的特点和功能;或者如某个东西虽然贴上法律的标签,但它却和其他事物盘根错节而融为一体。

[26] 《吕氏春秋·顺民》。

不及,匄以告朕。及举贤良方正能直言极谏者,以匡朕之不逮。"

汉文帝由日食之灾而罪己不德,求人言过,特别是以此开了举贤良方正直言极谏之河,堪为意义重大。不过,我们在此要特别注意的是,汉文帝是以帝王法令形式来解读此种灾异及推行补救之论的,而事实上,人君以法论析和应对灾异的此类行为就是一种普遍现象,这说明灾异论的本身就有着某种拟制法律的功能意义。也就是说,灾异本身当然不是法律,它只是一种现象,但是当统治者以一种神灵之天的信仰情感去神性化地解读这种现象的时候,特别是将这种解读和补救结合并必定诉诸法律形式去运作的时候,这种灾异论——"灾异的解读和补救理论"也就承担了法律的功能,也具有某种拟制法律的性质。

当然,灾异论具有上述拟制法律的功能,并不是它作为拟制法律的全部意义。以帝王的身份和姿态论及灾异,在惧畏神灵之天的语境下,当然或常常会诉诸最强劲的法律手段,以表达他对天的"最真诚"的歉意和悔改。但是,我们也必须承认,历史上少有帝王真正会像商汤和汉文帝那样,积极主动而坦诚地解析灾异并罪罚己身,多的是那些不敢主动面对和承担罪责的人君。在后一情况下,相关灾异论的出现,并不是主动体现在人君的诏令、法律上,而是首先体现在人臣对人君的进谏上。臣子们面对专制和跋扈的君王,时而敢于进谏,其原因即在于灾异论是一个指涉天谴的重大问题,而如何解读和补救灾异本身就是一个天意、天法问题。在此种情况下,灾异论显然是被臣子特别是正直臣子作为一个至高至威的最高法则(天法)而理直气壮地运用的,从而具有另一种拟制法律的功能意义,于现代法治社会而言,就像是取得了宪法的功能意义一样。与前述那种以法律形式表达出来从而具有某种拟制法律的属性情况相比,灾异论此种层面的拟制法律的属性,在中国历史上则更为普遍和重要。因为像汉文帝之类是历史上著名的有德之王,他们在灾异面前的所作所为主要是出于自己德性的张扬,具有一种为民请命而主动为之的高风亮节,而不是被动地受制于外在的约束机制。但历史上这样的君王是很少的。同时,我们也必须承认,无论商汤还是汉文帝,他们的灾异论也还是十分粗糙的,缺少系统的理论支持,具有的主要是朴素的自我体认色彩。所以,我们也可以说,像商汤和汉文帝他们的灾异观念,并不代表传统天学中主流的灾异论,而只是充当了传统天学灾异论的某种理论素材。

传统天学灾异论的真正建构者和集大成者是汉代董仲舒,或者说,正是由于董仲舒的贡献,灾异论的天学意义才更为完善和突出,灾异论的拟制法律的功能才更为强化,同时,对后世传而统之的理论内容也更完备地形成。在天神控制和主导之天人感应的理论下,董仲舒通过解析《春秋》,推演灾异。他说:"凡灾异之本,尽生于国家之失。国家之失,乃始萌芽,而天出灾害以谴告之。

谴告之而不知变,乃见怪异以惊骇之。惊骇之尚不知畏惧,其殃咎乃至。"[27] 董仲舒不仅将灾异之本归咎于国家之失,而且还将灾异矛头直指君主。比如他以列举的方式说:

> 如人君惑于谗邪,内离骨肉,外疏忠臣,至杀世子,诛杀不辜,逐忠臣,以妾为妻,弃法令,妇妾为政,赐予不当,则民病血臃肿,目不明。咎及于火,则大旱,必有火灾。摘巢探𪉟,咎及羽虫,则飞鸟不为,冬应不来,枭鸱群鸣,凤凰高翔。[28]

可见,统治者如是非不明,倒行逆施,弃毁法令,滥用刑杀,则民疾病丛起,灾异横生。董仲舒还配合五行,列举人君之失于灾异现象产生的原因:

> 王者与臣无礼,貌不肃敬,则木不曲直,而夏多暴风。……王者言不从,则金不从革,而秋多霹雳。……王者视不明,则火不炎上,则秋多电。……王者听不聪,则水不润下,则春夏多暴雨。……王者心不能容,则稼穑不成,而秋多雷。[29]

人君的貌、言、视、听、思,直接与木、金、火、水、土五行相对应联系,而且前者问题必定会引起后者问题的出现。也就是说,君王的个人行为是导致天(气)象之灾的罪魁祸首。

可见,董仲舒的灾异论的直接指向,不是别人而正是君主。所有一切灾异,都是源自国家之失,其实都是君主之失。而灾异不是发自别处,而是发自于天——一个主宰一切的有意志的神灵之天,是天对人君之失的谴责,或者说就是某种形式的天罚。在自上古以来就流行于世的对天予以信奉和敬畏的语境中,董仲舒这套建立在天人感应基础上的灾异论,实际上是在古代无法用明确有效的法律机制对君主进行权力控制和约束的情况下,以一种有效的"拟制法律"的形式,借天的权威或者天之"法网"来限制君主的权力滥用和私欲膨胀。对此,在一定意义上说,清代学者皮锡瑞的一番高论可谓深切印证了董氏的良苦用心:

> 古之王者恐己不能不失德,又恐子孙不能无过举也。常假天变以示儆惕。……后世君尊臣卑,儒臣不敢正言匡君,于是亦假天道进谏。以为仁义之说,人君之所厌闻;而祥异之占,人君之所敬畏。陈言既效,遂成一代风气。故汉世有一种天人之学,而齐学尤甚。[30]

---

[27] 《春秋繁露·必仁且智》。
[28] 《春秋繁露·五行顺逆》。
[29] 《春秋繁露·五行五事》。
[30] 《经学通论·易经·论阴阳灾变为〈易〉之别传》。

这里"古之王者"就比如商汤、文帝之类的有德之王,他们当然能主动、自觉地以天变给自己敲警钟。但后代君主权力极胀,对于这些政权塔尖上的皇帝,官员该如何与他对话呢?又该如何批评掌握生杀大权的皇帝的错误呢?皮氏说,因"祥异之占,人君之所敬畏",故儒臣避"仁义之说",而以祥异来"假天道进谏"。皮氏所谓"汉世"就出现的这种"天人之学",窃以为想必就是源自和兴起于董仲舒对灾异的天学理论架构。

林乾先生曾较为详细地分析了对君主权力进行法律制约的机制,如对诏令行使封驳权的言谏系统、体现相权的宰相"副署权",以及体现古代式民主的廷议制度等等。[31] 这些法律约束机制从理论上说,应该具有重大的作用,从而会有力地限制君权的滥用。然而,臣子们靠摆事实、讲道理,是否真的可以使皇帝回心转意或收回成命呢?从历史上看,显然是成功的少,失败的多,这种限制其实是很有限的。这其中的原因,诚如林乾先生所指出的,"一是君主权力会因君主个人综合素质不同以及政治境遇之差别而表现出不同的张弛及不可控性;二是制约机制本身的作用效果具有极不稳定性"[32]。比如中国古代虽然有着君权和相权之间的抗衡,但君权和相权由于没有一个明确的法律上的界限,一旦君主认定制约自己权力的权力是专擅欺君,制约者就会有性命之忧。余英时先生即明确指出"君权是绝对的、最后的;相权是孽生的,它直接来自皇帝"[33],即相权毕竟最终是受制于君权的。而且,随着君权的强化,本身也在不断地侵蚀和弱化以宰相为代表的官僚系统所具有的法律制约机制的功能发挥。明代嘉靖朝时所发生的明代历史上规模最大的一次集体谏诤事件,以当廷杖毙17人、其他受罚者众多而告终,即是一个对君权制约的法律机制彻底失败的最典型标志。至于古代国家士大夫阶层在明君昏君不同政治统治下所呈现出的双重性格,特别是在利益诱惑致使他们的社会责任感淡化乃至缺失的时候,这个法律制约机制本身的缺陷问题就更为突出。所以,古代中国虽然存在一些看起来较为完备的君权制约法律机制,但其功能却是十分有限的,甚至有时是缺席表达的。然而,正如皮锡瑞所言,以天降之灾异作为劝谏的手段则就顺利、有效多了,因为即使最张狂的君主,他也不能不对神灵之天心怀畏惧。于此,我们发现,董仲舒灾异论的用意真是煞费苦心,是谓"醉翁之意不在酒"。同时,我们更发现,正是由于现有的那套世俗的法律制约机制无法正常发挥功能,灾异论的出现和完善也就在"拟制法律"的意义上弥补了"世俗法律"的缺陷。

正由于灾异的背后主宰是那个古人十分信仰和敬畏的"天",是一切事物

---

[31] 参见林乾:《中国古代权力与法律》,北京:中国政法大学出版社2004年,页10—61。
[32] 同前注,页165。
[33] 余英时:"'君尊臣卑'下的君权与相权",载余英时:《中国思想传统的现代诠释》,南京:江苏人民出版社1998年。

特别是皇权的最终的"合法性"本源,所以董仲舒的灾异论"谏招",后来就屡被正直臣子作为一种类似现代宪政体制下之宪法权利(力)进行运用,从而抨击朝政乃至直指帝王本人。如东汉阳嘉二年郎颢就以灾异为名上书朝廷,特别要求汉顺帝向天认罪,并要求其修德修身以正君道:

> 自冬涉春,讫无嘉泽,数有西风,反逆时节,朝廷劳心,广为祷祈,荐祭江山,暴龙移市。臣闻皇天感物,不为伪动,灾变应人,要在责己。[34]

如果这还算较为温和的话,那么《后汉书·襄楷传》中记载的一个事例就较为激烈了:

> (襄楷)好学博古,善天文阴阳之术。桓帝时,宦官专朝,政刑暴滥,又比失皇子,灾异尤数。延熹九年,楷自家诣阙上疏曰……

他在疏中将当时的各种灾异之天象一一与朝政对应起来,并断言这些灾异全是由诸如宦官专权、滥用刑罚等政治黑暗所致,最后进而批评到皇帝本人,言辞极为尖锐,如:

> 今陛下嗜欲不去,杀罚过理,既乖其道,岂获其祚哉?
> 今陛下淫女艳妇,极天下之丽,甘肥饮美,殚天下之味,奈何欲如黄、老乎?

这样冲撞君主威严的激烈言辞,让旁边的大臣都吓得噤若寒蝉,然而,挨骂的汉桓帝却并未起杀戮之意,反而打了个圆场赦了诋君杀身之罪:

> 帝以楷言虽激切,然皆天文恒象之数,故不诛。

可见,正是因为打着灾异之象中天的旗号,本着最高位阶之"天法",臣子们才敢堂而皇之、甚至义正词严地抨击朝政,指责君主,让其修德修政修法。君主也对臣子这种搬弄"天法"之谏招小心翼翼,而常常虚怀纳谏。这样的一种对天子的约束手段,在历史上简直可说是屡试屡爽,乃至于到了西方近代科学意义的天文学大为侵入的清末,也同样盛行。光绪朝地震,张之洞便向慈禧和皇帝上了一道《请修省弥灾折》,其中说道:

> 窃六月以来,金星昼见,云气有异。五月中旬,甘肃地震为灾,川陕毗连,同时震动……臣唯金星主占,迥非岁星为福德者可比……占候家言虽不可泥,然天象地理赫赫明明,合观两事,不可谓非上苍之示儆也。[35]

---

[34] 《资治通鉴》卷五十一。
[35] 《张文襄公全集》卷一《奏议一》,载《近代中国史料丛刊》,台北:文海出版社1966年,第327页。

可见,经董仲舒完备起来的灾异论成为历代儒臣劝谏人君的有力法宝,使人君权力行使有所限制。不仅如此,灾异论还逐渐成为开明君主自我修德、修政、修法的说辞甚至推动力。即使没有臣子以灾异来做劝诫和批评的文章,一些人君也会主动甚至勇于(当然不排除诸多作秀者)承担灾异责任,并常以"罪己诏"、"求言诏"的法律形式体现出来。所以,某种意义上说,灾异论成为高悬在人君头上的那把"达摩克利斯之剑",成为制约人君的"无字天书之宪法"。

余英时先生曾在《"君尊臣卑"下的君权与相权》[36]的文章中指出,君权虽说是绝对的、最后的,但并不意味完全不受拘束而随心所欲。君权虽无形式化、制度化的限制,但却有无形的、精神上的限制。这样的限制,首先是儒家一直想抬出一个更高的力量来约束君权,汉儒的"天"和宋儒的"理"即是;其次是帝王"祖法";最后是"官僚制度"。余先生之言可谓是洞若观火,当然精辟。不过,笔者对余先生之唯有官僚制度之限制为真实,而前两种限制力量都相当微弱之评价,持有很大的保留态度。庞大的官僚制度当然对君权予以真实的限制,拥有绝对权力的君主面对官僚制度也是一筹莫展。但是,前两种限制同样具有真实性。陈顾远先生即分析认为,君主虽掌行政、立法、司法大权于一身,但依然有其权力行使上的限制,虽异族入主中国也不愿绝对有违,这种限制即一为"先王成宪",一为"祖宗遗命"。[37] 笔者认为陈前辈的"两端"限制,可归为余先生的"帝王祖法",而这种祖法的权力限制显然不是微弱的。特别是儒家抬出的"天"(实际上,宋儒之理还是依附于天),在某种意义上更是十分真实地对君权起着限制作用。天不仅从抽象的意义上发生制约作用,更为重要的是,天从具象的意义上,通过降下灾异的方式让人君感到惧畏和反省。当灾异发生或示意发生,看看历史上众多的臣子据"天"力谏之上书,以及众多的人君惧畏"天变"而罪己求言之诏令,就可足以说明天通过灾异谴告而制约君权的真实效果。在被近代维新和革命人士染上强烈政治情绪而又进一步感染着我们情绪的所谓"专制"的古代社会中,世俗的法律难以为君主权力形成一个可行有效的制约机制,但是能降灾异的天,却给君主的权力滥用加上了一道富有成效的制约门阀。

台湾学者甘怀真先生在其论著中,同样认为中国古代皇权不是绝对的,但又认为这不是因为皇权受到法律制度的规范,而是由于皇权的运作方式是"礼制式"的,即要受到一种"传统式的公共规范"——礼(亦即"名分")的制约。[38] 笔者以为,甘先生的分析自然正确,但还可再进一步实质化剖析。虽然自从周公制礼而使得礼渗透到社会的各个方面,并随着以后历代的发展损益,而致使

---

[36] 同前注[33]。
[37] 陈顾远:同前注[24],页84—86。
[38] 甘怀真:同前注[19],页542—546。

礼的内容不断世俗化和社会化,但无论礼的内容如何呈现,礼都是在那个主宰一切、规划一切的神灵之天的"天眼"监督和注视下成为可能和可行的。也就是说,礼的背后的真正操纵者是"天"。虽然以现代人的眼光来看古代之礼,礼是古人追求政治生活和日常生活秩序化的一个很世俗性的创造,是"人"的创造,但是在古人的观念中,礼在理论上绝不是"人"创造出来的,而是人对天地秩序规则的一个复述,即礼是"神"的创造意志在人间社会的表达。礼起源于古人对神灵进行祭祀的理论说明,礼的本源就是神灵意志[39],而诸如《周礼》、《礼记》、《仪礼》、《易传》等儒家经典中,更是充斥着诸如"礼本于天"、"礼以顺天"等强劲话语。所以,对于皇权的礼制限制,说到底还是那个神灵之天(不是义理之天、自然之天)的限制。

董仲舒的灾异论不仅为人君权力的滥用进行实际上的制约,而且,更为重要的是,还鲜明地指出天的制约背后的真正动因。天为什么要对由于人君滥行权力而致国家政治败失的情况进行灾异谴告和灭亡呢?董仲舒说:

> 天之生民,非为王也,而天立王以为民也。故其德足以安乐民者,天予之;其恶足以贼害民者,天夺之。[40]

这几句话,在笔者看来,可谓掷地有声。天生民,其目的并非服务于王,但天立王的目的却必是服务于民。如果王能使民安居乐业,则天会保有王的天命;如果王祸殃于民,则天必会夺去他的天命。这样的话在两千年前的王权之欲急剧膨胀的汉武帝时代说出来,着实需要勇气和胆略。我想,这或许是上古圣王天命观中的"天德"品性——"民之所欲,天必与之"[41]给了董先生以强大的精神力量的缘故。天意即民意,天的一切所作所为都是为了人民,天之降下灾异是谴告人君赶快修德、修政以善待人民,同样是为了人民。天都如此一心一意服务于人民,更何况由天设立的君王乎?现代政治社会提倡各级领导干部是人民的公仆,而类似的理念早在两千年前的中国甚至更早的上古时代就已形成。董

---

[39] 在古代祭祀中需要种种祭品以及乐器击打等,表明祭祀的对象不是抽象的存在,而是具有人格化的神灵。这个人格化的神灵和人一样,也需要物质享受和精神娱乐,也只有祭祀者提供了这些需求,神灵才能给祭祀者降下福祉。诚如台湾著名人类学家李亦园先生之言,祭祀是"用钞票来贿赂神"(李亦园:《田野图像——我的人类学研究生涯》,济南:山东画报出版社1999年,页85)。也正如"礼不下庶人"的本义一样,是"庶人贫无物为礼",即由于没有起码的物质条件,所以连祭祀的资格都没有的。

[40] 《春秋繁露·尧舜不擅移、汤武不专杀》。

[41] "民之所欲,天必从之",出自武王伐纣时向军队发布的一个誓辞中:"今商王受(纣)弗敬上天,降灾下民……皇天震怒,命我文考,肃将天威……天佑下民,作之君,作之师……天矜于民,民之所欲,天必从之"(《尚书·泰誓》)。武王伐纣之誓辞中"民之所欲,天必从之"的话语,实际上就是对天之德性的一个精辟概括,其与后来西周建立后统治者提出"以德配天"思想是相通的。由于后人对武王圣人角色的推崇,以及武王伐纣在中国历史上具有的极为重大的革命意义,所以武王对天德的八字概括也成为历代认识天德的经典传统话语。

仲舒观念中的君王就是天下人民的最大公仆,而头顶的那个无处不在、无时不有的"天",则对君王予以严密的监督和警示。在这种最高位阶的拟制法律的监督预警系统中,君主不仅感受着天的制约而谨慎行权,而且还由此力行善政,推行德治,善待人民,从而在法律的设置和运行中体现了不同程度的人性(道)关怀。

当然,话又说回来,灾异论之于君权的有效限制也不是绝对的,因为人君作为人间的最高统治者,毕竟握有对灾异的解释力和舆论控制力。他可以"天子"的名义,以其所谓最适合与天进行对话的人选的身份,进行有利于自己的解释。中国古代的经典理论"天人感应",其实质就是"天王感应",而董仲舒对天地人贯通之"王"的解析,则更是突出说明古代帝王对天神的"专利性"沟通以及对天意的把握。所以,一般来说,只要臣子的劝谏并不很过分,聪明的人君自然会虚虚实实地认真对待而进行反省,而且这种反省恰恰是证明他是"君权神授"。但是,当臣子利用灾异论过分地抨击以至严重损害人君利益,甚至危及其皇位之时,人君则会利用其"天子"身份的最权威的解释力为自己进行辩护,或者干脆推卸责任而移灾于臣子。[42] 所以,由于对灾异的最大操控权多是掌握在人君手中,从而我们也不宜过分夸大灾异论的限制作用。

不过,虽然灾异论并不绝对地对人君进行权力制约,但我们也必须承认其相对有效的权力制约又是普遍而客观存在的。很多人对董仲舒那建立在天人感应基础上的灾异论很不以为然,认为那只不过是一堆荒谬可笑的说辞罢了。但是,以现代人的思想和价值去衡量古人的学说,是否能真正理解古人的思想精髓呢?是否对古人公平呢?清代学者皮锡瑞在《经学历史·经学极盛时代》中就强调,汉儒是"借天象以示儆","借此以匡正其主",而"后世不明此义,谓汉儒不应言灾异,引谶纬,于是天变不足畏之说出矣"。因此,皮氏告诫人们"言非一端,义各有当,不得以今人之所见,轻议古人也。"此话说得极是。于是,当我们面对传统天学的灾异论,我们是否还会不容置疑地斥之为"迷信"?当我们面对现代社会对权力特别是最高权力如何用法律机制来予以制衡的"头痛"问题时,董仲舒的灾异论是否真得已离我们久久远去?不过,无论如何,有一点是肯定的,那就是对于人君的极权限制而言,董仲舒的灾异论不仅具有拟制法律的意义,更具有超乎世俗法律而为世俗法律无法取代的意义。

---

[42] 如汉成帝时期绥和二年,汉代天空上曾出现"荧惑守心"这一星占学(天学的核心)中最凶的天象,这一本来应该由皇帝本人来主要承担的灾异责任,却被皇帝操纵并将所有的灾异责任全部转嫁给了当时的丞相翟方进,结果翟方进为塞灾异而只能自杀谢罪了。而实际上,这次的"荧惑守心"天象,据台湾学者黄一农先生研究压根就没有出现,只是一种为了某种政治目的的伪造。参见黄一农:"汉成帝与丞相翟方进死亡之谜",同前注[22],页1—23。

四、"作为法律资源的天空"对于法律秩序构建可行性的法律意义

在古代中国的天学视野中,所谓天垂象而圣人则之,君王须是象天而治方得治理。古代中国统治者虽然追求德治,讲求伦理教化,但并不否定法治[43],法治实际上是德治成功的保障。道德秩序固然美好,但法律秩序却是道德秩序维系的保障。诚如《唐律疏议》之《名例律》开篇中有云:"德礼为政教之本,刑罚为政教之用,犹昏晓阳秋相须而成者也。"不过,值得注意的是,无论是德治还是法治,古人都从那个具有无边力量的"天"那里获取到了生命的胚胎和成长的营养。在这个意义上,那个作为法律资源的天空,同时也是作为道德资源的天空。天的那个"保民惠民"的德性,就成为后期人君推行德治的最基本的理论源泉。不过,笔者在此并不想就道德秩序而展开论述,古代社会法律秩序的"象天而设"及其现实的可行性,才是本文此处的关注。法律秩序的"象天而设",突出展现了"作为法律资源的天空"之于世俗社会的又一个重大意义,或者说是本源意义。

自从有了人类社会的产生,为了能使人们在社会这个共同体中得以良性生存和发展,秩序就成为人们特别是社会统治者所追求的手段和目的。然而,秩序如何确立?什么样的秩序是可能可行的?在这点上,地球上的古民似乎都把目光投向了浩瀚的天空,从对天体的崇拜中获取了建立秩序的灵感。著名的西方学者西格蒙德·弗洛伊德对此有着精辟之言:

> 秩序……是从自然界模仿而来的。人类通过对浩瀚的天体规模的观察,不仅发现了把秩序引入生活的模式,而且也找到了这种作法的出发点。[44]

这句话的精辟之处,不仅在于揭示了人类需要秩序之因,而且还揭示了秩序内容之本:人类秩序是对天体秩序的模拟。不过,这样的秩序模拟在西方人的领悟中似乎出现得较晚,诚如弗洛伊德所说:

> 我们应该有理由希望在最初的人类活动中秩序就可以毫无困难地取得它的地位;而且我们可能很惊讶:这种情况居然没有发生,而是恰恰相反,人类在他们的行为中表现出一种没有规则和不可靠的天性,并且需要通过艰苦的训练,他们才能学会以天体模式为榜样。[45]

---

[43] 中国古代的法治最典型的显现时代是在秦朝,而在正统儒家统治的时代,法治则基本上内化于儒家的框架之内,成为儒家外在德治的推动力。当然,古代法治不能与现代法治相提并论。从最基本的也是最本质的区别意义上讲,古代法治是"以法治理",推行的是法律工具主义,而现代法治应是"依法治理",视法律为一种依靠的权威,推行的是法律至上主义。

[44] 西格蒙德·弗洛伊德:《文明及其缺憾》,傅雅芳、郝冬瑾译,合肥:安徽文艺出版社1987年,页35。

[45] 同前注,页36。

在这里,所谓"最初的人类活动"是指早期欧洲人的活动。显然,弗洛伊德的话语中隐藏着欧洲中心论的优越思想,他对西方人未能在最初的人类活动中率先从天体模式中获得秩序而透出一股遗憾的气息。也就是说,西方人对天体秩序的模仿,是经过了一定时期的曲折和磨炼之后才得以领悟的。[46]

与西方的情况相反,中国人远在上古的三代,就已经在"以天体模式为榜样"来建立自己的政治体制和社会秩序了。西周建立后,周武王"定天保,依天室",以天的格局建设国都,即是一个典型例子。北极星作为帝星,居于天之中心,满天的星斗围绕它转;同样,地上的国家首都,那个帝王所在,也要居于大地中央。为此,武王"我南望过于三途,我北望过于有岳,丕愿瞻过于河。宛瞻于伊洛,无远天室"[47],在进行了四方地望考察以后,终于在伊洛平原找到了地之中心——"土中",从而确定了"天保"。另外,"依天室"也是一个从形制到方位都要与天彻头彻尾地一致起来。作为天帝宫殿的紫微宫是天之中心,那么作为天之骄子的人君宫殿同样要亦步亦趋,居于天保之中。这种就天的格局进行国都营造的模仿,不仅在选址上具有地理意义,而且更具有政治意义。[48] 成王即位,天保落成,周人欣喜若狂,《诗经·小雅·天保》淋漓尽致地展现了这种热烈的情绪。诗文竟连续三章感叹"天保定尔,亦孔之固",欣喜、赞叹之情溢于言表。周人相信,"依天室"建制天保,则皇天时配、祖宗护佑、国祚长久,周人便可"受天永命"[49]。正如诗文反复吟唱一般,国家可以"如月之恒,如日之升,如南山之寿,不骞不崩"了。

周人依据天室而建天保,只是一般秩序的典型模仿,而实际上,中国古人依照天体秩序而模仿的秩序大都是法律秩序,或者与法律秩序难解难分。中国古人发现,满天的星斗虽然纷繁复杂,数量众多,但却并不杂乱无章,它们在北斗七星的带领下,围绕着北极星有条不紊地日夜旋转运行,而且各个天区的星体都有着各自稳定的位置。这样稳定的天体格局,在古人看来,就是一种稳定的天上的法律秩序。从官方星占学的角度看,如果有星体破坏这种稳固的法律秩

---

[46] 古希腊的天象体系一定意义上反映了弗洛伊德所说的早期西方人那种没有规则的天性。古希腊的星象体系,实际上是由一个个富于浪漫的神话故事组成的。这个星象体系的整体结构是零乱的,驳杂而无中心的,各个星座之间的关系是松懈的,全天星象呈现一种未经组织的自然状态。这一特色形成的原因主要在于先有神话体系,然后才将这个神话体系附会于天象,为天象命名,而不是神话故事来自于天象。参见陈江风:《天文与人文:独异的华夏天文文化观念》,北京:国际文化出版公司1988年,页1—5。可以说,这是一种追求人的个性的显现和炫耀的民族精神的体现。这与古代中国人追求整体划一的民族精神恰恰相反,从而在古代中国形成了与古希腊零乱驳杂的星象体系截然相反的组织严密的星象体系。

[47] 《逸周书·度邑》。

[48] 周朝以天体秩序建立国都,历代王朝的国都选址和布局基本上都是如此,而明清的国都北京紫禁城的建设所透露的对天的模拟,更是十分典型。

[49] 《尚书·召诰》。

序,擅自离位,则会受到天帝的惩罚,让其成为流星消失天空。因为官方星占学视野中的流星主要是指某一星对天帝统治秩序的背叛,而流星对应于人间而言,即是将有朝臣背叛朝廷,自然会招致朝廷的诛杀。不过,流星也常常会被臣子诠释为人君不德和法纪败坏而向人君进谏的天象。如汉代谷永在应对汉成帝永始二年二月癸未"夜过中,星陨如雨,长一、二丈,绎绎未至地灭,至鸡鸣止"的流星雨时说:"星辰附离于天,犹庶民附离王者也。王者失道,纲纪废顿,下将叛去,故星叛天而陨,以见其象。"[50] 当然,从反对朝廷者的立场来说,流星在天文星占学意义上又被解释成一种天意的昭告,预示着反抗朝廷的时机已然成熟,而如果出现大量流星雨天象,则更是意味着这个朝廷已腐烂透顶、危机四伏而将要改朝换代了。

无论流星的出现在星占意义上有什么不同,有一点却是共同的,那就是:天体秩序是人间秩序之本。因为无论是帝王、谏臣,还是反对者,他们都对神灵之天充满了敬畏,都会把天体秩序作为建立、巩固、完善或者变革人间秩序的摹本,只是他们对像流星之类的天体及整个天体秩序解释不同而已。于是,在古人天体崇拜意识下,天体秩序自然就成为人间法律秩序的模拟。可以说,从立法、司法、修法、法律设施,一直到法律路线、法律价值、刑罚等一系列事关建立法律秩序的法律问题,都与对天的秩序的模拟息息相关。从立法的角度看,法律是"圣王仰视法星,旁观习坎,弥缝五气,取则四时"[51] 而制定出来的。"法星"即天上主刑主罚之星,如月、荧惑(火星)、太白(金星)、辰星(水星)、心宿大火、毕宿八星等;"习坎"既指险要之地,同时更象征水和月亮而主刑;"五气"则为与五星、五行对应之气;"四时"则为春夏秋冬,为"天"之性情。可见,法律的制定就是模天的结果。从司法的角度看,法律的运作与天象紧密相连,即当出现某种天象(即天体秩序的组成部分或调整)时,人间法律应循之而对应运行。如星占之辞"月晕轸角,大赦……晕大陵前足,赦死罪;后足,赦小罪"[52]、"荧惑在尾,与辰星相近,天下牢开,大赦"[53] 即是。从修法的角度看,由于在"天人感应"下,天能对人事进行某种天象的警告,故法律修正也必须对应进行。如星占之辞"日蚀轸,国有丧,以赦除其咎"[54]、"(秋日)太白之见也,以其时修法制缮囹圄"[55] 即是。从法律设施的角度看,中国古代同样和天体秩序予以挂钩。典型的例子即是明初朱元璋对三大法司的选址和命名问题,无一不浸透着对天象的模拟。《明史·刑法志》记载:"(洪武)十七年建三法司于太平门

---

[50] 《汉书·五行志》。
[51] 《隋书·刑法志》。
[52] 《乙巳占卷第二·月晕五星及列宿中外官占第十二》。
[53] 《乙巳占卷第五·荧惑入列宿占第二十九》。
[54] 《开元占经卷十·日占六·日在南方七宿蚀八》引《河图圣洽符》之言。
[55] 《乙巳占卷第六·太白占第三十四》。

外钟山之阴,命之于贯城。"此处所谓"钟山之阴",即钟山之北,按天学之阴阳五行理论,北方属阴,而阴主刑,故建在北;而命名为"贯城",即是朱元璋模拟天之"贯索"星座之名,因为在天学之星占中,"贯索"为"主天牢"[56]之所在。某种意义上说,中国古代的星占文献,可以说就是一部古代统治者如何立法、司法、修法、设置法律设施等的宝典。当然,星占之辞也不能解决一切法律问题,但是古人对天体秩序的崇拜、敬畏进而法律模拟,亦步亦趋,以渴求和天同步而达到"天人合一"却是执着的。[57] 可以这样说,古代中国为建立良性法律秩序而形成和运用的基本法律制度和法律路线,都与天体秩序及其衍生的天象模拟脱不了干系。

当然,各星占文献中的占辞所体现出的人间法律秩序对天体秩序的模拟,一般而言,主要是对天体秩序之延伸意义的间接模拟,而非直接模拟。如秋时太白经天,人君当"修法制,缮囹圄,具桎梏,禁奸邪,察狱刑,戮罪过,斩杀必当,无留有罪"[58],即属此类。现举一则具体案例说明法律秩序是如何在延伸意义上模拟天体秩序的。公元855年的《明皇杂录》记有唐代佛教天学家僧一行之事,其中有云:

> (一行)诘朝,中使叩门急召,至便殿,玄宗迎谓曰:"太史奏昨夜北斗不见,是何祥也?师有以禳之乎?"一行曰:"后魏时失荧惑,至今帝车不见,古所无者,天将大警于陛下也!夫匹夫匹妇不得其所,则殒霜赤旱。盛德所感,乃能退舍。感之切者,其在葬枯出系乎!释门以瞋心坏一切善,慈心降一切魔。如臣曲见,莫如大赦天下!"玄宗从之。[59]

在古代中国天学中,北斗星率领众星运行,被视为天帝坐车,在天宫的意义十分重大。而且重要的是,北斗还具有人间帝王御驾之象征意义。现北斗不见,人君尚不着急乎?特别要命的是,北斗不见,天体秩序必将出现混乱之势。而据天人感应之理,如此天象则是人间政治之失的反映,也即昭示着人间混乱或行将混乱的法律秩序的出现。按一行所言推知,天乃以此异常天体秩序,示警人君赶快采取措施修正人间存在的不良法律秩序。故一行建议对症下药,以"大赦天下"之法律措施修正、改善现有法律秩序。如此从天体秩序的状况引导人间法律秩序的改善和重建,即是一种典型的对天体秩序之延伸意义上的模拟。

---

[56] 《开元占经卷六十五·石氏中官占上一·贯索占十》引《论谶》之言。

[57] 如《步天歌》虽是隋朝的一本以七言押韵的诗歌形式描述三垣二十八宿为主体的全天各星状况的著作,但著作名称本身,以及唐宋以来钦天监和星占家对其引证和人事运用,即表达着古人的这种渴求。

[58] 《乙巳占卷第六·太白占第三十四》。

[59] 转引自李约瑟:《中华科学文明史(2)》,柯林·罗南改编,上海交通大学科学史系译,上海:上海人民出版社2002年,页138。

实际上,法律秩序对天体秩序的模拟,不仅在古代官方星占文献上十分明确细致,而且在儒家经典中也是如此。《礼记·月令》的整篇内容就是较为完整和丰富的人间法律秩序对天上法律秩序的全面模拟之作。作为儒家重要经典,《礼记·月令》中有关帝王之十二个月的政令,其法律意义是很强的。该篇从诸如采伐林木资源、捕获动物资源、利用土地资源、进行政事活动、用兵,一直到农事管理等等,几乎举国之事都规定了依天象、天时而定的相关法令。从《月令》的体例来说,首先是说明该月的天象,然后就规定了人君在该月所应推行的政令、法令。可以说,按据天象模拟而来的十二月政令法令行事,人间的法律秩序无疑是美仑美奂了。如以政治法律活动为例,《礼记·月令》为帝王提供了周密的法令内容和政事安排,下用一表明之:

月份	天象	迎时仪式	宗教活动	刑狱	礼乐	其他
孟春	日在营室,昏参中,旦尾中。	立春之日,天子亲率三公九卿诸侯大夫,在东郊举行迎春仪式。	天子在元日向上帝祈求五谷丰登。		命乐正入学习舞。	向下施惠,兼及百姓。
仲春	日在奎,昏弧中,旦建星中。		挑选良辰吉日,命民祭祀土地之神。	省囹圄,去桎梏,毋肆掠,止狱讼。	命乐正入学舞乐,天子率百官等亲往视之。	
季春	日在胃,昏七星中,旦牵牛中。		天子着黄衣向先帝祈求福祥。		择吉日大合乐,天子率百官等亲往视之。	天子布德行惠,命开仓济贫,招贤纳士。
孟夏	日在毕,昏翼中,旦婺女中。	立夏之日,天子亲率三公九卿诸侯大夫,在南郊举行迎夏仪式。		断薄刑,决小罪,出轻系。	命乐师习合礼乐。	命太尉举贤荐能,根据其才能和品德,行爵出禄。
仲夏	日在东井,昏亢中,旦危中。		命举行求雨的宗教仪式,以求风调雨顺,五谷丰登。		命乐师整修礼乐所用的鼓、箫、竽、钟等乐器。	
季夏	日在柳,昏火中,旦奎中。		命四监聚合百县的刍畜,以养牺牲;令民皆出力,以供上下诸方之神。			不可以合诸侯。

（续表）

月份	天象	迎时仪式	宗教活动	刑狱	礼乐	其他
孟秋	日在翼,昏建星中,旦毕中。	立秋之日,天子亲率三公九卿诸侯大夫,在西郊举行迎秋仪式。		命修法制,善囹圄,具桎梏,禁止奸,慎罪邪,务搏执;决狱讼,必端平;戮有罪,严断刑。		禁止封诸侯,立大官;禁止割地出使。
仲秋	日在角,昏牵牛中,旦觜觿中。		精心挑选祭祀用的牺牲,以飨上帝。	命有司申严百刑,斩杀必当。		开关通事,以便民事;来商旅,纳货贿。
季秋	日在房,昏虚中,旦柳中。		大飨上帝。	用刑狱,不得留有罪。	命乐正入学习吹。	天子与诸侯合议税法之重,贡职之多少。
孟冬	日在尾,昏危中,旦七星中。	立冬之日,天子亲率三公九卿诸侯大夫,在北郊举行迎冬仪式。	命太史用龟占卜,预测吉凶,以察阿党。	对侵削庶民而致使民怨天子者行罪无赦。		赏死事,恤孤寡;命工师制作器皿。
仲冬	日在斗,昏东壁中,旦轸中。			对相互侵夺禽兽等者罪之不赦;筑囹圄。		罢官之无事,去器之无用。
季冬	日在婺女,昏娄中,旦氐中。		命官赋牺牲,令民献其力,以供上下诸方之神。		命乐师大合吹。	天子与公卿、大夫共商国是。

显然,古人对这十二个月中不同政事法令的区别,就是以每月不同的天象为依据的。在古人眼中,不同的天象通过阴阳五行之气的中介作用于人事,并形成了不同的阴阳五行之气相磨而成的春夏秋冬四时和不同季月。各个季月的不同政事并非是人事所定,而是来源于阴阳五行之气的运行昭示,最终是来源于天象及天象背后的天意。所以,每个月帝王行政事的法令是"象"天的结果,由行法令而形成的法律秩序,显然也就是天象秩序之"象",即模拟。以刑狱为例,如仲春之月之天象秩序是"日在奎,昏弧中,旦建星中",由此天象所决定,古人认为此时"天特别有好生之德",故才春阳发动,万物萌生,于刑狱也当

为"省囹圄,去桎梏,毋肆掠,止狱讼"。[60] 但是当天象呈现"日在翼,昏建星中,旦毕中"时,人们感知到了气象的冷凉及地象的转衰,于是知道秋季(孟秋)来临,为与通过天象这张"脸面"表征出来的天的意志相符,刑狱也就调整为"修法制,善囹圄,具桎梏,禁止奸,慎罪邪,务搏执;决狱讼,必端平;戮有罪,严断刑"了。而随着天象的进一步转换,气象越来越冷,地象越来越衰,在之后的仲秋、季秋、孟冬、仲冬中,刑狱也趋向于越来越严厉乃至罪之无赦。《礼记·月令》的这种刑狱"象天"模拟,不仅被总结提炼出"赏以春夏,刑以秋冬"的行刑原则,而且还被后代王朝统治者奉为圭臬。陈顾远先生即以《礼记·月令》为本,对中国古代的"狱之理"进行了分析。[61] 不过,值得注意也稍有遗憾的是,陈顾远先生是从刑狱之人事应该与"天时"求合的角度来分析的,亦即主要是从不同月份气象的差异、变化上来论证刑狱的差异和变化,却没有关注到各月的天象描述。诚然,刑狱的不同,的确与气象的不同紧密相连,但我们断不可忽视《月令》在叙说刑狱时首先是将天象(日象)予以十分明确而详细说明的,而事实上这就是古人在天体崇拜(太阳崇拜)下的一种逻辑思维,气象只是充当了天象的信息传递者而已。所以,由此看来,古人对法律秩序的构建应该忠实地模拟于天上最重要的天体——太阳的运行秩序的认识,早在产生《礼记·月令》的年代就已全面确立了。当然,这样的模拟是广义的范畴,它同样是一种天体秩序之延伸意义上的间接模拟。

如果上述意义上的对天体秩序的法律秩序模拟具有随天象之变动(即天体秩序的调整)而变动,从而呈现动态特征的话,那么古代中国特别是封建时代,在官僚制度层面上的法律秩序对天体秩序的模拟则具有相对的静态特征。这种静态性也即标志着一定的稳定性,即一旦模拟而成,就一般不会改变而只存在完善问题。中国古代的"官制象天"就呈现出这种状态。可以说,中国古代国家的官制首先是肇始于帝王政治的确立,而这种确立则是仿天模拟的结果。在中国古人从氏族组织向国家过渡的漫长过程中,随着"绝地天通"的重大转折,人们不仅从天的秩序中找到了等级差别的依据,而且还从中得到了帝王中心政治的启示。满天数不清的星星按部就班地围绕北极作规律的运行,不

---

[60] 有种观点认为,《月令》中反映古人在不同的月份施行不同的政事法令,主要是来源于对不同月份气象的认识,与当月的天象没有必然联系,甚至认为天象只是该月的一种客观衬托而已。这种观点看起来合理,然而却并没有抓住古人对天人关系进行认识的根本,更没有抓住古人对天进行认知的根本方式,甚至是本末倒置的,其中重要原因即在于这种观点并没有从天学的视角进行观察。实际上,从天学来看,古人对天的认识,首先是通过天象进行的,然后才是气象和地象,而且气象和地象最终是受制于天象的,即没有这样的天象就不会出现对应的气象和地象。仲春时气象和地象回春,当然是本源于天的意志,但是天的意志人们如何获悉?则通过对天象特别是日象的观察。所以,古人的认知逻辑是:由于出现了某种天象(日象),所以才导致了某种气象和地象。这是一个源和流的关系。

[61] 陈顾远:同前注[24],页244—245。

正是向人类提供一种政治秩序的理想模式吗？特别是那个长期给人们神秘感的"居其所而众星拱之"的北极星，终于给人们产生政治上的联想，不仅塑造了高居于众神之上的统一至上神"天帝"，而且也对应形成了人间的最高统治者"帝王"。至此，华夏国家官制的初级模式基本形成。随着人们对天文的不断深入观察，以帝王政治为中心的官僚制度开始不断赋予（行政）法律意义而不断完善，在历经三代，中经秦汉之后，中国古代官制的超稳定结构和秩序"呱呱坠地"。

"官制象天"之秩序模式到了西汉中期，董仲舒曾给予了天学上的理论说明。董仲舒在《春秋繁露》中专门著有"官制象天"一篇。该篇论述了天子建立官制的天学道理。不过，董氏之论主要是从"天之数"出发立论的。他认为，君王制定官制，分为三公、九卿、二十七大夫、八十一元士，总共一百二十人，都是效法天数之常规的结果。三个人成为一选，是效法三个月成为一季；官员四次选拔后就停止，是效法四季之后一年就结束了。上天用三个月构成一季，君王用三公来扶助自己，故天的基准定数是三。一百二十个官员，都是天子根据天数来任命。即天子用三公来辅佐自己，三公各自用三卿共九卿来辅佐自己，九卿各自用三个大夫共二十七大夫来辅佐自己，二十七个大夫各自用三个元士共八十一元士来辅佐自己。所有的官员加起来共为一百二十人，又是符合天之十端[62]在一年十二个月的总数。虽然有前辈学者如陈顾远先生对董仲舒的这番理论，以及董氏将其与《礼记·昏义》所谓"天子立六官，九卿二十七大夫八十一元士"之数相合的做法，认为是一种附会而并不足训[63]，但在相信神灵之天的古代人士看来，却是真真切切的，即使是附会，他们也相信这种附会，而诸如象天地四时而立官之义，则更是"既于事例上为梁、北周等等官制直接采用，且又为吏户礼兵刑工六部之所本，而后世儒者更多视为当然也"。[64]不仅如此，董仲舒还在《春秋繁露》的《五行相生》篇中论述了司农、司马、司营、司徒、司寇五官就是依据木、火、土、金、水五行特性而设置的。可见，董仲舒这样的理论解释，并不是表层上的天象模拟解释，而是触及了天象背后的本体问题。

董仲舒的"官制象天"理论虽然有些抽象和复杂，但却给封建历代的官制秩序提供了不断传承的理论依据。不过，从实践来看，古人大都还是习惯于对天体秩序的表象模拟。这种表象模拟即还是主要着眼于天上众星围绕北极星而进行规律运行所显示的天体秩序。这方面较为典型的是东汉刘秀直接任命"云台二十八宿"，以望形成对中央天朝的拱卫之势。

法律秩序对天体秩序的模拟，不仅在诸如"官制象天"、《月令》等上有着突

---

[62] 天之十端即为天、地、人、阴、阳、木、火、土、金、水。
[63] 陈顾远：同前注[24]，页239。
[64] 同前注。

出表现,在宗法秩序上也为如此。每个家庭内部组织也是以家长为中心,以子女亲属为群星拱卫的"小天朝",中国古代的婚姻、家庭、继承法律制度,无一不是服务于这种与国同构的宗法秩序。

由上可见,古代中国人寻求的法律秩序,从来源上看,实际上都是出于对天体秩序的各种层次和各种意义上的模拟。德国人类学家恩斯特·卡西尔在他著名的《人论》中说:

> 如果人首先把他的目光指向天上,那并不是为了满足单纯的理智好奇心。人在天上所真正寻找的乃是他自己的倒影和他那人的世界的秩序。人感到了他自己的世界是被无数可见和不可见的纽带而与宇宙的普遍秩序紧密联系着的——他力图洞察这种神秘的联系。因此,天的现象不可能是以一种抽象沉思和纯粹科学的不偏不倚精神来研究的。它被看成是世界的主人和管理者,也是人类生活的统治者。为了组织人的政治的、社会的和道德的生活,转向天上被证明是必要的。似乎没有任何人类现象能解释它自身,它不得不求助于一个相应的它所依赖的天上现象来解释自身。[65]

卡西尔的话虽似有武断之嫌,但人向天上"寻找""他那人的世界的秩序"却是真的。这种"寻找"即是模拟。毋庸置疑,对天体秩序的各种模拟是古人天体崇拜的结果,也即古人对天进行神圣信仰的结果。中国古人之所以那样执着地向天寻找各种法律资源,向天模拟法律秩序,就在于古人信天,崇拜天,社会的上上下下都处于一种普遍流行的对天信仰的语境中。在这样的语境中,向天模拟而来的法律秩序也就获得了最大程度的维持、传续和巩固。金观涛、刘青峰笔下的中国封建社会二千余年的超稳定结构系统[66],无疑在某种意义上衬托出了这种来源于天之模拟的法律秩序建设的可行性。

五、并非结语的结语

在天学的视野下,中国古人对法律的态度和认识并不限于己身人事,而是把目光投向了天空,寻找法律的原型和依据,天似乎就是一个取之不尽、用之不竭的法律资源宝库。显然,统治者从天特别是具体的"天象"那里获取法律的资源和本源,无疑会使得法律获得了某种"神圣性",而且使得这种神圣性具有让人能够"感知"的"真实性",从而使得自己的统治具有神圣法律的支撑和保障,也使得自己的统治具有神圣性和不可侵犯性。不过,天的德性——"民之

---

[65] 恩斯特·卡西尔:《人论》,甘阳译,上海:上海译文出版社1985年,页62。
[66] 参见金观涛、刘青峰:《兴盛与危机:论中国封建社会的超稳定结构》,长沙:湖南人民出版社1984年。

所欲,天必从之",无论是真实或是虚伪,无论是笃行还是利用,在强劲的天学话语下,又促使本源于天的法律不会单方面地一味附和最高统治者的利益,而是在古代语境下"力所能及"地讲求法律的公平、正义,以及对民生的重视和对各方利益的平衡。如果说古代统治者在观测天象的基础上进行具体的"则天立法"、"则天行法"等,是作为法律资源的天空在天学视野下所展现出一种主流现象的话,那么古代的臣子们从天空中获得制约君主权力的拟制法律资源,就是一种汹涌的潜流法相,而从天空中模拟天体秩序成就人间法律秩序,并使之呈现超稳定状态,则是作为法律资源的天空贡献给古代社会全体成员特别是统治阶层最大最实惠的一块"蛋糕"。

然而,面对今晚满天璀璨的天空,我不禁陷入迷思:古代那个"作为法律资源的天空",今天还有它的印迹吗?头顶的天空还有它的法律意义吗?

(初审编辑:尤陈俊)

土地征收、公共使用与公平补偿
——评 Kelo v. City of New London 一案判决

汪庆华[*]

Takings, Public Use and Fair Compensation:
Comments on *Kelo v. City of New London*

Wang Qing-hua

  2005 年 6 月 23 日,美国联邦最高法院在 *Kelo v. City of New London* 一案中,判决提起诉讼的原告败诉,对美国宪法第五修正案有关非经公平补偿不得征收私人财产的规定,作出了进一步的解释。因为该案涉及公民的私有财产问题,它直接触动了美国社会的核心价值,该判决马上成为美国各大主流媒体关注的焦点。不论是在理论上还是在实践中,该案都引发了持久的争议。该案件判决七天之后,美国联邦众议院以 10∶1 的绝对优势,通过了一项动议,表示反

---

  [*] 中国政法大学法学院副教授,北京大学法学院 2005 级博士研究生;联系方式:wqhwqh@hotmail.com。冯象博士对本文的初稿提出了针对性的修改意见。方流芳教授特别提醒作者考虑从美国宪法第十四修正案"正当法律程序"角度可能具有的争辩。他们的意见都对文章的完善起到了重要作用。文章曾经在清华大学法学院和中国人民大学法学院的两个小型讨论会上宣读过,感谢会议的组织者赵晓力博士和张翔博士。2006 年春天,我在耶鲁法学院访学,耶鲁大学中国法中心研究员韩凯思(Keith Hand)先生驱车带我前往新伦敦市,实地考察该镇和 Kelo 的房子。对于韩先生的友谊,作者也一并表示感谢。当然,文责自负。

对最高法院的判决意见。目的在于推翻 Kelo 案之判决的宪法修正案已经分别摆在了美国国会参众议院的面前。特拉华、阿拉巴马和德克萨斯等州已经通过立法限制政府攫取私有财产的权力，另外，大约有二十几个州要么提出了类似的法案，要么承诺将会提出类似的法案。[1] 英国的《经济学人》杂志甚至认为该案的影响将和 1973 年宣告堕胎合法的 Roe v. Wade 案同样持久深远。[2] 本文就以 Kelo 案的判决作为依据，分析该案所涉及的公共使用、公平补偿等主要宪法争议。在宪法权利限制的司法审查标准方面，美国联邦最高法院在二百多年的司法实践中已经发展出一套类型化的多元标准。由于这些标准主要是在有关政治权利、民主程序、可疑分类等类型的案件中发展和演化出来的，一般的宪法理论研讨也集中在上述领域。有关土地征收案件的司法审查标准，还很少有专门的文章进行讨论。而 Kelo 多数意见和反对意见之间冲突的一个关键问题可以说是有关审查标准方面的，我将试图把本案正反双方的争论放在最高法院审查标准的一般背景下进行考察，从而去把握本案背后核心的问题。

本文共分四个部分，第一部分简要介绍 Kelo 案的事实背景、主要争点和多数意见、协同意见和反对意见的要旨。第二部分分析美国联邦最高法院历来对土地征收案件有关公共使用所采用的审查标准，并检讨本案把经济发展看成公共利益的司法实践是否已经完全突破了传统公共使用标准所能允许的范围，从而使得自美国《独立宣言》以来，作为美国宪政主义核心价值的财产权受到了实质性的威胁。本文的第三部分则进一步讨论土地征收中必然涉及的公平补偿问题，并就美国最高法院在系列判决中发展出来的公平标准进行分析和讨论。文章最后一部分则就正反双方围绕有关征收的司法审查标准问题所提出的意见作进一步的分析，并指出在美国最高法院继续右转，趋于保守[3]的大背景下，不排除最高法院在未来的土地征收案件中会把合理审查标准提升成中度

---

[1] http://www.economist.com/world/na/displayStory.cfm?story_id=4298759（最后访问 2005 年 8 月 21 日）。

[2] 同前注。最高法院判决颁布以后，一些以保护财产权为目标的非政府组织开始动员起来，试图通过各种活动来形成一个推翻 Kelo 案件的社会运动。

[3] 2006 年 7 月 2 日《纽约时报》将有关罗伯茨担任大法官后第一个审期中判决的案件分门别类，讨论了最高法院在"总统权利、选举、刑法、政府权力、环境、宗教、教育、雇员权利、堕胎、专利"等领域的立场和观点。在 2005—2006 审期内，在这一审期内，11 年来人员头一遭变动，首席大法官则是 20 年来的头一次变动。阿里托大法官接替奥康娜大法官，而罗伯茨接替伦奎斯特担任首席大法官。该文作者认为，尽管罗伯茨的权力还没有完全巩固，"毫无疑问，法院在转型中，但它变得越来越保守"。Linda Greenhouse, New York Times, 2006, July 2.

审查标准[4],从而进一步强化目前美国最高法院司法审查标准类型化的倾向。

一、本案判决分析

(一)案件事实与诉讼经过

新伦敦市位于康涅狄格州西南角的泰晤士河与长岛角之交界处,十几年来经济一直不景气,州政府在1990年把该市归入"萧条地区"。1996年,联邦政府关闭了位于该市Fort Trumbull地区的海军水下战争中心(Naval Undersea Warfare Center),该中心雇佣的员工有1500人。该市1998年的失业率是州失业率的两倍。当时全市人口只有24000,处于1920年以来的最低点。这些因素导致州政府和当地政府的官员把新伦敦市尤其是该市的Fort Trumbull地区作为经济复苏的目标区域。为此政府雇佣了一家非赢利机构新伦敦开发公司(New London Development Corporation)为该市的经济发展进行规划。1998年1月,州政府发行了价值53.5万美元的债券以支持该公司的规划,并发行了价值1000万美元的债券来建设州Fort Trumbull公园。同年2月,辉瑞制药公司(Pfizer Inc.)[5]宣布,它将会在Fort Trumbull附近地点投资3亿美元建立一个研发中心;当地政府规划官员认为,辉瑞制药公司能够把其他企业吸引到该地区,从而成为该地区经济振兴的触媒。在得到市议会的批准之后,新伦敦开发公司就开始其规划活动,并召开了系列的邻里会议,让公众熟悉有关程序。5月,市议会授权新伦敦开发公司正式将规划提交给相关州政府部门审查。在获得州政府的批准之后,新伦敦开发公司最后确定了在Ford Trumbull地区附近的一个90英亩左右的整体发展规划。

Fort Trumbull地区包含有115份私人拥有的财产,另有32英亩原先为海军设施所占有。Trumbull公园占用了这32亩中的18亩。发展计划包括七个地块。地块1是一个临水的会议中心,这块地还包括有商业和娱乐用途的船坞。地块2是大约80户的以城市社区为样板的住宅区,由公共道路将其与其他部分连接。地块3在辉瑞制药公司设施的北边,它将包含有至少90000平方英尺的研发中心写字楼。地块4A有2.4英亩,用作停车场和小卖部,以支持公园和

---

[4] 合理审查标准、中度审查标准都是美国最高法院在其宪法实践中经由判决确立的司法审查标准。合理审查标准是司法审查的最低标准,它仅仅要求(1)政府行为追求的目的是合法的;(2)政府所采取的措施是能够合理地促进该目的的。一般而言,合理审查标准是"没有牙齿的",政府行为通常在这一标准之下不会被宣布为违宪。中度审查标准则是介于合理审查标准和严格审查标准(strict scrutiny)之间,政府行为要通过中度审查标准,必须满足(1)政府行为是为了满足重要的公共利益;(2)政府所采取的措施能够在实质上促进该利益。

[5] 辉瑞制药公司成立于1849年,最初的业务是生产精细化学药品,经过一百五十多年的发展,已经成为世界上最有影响力的制药公司之一。目前,辉瑞公司包括三个业务领域:医药保健、动物保健以及消费者保健品。公司的创新产品行销全球一百五十多个国家和地区。有关辉瑞公司的情况,可以参见该公司主页网站http://www.pfizer.com.cn/(最后访问2005年10月7日)。

附近的船坞。地块 4B 用做修葺一新的船坞，地块 5、6、7 用作办公室、商店、停车场以及水上项目等商业目的。

新伦敦开发公司的规划意图似乎是希望通过辉瑞制药公司以及它所带来的新商业机会带动发展。除了创造工作机会，增加税收，帮助"创造复兴新伦敦市中心的冲量"之外，该计划还希望能够通过充分利用临水的优势和公园来推动休闲娱乐。

新伦敦市议会在 2000 年 1 月批准了该规划，并且指定新伦敦开发公司为发展商并授权它以该市的名义通过征收来购买或者取得相关财产。新伦敦开发公司成功经由谈判取得了规划所需 90 英亩地土地的绝大部分，但是和原告的谈判失败。结果在 2000 年 11 月，新伦敦开发公司提出征收，因此产生了本案。

原告 Susette Kelo 从 1997 年以来一直居住在 Fort Trumbull 地区。她对自己的房子进行了精装修，而且她十分喜欢其临水的风景。原告 Wilhelmina Dery 于 1918 年出生于 Fort Trumbull 的房子中并一直居住在那，她的丈夫自从 60 年前结婚以来也一直住在那里。总的来说，九位原告在 Fort Trumbull 拥有 15 分财产，其中 4 份位于发展规划中的地块 3，11 份位于地块 4A。不存在有关这些房产不雅观或者年久失修的说法，它们之所以被征收，只是因为它们恰恰坐落于规划区域之内。

2000 年 12 月，原告在新伦敦市最高法院提出诉讼，他们主张，征收他们的财产违反了第五修正案关于"公共使用"的规定。法院发出永久限制令，禁止征收位于地块 4A 的财产。而位于地块 3 的地产所有人的请求则被驳回。在初审判决之后，双方都上诉到康涅狄格州最高法院。州最高法院判决，所有的征收都是有效的。州最高法院的多数意见认为，为经济发展而征收满足联邦宪法和州法规中有关"公共使用"的要求。反对意见则认为，应当要采用一种更高的标准，政府必须要给出"明显而让人信服"的理由来证明征收将有助于经济的发展。

最高法院于 2004 年发出调卷令，提审本案。

（二）本案争议要点与判决结果

2005 年 6 月 23 日，最高法院最后以 5 比 4 的比例，维持康涅狄格州最高法院的判决，认为新伦敦市的征收合乎宪法第五修正案"公共使用"的要求。本案的争议要点主要是，政府以复兴经济为目的而进行的征收是否属于宪法第五修正案所规定的"公共使用"？对此，多数意见书所给出的回答是肯定的。

（三）多数意见书的分析

斯蒂文斯（Stevens）大法官在其多数意见书中指出，新伦敦市政府没有权力仅仅为了把某一私人利益授予另一私人而征收原告的土地，但是，在本案中，征收的目的是为了一个详尽考虑的发展计划,征收的目的不是为了让"可以辨识出来的特定人受益"。虽然政府没有计划让征收的土地为所有的公众使用,但是,最高法院早就拒绝用文义来解释"征收目的是为了公共使用"。[6] 相应地,本院赞成把公共使用解释成"公共目的"这一更宽泛也是更自然的进路。[7] 毫无例外地,本院对这一概念采取宽泛解释,立法机关作出的何种公共需要构成征收的正当化理由之判断常常受到司法机关的尊重。[8]

政府认为,征地所在地区经济衰败,需要一个重整计划来复兴当地经济,这种决定理应受到尊重。更重要的是,城市所提出的发展规划相当详细,而且政府指出,这一计划将会给当地社区带来相当多的利益,包括但不限于新的就业机会和税收的增加。和许多其他的城市规划与发展项目一样,政府是在协调商业、民用和娱乐用地之间的关系,并且通过规划来保证其总体效应要大于各个部分之和。考虑到本规划的完备性,在采纳之前论证的周密以及法院在此类案件中审查范围的有限性,因此,多数意见书认为应当要从整个重整计划的角度而不是逐一地考虑原告提出的起诉。由于该计划无疑满足了公共目的,被挑战的征收也满足了第五修正案的要求。

原告主张,法院应当采纳一条清晰的规则,明确宣告经济发展不是宪法上所说的"公共使用。"斯蒂文斯大法官所代表的多数意见拒绝了原告的这一建议,多数意见认为,促进经济发展是一种传统的也是长期被接受的政府功能,此外,也没办法把这种功能和法院已经认可的其他公共目的真正区分开来。[9] 多数意见的言外之意是经济发展是宪法认可的公共目的之一。

另外,原告还主张,法院应当提出"合理确定性"之要求,也就是说,实际上将会产生预期的公共利益。最高法院明确拒绝这一主张,认为这将从更大程度上偏离最高法院已经确立的先例。[10] 由于在征收案件中,完备的规划之有秩序的实施意味着,在新建设开始之前,所有利害关系人的权利都已经被确认。在这种情况下,一种比合理审查标准更严格的标准的缺点就尤其显著,它会对于计划的成功实施产生严重障碍。所以,最高法院拒绝在这里重新考虑新伦敦市选择用来实现其规划方案之手段的明智与否。[11]

斯蒂文斯大法官有关土地征收的观点一以贯之,赞成政府在现代社会中的积极作用,干预市场行为,为社会经济发展而进行征收。他在 *Lucas v. South*

---

[6] *Midkiff*, 467 U. S., at 244.
[7] See, e.g., *Fallbrook Irrigation Dist. v. Bradley*, 164 U. S. 112, 158—164.
[8] 348 U. S. 26; *Midkiff*, 467 U. S. 229; *Ruckelshaus v. Monsanto Co.*, 467 U. S. 986.
[9] See, e.g., Berman, 348 U. S., at 24.
[10] *Kelo*, 545 U.S. (2005), at 17.
[11] *Kelo*, 545 U.S. (2005), at 18.

Carolina Coastal Council 一案[12]的反对意见中就曾经指出,导致财产价值几乎完全被剥夺的征收是一个人生活在文明社会必须要承受的代价。

本案多数意见由斯蒂文斯大法官主笔,另外,肯尼迪、苏特(Souter),金斯伯格(Ginsburg)和布雷耶(Breyer)四位大法官也赞成多数意见。肯尼迪大法官除了对多数意见表示赞同之外,还单独发表了一份协同意见书。奥康娜(O'Connor)大法官发表了反对意见,伦奎斯特(Rehnquist)首席大法官,斯卡利亚(Scalia)大法官和托马斯(Thomas)大法官赞同奥康娜大法官的反对意见,另外,托马斯大法官还单独发表了一份反对意见。在本案中,多数派和少数派之间比例接近,仅一票之差;另外,本案意见书特别多样,九位大法官就该案发表了四份意见书;这些都显示出最高法院在处理公共使用与经济发展问题上的意见上的重大分歧。另外,它也显示出财产权问题在美国宪政体系中的重要性。

(四) 协同意见书的分析

肯尼迪大法官在协同意见书中指出,本院的先例已经确认,只要征收"合理地和可以想见地公共目的联系在一起"("rationally related to a conceivable public purpose"),那么征收就符合宪法的公共使用条款的要求。这一尊重立法机关决定的审查标准反应了正当程序和平等保护条款之下的用来审查经济立法的合理审查标准。在征收中,使用合理审查标准是恰当的并不会改变这样的事实,如果征收财产的目的在于将其利益授予具体的私人,而公共所受利益是附带的或者仅仅是借口,那么,这种征收应当予以禁止。

肯尼迪大法官进一步强调,合理审查标准也是"有牙齿的",正如法院根据平等保护条款,以合理审查标准必须宣布那些明显目的在于损害某类私人的政府分类,而这种分类所满足的公共利益的正当化理由是附带的或者仅仅是借口一样。[13] 正如本案中初审法院所评论的那样,"当征收的目的是发展经济,而且发展是由私人来推动或者私人将会从发展中获益的时候,法院就必须判断所谓的经济发展是否不过是附带的,经济发展的主要益处都为私人所享有了"。[14] 肯尼迪大法官的"带着牙齿的合理审查标准"已经和中度审查标准没有严格的区别了。在本案中,征收之所以被看成是合乎宪法的,那是因为,征收的主要目的不是使私人受益。

肯尼迪大法官接着指出,如果有人指控,征收中存在不可容忍的裙带主义,

---

[12] Lucas v. South Carolina Coastal Council, 112 S. Ct. 2886, 2991, 2996—7 (1992)。对该案所进行的一个详细的分析和讨论,可以参见林来梵:"美国宪法判例中的财产权保护——以 Lucas v. South Carolina Coastal Council 为例",载《浙江社会科学》2003 年第 5 期。

[13] See Cleburne v. Cleburne Living Center, Inc., 473 U. S. 432, 446—447, 450 (1985); Department of Agriculture v. Moreno, 413 U. S. 528, 533—536 (1973).

[14] 2 App. to Pet. for Cert. 263.

法院应当认真对待这一指控,并且仔细审查这一指控是否有道理。尽管我们推定政府的行为是合理的而且是服务于公共目的的。初审法院对"发展规划是否是主要有利于……发展商和最终在规划区域里的私人企业[比如说辉瑞制药公司]的,而对城市的利益反而是附带的"。这一问题进行了细致而完整的审查。[15] 初审法院考虑了来自政府官员和公司职员的证言,各方当事人之间的文件证据,被告意识到新伦敦经济状况的恶化以及对这种担忧的相关旁证,被告对多种规划的审查比较以及被告从众多的私人开发商当中选择了新伦敦开发公司而不是一开始就有中意的对象,以及该计划的其他受益人仍然不是很明朗,因为拟建的办公室还没有出租。初审法院根据这些证据,认为赞助辉瑞制药公司不是"本发展计划的主要目的或者后果",与此相反,被告的"主要目的是利用辉瑞制药公司的出现[来发展本地经济]"。初审法院的结论是,在案的材料也不能表明,[被告]受到赞助[其他]具体私人团体的欲望的驱动。甚至于康涅迪格州最高法院的持不同意见的法官也同意说,被告的发展规划目的在于重振当地经济,而不是服务于辉瑞制药公司,或任何其他私人的利益。因此,本案能够通过"公共使用条款"下的合理审查标准。

原告及其法庭之友坚持认为,任何用促进经济发展来作为征收的正当化理由都必须被看成是本身无效,或者至少是推定为无效的。肯尼迪大法官则判定,原告及其法庭之友夸大了对这种规则的需要,这种宽泛的本身无效原则或有关无效的强烈假设会禁止大量的其目的在于为公众带来实质利益的征收。

肯尼迪同意说,对于一定情况下的征收,采取一种比 *Berman* 和 *Midkif* 案件[16]更为严格的标准并不是没有可能。也许会存在经由征收的私相授受,其中的裙带主义是如此明显,以至于我们应当认定征收是无效的。但是,我们不会因为征收的目的是经济发展,就采用这种严格的审查。

肯尼迪大法官指出,目前的问题不是去猜测,什么样的案件中采取更为严格的标准是恰当的。但是,本案的具体事实让他确信偏离 *Berman* 和 *Midkiff* 案的标准是不恰当的。本案的征收是在一个广泛的发展规划之下的,目的在于解决整个城市的经济萧条,而且规划带来的经济利益也不能说是微不足道的。什么样的私人将从中获益在该城市制定其规划的时候仍然是不确定的。市政府遵守了严格的程序要求。也许存在一些具体的案子,其中财产的授受是如此可疑,其所用程序易于滥用,所追求的利益微不足道,法院应当假定其中存在不能接受的私人目的,而在本案中并不存在任何上述情形。

肯尼迪大法官在其意见书中要努力辨明的是,新伦敦市的征收不是为私人

---

[15] 2 App. to Pet. for Cert. 261.
[16] 有关 *Berman* 和 *Midkiff* 案件的详细讨论,请参见本文二(一)部分的讨论。

目的而进行的征收,理由之一是征收的受益人在征收时并不确定。这样的征收既满足了宪法第十四修正案的"正当法律程序"要求,又满足了宪法第五修正案有关"公共使用"的要求。更重要的是,肯尼迪提出了在特定类型的征收案件中,使用比合理标准更高的审查标准,只不过本案并不适合作为这一高标准的做法的先例。

(五) 反对意见书的分析

1. 奥康娜大法官的反对意见书,伦奎斯特首席大法官,斯卡利亚大法官和托马斯大法官附署

奥康娜认为,法院多数人意见实际上放弃了对政府权力的基本限制。在发展经济的幌子下,私人财产面对征收并被转让给他人将束手无策。如果像多数意见所认为的那样,由于私人财产的日常使用中所附带产生的公共利益,经济发展就能符合征收之"公共使用"标准,那么,财产之公共使用和私人使用的界限就会完全消除,而"公共使用"一词在第五修正案中也将变得完全没有意义。奥康娜进一步的讨论则是围绕宪法文本的每个字词都有其独立的意义来展开的这一宪法解释的前提假设而展开的。第五修正案的文字对政府的征收进行了"公共使用"和"公平补偿"这两个方面的限制。这些限制的目的在于确保财产所有权的稳定性,保护它们不会受到政府的征收权力的过度的、不可预期的和不公平的使用的影响,尤其保护那些在政治过程中没有办法保护自己免受多数意志左右的所有者。尽管征收条款授权政府可以在所有权人不同意的情况下征收私人财产,但是由于公平补偿的要求,政府应当承担征收的成本,从而避免公众把社会成本完全加在某个公民身上。

奥康娜接着讨论公共使用的意义。公共使用的要求带来的限制更为根本,它限制了征收权力的范围:政府可以强迫公民为了公共的使用而放弃他们的财产,但不能强迫他们为了私人利益而放弃自己的财产。公共使用的要求对于实现公平和财产保障都很重要。这里面临的一个关键问题就是,财产的公共使用和私人使用之间的界限如何划定。

奥康娜认为经济发展不符合以往最高先例对公共使用的解释,并进一步详细讨论了为什么不能把经济发展解释成"公共目的"。就"公共目的"的解释而言有两个先例,一是 *Berman* 案,另一个是 *Midkiff* 案。在这两个案件中,最高法院都强调了尊重立法机关什么是公共目的的判断。而且,最高法院也承认司法机关没有能力决定征收是否是追求立法目的的必要手段。尽管如此,*Berman*和 *Midkiff* 都严格遵守这样一条根本原则,那就是,"纯粹的私人征收无法通过公共使用的审查;因为私人征收并没有服务于任何正当的政府目的,因此是无效的"。无论是 *Berman* 还是 *Midkiff*,它们都直接服务于公共目的,前者是解决极端贫困所带来的房屋破败,后者是解决财富集中带来的土地垄断。而且在这

两个案件中,立法机关都发现,消灭目前的财产使用方式是解决上述危害所必需的,而一旦上述危害得到解决,我们就可以说,公共目的得到了实现。因为征收直接满足了公共利益,财产是否转移给私人就不那么重要了。而在本案中,新伦敦市并不认为原告的房子是任何社会危害的来源。

奥康娜对最高法院的多数意见的不满是显然的,她认为多数意见偏离了美国最高法院已经确立有关征收私人财产的先例,极度扩大了公共使用的意义。奥康娜指责,多数意见实际上许可政府为私人目的而征收私人财产,并把它让渡给新的私人来使用,只要新使用会为公众带来一些附带的利益——比如新增税收、更多工作,甚至于更多美感。但是,可以说任何私人不动产的合法使用都会为公众带来一些附带利益。如果说预期的积极副作用就足以使得把财产从一个私人转移给另一个私人变成合宪,那么"为公共使用"实际上就不可能排除任何征收,因此就不能对征收权力起到任何限制的作用。

在奥康娜看来,以经济发展作为征收的目的,从宪法角度必然带来这样的结果——甲为了另一个人乙被迫放弃了自己的私有财产。多数意见的必然逻辑是,征收只能够用来提升财产,而非使财产贬值。这种理论最好的后果,不过是使得公共使用条款变成多余,因为已经有正当程序条款禁止不合理的政府行为。多数意见正确的承认说,司法机关没有能力进行预测性判断,公众生存状况是否的确会因为征收而有所改善。在任何情况下,多数意见所谓的限制实际上没有任何意义。因为没有谁能够说,他对于自己财产的使用是最有效率的。其结果就是征收的噩梦将盘旋在所有财产的上空。

奥康娜更为担心的是多数判决会带来的重大的社会不公。任何私人财产都可能为了另一私人的利益而被征收,而这个判决产生的结果将不会是随机的。那些在政治过程中具有非同寻常之影响和权力的人更有可能获得利益,包括大公司和发展商。而那些没有什么资源的人之财产将更容易受到剥夺而被转手给他人。而这种结果无疑是对正义的颠倒。奥康娜大法官对于社会公平的关注[17]在所有的大法官当中都是非常突出的,她在 *Midkiff* 一案中宣布夏威夷州的土地改革法案合宪与该法案是为了实现社会公平有相当的关系。

奥康娜把本案和她主笔的 *Midkiff* 案进行了两点区分,一是公共目的是主要的还是附带的?她认为在本案中,公共利益是附带的,而在 *Midkiff* 案中,公共利益则是主要的。在 *Midkiff* 案件中,奥康娜指出,不能够对公共使用进行字面上的解释。即使政府对土地进行征收之后的第一受益人是私人,也不能就此简单推导说该征收就不是公共征收了。因为公共使用所针对的是征收的目的

---

[17] 笔者感谢北大外语学院英语系毛亮博士对作者应当注意奥康娜大法官尤其关注案件当事人具体处境的提醒。

本身,而不是征收的机制问题。二是征收行为是否属于治安权的行使。奥康娜在 *Midkiff* 案件中,认定政府的土地改革也是治安权的行使。但是,她并不认为本案中促进经济发展是治安权的行使。如果第一个区分是一个判断问题的话,那么第二个区分显然是非常牵强的。土地改革的目的之一当然是促进社会公平,但我们同时不要忘记它推动经济进步的意义。如果推动经济进步的土地改革法案是合乎宪法的,是治安权力的一部分,那么,推动经济发展的土地重新开发案件为什么就违背了宪法,就不是治安权力的一部分呢?更进一步,我们同样能够争辩说,新伦敦市的新规划方案同样具有促进社会进步的意义,因为它将具有推动当地经济发展的预期,从而改变新伦敦市萧条衰败的景象,缩小它和美国其他经济繁荣地区的距离。

2. 托马斯大法官的反对意见书

托马斯大法官的意见书从宪法的用语出发,强调宪法文本所用的词语是"公共使用"而不是"公共需要",他紧接着指出,最高法院后来用公共目的一词来代替"公共使用"已经违背了宪法文本的基本意义。而到了今天,经济发展都堂皇地成为所谓的公共目的。如果经济发展都可以被解释成公共目的,那么,没有什么征收不可以被解释成公共目的了。托马斯认为,这样一来,宪法第五修正案"公共使用"就成了没有意义的累赘。

二、什么是公共利益?

美国联邦宪法第五修正案除了规定"未经公平补偿,不得为公共使用而征收私人财产"("公平补偿"条款)之外,还规定了"未经正当法律程序,不得剥夺任何人的生命、自由和财产"("正当法律程序"条款)。由于美国宪法权利法案的适用对象是联邦政府,在内战之后通过的第十四修正案又特别重申了这一原则,把适用对象扩大到各州。第十四修正案规定,"各州未经正当法律程序,不得剥夺任何人的生命、自由和财产"。这样一来,无论是联邦还是各州都受到宪法的正当法律程序条款的直接约束。[18] 这意味着在征收案件中,权利人

---

[18] 1791年通过的《权利法案》原来只适用于各州,因为内战之后的第十四修正案授权国会通过适当和必要立法来保证"正当法律程序"的实施,从而使《权利法案》中列举的权利得以适用于各州政府行为。因此,第五修正案中的征收条款也适用于各州。有关通过第十四修正案的摄入,而将《权利法案》适用于各州的讨论,可以参见 John Hart Ely, *Democracy and Distrust*, Harvard University Press。在美国宪法学界,通过十四修正案的摄入,是将全部还是部分《权利法案》中列举的权利适用于各州存在相当的争议。就本文的目的而言,值得我们注意的有两点,一是"未经公平补偿,不得为公共使用而征收私人财产"是最先为第十四修正案摄入而使用于各州的。请参见 Chicago, B. & Q. R. R. Co. v. Chicago, 166 U.S. 226 (1897)(各州必须要进行公正补偿)和 *Missouri Pac. Ry. v. Nebraska*, 164 U.S. 403 (1896)(各州进行只能为公共使用而不能为私人使用而进行征收),转引自 Kathleen M. Sullivan & Gerald Gunther, *Constitutional Law*, (14th Amendment), Foundations Press, 2001, p.481。二是联邦宪法第五修正案和第十四修正案分别规定了针对联邦和各州的"正当法律程序"条款。

除了有关部门征收并不是为了公共利益的抗辩之外,还可以提出的具有宪法基础的理由就是,对私人财产的征收违反了正当法律程序的要求。美国宪法上的正当法律程序有两种最基本的意义:一是不能让一个人成为自己案件的法官;二是不能剥夺甲方财产而授予乙方。这个剥夺甲方财产而授予乙方的奇妙例证是萨缪尔·蔡斯大法官首先在 Calder v. Bull 一案中提出的。[19] 而本案中多数派意见书和奥康娜主笔的反对意见之间争论的一个重要方面就是本案情形是否属于这种典型的剥夺甲方财产而授予乙方。一般认为,这种情形是对正当法律程序的直接违反,它不仅肆无忌惮地剥夺了公民的私人财产,而且滥用国家公共权力来成就个人私利。所以,为了证成本案的征收不构成对正当法律程序的违反,多数派意见书中强调政府并没有通过征收将私人财产交付另一特定的私人;另外,多数派意见书还特别着墨于与征收有关的程序的公开、公平与公正性。而奥康娜则针锋相对地指出,本案中所谓发展经济这一公共目的,最多不过是一种间接的公共利益。以此作为征收的理由,将会导致所有的私人财产都处于危险之中。奥康娜认为,Kelo 案中所谓的那些公共利益是附带的。为经济发展目的而进行的征收的困难在于,私人利益和附带的公共利益是混在一起并相互强化的。在本案中,对辉瑞制药公司或者计划之发展商的任何好处都难以和税收和工作机会的增加区分开。即使存在区分特定征收背后的目的,寻求一个目的标准在理论上也是站不住的。在奥康娜看来,如果为私人使用之征收所带来的附带公共利益就足以确保征收的合宪性,征收的最初动因将变得无关紧要,这显然不是宪法第五修正案追求的目标。我们可以从奥康娜的论述中看出,在征收问题上,正当法律程序是和公共利益纠结在一起的。如果政府的征收行为是为了公共利益,那征收就不是剥夺私人甲的财产而把它授予私人乙,这样的征收就能够满足正当法律程序的要求。所以,公共利益不但是满足"公平补偿"条款,也是满足"正当法律程序"条款要求的前提。那么,究竟什么是公共利益?我们下面就从司法实践和法理学说这两个角度来分析公共利益在美国上的演变。

(一) 从公共使用到公共利益:司法实践的发展

根据美国联邦宪法第五修正案的规定,政府必须是为了公共使用才可以对私人财产进行征收。美国最高法院在其有关征收的判决中对于什么是"公共使用"予以进一步的解释,从而将宪法上的"公共使用"标准予以类型化,奥康

---

[19] "和社会契约第一原则相冲突的立法行为不能被看做是立法权威的正确行使……一些具体的例子能说明我的意思……如果通过法律剥夺甲的财产然后把它授予乙,这种做法完全违背了理性和正义。"Calder v. Bull, 3 Dall. 386, 388 (1798)。有关正当法律程序的概念起源、判例发展和制度形成的一个简要讨论,可以参见约翰·V.奥尔特:《正当法律程序简史》,杨明成、陈霜玲译,北京:商务印书馆 2006 年。

娜在 Kelo 案中就考察了以往先例中对于公共使用的解释,认为有如下三种情形:(1) 为了公有(public ownership)的目的而征收,比如医院、道路、军事基地等等。[20] (2) 征收私人财产并转移给公共服务提供者,比如说为铁路、公共事业机构和体育馆而征收。由于"公共所有"和"为公众所使用"用来定义公共使用条款显得过于严格和不实际。因此(3) 在特定条件下,能够满足公共目的的征收,即使财产被征收之后为私人所使用也是符合第五修正案的要求的。

最高法院通过 1954 年的 *Berman v. Parker* 案将范围狭窄、限制严格的"公共使用"概念扩展到"公共目的"概念,也就是说政府在征收私人财产之后,只要是为了公共目的而使用即可。这样一来,美国最高法院通过其司法实践把相对僵硬"公共使用"概念转变成了符合时代要求的公共利益概念。

在 *Berman v. Parker* 案中,华盛顿特区法律授权为开发旧城区而征收私有财产,在征收之后,政府可以将该财产出售或出租给开发商,只要他们遵守华盛顿特区政府所规定的发展规划。道格拉斯大法官在代表最高法院所写的一致意见书中,认为"司法机关在决定征收权之行使是否是公共目的的时候,其[审查]范围是极其狭窄(extremely narrow)的"。也就是说,他认为在征收案件中,对于公共目的的审查标准是很低的,应当要尊重立法机关和行政机关的决定。他进一步指出:"公共福利的概念是宽泛和概括性的。它的表现形式既有精神上的,也有实体上的,既有金钱形式,也有美学形式。决定社区应当是美丽的、干净的、宽敞的而且治安状况良好的,这些都是立法权力的范围。如果哥伦比亚特区的立法者认为,美国的首都应当是美丽而又整洁的,第五修正案并不会阻挡他们的想法。财产所有者由于获得第五修正案所要求的公平补偿从而能够满足其根本权利。"[21]

司法机关在决定什么是公共目的问题上的有限角色同样体现在 1984 年的 *Hawaii Housing Authority v. Midkiff* 案。在该案中,美国最高法院支持了夏威夷州行使征收的权力,来解决其土地过于集中的问题。夏威夷在成为美国的一个独立州之前,该岛的最初定居者实施的是一种类似欧洲封建领主制的土地分封制度。在 1960 年代的时候,州议会发现 72 位地主拥有该州 47% 的土地,而州政府和联邦政府则拥有 49% 的土地,而州的其他公民仅仅拥有 4% 的土地。夏威夷议会认为该岛土地由于过度集中,已经损害了州的房地产,拉升了房价并且损害了公共的安定和福利。州议会于是颁布了夏威夷土地改革法案,由政府先征收所有者的土地,然后转让给土地现有的承租人。这实际上是一种通

---

[20] See, e.g., *Old Dominion Land Co. v. United States*, 269 U. S. 55 (1925); *Rindge Co. v. County of Los Angeles*, 262 U. S. 700 (1923).

[21] *Berman v. Parker*, 348 U.S. 26, 33, (1954).相关评论,可以参见 Kathleen M. Sullivan & Gerald Gunther, pp. 480—81.

过赎买的方式进行的土地改革。原告（土地所有人）向法院提出诉讼，认为夏威夷州政府是在剥夺他们的财产，然后把他们转手给另一私人，这是违反联邦宪法第五修正案的行为。奥康娜大法官的多数意见书指出，政府的征收权力是和"主权者所具有的治安权力之范围相一致的"。她进一步指出，"只要政府的征收权力之行使和能够想象得到的公共目的是合理地联系在一起的，法院就不会判决已经加以公平补偿的征收是为第五修正案所禁止的。在此基础上，我们认为夏威夷的法案是合法的，这点没有什么困难。当立法机关的目的是合法的，而其目的并非不合理，那么，我们的案件已经清楚表明，有关征收之明智与否的实证方面的判断不适合由联邦法院来进行判决。直接经由征收而来的财产最先被转移到一位私人收益者手中，仅仅这一点并不能够用来谴责说，征收只具有私人目的。"[22]

从 Berman 和 Midkiff 案我们可以看出，资本主义早期的自由主义哲学基础上的绝对财产权观念的逐步弱化[23]，而征收的合宪性基础也从为了满足公共使用扩展到公共目的，或者我们通常所说的公共利益。这种趋势不但体现在联邦宪法法院的先例，也体现在各州的判决中。一些州的法院先后通过它们的判决肯定了政府利用征收权力来获得土地，发展经济。土地被征收用来为通用汽车公司建造工厂[24]、用来建设购物中心和办公楼都被各州法院宣布为合法的例子。更有奥克兰市利用征收权来获得并转让美国棒球协会经营权的行为被加州法院宣布为合法。[25] 无论是从联邦司法，还是州司法发展的角度，美国土地征收制度都经历了一个逐渐突破宪法中有关"公共使用"的狭窄规定，从公用征收到公益征收的演变过程。

（二）有关"公共使用"的学理主张

除了各级法院在解释"公共使用"问题上的努力之外，一些宪法、财产法领域的学者也就"公共使用"问题建立起自己的学说体系。

芝加哥大学法学院的理查德·爱泼斯坦在他的《征收》一书中举了一个例子来说明为什么"公共使用"的标准对于政府征收行为的限制是具有重要意义

---

[22] *Hawaii Housing Authority v. Midkiff*, 467 U. S. 229 (1984).

[23] 莫顿·霍维茨在《美国法的变迁：1780—1860》一书中以细腻地笔触向我们揭示了普通法的法官们如何通过改革包括财产在内的普通法来配合经济形态的变革。Morton J. Horwitz, *The Transformation of American Law*, 1780—1860, Harvard University Press, 1977, esp. Chapter 2.

[24] *Poletown Neighborhood Council v. City of Detroit*, 304 N. W. 2d 455 (Mich, 1981)。尽管该案的多数意见肯定了为减少事业和经济复苏目的而征收私人财产，建造通用汽车公司的行为符合宪法的要求，多数意见也进一步强调指出，"并不是说，经济开发公司只要能够提供一些就业机会和增加一些工业或者商业基础，他们就能够获得同样的合宪性。如果公共利益不是那么明显和重要，那我们对于是否赞成这类计划就有所犹疑。征收权的使用必须被限制在促进公共使用和公共目的的范围内，如果没有十足证据表明，公众从征收中获得了利益，政府就没有权力行使征收权。"

[25] *City of Oakland v. Oakland Raiders*, 646 P. 2d 835 (Cal. 1982).

的。假如 A 拥有一块土地,他愿意以 100 美元的价格出售,而 B 想以 150 美元的价格来购买 A 的土地。如果没有其他买主,这时他们的成交价格将是 100—150 美元之间的某个点,具体价格取决于双方的谈判能力。如果 B 可以求助于国家的征收权,那么,他就可以强迫 A 以 100 美元的价格出售,B 个人获得了所有的剩余。而公共使用的目的就是防止 B 利用国家的征收权来攫取所有的剩余。[26]

如果我们承认了"公共使用"的重要性,我们仍然面对如何划分公共使用和私人使用之间的界限问题。这很容易陷入两种极端,一种是对公共使用进行宽泛解释,只要征收能够符合公共目的,即使其征收的第一受益人是私人也能够满足宪法的要求。在这种标准下,意味着任何征收,只要它能够间接带来的公共利益,间接服务于公共目的,这种征收就是合宪的。[27] 这种主张导致的后果,就是任何征收都能够被解释成是为了公共使用,从而导致宪法对征收限于"公共使用"的规定完全失去意义。另一种情况是对"公共使用"进行严格的解释,比如说,认为只有政府本身在直接利用征收来的土地,或者将征收来的土地直接作为公共物品提供给一般社会公众,但这将严重限制立法机关的作为,从而导致法律的发展无法适应社会变迁的需求。

1. 公共物品与公共使用

作为财产权的坚定捍卫者,爱泼斯坦教授在《征收》一书中通过公共物品来解释公共使用,从而严格限制政府的征收权力。[28] 为了避免有关公共使用的讨论沦为主观的价值判断之争。爱泼斯坦引入了经济学中的公共物品这一概念。公共物品作为一个特定的经济学概念,是有区分于非公共物品的标准的。[29] 公共物品具有的两个客观的标准。其一是非排他性,比如说一个人享有了国家军队的保护,并不妨碍另一个人对国家军队保护的享有。其二是保护范围扩大,成本并不增加。当然,也许保护的对象增加到 N 的时候,保护成本就开始增加了。尽管如此,这时将该公共物品加以私有化仍然是不经济的,因为将第 N 个人排除在保护之外所带来的收益要远远小于这么做所带来的成本。根据这两个客观标准,爱泼斯坦又根据公共物品内在的特点,将其分成了

---

[26] Richard Epstein, *Takings: Private Property and the Power of Eminent Domain*, Harvard University Press (1985), p.164.

[27] 有学者就主张,以宪法修正案征收条款中的"公共使用"来限制立法机关征用财产是对宪法历史和文本的误读。Matthew P. Harrington, "'Public Use' and the Original Understanding of the So-Called 'Takings' Clause", 53 *Hastings L. J.* 1248, 2001—2002.

[28] Richard Epstein, *Takings: Private Property and the Power of Eminent Domain*, Harvard University Press (1985), pp.166—169.

[29] 有关公共物品的经济学解释,可以参见 Mancur Olson, *The Logic of Collective Action: Public Goods and the Theory of Groups* (1965), Cambridge: Harvard University Press, pp.13—15。

下面的四种类型,它们分别是(1)国防、灯塔类。个人无论是否喜欢国防,他都会受到国家军队的保护。(2)高速公路、公园类。尽管人们可能选择不使用某一高速公路或者所有的高速公路。但是,如果个人愿意,所有的人都有权使用它们,这样一来,为这种目的所进行的征收也能满足公共使用的要求。(3)授权私人公司在私人土地上铺设有限电视的缆线。尽管是私人公司,公司的电视节目向所有的使用者开放。这实际上意味着"公共使用"条款并不要求政府直接连续持有其所征收的财产。(4)土地登记之要求将会剥夺那些没有登记者的财产,构成征收。但是,由于任何所有人或者潜在的购买人都可以查阅登记簿。因此,这种征收也是为了公共目的。概括言之,只要征收的目的是为了提供纯粹的公共物品,或者政府征收财产并将其转给私人之后,社会的任何其他成员都有接近该物品的普遍权利存在,那么该征收就满足了宪法上"公共使用"的标准。

然而,正如前文所述,以纯粹的公共物品作为判断公共使用的标准,将会严重限制复杂工业化社会背景下政府所应当履行的各种社会职能。因此,在公共物品标准之外,又发展出新的标准,即在特定情况下下可以为私人而进行征收以及为城市发展而进行征收。

2. 为公共目的而进行的私人征收(*Private Takings for Public Use*)与公共使用[30]

在为创造公共物品而进行的征收之外,还有为公共目的而进行的私人征收。由于这种征收间接服务于公共使用,那么,它是否能够满足宪法的要求呢?美国法院在其长期的历史发展中,尤其是通过对磨坊法案、采矿、房屋租金等方面有关的征收案件的判决,也形成了对这种意义上征收进行衡量,以确立是否符合公共使用的具体而客观的标准,即情境之必要性(situational necessity),以及剩余的分配(division of surplus)必须和严格意义上的公共物品之分配情形一致。这两个客观标准都相当的高。情境的必要性意味着有意获得他人财产的人必须由于外部的原因而必须利用别人的土地,比如矿藏的所在地就不是个人主观意志所决定的,这种外部情境的必要性可以防止个人出于个人意志而随意剥夺他人的财产。如果没有外部情境这一条件的限制,一个人看中了另一个人的财产,只要其有足够的能力,就可以和政府合谋,掠夺他人的财产。另外,有关剩余分配的准则确保了剩余的平均分配,从而避免政府成为私人的代理人,征收成为有权势者剥夺他人财产的工具。这两个客观标准实际上是在美国资本主义兴起的阶段形成的,美国最高法院在后来的诸如 *Berman v. Parker* 等案件的判决中进一步予以确认。

---

[30] Epstein,同前注[26],页169—181。

(三) 治安权力与"公共使用"、征收的区分

如果在征收的时候,政府运用的是治安权力,那么,政府就不受"公共使用"和"公平补偿"的约束。什么是治安权力呢?[31] 美国最高法院在1905年的 *Lochner v. New York* 一案中给出了一个初步的解答。"在联邦各州的主权之中存在某些也许可以被大致称为治安权的权力。法院尚未对这些权利予以明确的描述和限定。这些权力,尽管被泛泛地谈及并且目前并没有任何对其予以更明确的描述和限定的企图,但这些权力涉及安全、健康和公众的普遍福利。"[32]

爱泼斯坦则将侵权法中的公害(nuisance)理论[33]引入宪法当中,认为只有在私人财产的运用达到成为公害的程度,政府才可以运用治安权力。也就是说,政府在征收领域中对治安权力的运用只限于反公害。[34] 这样一来,治安权力的运用就有了非常清晰而严格的适用条件,人们也不用担心政府随时借口治安权力来征收个人私产了。根据美国最高法院的判决,有关国会或者州对酒类的管制[35]、娼妓的管理[36]、垃圾的处理[37]规定都属于治安权力的范畴。[38] 而奥康娜大法官在 Kelo 案的反对意见书中则认为政府进行土地改革,打破土地垄断的行为以及政府为了社区公共健康而进行的城区改造行为都属于治安权力的一部分。[39] 为了区分治安权和公共使用,爱泼斯坦更进一步运用正当防卫和紧急避险之间的关系来进行类比。一个人出于正当防卫的目的,可以伤害对方而无须进行损害赔偿;而一个人如果是为了紧急避险,那么他可以伤害他人,但却必须进行赔偿。可以说,公共使用和紧急避险相似,它们都只是有限的特权。[40]

可以说,政府的征收在例外情况下是治安权的行使;而在一般情况下都应

---

[31] Joseph L. Sax 则指出,治安权没有明确的定义,被用来指称那些有效的政府限制和管制,它们无须对损害的财产进行赔偿,参见 Joseph L. Sax, "Takings and the Police Power", 74 *Yale L. J.* 36, (1964), note 6.

[32] *Lochner v. New York*, 198 U.S. 45 (1905).

[33] 依据美国侵权法一般理论,公害又被分成私人公害和公共公害。所谓公共公害是指行为者的行为或者不行为妨碍或者损害了社会公众行使其公共权利。而私人公害是指具体原告"享用自己土地的权利"受到了侵犯。李亚虹:《美国侵权法》,北京:法律出版社1999年,页152—154。

[34] Epstein,同前注[26],页112。

[35] *Boston Beer Co. v. Massachusetts*, 97 U.S. 25 (1878); *Mugler v. Kansa*, 123 U.S. 623, 679 (1887).

[36] *L'Hote v. City of New Orleans*, 177 U.S. 587 (1990).

[37] *Gardner v. Michigan*, 199 U.S. 325 (1905).

[38] 陈新民:"财产权的限制与公益征收的概念——美国法上的探讨",载陈新民:《宪法基本权利之基本理论》(上册),台北:元照出版公司,页465。

[39] *Kelo v. City of New London* (O'Connor dissenting).

[40] Epstein,同前注[26],页109—110。

当是为了公共使用。在这里,我们还要讨论的概念是政府的什么样的行为构成对私人财产的征收。在实践中,美国最高法院的大法官们在个案积累的基础之上,逐步发展出一套判断政府的行为是否构成征收的判断标准。择其要者,可以概括成约翰·马歇尔·哈兰(John Mashall Harlan)大法官所发展出来的占有利益理论和纯洁使用理论。根据哈兰大法官的观点,如果财产受到了政府行为的影响,而政府本身从这种影响中获得占有式的利益,那么政府的行为就构成了征收;哈兰的第二个理论是从财产所有者对于财产使用的角度出发的,关键问题是所有者对财产的使用是纯洁使用还是有害使用。如果政府是对有害使用进行管制,那么它的行为就不构成征收。霍姆斯大法官出于对哈兰大法官的观点的不满,提出了一套在实用主义基础上逐案平衡个人损失和公共利益以财产减损的程度作为标准的理论。[41] 霍姆斯的理论对征收法原则的贡献在于它不是把征收问题看作是一个概念或者形式,而是把它看成社会冲突的表现。但另一方面,由于哈兰和霍姆斯大法官在案件中确立了征收的不同标准,从而导致此后法院在这个问题上的判决显得缺少连贯性和逻辑上的一致性,引起了学者们异口同声的口诛笔伐[42],而关于如何划分征收与治安权之间的界限直到今天仍然是许多有关征收问题的论文所讨论的焦点所在。

(四)本案审查标准的检讨

Kelo 案涉及了"为私人而征收"与"城市发展"这两个问题,正反双方围绕 Kelo 案件的争论实际上就是围绕这两个问题而展开的。有意思的是,在 Hawaii Housing Authority v. Midkiff 案中,奥康娜是法院多数意见的撰写者,支持政府的土地改革,改变土地集中的状况,实行征收并重新分配土地。奥康娜认为如果立法机关追求的目的是合法的,而其手段也是合理的时候,法院就不应该对立法机关的决定进行质疑。奥康娜强调,正如不应当在联邦法院中进行其他类

---

[41] 同前注,页477—487。Jed Rubenfeld, "Usings", 102 *Yale L. J.* 1083—1087 (1993)。对权利转移论和无辜论、损失程度论、特别负担论、实质侵犯论以及在上面四种理论基础上形成的综合论这几种标准来判断政府行为提出了详尽的批评,提出了自己有关什么样的政府行为构成征收的标准。他认为可以把政府的角色区分成作为参与者的政府和作为协调者的政府。政府作为参与者,其特征与特征与一般私企没有什么差别。但政府同时也在进行治理,它在调整私人之间的纠纷,解决各种利益冲突,这时政府的功能是仲裁者。政府作为市场参与者的时候应当对其行为带来的财产损失进行补偿,而政府作为仲裁者对其行为带来的损失则不予补偿,因为后者应当被看成是政府在行使治安权。有关对财产的管制构成征收的判断标准的经典讨论,可以参见 Joseph L. Sax, "Takings and the Police Power", 74 *Yale L. J.* 62, 63 (1964)。从法律经济学角度对上述传统标准进行的批评,可以参见 Frank Michelman, "Property, Utility and Fairness: Comments on the Ethical Foundations of 'Just Compensation law'", 80 *Harv. L. Rev.* 1165 (1967)。

[42] 有关征收的标准被讥讽成"最高法院的百衲被原理,"参见 Dunham, "Griggs v. Allegheny County in Perspective: Thirty Years of Supreme Court Expropriation Law", 1962 *Supreme Court Review* 63。而最高法院自己也承认在这方面没有硬性规定或者"固定原则"。*United States v. Caltex, Inc.*, 344 U.S. 149, 156 (1952); *Goldblatt v. Town of Hempstead*, 369 U.S. 590, 594 (1962)。

似的社会经济立法是否明智的经验讨论一样,也不应当在联邦法院中进行有关征收的明智与否的经验讨论。[43] 根据 *Midkiff* 一案的判决,第五修正案所要求的"公共使用"的要求,也很容易满足。奥康娜所代表的法院意见指出,"公共使用的标准是和主权者所拥有的治安权力相联系的";"只要征收权的行使是和可以想见的公共目的联系在一起的,本院从来就不曾认为公共使用条款会禁止给予[公平补偿]的征收"。可以说在 *Midkiff* 案中,奥康娜采用的是合理审查标准,对立法机关的决定抱持司法尊重(judicial deference)。而 *Kelo* 案件中,奥康娜是反对意见的代表,她实际上是提出了一个比合理审查标准更高的标准。那么,是一些什么样的因素导致奥康娜大法官立场的转变呢?

一个重要的原因就是,在过去的二十年中,最高法院的司法审查标准益发精细化,从而成为美国政治问题法律化,法律问题技术化的一个极佳写照。自1976 年的 *Craig v. Boren*[44] 案件以来,美国最高法院逐步在涉及两性平等、年龄歧视等问题上发展出一套介于合理审查与严格审查标准之间的中间审查标准。

三、公平补偿问题

政府的征收行为是否符合宪法的规定,需要回答三个问题:首先,政府的行为是否构成了征收? 其次,政府的征收行为是否是为公共使用而进行的? 再次,政府是否进行了公平补偿? 当然在这之前还需要判断的问题是政府的行为是否构成了征收。美国最高法院就什么样的政府行为构成征收形成了大量的先例,而学术界对此也有详尽的讨论,我们在治安权力与公共使用、征收的区分一节中有所涉及。另外,我们在第二部分已经详细讨论了从为公共使用而进行征收到为公共利益而进行征收的发展轨迹。我们在这一部分讨论的则是公平补偿问题。

有学者指出,通过司法审查机制来保障的公平补偿条款是民主机制的重要补充。[45] 民主过程在运作的过程中可能会出现许多弊端,最典型的有通过民主方式剥夺少数人财产权利以及利益集团的存在导致政治过程的扭曲。那么,通过司法审查机制进行公正补偿恰恰能够对这两种弊端进行补救。一是通过公平补偿来避免民主机制可能会在征收问题上产生的财产幻觉。民主过程中

---

[43] (When the legislature's purpose is legitimate and its means are not irrational, our cases make clear that empirical debates over the wisdom of takings — no less than debates over the wisdom of other kinds of socioeconomic legislation — are not to be carried out in the federal courts) 467 U. S. 229, 243.

[44] *Craig v. Boren*, 429 U. S. 190 (1976).

[45] Glynn S. Lunney, "Compensation for Takings: How Much Is Just?", 42 *Catholic University Law Review* 721—816 (1993). 有关公平补偿和限制政府征收权的公共选择理论分析,可以参见张千帆:"'公正补偿'和征收权的宪法限制",载《法学研究》2005 年第 2 期。

的多数人决定模式,可能会导致他们剥夺少数人的财产,尽管存在其他的更为有效的方式。但由于成本完全由财产被剥夺的人承担,代表多数人的决策者没有办法摆脱这种做法的弊端,也就是说,从社会总体的角度来说,政府进行的征收是无效率的,但由于政府自身没有承受这种无效率征收带来的成本,政府产生了一种"财政幻觉"(fiscal illusion),以为这种征收能够带来很大的收益。这个时候法院对于立法过程的监督就显得非常重要。用雨果·布莱克大法官在 *Armstrong v. United States* 一案中的意见来说,就是,"第五修正案……设计之目的就是要防止政府迫使少数人来承受,无论从公平还是正义的角度来说,都应当由作为整体的公众来承受的负担"[46]。二是通过司法审查机制来约束民主过程中的利益集团。那些其自身利益受到最大程度影响的人有最大的动力去影响政府。这实际上是公共选择理论所揭示出来的核心问题。而无论是解决利益集团模式还是多数人模式所带来的弊端,都需要法院介入,以公平补偿作为判断的标准,对政府的征收行为进行审查[47]。如果我们接受了上述理论中所具有的司法钳制立法的意义,那么,自然的结论就是司法机关进行公正补偿判断的时候,其审查标准一定不会是最容易获得合宪性许可的合理审查标准。

(一)公平补偿的标准

在公平补偿的问题上,需要回答的有两个问题:第一,是否应该进行补偿;第二,如果应该进行补偿,那么,怎样的补偿才是美国宪法所称的公平补偿,也就是公平补偿的标准问题。

对于第一个问题,我们根据法院的判决和一些学者的评论,可以总结出,有一个事件是否应当受到补偿取决于下面的四个因素(1)公众或者其代理人是否在使用或者占用权利人的物品;(2)权利人所受损害的大小以及其财产贬值的程度;(3)公众的收益是否大于权利人遭受的损失;(4)权利人除了被禁止有损他人的行为之外是否还遭受了任何其他的损失。[48] 在肯定应当对当事人进行补偿之后,就公平补偿的标准问题,美国最高法院也在它的实践中发展出了一套衡量补偿是否公正的具体明确、可以操作的标准和方法。通常而言,法

---

[46] *Armstrong v. United States*, 364 U.S. 40 (1960), at 49.

[47] Glynn S. Lunney, Compensation for Takings: How Much Is Just? 42 *Catholic University Law Review* 751—756(1993). 也有人可能会质疑,尽管民主程序会带来"财政幻觉"一类的弊端,因此无法在真正的公共征收和私人征收之间化出明确的界线,我们也没有充分的理由认为法院就能够对这种工作胜任愉快。这个问题实际上是对合宪审查合法性问题的一个核心挑战,对这个问题的回答已经形成了许多经典的文献,我在本文中并不试图回答,但我需要指出的一点是,美国最高法院在有关征用问题上所给出的判决充满着冲突、混乱,似乎进一步强化了人们的质疑。法院在涉及社会政策的案件中手段有限,经常处于捉襟见肘的境地,一个经典的讨论,参见 Donald L. Horowitz, *The Courts and Social Policy*, The Brookings Institution, 1977。

[48] Frank Michelman, 同前注[41]。

院会以市场价值(market value)[49]作为公平补偿之标准。所谓市场价值指的是在征收当时,被征收物在当地的自由市场上,可以出售之价格。也就是,一个"不一定非卖不可的"卖主,卖给一个"非买不可的买主",以可以协议的价格。或者用 Olson v. United States 一案判决中的话来说,就是财产所有者在经济上的地位"应当和他的财产没有被征收时一样好,必须要对他进行充分的,但不是更多的补偿。州和联邦政府保护的是他的财产而不是他(复制该财产)所需的成本"[50]一般情况下,应当以市场价值作为公平补偿的标准,除非市场价值无法合理计算出来或者以市场价值作为标准会带来明显的不公平。[51] 但是,被征收人因为征收而产生的附带损失,如"搬迁费"、"预期利益损失"、"顾客来源(信誉)损失",并不属于该补偿的范围。[52] 市场价值法的主要问题在于它拒绝对被征收者的任何真实的主观权利进行补偿,所以采用这种方法可能会导致补偿偏低,为了解决这个问题,有学者就主张在市场价值之上增加部分红利,一是为了补偿征收所暗含的强迫交易对个人自治的侵害,二是试图去矫正市场价值法下对于财产的系统低估。比如英国就曾经对于任何此类强迫购买土地的交易中支付总价10%的红利给被征收者。[53] 除了市场价值法之外,美国联邦最高法院有时还会允许人们还可以采用复制成本法来进行评估,即在当前市场上复制或者替换该财产所需成本。在采用复制成本法的情况下,如果它高于被征收财产的市场价值,但低于被征收人对财产的主观估价的时候,它就是有效的;如果主观估价低于复制成本,这时候被征收者将没有动力去披露其主观

---

[49] *Olson v. United States*, 292, U.S. 246, 257 (1934); *Duncanville Landfill*, 469 U.S. at 25 n.1; *Lutheran Synod*, 441 U.S. at 511; *United States v. Miller*, 317 U.S. 369, 374; *Cf. Boom Co. v. Patterson*, 98 U.S. 403, 407—08 (1878) ("In determining the value of land appropriated for public purposes, the same considerations are to be regarded as in a sale of property b/w private parties.") 转引自 Glynn S. Lunney,同前注[45],n.14。

[50] *Olson v. United States*, 292 U.S. 246 (1934)。

[51] *Duncanville Landfill*, 469 U.S. 29; *United States v. New River Colllieries Co.* 262 U.S. 341, 344. Glynn S. Lunney,同前注[45]。

[52] 陈新民:同前注[38],页488。德国法上对上述损失均予以承认,并进行补偿,可以参见同书,"宪法财产权保障之体系与公益征收之概念",页290。周大伟将美国宪法实践中的公平补偿概括成"主体的公平,客体的公平和估价的公平",周大伟:"美国土地征用和房屋拆迁中的司法原则和判解——兼议中国城市房屋拆迁管理规范的改革",http://www.gongfa.com/zhoudwtudichaiqian.htm(最后访问2005年10月7日)。由于这种概括是一种外在于美国最高法院案例的学者个人观点,作为一种标准,显得过于抽象,本文不采用这种进路。另外,周大伟在解释客体的公平时指出,"取得补偿的对象不仅仅包括房地产本身,还应当包括房地产的附加物,以及与该房地产商誉有关的无形资产(Goodwill)"。这种说法不是非常准确,因为美国最高法院在相关的判决中给出了相互冲突的解释。Kimball Laundry、*United States v. Petty Motor Co.*, 372, 377—79 (1946); *United States v. General Motors Co.*, 323 U.S. 3 案件判决赔偿, Mitchell、*United States v. Chandler-Dunbar Water Power Co.*, 229 U.S. 53, 77 则判决不赔偿。

[53] Epstein,同前注[26],页184。

意图。也就是说,在复制成本法下,可能会导致补偿偏高。[54]除了市场价值法和复制成本法之外,还有资产法,根据折旧后的当前财产的未来纯收入来计算财产价值。[55]

(二)营业损失应该予以补偿吗?

在国家对私人财产的征收中,如果被征收的对象是店铺。业主除了丧失了土地之外,还失去了在多年经营基础上建立起来的商誉(good will)。那么,除了对土地依据相应标准进行补偿之外,对于包括顾客来源在内的营业损失是否应当进行补偿的问题[56],美国联邦最高法院在不同的案件中给出了不同的答案。在美国宪法学术界,就这个问题也没有一致性的主张。

作为反对补偿营业损失的经典表达,霍姆斯法官在 *Sawyer v. Commonwealth* 一案中的意见经常被引用。"通常认为,对于商业(business)的损害并不是对财产的征收,因此无须补偿。许多带来重大的经济损失的行为都不会引发补偿问题。尽管从广义的财产概念出发,商业也是财产,而且是有重要价值的财产。但是和宪法要绝对地加以保护的那些权利相比,商业在本质上是无形的,因流动性而显得不确定。与我们宪法要解决的征收与征用相比,其价值的减少是一种相对模糊的损害。商业之败落可能因为竞争,也可能因为改道,原来的人流都被吸引到新的街道上了,在这两种情形之下,当事人都没有权利提起诉讼。由于土地被征收,从而导致该土地上面的商业被毁的情况和上述情形没有什么不同。"[57]但是,爱泼斯坦认为,霍姆斯大法官将政府征用土地所带来的该土地上的商业被毁和竞争、改道进行对比是不合适的。因为在竞争和改道的情况下,政府并没有对当事人直接施加强制;而在政府征收土地带来的该土地上营业权被毁的情形中,是有政府的强制力介入的。[58]

除了霍姆斯影响深远的反对补偿商业商业损失的观点之外,还有下面这样一些反对补偿营业损失的主张。有人担心赋予营业权以赔偿请求权将会导致人们的滥诉,这样就使得政府动辄得咎。但是在这里,我们其实是可以通过一些限定来限制诉权的无限扩张的,营业权的丧失所带来的经济损失并不是可诉与否的标准,其标准是政府是否用了明确的强制力。如果因为政府的强制力所导致的营业权的丧失,这就产生了征收,政府应该加以补偿。如果是因为顾客

---

[54] 有关市场价值法和成本复制法的弊端的分析,可以参见 Richard Epstein,同前注,页183。
[55] 关于市场价值法、"资本法"、"复制成本法"的详细论述,可以参见 Glynn S. Lunney,同前注[45],页727—28。
[56] 本小节的讨论主要参见 Epstein,同前注[26],页80—86。
[57] 182 Mass. 245, 247, (1902).
[58] Epstein,同前注[26],页83。

青睐其他的店家营业遭受损失,那政府就没有补偿义务了。[59] 还有人认为,营业权过于模糊,无法予以测度,因此不应当进行保护。而实际上可以通过价格来衡量营业权的价值,营业权还可以被占有、转让,而且不受任何第三人的干预,所以它并不像反对者所说的那样模糊不定。[60]

四、Kelo 案之后:土地征收与社会公正

为了经济发展,就要对穷人区的土地和房屋进行征收拆迁。穷人区的房子可能年久失修,道路破败,卫生条件落后。所有这些因素都意味着,将会有越来越多的穷人的土地和房屋被征收拆迁。因为发展经济而土地房屋被征收拆迁的命运却不会落在那些富裕的人身上。把发展经济看成是宪法所要求的"公共使用",其结果将会导致拆迁的命运将只会落在穷人身上。[61] 奥康娜在本案中就引用 Poletown 案的意见来表达类似的看法。"现在,我们授权地方立法机关来决定说,对于财产的商业或者工业使用比其目前使用更有效率,那么无论房屋主人,商人还是制造商的财产,无论对于其所有者来说多么有效或者有价值,都不能免于被征收的命运,因为其他的私人将会更为有效地利用他们。"[62] 这也是为什么以经济发展为目的征收不仅会严重损害私人所有者的财产安全,而且会损害宪法所试图保障的公民平等权。

考虑到穷人所处的社会地位较低,掌握的经济资源极为有限,在政治决策过程中也很难有真正的谈判愿望、意图和能力,那么这种为发展经济而进行的征收,使得富人和穷人之间的不平等状况进一步恶化。

就此而言,土地征收就不只涉及财产权、经济发展,而且还和公民平等权的实现有直接关联。美国最高法院在长达两百年的历史发展中,对立法机关的司法审查已经发展出一套相当成熟的标准。具体而言,就是在涉及经济方面的立法时,对立法机关采取尊重的态度,采用的司法审查标准为合理审查标准。由于合理审查标准要求非常低,在这种情况下,很少会出现立法被宣布违宪的情形。但是,在立法涉及选举权、信息传播、结社、和平集会、某一特定宗教等基本权利的时候将适用严格审查标准,在审查那些对与大众分离而隔绝的少数族群(discrete and insular minorities)造成歧视的政府措施是否合宪时,最高法院就

---

[59] Epstein,同前注[26],页 81。
[60] 同前注,页 82。
[61] David Barren & Gerald Frug, "Make Eminent Domain Fair for All", *The Boston Globe*, Aug. 12. 类似的观点可以参见 Kenneth R. Harney, "Court Ruling Leaves Poor at Greatest Risk", *The Washington Post*, July 2, 2005。
[62] 410 Mich., at 644—645, 304 N. W. 2d, at 464 (opinion of Fitzgerald, J.).

会采取相当严格的审查标准。[63] 也就是说,美国最高法院在审查立法的时候形成了双重标准:对涉及经济方面的立法,高抬贵手,予以放行。对于涉及基本权利的立法,提高标准,严格审查。[64] 此外,在涉及男女平等的案件中还发展出介于合理审查标准和严格审查标准之间的中度审查标准。[65] 当然,以个人自由和财产权利之间的二分法作为司法审查的标准,也不是没有批评者。爱泼斯坦就认为,应当将征收中对立法的审查标准适当加以提高,而对言论自由案件的审查标准适当降低,从而中度审查标准成为衡量侵害财产权和言论自由行为的共同标准。爱泼斯坦实际上是对宪法中的优先权和优先权之外的其他权利这种二元划分提出挑战。取消自由权和财产权不仅是一些学者的主张,而且也部分地为司法实践所接受。[66] 比如说,斯图尔特(Stewart)大法官就在 *Lynch v. Household Finance Corp.* 一案中对这种二分法进行质疑。他认为,将宪法权利"个人自由和财产权这种二分法是错误的。财产没有权利,人才有权利。公民享有的财产不受非法剥夺的权利和言论权、旅行权一样,实际上,是一种'个人权利',无论所谓的财产是福利支票、房子还是储蓄账户。事实上,在个人享有自由的权利以及个人对财产所拥有的权利之间存在相互依赖的关系。一种权利离开了另一种权利都无法生存。财产权是一种基本民权长期以来已经得到认可……"[67] 更进一步,最高法院在一些具体的因政府管制而产生的征收案件中实际上就使用了中度审查标准来宣告相关政府行为的违宪。在 *Nollan v. California Coastal Comm'n*, 483 U. S. 825 (1987)中,斯卡利亚所代表的多数派意见就运用了"提高了的审查"(heightened scrutiny)宣告政府对海滨建设许可证的颁发附加要求为公众提供地役通行权的行为构成了应当予以补偿的征收。斯卡利亚认为,政府可以采取那些能够实质性地推动其目的的措施,但是,在该案中,政府既没有说明其追求的利益是合法的,也没有说明其规制措施能够在实质上[68]促成(substantially advance)所追求的合法的州的利益。政府所宣称的其保留去海边的道路这样的利益和要求原告 *Nollan* 提供地役通行权的行为

---

[63] 脚注四,中文简介参见林子仪:《言论自由与新闻自由》,台北:元照出版公司2002年,页149—150。

[64] 后来,双重标准的说法被一些第三世界国家用来指责美国在人权问题上对内、对外尺度不一,搞的是双重标准。这则是美国最高法院未曾料及的后果了。

[65] 关于美国最高法院所发展出来的类型化的多元司法审查标准的准确而详尽的讨论,可以参见黄昭元:"宪法权利限制的司法审查标准",载《台大法学论丛》第33卷第3期,页45—145。关于中度审查标准,黄昭元:"纯男性军校与性别歧视——评 *United States v. Virginia* 一案判决",载《欧美研究》季刊,第33卷第3期,2003年9月。

[66] Richard Epstein, 同前注[26],页137。

[67] *Lynch v. Household Finance Corp.* 405 U. S. 538, 552。

[68] 着重号为作者所加。

之间在实质上[69]不够切近（insufficiently close）。伦奎斯特大法官在 1994 年所判决的 *Dolan v. City of Tigard* 一案中，就更进一步明确了对开发许可证进行限制的政府行将要受到中度审查标准的考验。伦奎斯特所发表的多数意见明确拒绝了使用过度宽松的合理审查标准，也拒绝使用过于严格的审查标准。他认为应当采取的是这二者中间的位置，为了显示与前两种标准的区别。伦奎斯特还特别运用了"大致比例"（rough proportionality）一词来加以表述。毫不奇怪的是，*Kelo* 案的反对意见持有者认为，*Kelo* 案件应当适用的是 *Nollan* 和 *Dollan* 案件中发展出来的中度审查标准。在本案中，奥康娜强调在"什么是公共使用"这一问题上，尽管司法机关要给立法机关以相当的尊重，但这并不意味着立法机关是这个问题的唯一决定者。实际上，"什么是公共使用问题是一个司法问题。"[70]一旦要重新考虑立法机关决策，这意味着实际的司法审查标准已经偏离传统的对于征收进行合理审查的立场，而采取了一种司法能动的立场，从司法的角度去衡量立法机关的判断是否合理，这种积极的司法态度已经超越了合理审查标准所暗含的尊重其他机关判断的预设立场，从而提高了司法审查的标准。按照合理审查原则，在征收案件中，法院对于立法机关作出的其要满足的公共利益是什么的解释应当采取一种尊重态度，基本上是不假思索地加以接受。

只是因为肯尼迪大法官的倒戈，*Dollan* 案件的多数派在 *Kelo* 案件中才变成了少数派。在这里必须要指出的一点是，肯尼迪大法官在他的协同意见书中并没有否认有些财产征收的情况应当适用中度审查标准的，只是本案不宜采用该标准而已。[71]

另外，如果有关以经济发展作为征收的理由会导致前述于穷人、富人的适用问题上的不公平，那么，这种类型的征收所涉及的就不仅仅是立法机关发展经济方面的规划问题，它更涉及穷人和富人的划分是否违反了第十四修正案中的"平等保护"问题。经过这样的分析，我们就可以理解，为什么多数意见指责奥康娜大法官提高了审查标准。还有托马斯大法官说所的"拆迁贫民窟，就是在毁灭黑人的家园"。中度审查标准是在有关男女平等、残障人士保护等有关

---

[69] 着重号为作者所加。

[70] *Cincinnati v. Vester*, 281 U. S. 439, 446 (1930).

[71] "My agreement with the Court that a presumption of invalidity is not warranted for economic development takings in general, or for the particular takings at issue in this case, does not foreclose the possibility that a more stringent standard of review than that announced in *Berman* and *Midkiff* might be appropriate for a more narrowly drawn category of takings. There may be private transfers in which the risk of undetected impermissible favoritism of private parties is so acute that a presumption (rebuttable or otherwise) of invalidity is warranted under the Public Use Clause." *Kelo v. City of New London*.

社会问题的可疑分类中被提出来的。[72] 而奥康娜本人是中度审查标准的有力支持者。我们不无理由地说,她可能有这样的意图,把中度审查标准扩展到本案。这样的后果是,一方面提高了以经济发展作为征收理由的案件中的审查标准;另一方面,中度审查标准作为一种宪法原理将会在美国宪法中具有一种更为巩固的地位。保护私人财产权,限制政府管制机构的权力和强化州的权利是保守的司法能动主义的三大核心观点。[73] Kelo 案为最高法院的保守派提供了一个详细阐述他们对财产权保护限度的观点的最佳机会。尽管他们输掉了这场战斗,但他们很可能会赢得整个战争。考虑到本案正反双方的力量势均力敌,一旦美国最高法院继续向右转,少数派变成多数派,以中度审查标准推翻本案并不是不可能的事情。

(初审编辑:刘晗)

---

[72] *Cleburne v. Cleburne Living Center, Inc.*, 473 U. S. 432, 446—447, 450 (1985); *Department of Agriculture v. Moreno*, 413 U. S. 528, 533—536 (1973).

[73] Daniel A. Farber and Philip P. Frickey, *Law and Public Choice: A Critical Introduction*, Chicago University Press,封底语。

万事开头难

——《内地香港相互认可和执行当事人协议管辖的民商事案件判决的安排》评析[*]

张宪初 菲利普·斯马特[**]

Development of Regional Conflict of Laws:
On the Arrangement of Mutual Recognition and Enforcement of Judgments in Civil and Commercial Matters between Mainland China and Hong Kong SAR

Zhang Xian-chu Philip Smart

内地和香港特别行政区于 2006 年 7 月 14 日在香港签署了名为《关于内地与香港特别行政区法院相互认可和执行当事人协议管辖的民商事案件判决的

---

[*] 本文原为英文,发表于 Hong Kong Law Journal, 2006 (Part 3), pp. 553—584;在翻译成中文过程中有改动,特别是第二部分根据编辑的建议作了较大删减。香港大学许正朗同学在本文写作过程中做了大量资料收集工作,作者谨此表示衷心的感谢。

[**] 两名作者均为香港大学法学院教授,电子邮箱 xczhang@ hkusua. hku. hk。

安排》(以下简称为《安排》)。[1] 经过较长时间磋商,在香港回归九年之后才得以签署的这一协议已为商界和法律界关注已久,并旨在为这些人士"提供便利和增强信心,并适当回应两地经贸关系发展中出现的相关问题和关注"。[2] 从宏观意义上讲,《安排》无疑反映了《香港基本法》关于促进内地和香港间司法合作的精神;但在《安排》签署之后,也有一些知名的专业人士立即对其有效性表示了保留。[3] 另外细心的读者也会注意到,《安排》并没有一个确定的生效日期,而是要等香港方面完成有关法律程序后才能由双方公布生效日期并予执行。[4]

在这些背景下,本文意在分析《安排》发展的进程并从理论与实际关注的角度考察《安排》的意涵和影响。为此,第一部分将说明几年中双方协商的背景及其关注的主要问题;第二部分检视《安排》中的主要内容;第三部分思考《安排》在推动两地司法协助中取得的进展及其局限性;第四部分讨论在实施《安排》中可能出现的问题;最后,第五部分会作出一些结论性评语。

一、内地香港就《安排》协商过程中的主要问题和关注

(一) 背景

尽管内地香港间的经贸关系在回归前就已呈现出迅速发展的势头,但两地间的司法协助长期停留在较低的水平,两地间唯一的双边安排是 1985 年 10 月香港最高法院和广东高级人民法院签署的《关于相互协助送达民商事诉讼文书的初步协议》。根据这一协议,广东省和香港可相互委托送达民商事案件诉讼文书。[5] 除此之外,由于英国政府的加入,1958 年联合国关于相互承认和执行外国仲裁裁决的《纽约公约》[6] 和 1965 年关于向国外送达民商事司法和司

---

[1] 《安排》中文本可见于香港律政司网站:http://www.doj.gov.hk/intracountry/chilpdf/mainlandrej20060719.pdf;或北大法律信息网法规中心 http://law.chinalawinfo.com/newlaw2002/SLC/download_n.asp?db=chl&gid=81329,英译文可见 http://www.doj.gov.hk/eng.topical/mainlandlaw.htm.(最后访问 2006 年 7 月 25 日)。

[2] 香港律政司司长黄仁龙资深大律师在《安排》签署仪式上的致辞,2006 年 7 月 14 日,见 http://sc.info.gov.hk/gb/www.info.gov.hk/gia/general/200607140154.htm.(最后访问 2006 年 7 月 25 日)。

[3] Ng Kang-Chung, Doubts over Widening Court Deal, South China Morning Post, July 15, 2006, A3.

[4] 见《安排》第 19 条。

[5] 该《协议》及最高人民法院批复,见最高人民法院研究室、最高人民法院出版社编:《中华人民共和国最高人民法院司法解释全集》(1949.10—1993.6),北京:人民法院出版社 1994 年 7 月,页 1900—1901。

[6] 关于这方面的讨论,见 Xian Chu Zhang "Enforcement of Arbitral Awards between Mainland China and Hong Kong: Before and After Reunification," in Raymond Wacks (ed.), *The New Legal Order in Hong Kong*, Hong Kong: Hong Kong University Press, 1999, pp.183—210.

法外文件的《海牙公约》也可在内地和香港之间适用。[7] 1997 年之后,香港回归祖国使国际公约不能继续在内地和香港间适用,而要在《基本法》确立的"一国两制"的原则下发展两地的司法协助关系。

在香港,一个域外民商事判决可以以两种方式得到执行。一种是成文法的途径,即根据香港《外地判决(交互强制执行)条例》承认和执行其他法域的司法判决。[8] 其优点是通过登记即可使这些判决取得如同香港法院判决一样的效力,而无需在香港重新诉讼。寻求以成文法登记制度在香港执行域外判决需要满足两个基本条件:一是判决为域外高等法院作出的具有"终局性"(Final and Conclusive)的判决;二是香港与该法域必须有互惠安排为基础。[9]虽然香港《外地判决条例》是依照英国 1933 年立法而制定并主要在原英联邦国家和地区间使用,但在实践中已因建立互惠关系而被扩展适用于包括法国、比利时、德国和以色列等大陆法系的国家。[10]

涉及金钱给付的域外判决在香港也可以普通法的方式被执行,即有请求权的一方以域外给付判决为债权证据在香港提出新的诉讼。这种执行方式虽不要求法域之间的互惠,但香港法院可对判决法院有否管辖权,判决是否具有终局性,审判程序的正当公正及判决是否涉及金钱给付进行审查。[11] 事实上早在香港回归前就有当事人利用普通法途径要求香港法院承认和执行内地人民法院的民事判决。[12] 但是应该看到,尽管普通法执行方式可被使用,其不便之处是显而易见的。由于重新起诉,整个执行程序会因涉及域外实体和程序法律问题而更为复杂、昂贵、耗时且具有更多的不确定因素。

在内地方面,如何承认执行香港法院的民商事判决也是一个长期没有得到解决的问题。根据现行的《民事诉讼法》,当事人可以直接向有管辖权的内地中级人民法院申请承认和执行外国法院的判决[13];人民法院应依法对外国判决进行审查,除了要确定承认执行的国际条约或互惠原则的法律基础外,还要确认外国判决不违反中国的法律基本原则、国家主权、安全及社会公共利益,满

---

[7] 关于这方面的讨论,见 Zhang Xian Chu, "The Extraterritorial Service of Judicial Documents from Hong Kong," *Hong Kong Law Journal*, vol. 28 (1999), pp. 356—578。

[8] 香港法例第 319 章(Foreign Judgments (Reciprocal Enforcement) Ordinance)。

[9] 关于这方面的讨论,见 Philip Smart, "Enforcement of Foreign Judgments" (Ch. 3) in Christine N Booth (ed.), *Enforcing Judgments in Hong Kong* (Lexis Nexis Hong Kong, 2004), pp. 270—281。

[10] 与香港有互惠关系,可依《外地判决条例》相互承认执行判决的国家被列于该《条例》的附表中。对此的讨论,见 Smart 同上注;以及 Caville Cameron and Elsa Kelly, *Principles and Practice of Civil Procedure in Hong Kong*, Sweet & Maxwell Asia, 2001, p. 358。

[11] Smart,同前注[9], p. 258; Cameron and Kelly,同前注, p. 357。

[12] 如 *Chiyu Banking Corp. Ltd v. Chan Tin Kwun*(集友银行诉陈天君案),[1996] 2 HKLR 395,即是 1996 年在香港高等法院审理的要求执行福建中级人民法院的偿还债务的二审判决。

[13]《民事诉讼法》第 267 条。

足这些条件后人民法院可发出执行令,给予执行。[14] 1997年以前因香港尚未回归,香港法院判决可被视为"外国判决"从而使这些规定得以适用。事实上即使在香港回归后,在处理涉及香港、澳门和台湾的案件中,《民事诉讼法》中的涉外程序规定也还会参照适用。[15] 然而香港回归新的政治现实和明确法律规定的缺乏还是使内地人民法院在如何处理承认和执行香港判决的实践中出现了分歧。例如,1998年香港中宇国际有限公司以案中被告人吴某在长沙拥有物业财产为由,要求内地法院承认执行香港高等法院的一份生效判决。湖南省长沙市中级人民法院审理此案时认为香港特别行政区既是中国领土的一部分,又具有终审权;香港法院的判决书虽不可能依照国际条约的规定得到承认和执行,但可参照最高人民法院1998年5月22日《关于人民法院认可台湾地区有关法院民事判决的规定》第2条之规定,由当事人提出申请,人民法院受理审查后给予执行。在本案中,法院意识到"承认香港生效判决是省内律师和法官都没有承办过的案例,有些技术性问题的解决,对今后处理同类案件有参考意义"[16],其受理执行的逻辑显然是:既然台湾民事判决都可在大陆得到承认执行,香港作为已经回归祖国的行政特区,其民商事判决更没有理由在内地得不到承认和执行。

但其后香港远侨投资有限公司于2001年向福建泉州市中级人民法院提出申请,要求其承认香港高等法院作出的一份判决,对涉案被告人王某在当地的物业、股权及存款等财产进行执行。泉州中院以香港判决不符合内地法律规定承认外国法院判决效力的条件为由,拒绝了申请人的申请。泉州法院认为,内地法院和香港特别行政区法院的司法联系和协助,既不属内地法院间的委托关系,也不同于国际司法协助关系,而是一个主权国家内部两个相对独立的法域法院间的司法联系和协助关系,应严格按照双方通过协商建立的渠道和方法进行。但目前内地立法并未有对港澳民事判决的法律效力予以承认或认可的规定,在操作上无法可依,故无法承认执行。[17]

广州中级人民法院在审理香港美达多财务有限公司要求执行香港高等法院债务给付判决时,则采取了类似香港法院普通法执行的方式,由申请人在广州重新提起诉讼,以香港法院判决为证据,并考虑了双方当事人借款协议及选

---

[14] 同前注,第268条。

[15] 如2002年2月25日最高人民法院发布的《涉外民商事案件诉讼管辖若干问题的规定》中第5条明确指出,涉港澳台当事人的民商事纠纷案件的管辖,参照本规定处理。

[16] 对本案的详细报道,见钟致远,"湖南省受理申请承认香港高等法院生效判决书始末",载《中国法制杂志》2001年总第18期,页44—45。

[17] 对本案的详细报道,见"远侨投资有限公司申请承认香港法院民事诉讼判决之法律效力案",载国家法官学院和中国人民大学法学院(编):《中国审判案例要览》(2002年民事审判案例卷),北京:中国人民大学出版社2003年,页568—570。

择适用的香港有关法规,最后判决涉案被告聚龙公司等(以其在广州的物业)偿付原告申请人。广州中院认为:"虽然本案纠纷曾在香港地区诉讼,但因目前两地间尚无司法协定规定香港地区法院判决可在内地申请执行,且本案当事人在有关贷款协议中并未选择管辖法院。因此原告在其权益未得到有效保障的情况下,向有可供执行财产地的内地法院起诉请求保护其合法权益,本院对本案具有司法管辖权,原告的请求应予支持。"[18]

在缺乏充分明确法律依据的情况下,内地的法官和法院在这些案例中显然表现出严格依法规办事和灵活务实解决现实问题的不同取向。虽然两地在承认执行对方民商事判决上都面临着法律适用和互惠的难题,但如果从政治层面来考虑这些法律"真空"所带来的困扰和难堪,技术性问题的重要性就显然退居其次了。在跨境司法合作方面,香港作为最先按照"一国两制"原则回归的特区明显落后于澳门。内地到目前为止,已和澳门就民商事司法文书送达,调查取证和民商事司法判决承认执行分别签署了协议,特别是判决承认执行的安排已于 2006 年 4 月 1 日起生效。[19] 关于仲裁裁决相互认可执行的安排也将在近期内签署[20];大陆和台湾之间也早已从 1998 年通过各自立法形式,开始相互承认民事判决。[21]

而根据内地专家的研究和法官的亲身实践,虽然内地与港澳台间司法协助规定均不完善,但内地与香港的司法协助由于法系、语言、理念和程序的不同而更为困难。香港法院在回归前就曾以无互惠为由拒绝承认珠海法院的判决。[22] 回归后的实践也证明,即使是在未签署任何协议的情况下,内地法院的判决在香港得到承认和执行也比在澳门更为困难;因为澳门特区法院已经根据澳门法律在没有协议和互惠机制的情况下受理认可和执行了一些内地的民商

---

[18] 对本案详细报道,引述和评议,见汪秀兰、王天喜:"浅谈香港与内地区际法律冲突及其解决",载《法律适用》2000 年第 8 期,页 40—43,徐玛丽、王天喜:"美达多财务有限公司诉瑞昌置业有限公司等借款合同案",载《中国法律》2000 年 8 月号,页 37—38;Zhang Xianchu, "Foreign Law Applied by the People's Court in China", *CCH's China Law Update*, August 2000, pp. 15—16 and 24.

[19] 最高人民法院与澳门特别行政区法院于 2001 年 8 月签订了《就民商事案件相互委托送达司法文书和调取证据的安排》;于 2006 年 2 月 28 日签订了《关于相互认可和执行民商事判决的安排》。

[20] 见高莎薇:"最高法院在广州召开座谈会,研讨内地与澳门相互认可和执行仲裁裁决", http://www.court.gov.cn/news/bulletin/release/200702020021.htm (最后访问 2007 年 3 月 5 日)。

[21] 《最高人民法院关于人民法院认可台湾地区有关法院民事判决的规定》,发布于 1998 年 5 月 22 日。相关的实务分析,见朱珍钰(主编):《涉台审判实务与案例评析》,北京:人民法院出版社 2001 年。

[22] 黄进(主编):《区际司法协助的理论与实务》,武汉:武汉大学出版社 1994 年,页 188;沈涓:《中国区际冲突法研究》,北京:中国政法大学出版社 1999 年,页 85—87。

事判决。[23] 对此时任律政司司长的梁爱诗女士也感到了一定压力。她承认香港回归后内地判决可在外国得到承认执行,在香港反而不行,这会令人觉得可笑,因此必须通过立法加以确认。[24]

香港和内地司法协助的现状也影响到两地迅猛发展的经贸合作。据统计,两地贸易在1994—2004的十年间年平均增长率为8%。到2005年香港与内地的货物贸易已占到香港所有域外贸易的44%;而香港则排在美国和日本之后,保持内地第三大贸易伙伴的地位。香港和内地彼此互为对方最大的投资方。到2005年,香港在内地的累计直接投资已达2420亿美元,占到大陆吸收全部外资的43%,在内地聘请的员工也达到1100万人。在香港已有2000多家大陆非金融公司。[25] 近年来香港已成为大陆企业海外上市融资的首选地。到2006年2月,340家内地公司在香港证券交易所挂牌上市,占到香港上市公司总数的30%和市值的41%。[26] 内地和香港2003年签订的《更紧密经贸关系安排》为两地经济融合发展注入了新的动力。根据最新的安排,香港全部产品都可以享受"零关税"待遇进入内地,大陆27个服务领域已对香港服务业者提供了优惠的市场准入条件,两地在八个领域开展了贸易投资便利化的合作[27];到2006年底,港澳居民在内地注册的工商个体户达到2746家,通过"自由行"安排访港的内地居民已累计超过1700万。[28]

在两地经贸关系空前紧密发展的环境下,不可避免地会出现各种各样的争议和纠纷。仅根据广东省人民法院的统计,自90年代中期以来,省内各级人民法院每年审理涉港澳案件3000多件,其中2002年更达到近6000件。有些案件的诉讼标的高达1亿多美元。[29] 然而两地间有效司法协助和相互承认执行判决机制的缺如已成为有效实施"一国两制"原则和两地经贸关系健康稳定发

---

[23] 黄金龙:《〈内地与澳门特别行政区关于相互认可和执行民商事判决的安排〉的理解和适用》,载《民商事审判指导与参考》总第25期(2006),页12;郑新俭、侯向磊:"涉港澳民商事审判:问题、司法对策与展望",载吕伯涛(主编):《涉港澳商事审判热点问题探讨》,北京:法律出版社2006年,页7—15。

[24] 《中国司法互认年底达成协议》,2003年10月25日,见人民网 http://www.people.com.cn/6B//shizheng/1025/2152456.html(最后访问2007年2月1日)。

[25] The Information Service Department of Hong Kong Government (ed.), Hong Kong 2004 (The Information Service Department, 2005), pp. 41—42.

[26] 香港证券交易所行政总裁周文耀在2006年3月泛珠三角金融论坛上的讲话,载《资本杂志》2006年4月号,页94。

[27] 香港特首曾荫权2006年6月29日在内地、香港、澳门经贸合作论坛上的致词,见http://www.info.gov.hk/gia/general/200606/29/p200606290119.htm.(最后访问2006年8月1日)。

[28] 李凯:"CEPA实施三年效益全面显现",载《深圳特区报》2007年2月21日,A5版。

[29] "涉港澳民商事审判的挑战与应对——访广东省高级人民法院副院长陶凯元",载《人民司法》2005年第8期,页4。

展的一个障碍。[30]

显然,在回归后香港和内地尽管在双边司法协助方面取得了进展,但其发展速度则远远落后于经贸关系的发展。有些意见认为,"因政治的疑虑以及对于彼此法律制度的缺乏信任,无论是大陆还是香港的法院均不热衷于就民事法庭判决订立相互承认和执行的正式协议。"[31]但实际情况似乎并不完全如此。在1998年签订了《相互委托送达民商事司法文书的安排》和1999年签订了《相互执行仲裁裁决的安排》后,香港和内地即于2002年开始了相互承认和执行民商事司法判决的第一轮磋商;而在此之前香港律政司已在香港就此进行了意见征询。[32] 在其后的四年时间里,双方交换了数个草稿,进行了七轮谈判磋商,最后的文本在定稿前被修改过26次。[33] 在双边协商的过程中,还举行了数次有法官、政府官员和学者参加的研讨会以充分交换看法,增进双方的沟通和理解。[34] 这些都为双方达成一致,取得阶段性成果准备了充分的条件。

(二)主要的问题所在

香港内地相互承认和执行民商事司法判决同时提出了理论和实践上一些问题。在理论层面,如何在"一国两制"框架内有效设计跨境区际司法协助机制具有很强的挑战性。首先必须确定这一机制在全国法律体制中的地位。根据《基本法》,香港的资本主义制度和普通法体系应维持不变[35],并继续享有其高度自治和终审权。[36] 据此,香港特别行政区和内地的关系并不是一般联邦制中中央和地方关系的性质。[37]

在一段时间内,专家学者对如何定位内地和香港区际法律协助关系显然是

---

[30] 邝家贤、张宏烨:"港商北上发展法律冲突待解决",载香港《信报财经月刊》,2005年6月号,页22—28。

[31] 梁美芬:"香港、台湾与中国大陆之间法院判决的相互承认",《香港律师》2006年6月号,页53。

[32] 见律政司就此发出的咨询文件:The Paper on Reciprocal Enforcement of Judgments in Commercial Matters between the HKSAR and the Mainland,香港立法会文件 CB(2)1431/01-02 (01) March 2002.

[33] 最高人民法院黄松有副院长2006年7月14日在香港内地签订《相互认可和执行当事人协议管辖的民商事案件判决的安排》仪式上的讲话,见 http://www.doj.gov.hk/eng/public/pdf/pro2006714e.pdf.(最后访问2006年7月25日)。

[34] 这其中包括2005年9月4日在北京举行的有内地、香港、澳门和台湾法律界人士参加中国区际法律问题研讨会,最高人民法院民四庭和国家法官学院2004年5月19—20日在深圳举办的内地与港澳地区商事实务法律研讨会,中国国际私法学会和广东省法官协会2005年5月21—22日在佛山举办的内地、香港、澳门区际法律问题研讨会等。

[35] 《中华人民共和国香港特别行政区基本法》第5、8条。

[36] 同前注,第2条。

[37] Jin Huang and Andrew Xuanfeng Qian,"'One Country, Two Systems', Three Law Families and Four Legal Regions: The Emerging Inter-Regional Conflict of Laws in China", 5 *Duke Journal of Comparative & International Law* (1995), pp. 303—306.

持有不同意见的。有些认为,香港和澳门的回归使中国成为一个包含多个各自享有自治立法权、司法独立和终审权法域的国度。因此,区际法律冲突在政治和法律的层面上将是不可避免的[38];中国实际上已成为包括多元社会经济制度和法域的国家。[39] 也有人认为,在我国不宜进行区际司法合作,否则就有实行联邦制或承认香港享有主权之嫌[40];亦有人士提出,中央统一主权应居于区际冲突法的首要地位,各行政特区虽然可享有高度的自治,但决不允许把区域利益置于国家利益之上,或为了区域利益而损害国家的根本利益[41];在进行区际交往中不得以任何理由动摇中央政府的最高领导。[42] 还有人指出,香港在回归后已是中国的一部分,因此理论上香港判决已是国内判决[43],但两地实践中仍视对方判决为域外判决。[44]

《基本法》并没有对区际法律协助定位做出明确的规定。《基本法》第95条规定,香港特别行政区可与全国其他地区的司法机构通过协商依法进行司法方面的联系和相互提供协助。尽管这一规定为内地香港跨境司法协助提供了法律基础,但却缺乏细节和具体程序。有鉴于此,先后有学者提出了不同的意见,诸如两地各自立法,建立全国司法协助委员会,制定一部国家区际冲突法,以及香港澳门特别行政区分别同其他省市直辖市自治区直接签订司法协助协议等。[45] 然而所有这些建议似乎都非尽善尽美,也都引起了一些争议。例如,一些专家对在法域平等基础上建立发展两地司法协助关系提出了明确的反对。他们认为,内地与特别行政区间的司法协助不应是一国内部平等法域之间的区际关系;而应是不平等主体间的司法协助关系。[46] 另外一些较为温和的意见指出,尽管内地和香港已经签订了一些司法协助协议,两地之间的巨大差异使得通过双边协议来制定统一规则的时机尚不成熟,目前只能用分别立法

---

[38] 同前注, p.294。

[39] 同前注, p.302.

[40] 转引自肖建华(主编),《中国区际民事司法协助研究》,北京:中国人民公安大学出版社2006年,页15。

[41] 苏元华(主编):《中国区际法律冲突概论》,北京:人民日报出版社2000年,页116—117。

[42] 吴克勤、朱安山、陈子良:"一国两制与中国区际法律冲突",载《江海学刊》1989年第4期,页91。

[43] Qing Jiang Kong, The Enforcement of Hong Kong SAR Judgments in the Mainland" *Hong Kong Law Journal*, part 1 (1999), p.150.

[44] 在内地,涉香港澳门的案件仍被视为"涉外案件",参照适用涉外的规定。

[45] 见陈力:《一国两制下的中国区际司法协助》,上海:复旦大学出版社2003年,页49—52。

[46] 王前生、黄胜春:"中国内地与澳门司法协助的性质及模式",载单长宗(主编):《中国内地与澳门司法协助纵横谈》,北京:人民法院出版社1999年,页109—110。

来规制。[47]

除了理论上的争议,处理两地法制巨大差异所引致的法律技术问题也是同样困难的,甚至可能是更为困难的。在内地大陆法传统和香港普通法体制的不同之外,两地司法协助也缺乏必要相关基础机制的支持,如缺乏有效的司法文书送达程序[48]和调查取证方面的协议。此外,香港内地相互承认和执行司法判决的磋商还关注到其他三个主要问题。

首先,两地管辖权冲突的实际存在和缺乏有效的适用规则一直困扰着两地争端解决机制顺利发展。近年来在香港就曾出现过一方法院自行解释双方当事人管辖权协议[49],管辖权冲突造成平行诉讼,甚至同一案件出现两地截然相反判决[50],当事人故意选择法院[51],以及寻求本法域法院宣示性确认判决作为防御另一方在其他法域起诉的策略[52]等可能引起争议的案件。这些问题如得不到解决或协调,两地间建立有效的相互承认和执行判决机制是很困难的。[53]

其次,司法判决终局性似乎是目前在香港承认和执行内地判决最棘手的一个问题。在内地,审判监督程序是现行《民事诉讼法》所确立的一个特别机制;据此诉讼当事人,人民法院和人民检察院可分别经过申诉,提起或抗诉等方式对已经生效的判决进行复查并对同一案件进行再审。[54] 这一机制的设立旨在使人民法院能够在判决生效后仍能有效纠正审判中出现的错误。实施这一机制的过程,只有当事人的申诉必须在判决或裁定发生法律效力后二年内提出[55],人民法院自身提起或经人民检察院抗诉导致的再审都没有明确的时间限制。近年来,由于种种因素出现的一些错案已引起社会各界对司法公正的广

---

[47] 郭燕枝:"对内地与香港间区际民商事司法协助的探讨",载《法律适用》2002 年第 11 期,页 51。

[48] 据广东省高级人民法院统计,2000 年广东高院委托香港高等法院送达司法文书的送达率只有 35%,以至于一些法院纷纷探索采用两地《送达民商事司法文书安排》之外的做法。杜以星:"广东涉港澳民商事诉讼中送达的理论与实践",载吕伯涛(主编):《中国涉外商事审判热点问题探析》,北京:法律出版社 2004 年,页 258—272。

[49] 例如 Yu Lap Man v Good First Investment Ltd [1998] 1 HKC 726.

[50] 例如在 Sang Sang Handbag Factory Ltd [2003] HCA 9986/2000 案中,香港法院以缺席判决判决被告赔偿原告 35.27 万港元;而广东两级法院在坚持自己管辖权后,判香港同案胜诉方赔偿香港败诉方 158.86 万人民币(东莞球王公司诉香港生生手袋厂,2003 年 7 月 31 日判决)。

[51] 例如,Man Tung Bank Ltd (Zhuhai) v. Wangfoong Transportation Ltd. [1999] 2 HKC 606。

[52] 例如,Ho Siu Pui v. Yue Sheng Finance Ltd. [2003] 1 HKC 621。

[53] 张宪初:"内地与香港民商事案件管辖权冲突刍议",载《法律适用》2004 年第 9 期,页 6—11;张力:"内地与香港民商事诉讼管辖权冲突初探",载《香港律师》2001 年 8 月号,页 45—49。

[54] 《民事诉讼法》第 16 章。

[55] 同前注,第 182 条。

泛高度关注,各种加强司法监督的诉求也有所强化。[56] 而审判监督程序在内地使用却在内地香港司法协助中造成了复杂的情况。在集友银行诉陈天君案中,福建省中、高两级人民法院作出判决,要求被告陈天君作为担保人赔偿贷款方集友银行四万多美元。但在集友银行要求香港法院承认和执行内地司法判决程序中,内地败诉方向福建省人民检察院提出申诉,随后检察院提出抗诉。由于内地抗诉程序已展开,当时香港法院原讼庭张泽佑法官认为,该判决并不是最终及不可推翻的,因此不具有终局性。[57] 此后,集友银行案作为先例在香港回归后一系列案件中被援用。[58]

最后,跨境司法协助的范围在香港商界和专业服务人士中也引起了关注,在香港政务司司长办公室于 2002 年 3 月向立法会就建立内地香港相互承认执行司法判决机制进行咨询的一份文件中,反映了一些仔细考虑的限制。这份文件建议把两地相互承认执行司法判决的范围限于商业合约中的金钱给付的、由香港区域法院或内地中级以上人民法院根据双方当事人自愿选择的管辖权作出的终局性判决。[59] 为保证这一机制顺利实施,香港的咨询文件还建议设定一些可以拒绝承认执行对方判决的保障机制,其中包括判决已被履行完毕、判决是以欺诈或违反"自然正义"方式取得、承认和执行违反当地的公共政策、申请执行的判决与原判决不一致、被申请执行的一方在对方诉讼程序中没有得到有效的送达通知、或原判决法院对案件没有管辖权等。[60]

二、《安排》的主要规定

(一) 具有执行力的终审判决

按照《安排》第 1 条的规定,两地相互认可和执行民商事案件判决被限于基于双方当事人书面管辖权协议而作出的须支付款项的具有执行力的终审判决。《安排》进一步对"具有执行力的终审判决"的概念根据判决审级和性质进行了界定。在内地是指最高人民法院的判决;高、中级人民法院作出的第二审生效判决,地方人民法院(指迄今经授权管辖第一审涉外、涉港澳台民商事案件的 15 个省市自治区 47 个基层人民法院)作出的依法不准上诉或已超过法定

---

[56] Nanping Liu, "A Vulnerable Justice: Finality of Civil Judgments in China," *Columbia Journal of Asian Law* (1999), pp. 33—98.
[57] [1996] HKLR 2 95, p. 400.
[58] 如 *Wuhan Zhong Shuo Real Estate Co Ltd. v. The Kwong Sang Hong International Ltd.*, [1998] HCA 14325/1998; *Tan Tay Cuan v. Ng Chi Hung*, HCA 5477/2000; 林哲民经营之日昌电业公司对林志涛, CACV 354/2001(中文判词);林哲民日昌电业公司对张顺连, CACV 1046/2001,(中文判词)。
[59] 见香港立法会文件 CB(2)1431/01-02(1)。
[60] 同前注。

期限没有上诉的第一审判决,以及依照审判监督程序由上一级人民法院提审后作出生效判决。在香港则是指终审法院、高等法院上诉法庭和原讼庭及区域法院作出的生效判决。[61]

作为两地判决承认执行的先决条件,《安排》要求双方当事人为解决其已经发生或可能发生的争议以书面形式达成明确约定内地或香港法院具有唯一管辖权的协议。此外,当事人的书面管辖协议只能限于解决"特定法律关系"的争议,即除雇佣合同,自然人消费,家庭事宜及其他非商业合约之外的因民商事合同产生的争议。[62]《安排》基于对内地司法判决终局性的关注,包含了一些特别的规则。在内地,如果人民法院已就审判监督程序的启动作出了裁定,香港法院审查核实后,可以中止已经开始的认可和执行程序;再审判决维持全部或部分原判决的,可恢复认可和执行程序;再审判决完全改变原判决的,认可和执行程序将被终止。[63] 同时,《安排》特别规定,如内地判决已在香港被申请认可和执行,内地人民法院对案件依审判监督程序进行再审时,必须由作出生效判决的上一级人民法院提审。[64] 对于香港法院的判决,如案中债务人已提出上诉或上诉程序尚未完结,内地人民法院审查核实后,可中止认可和执行程序;待上诉程序完结,再根据判决的结果决定恢复或终止认可和执行程序。[65] 尽管《安排》确认根据两地协议而获得认可的判决与执行地法院的判决具有相同效力[66],《安排》亦规定,当事人对认可和执行的裁定不服的,在内地可以向上一级人民法院申请复议,在香港则可根据香港法律提出上诉。[67]

由于《安排》的一个基本目的是为了避免两地间的重复诉讼,"一事不再理"原则被引入《安排》。第13条规定,在一方法院受理当事人申请认可和执行判决期间,当事人依相同事实再行提起诉讼的,法院不予受理。已获得认可和执行的判决,当事人根据相同事实再行提起诉讼的,法院也不受理。但如果一方判决在另一地由于法定理由不被认可或执行,尽管当事人不能再行提出认可和执行申请,但却可以根据相同的案件事实依照执行地的法律向执行地法院提起诉讼。

(二) 认可和执行的程序

就程序而言,申请认可和执行符合条件的民商事判决,当事人应向两地依

---

[61]《安排》第2条。
[62]《安排》第3条。
[63]《安排》第10条。
[64]《安排》第2条。
[65]《安排》第10条。
[66]《安排》第11条。
[67]《安排》第12条。

《安排》规有管辖权的法院提出。[68] 如果被申请人的住所地,经常居住地或财产所在地,既有在内地也有在香港的,申请人可同时向两地法院提出申请;但两地法院分别执行判决的总额,不得超过判决确定的数额。已经部分或全部执行判决的法院应根据对方法院的要求提供已执行判决的情况。[69]

申请人提出认可和执行申请必须提交《安排》规定的有关文件。如向内地人民法院提出认可和执行申请,还应确认全部申请文件为中文,或提交相应的证明无误的中文译本。[70]

申请认可和执行对方判决的程序,除《安排》的具体规定外,应依据执行地法律的规定。这里应注意的是,虽然《安排》对申请和执行的期限作了统一规定,但这一统一期限起算点在两地是不一样的。内地判决到香港申请认可执行的,从判决规定履行期限的最后一日起计算,判决规定分期履行的,从规定的每次履行期限的最后一日起计算。香港判决到内地申请认可执行的,从判决可强制执行之日起计算;判决对履行期限另有规定的,从规定的履行期限届满后开始计算。[71] 为保证两地相互认可执行民商事判决机制的有效实施,《安排》第14条规定还对财产保全和禁止资产转移等问题做出了规定。

(三) 拒绝认可和执行的理由

《安排》第9条对两地间拒绝认可和执行的理由作出了规定,其中包括根据当事人协议选择的原审法院地的法律,管辖权协议无效;判决已获完全履行;根据执行地法律,执行地法院对该案享有专属管辖权;根据原审法院地法律,未曾出庭的败诉一方当事人未经合法传唤或虽经合法传唤但未获得法定的答辩时间(但原审法院根据其法律或有关规定公告送达的,不属于上述情况);判决是以欺诈方法取得的;执行地法院就相同诉讼请求出做出判决,或者外国、境外地区法院就相同诉讼请求作出判决,或有关仲裁机构做出仲裁裁决,已经为执行地法院所认可或执行的。在这些明确规定的理由之外,《安排》还允许内地和香港法院以判决违反内地"社会公共利益"或香港"公共政策"为由拒绝认可和执行对方的判决。

三、《安排》值得肯定的地方和不足

(一)《安排》签订的积极意义

内地和香港就相互认可和执行民商事司法判决达成的《安排》,作为两地区际司法协助在实质合作方面迈出的第一步无疑是值得欢迎的。《安排》的签

---

[68] 《安排》第4条。
[69] 《安排》第5条。
[70] 《安排》第6条。
[71] 《安排》第8条。

订结束了香港1997年回归以来两地在相互承认执行司法判决上的法律"真空状态"。正如最高人民法院黄松有副院长所指出的,《安排》的签订是落实《基本法》的具体体现,是在"一国两制"原则下不断推动两地司法合作的一个重要标志。[72] 在实践中,《安排》的实施在一定程度上将会通过允许当事人按照《安排》要求,设计争议解决办法,使两地判决认可执行成为可能,从而改善两地间的经贸环境,促进两地间的民商事交易。从这个意义上讲,《安排》的实施将不仅有助增加商业人士保护其合法权益的信心和跨境民商事争议解决的可预见性,而且由于不少外国投资者和法律人士愿意选择香港作为处理其与中国内地有关争议的法域,《安排》对发展香港成为国际争议解决中心也具有重要作用。[73] 对此,在《安排》签订后,在香港有影响的《南华早报》发表评论说,内地与香港解决两地判决承认和执行中一系列复杂敏感问题的过程为跨越司法合作中的法律障碍提供了一个良好的范例。耐心的谈判磋商确实加强了两地对对方司法体系的相互理解。[74]

《安排》的签订进一步确认了今后两地区际司法协助发展的方向和路径。自回归以来,香港内地司法协助一直按照《基本法》规定,相互尊重、平等协商、先易后难、务求实效的原则,积极稳妥地推进。[75] 在这一过程中内地香港达成的《相互委托送达民商事司法文书的安排》和《相互执行仲裁裁决的安排》显然已为两地司法合作和理解互信奠定了基础。在推动两地司法协助中,双方始终坚持了法域平等的原则,并没有因为片面追求进度效果而受到政治理念或内地主导的影响。这对全面落实"一国两制",维护香港高度自治和普通法体系的完整性是至关重要的。

但是,对于《安排》在推动两地司法合作方面所取得的进展应做出审慎的评价,而不应过于乐观。从《安排》本身看,它实际上只是带有过渡性质的一件"半成品",而不是成熟条件下的"制成品"。很明显,为了避免进一步的延误,内地和香港双方都愿意接受目前的《安排》,尽管其所反映的进展和作用是有限的。因此,在实践中,这种过渡性质的《安排》将不可避免地影响到其实际效用。

根据《安排》,一个内地或香港民商事判决想要在对方法域得到认可和执行必须满足一系列实体和程序上的限制条件,其中包括(1)在当事人之间达成

---

[72] 黄松有,同前注[33]。

[73] 黄仁龙,同前注[2];并见黄继儿:"香港特别行政区与内地相互执行法院民商事判决",载《香港律师》2006年第10期,页35。

[74] Editorial, "Legal Pacts Must Protect HK's Separate System", *South China Morning Post*, April 14, 2006.

[75] 黄松有,同前注[33]。

有效的排他的管辖权协议[76]；（2）原审判决必须是"具有执行力的终审判决"[77]；（3）判决必须具有款项给付性质[78]；（4）判决事项必须是在《安排》设定的"特定（民商事）法律关系"范围之内[79]；（5）对判决认可和执行的申请必须在规定的时限内提出[80]；（6）原审判决没有因规定的理由而被执行地法院拒绝认可和执行[81]。

《安排》设定的这些限制条件使人联想到近年来海牙国际私法会议为推动达成新的国际承认和执行外国民商事司法判决公约的努力和进程。自1992年以来该协会一直希望订立一个宽泛的国际公约，同时解决国际私法民商事司法协助中管辖权和承认执行外国司法判决的诸多问题。但这一过于雄心勃勃的计划所引致的众多争议最终迫使协会在2004年放弃最初宽泛的公约草案，而只集中解决当事人用协议方式对管辖法院选择的问题。而新的《海牙以协议选择法院公约》草案则迅速在2005年完成并被参与代表团通过。[82] 在这一过程中一个重要的经验或教训就是"从小处开始做起"。[83]

这一背景回顾使人们不难发现在新的《海牙公约》和《安排》之间的相似性。在不少方面《安排》显然借鉴了新的《海牙公约》，如《安排》在民商事法律事项中排除个人消费、家庭和雇佣关系[84]、当事人协议应为唯一管辖权选择[85]及必须使用书面形式[86]等要求都与新的《海牙公约》相同或相似。因此，《安排》的适用范围也就不可避免地受到了局限。

（二）有关内地判决"终局性"的新发展

虽然《安排》中的一些限制从字面上看和其他法域承认和执行外国民商事判决的做法差不多，但仍有一些特别之处应提起注意。比如"终局性"就是一个长期困扰内地判决在香港得到认可和执行的问题，因此也自然成为《安排》中特别关注的一个方面。在香港，经常引用的判断一个判决终局性的标准来自

---

[76] 《安排》第1条和第3条。
[77] 《安排》第1条和第2条。
[78] 《安排》第1条。
[79] 《安排》第3条。
[80] 《安排》第8条。
[81] 《安排》第9条。
[82] 《海牙以协议选择法院公约》于2005年6月30日为海牙国际私法会议通过，全文可见于 http://www.hcch.net/index_en.php? act = conventions.text&cid = 98（最后访问2007年1月7日）；相关评议见 Thalia Kruger, "The 20th Session of the Hague Conference: A New Choice of Court Convention and the Issue of EC Membership", 55 *International & Comparative Law Quarterly* (2006) 447.
[83] Report: Recent International Agreement—Convention on Choice of Court Agreement, Concluded June 30, 2005, 119 *Harvard Law Review* (2006), p.935.
[84] 比较新《海牙公约》第2条。
[85] 比较新《海牙公约》第3条。
[86] 比较新《海牙公约》第3条。

于英国上议院华特森大法官在 Nouvion v. Freeman 案的一段经典表述,即一个外国判决只有在对作出判决的法院而言是最终的和不可更改时才能被认为是终局性的。[87] 但转型中的经济体制,发展中的法制和司法改革,快速变化的社会关系和正在确立的法治理念都使得内地人民法院及其判决无法做到完全准确无误,虽然这些失误数量并不很大。[88] 因此,审判监督程序在较长时间内将仍是内地法律体制一个必要的纠正错案的机制。在最近的深入学习贯彻《中共中央关于进一步加强人民法院、人民检察院工作的决定》的讲话中,最高人民法院肖扬院长指出,要进一步改革民事审判监督程序,其首要价值目标是切实解决当事人"申诉难"问题;为此要建立更加科学的再审制度,强化当事人申诉与再审的法律地位,以积极主动的方式回应当事人的正当申诉愿望。[89]

在这方面,内地和香港最近都出现了一些新的积极的发展。在内地,最高人民法院正在采取措施对原有的审判监督程序进行改革。2001 年 11 月最高人民法院印发了《全国审判监督工作座谈会关于当前审判监督工作若干问题的纪要》,指出审判监督改革的主要任务是规范再审立案标准,将无限申诉变为有限申诉,对原审案件当事人在原审判决生效二年内无正当理由,未向人民法院或人民检察院提出申诉的案件,即使检察院提出抗诉,人民法院也不受理。[90] 其后,最高人民法院还于 2002 年 7 月 31 日发布了《关于人民法院对民事案件发回重审和指令再审有关问题的规定》,明确规定再审只能以一次为限。[91] 最近最高人民法院发布的《人民法院第二个五年改革纲要(2004—2008)》中明确把改革民事审判监督制度,保护当事人合法权利,同时维护司法既判力作为第二个五年改革计划的主要内容之一。[92] 这些改革措施将使得审判监督的使用受到更多的限制和进一步规范化。

与此同时,香港的法官和法律学者也提出了一些新的思维。在李佑荣与李瑞群案中,香港高等法院原讼庭钟安德法官对内地的审判监督程序和香港的一些相应规则进行了比较,发现内地审判监督制度与香港法律已确立的上诉理

---

[87] [1889] 15 App. Cas 1, p.13(HL).

[88] 一些司法调研发现,近年来因审判差错引发的申诉,涉诉上访案件呈逐年上升趋势,因此有必要加强监督管理制度。见江苏高级人民法院审判监督庭,"略论法院案件质量评查制度的法理基础及实践定位",载最高人民法院审判监督庭编:《审判监督指导》2005 年第 1 辑,页 162。

[89] 最高人民法院肖扬院长 2006 年 6 月 29 日在全国高级法院院长座谈会上的讲话,见 http://www.court.gov.cn/news/bulletin/release/200606300001.htm.(最后访问 2007 年 2 月 26 日)。

[90] 《纪要》第 14 条,见最高人民法院研究室、最高人民法院出版社编:《中华人民共和国最高人民法院司法解释全集》第三卷,北京:人民法院出版社 2002 年,页 1191。

[91] 《规定》第 3 条,载《中华人民共和国最高人民法院公报》2002 年第 5 期,页 162。

[92] 《纲要》第一部分,第 9 节,见《中华人民共和国最高人民法院公报》2005 年第 12 期,页 9。

由,实质上并无不同。香港法律也赋予法院在裁定上诉得直时,颁令案件重新审理的权利。[93] 基于这些讨论,钟法官明确表示,更改他在以前案件中认为内地审判监督程序会导致内地判决缺乏"最终及不可推翻"效力的观点。[94] 钟安德法官的上述立场在其后的 New Link Consultants Ltd. v. Air China and Others 案中得到了高等法院潘兆初法官的支持。[95] 在评论原告方聘请的中国法律专家作出的关于内地审判监督程序是一个没有时间限制的中国特有的再审机制意见时,潘法官引证了被告方中国法律专家江平教授的意见,指出这一机制源于欧洲大陆法系,在今天德国、日本和中国台湾地区也可发现相似的程序。在论及其与普通法的区别时,潘法官认为,内地审判监督程序与普通法的一些制度并无完全本质上的不同。在普通法可比照的例子是法官原则上可以在任何时间因欺诈手段获取判决而对案件重审。另外,是否重审也还要看是否有新的证据足以推翻原审判决。潘法官进一步指出,在内地提起审判监督程序是被严格限制的。[96] 因此,他认为,不应接受原告方的意见,作出香港法制比内地更好更优越的结论,"而这恰恰是法院不应做的事情"。[97]

在法庭意见之外,也有专家从学术观点对香港法院以缺乏"终局性"为由拒绝承认执行内地判决提出了质疑。香港大学法学院教授 Philip Smart 教授就指出,香港法院在以 Nouvison v. Freeman 案为先例拒绝承认内地判决终局性时实际上有些断章取义。因为该案本身涉及的就是外国法院作出的即时(非终局性)裁决;以此为依据来判断内地法院判决的终局性未免是过于严苛了。[98]

这些两地司法理论和实践的新发展无疑是加强双方相互理解,顺利实施《安排》创造了条件。此外,在《安排》中也设定了一些应对终局性和再审问题的特别规则。比如,与现行的《民事诉讼法》允许原审法院对案件进行再审不同[99],《安排》规定对可能在香港认可和执行的案件依法再审必须由作出生效判决的上一级人民法院提审。[100] 这样在原审法院不得更改自己生效判决的意义上,内地法院判决应具有终局性。另外《安排》允许当事人对执行地法院关于认可和执行的裁定提出复议或上诉,这在内地《民事诉讼法》是没有规定的。显然,为了克服内地和香港体制上的差异,推动两地司法协助的发展,最高人民

---

[93] CACV 159/2004(中文判词);钟安德法官意见第 55—59 段;以及香港《高等法院规则》第 59 号命令第 11 条和 Hong Kong Civil Procedure 2004 之相关规定。
[94] 钟安德,同前注,第 77 段。
[95] [2005] 2 HKC 260.
[96] 同前注,第 93—94 段。
[97] 同前注,第 96 段。
[98] P. St J. Smart, "Finality and the Enforcement of Foreign Judgments under the Common Law in Hong Kong", 5 *Oxford University Commonwealth Law Journal* (2005), p.301.
[99] 《民事诉讼法》第 177、184 条。
[100] 《安排》第 2 条。

法院在不可能取消审判监督程序的前提下在尽自己最大努力作出变通安排,化解两地对终局性不同认知的争议。最高人民法院黄金龙法官指出,内地复议程序使审核制度"外化",可对当事人的诉讼权利提供制度上的保障。这一机制对完善承认和执行域外判决是"很好的先例"。[101]

(三) 关于"自然正义"

此外,《安排》磋商中对所谓"自然正义"的讨论也值得提出。最初在香港方面提出的草案中包括了这一概念,作为拒绝认可和执行对方判决的理由,但在《安排》中没有得到反映,其原因显然是由于这一普通法的原则在内地法律体系中没有相应的地位和确切的定义。作为在香港久已确立的法治原则[102],"自然正义"在认可和执行内地判决时可能有两个方面的含义,一是目前《安排》中所规定的保障机制是否足以包括或涵盖根据香港法律程序认可和执行内地判决时可能出现的以"自然正义"为理由的挑战;二是如果目前的保障机制不包括根据"自然正义"原则可以拒绝承认执行内地判决,是否会引发与《基本法》有关的人权保障的宪法问题。

"自然正义"是在普通法中久已确立的一个基本原则。[103] 正如英国布瑞之大法官(Lord Bridge)所指出的,它并不是镌刻在石碑上规则,而是在实践中体现的公正诉求。[104] 也就是说,如同合同法中的公平诚信一样,"自然正义"并不是明确具体的规则,但却是适用于所有司法实践的基本原则。这一原则的基本内容是禁止一切司法程序中的不公正和确保当事人有效公平参与的权利。前者可包括一切因当事人地位、背景、地域、性别、年龄等差异产生的不公待遇;后者则包含当事人有效出席、陈述和答辩、提交证据、质证、得到代理等一系列权利。[105] 这一原则近年来各到了更广泛的承认,如《欧洲人权公约》第6条就明确保障当事人在合理的时间内得到由依法建立的独立公平的裁判庭所进行公平和公开的聆讯的权利。以违反"自然正义"为由对司法判决提出挑战时,并不需要证明歧视或不公平的实际存在,只要有最低限度的迹象或可能性就已

---

[101] 黄金龙,同前注[23],页20。

[102] 对这方面的评论,见Smart,同前注[9], p. 270; W. S. Clarke. Hong Kong Civil Court Practice (Desk, Edition) (Lexis Nexis Butterworth. (2005) p. 824; and Dicay and Morris on The Conflict of Laws (12th Edition, 1993), pp. 514—515.

[103] Jacobson v. Frachon (1927) 38 L. T. 386 C. A); and Bradford A. Caffrey, *International Jurisdiction and the Recognition and Enforcement of Foreign Judgments in the LAWASIA Region: A Comparative Study of the Laws of Eleven Asian Countries Inter-se and with the EEC Countries*, Sydney: CCH Australia Ltd. 1985, p. 224.

[104] Lloyd v McMahon (1987) AC 625.

[105] Denis Keenan, *Smith & Keenan's English Law*, London: Pearson Longman, 2004, pp. 73—74.

足够。[106]

在内地法治发展的进程中,常有一些被曝光的案件和问题在香港引起人们对"自然正义"理念的关注。但是这一原则的内容难以被确切定义而且可能与其他一些理念相重叠。[107] 因此,内地民法法系主导的法律体制很难接受这样一个内容不清晰确定的概念。因此,在《安排》中只对未出庭败诉一方当事人未经合法传唤或虽经合法传唤但未获依法规定的答辩时间,以及用欺诈手段取得判决作了规定,可以成为拒绝认可和执行判决的理由。[108] 这两项保障措施加上"公共政策"似乎已使两地法院有能力应付这方面可能出现的挑战。

但是某些地方可能仍存在灰色地带。比如,就法官权能及行使方式而言,内地和香港间存在着较大差异。在香港法官享有久已确立的解释法律和创设先例的权力及广泛的自由裁量权。司法独立,特别是法官的独立和公正以及崇高的社会地位是衡量法治完善和人们对司法制度信心的指标。[109] 而内地"司法独立"并不完全意味着法官独立,实践中亦可能受到其他因素的制约甚至干扰,这些都可能引起与普通法的"自然公正"理念的冲突。如《安排》第9条(四)规定,原审法院根据其法律或有关公告送达,不属于违反合法程序。在这方面应指出的是,尽管内地香港于1998年签署了《相互委托送达民商事司法文书的安排》,但实际上这份协议并没有为任何一方设定严格的法律义务。《安排》第1条只是规定两地法院可以相互委托送达民商事司法文书。最高人民法院在其《印发〈内地与香港特别行政区法院相互委托送达民商事司法文书的安排〉通知》中明确指出,《安排》发布后,法律或司法解释规定的原有其他送达方式仍可继续沿用。[110] 在实践中由于内地时效和审限与香港不同,在相互委托送达这一方式效果不理想时,内地人民法院往往采用其他方法,而弃相互委托送达而不用,甚至突破现行法律和司法解释的方式送达司法文书。[111]

在广东高级人民法院2002年审理的朱延明与香港文汇出版社有限公司著作权纠纷上诉案中,一审法院使用公告送达并作出缺席判决后,香港当事人称其办公地址清晰,不应适用公告送达。公告送达既不符合两地《安排》的委托方式,亦使当事人丧失了一审答辩权。广东高院在上诉审时通过委托香港高等

---

[106] Hilaire Barnett, *Constitutional & Administrative Law*, London: Cavendish Publishing Limited, 5th edn, 2004, p.762.

[107] Caffrey, 同前注[103], p.224; also Adrian Briggs and peter Rees, Civil Jurisdiction and Judgment (London, Norton Rose, 4th edn, 2005), p.556.

[108] 《安排》第9条之(四)和(五)。

[109] 对香港司法独立的讨论,见陈文敏:"法律制度"(第一章),载陈弘毅等合编:《香港法概论》,香港:三联书店(香港)有限公司1999年,页21—23。

[110] 见《中华人民共和国最高人民法院司法解释全集》第3卷,同前注[90],页1615—1616。

[111] 杜以星,同前注[48]。该文中提到的送达探索方式包括个人送达、直接送达、传真送达、电子邮件或网上送达、电话电报送达等,见页265—271。

法院送达了司法文书并承认,本案程序问题中原审法院虽然在不具备公告送达的条件下公告送达有关诉讼文书有不妥,但仍认为原审法院也通过邮寄方式送达诉讼文书并已妥投的情况下(但判决未说明邮寄地址是否为香港文汇出版社办公地址)当事人不到庭应诉,相关责任自负。故驳回香港文汇出版社上诉。[112] 如果这种判决被申请到香港认可和执行,尽管送达方式可能符合内地的法律规范,香港法院可能不得不考虑依据《基本法》规定香港居民应享有的基本权利。《基本法》第35条和《香港人权法案》第10条明确规定香港居民有保护自己合法权益,获得司法救济及获得公正公开司法聆讯的权利。在最近的香港民事司法改革过程中,终审法院首席法官委托主要由香港终审法院和高等法院法官组成的工作小组特别强调,任何改革措施和程序不得与《基本法》和《香港人权法案》相抵触。[113]《基本法》第87条还明文规定,香港特别行政区的刑事和民事诉讼中保留原在香港适用的原则和当事人享有的权利。在这方面,一些香港执业律师也指出,如果公告送达方式使香港当事人对内地的诉讼全然不知而且缺席判决可在香港得到认可和执行,这可能会和香港法律及多项在香港实施的国际公约中认可和保护的自然正义原则相矛盾。因此这一《安排》规则如何实施将受到深切的关注。[114]

另外,在内地—澳门的《安排》中明确规定,对民商事判决的认可和执行,除本安排有规定的以外,适用被请求方的法律规定。[115] 而在内地—香港《安排》中只规定,"认可和执行对方判决的程序,依执行地法律的规定。本安排另有规定的除外"。[116] 按照澳门《安排》,《安排》之外的实体法和程序法问题都可按照执行地法来解决;而香港《安排》的规定是不够清楚的。一种可能的解释是《安排》只允许认可执行法院适用法院地程序法,而不允许使用法院地实体法,除非《安排》另有规定。另一种可能的解释是,《安排》只涉及程序法,而对实体法适用没有规定。如按第一种解释,香港"自然正义"原则可能不能被香港法院在认可和执行内地判决时所适用;但按照后一种理解,即使《安排》中没有规定,香港法院仍可在认可和执行中使用。最高人民法院黄金龙法官在讨论《澳门安排》时认为,《安排》所规定的,并不是认可执行所适用的法律全部,"仍需适用而且可能主要适用被请求方本地的法律"。特别是对于拒绝认可和执行,《安排》规定了一些具体理由,但并未规定这些理由是拒绝承认和执行的全部理由;而《澳门民事诉讼法典》中还规定有其他拒绝承认和执行的理

---

[112] 见陶凯元(主编):《广东知识产权案例精选》第二辑,北京:法律出版社2004年,页57—63。
[113] 《香港民事司法改革最后报告摘要》,2004年3月,第17—18段。
[114] 苏绍聪:"内地与香港特别行政区法院相互认可和执行民商事案件判决的安排:是否解决了所有问题?",载《香港律师》2007年第1期,页33。
[115] 内地—澳门《安排》,第20条。
[116] 内地—香港《安排》,第8条。

由,包括违反当事人平等原则,法官渎职受贿等[117],"理论上恐怕不能排除其适用"。[118] 如果这一意见成立,内地香港《安排》没有对"自然正义"规定并不意味着排除这一原则在香港认可和执行程序中的适用;只可惜《安排》本身没有提供任何明确的指引。

另一个考量《安排》取得的进展和存在局限的视角是把它与同在 2007 年签署的内地—澳门《安排》做一个比较,尽管香港澳门由于法系不同,并不是所有规定机制都有完全的可比性。虽然澳门和内地磋商起步较晚,时间较短[119],但澳门《安排》在涵盖更为广泛领域和双方更为密切合作方面都给人以更深的印象。首先,澳门《安排》不仅涵盖了香港《安排》认可和执行民商事判决的范围,而且包括了劳动争议案件和刑事案件中的民事损害赔偿等领域[120],并对没有给付内容判决的单独认可及作为证据在对方法院诉讼程序中使用做出了规定。[121] 其次,为最大限度地认可和执行对方判决,澳门《安排》允许在不能对判决所确认的所有请求予以认可和执行时,对原审判决给予部分的认可和执行。[122] 而这些条文都没有在香港《安排》中出现。

再次,澳门《安排》中特别对澳门回归后至安排生效之前的"法律真空"阶段作出了补救。第 21 条规定,在这一期间作出的司法判决如当事人未向对方法院申请认可和执行,或对方法院拒绝受理的,仍可于本安排生效后提出申请。其实在《内地与香港相互执行仲裁裁决安排》中也有类似安排,为当事人在"法律真空"阶段的不能行使或不被承认的请求权提供救济[123];但这种规定却没有被包括在内地香港判决认可和执行的安排中。根据《安排》第 17 条,只有《安排》生效之日起作出的判决才能适用《安排》规定,但对"法律真空"阶段可能存在的基于双方当事人选择法院而作出的民商事判决没有提供任何补救措施。

最后,澳门《安排》更为具体地建立了一个双边合作机制,被请求方法院对当事人提供的判决书真实性有疑问时,可以请求作出生效判决的法院予以确认[124];为执行安排,内地最高人民法院和澳门特别行政区终审法院应当相互提供相关法律资料,而且两院每年相互通报执行安排的情况。[125] 这些措施本来

---

[117] 《澳门民事诉讼法典》,第 653 条和 1200 条。
[118] 黄金龙,同前注[23],页 26。
[119] 据报道,内地和澳门相互认可和执行民商事判决在 2005 年只经过两次正式磋商就基本达成了一致。陈永辉,"最高法院与澳门特别行政区签署司法协作安排",见 http://www.court.gov.cn/news/bulletin/activity/200603010004.htm.(最后访问 2006 年 10 月 3 日)。
[120] 澳门《安排》第 1 条。
[121] 澳门《安排》第 3 条。
[122] 澳门《安排》第 14 条。
[123] 见《内地香港仲裁安排》第 10 条。
[124] 澳门《安排》第 7 条。
[125] 《澳门安排》第 23 条。

可以尝试用来弥合两地法律差异,加强两地了解和信任,但却没有被内地—香港《安排》所采用。

四、对一些实践关注的问题的进一步评论

(一)《安排》进行立法中可能出现的争议

如上所述,《安排》的签署只是内地香港间取得司法合作实质进展的开始,今后的发展还肯定会遇到不少挑战。与内地可以通过最高人民法院发布司法解释或通知的形式使《安排》生效不同,香港要把《安排》付诸实施则必须要经过正式的立法程序,制定新的跨境区际司法协助的法例。[126] 具体说,就是要在现行认可执行域外判决法例中加入"内地判决"这样一个专门的类别及相关的法规。[127] 因此,有必要对香港立法会和一些专业人士的意见加以考虑。

自香港特区政府2002年就与内地相互认可和执行民商事判决进行咨询以来,不同人士从不同方面对建立这一机制表示了一定的保留态度,尽管这些意见相信在两地磋商过程中已被考虑,一些立法会成员仍然对目前的安排提出了不同的意见。例如,吴霭仪议员提出,双方当事人选择管辖权的协议并不应自动使判决能够在对方得到承认执行。[128] 一些来自商界的立法会议员也对内地司法状况有一定顾虑。[129] 一些香港专业团体和个人也提出了一些意见。例如,香港大律师公会在其就政府咨询提交的第一份立场文件中,根据内地法制发展现状,认为除非内地修改现行的《民事诉讼法》,否则香港政府不应急于与内地订立实施相互认可和执行判决的安排。大律师公会还要求香港政府采取比咨询文件更为保守的立场与内地进行磋商。[130]

2004年10月一个香港大律师公会代表团访问了北京并受到最高人民法院黄松有副院长的接见。当他们被告知内地和香港正在积极商讨,争取在2005年签署相互认可和执行司法判决的协定时,访问团成员为此感到惊讶,认为香港政府的"提速"似乎偏离原来咨询过程中较为保守的立场,而可能与原来保障香港发展成为高素质法律服务中心的原意相悖,也会使香港商界法律界

---

[126] 《安排》,第19条。

[127] 香港现行法例中(第9章和第319章)对域外判决只有"外国判决"和"其他英联邦法域的判决"的分类,无法对内地判决适用。

[128] 见香港《信报》报道,"中港裁决互认变半强制性",2005年10月25日,第4版。但是亦有专家指出,《纽约公约》之所以成功,就在于它把当事人选择仲裁庭协议和执行仲裁裁决联合起来。见 Ronald A. Brand, "Forum Selection and Forum Rejection in the US Court: One Rationale for a Global Choice of Court Convention", in James Fawcett (ed.), *Reform and Development of Private International Law*, Oxford: Oxford University Press, 2002, p.84。

[129] 香港《信报》报道,同前注。

[130] Submission of the Hong Kong Bar Association on Proposal for Reciprocal Enforcement of Judgments in Commercial Matters between the HKSAR and the Mainland, April 19, 2002, paras 17 and 21.

对这一发展产生顾虑。[131] 在最近的一份文件中,尽管香港大律师公会承认两地认可和执行司法判决的紧迫性和重要性,仍然对一些内地司法判决的质量表示关注,并建议由内地有关法院对需在香港申请认可和执行的内地判决发出终局判决的证书。[132]

在这一背景下,香港立法会对《安排》的审议和修订相应的立法将不可避免地引发一些争议。因此,《安排》并没有定出一个确定的生效日期,而是要等香港方面完成有关法律程序后才能决定生效时间。[133] 实际上在《安排》签订前,香港特区行政会议和特首就已指令香港特区政府与内地最高人民法院就《安排》草案达成最后协议,并向立法会做了简报。[134] 2007年3月香港律政司向立法会提交了《内地判决(交互强制执行)条例草案》[135];立法会随即组成了由吴蔼仪律师为主席的8人草案审议小组,并同意邀请香港律师会和大律师公会及公众就此立法在2007年5月5日前发表意见,但目前并未有具体的立法期限。[136]

(二)《安排》实施面临的一些潜在挑战

如果抛开法律差异和技术性的因素,一些人士对《安排》表示保留或忧虑背后的真正原因是对内地司法公正和判决质量的担心。在香港方面,对推动和发展两地司法协助肯定需要对内地法治发展有更多的理解和更积极的政治意愿,否则两地间现存体制和发展上的差异可能成为两地司法合作无法逾越的障碍,甚至有可能成为拖延两地司法合作的借口。在 *Xingjiang Xingmei Oil-Pipeline Co. Ltd v. China Petroleum & Chemical Corp* 案中[137],Stone 法官拒绝接受以内地法官经验和素质为由提出的抗辩,认为最高人民法院在其2004年工作报告中已经坦率地承认存在的问题,并正在采取有力措施,加大改革力度,逐步解决这些问题。[138] 因此,香港法院最终可以合理做的是在具体案件中根据判决质量的证据决定如何行事。[139] 为在内地和香港间建立一个无先例可循的区际协助机制,Stone 法官这一立场显然是富有理性的,而不是简单地笼统地对内地

---

[131] 罗沛然,"有关内地香港相互执行民商事判决商讨'提速'意见——给立法会司法及法律服务委员会的呈文",香港立法会文件,CB(2)248/04-05/(04)号文件。

[132] The Hong Kong Bar Association's Position Paper on Reciprocal Enforcement of Judgments Arrangement between the HKSAR and the Mainland, February 21, 2006.

[133] 《安排》第19条。

[134] 香港立法会文件,CSO/ADM CR 7/3321/01(06)。

[135] 中文本可见 http://www.legco.gov.hk/yr06-07/chinese/bills/b0702231.pdf(最后访问2007年4月19日)。

[136] 香港立法会文件,LC Paper No. CB(2)1445/06-07。

[137] [2005] 2 HKC 292.

[138] 见最高人民法院2004年工作报告,《最高人民法院公报》2004年第4期,页10。

[139] 同前注[137],pp.301—302。

进行批评。

　　另一方面,内地司法机制和审判质量确有不断改进的必要。在不算短的时间内,由于缺乏培训,司法腐败,地方保护主义,司法外影响导致错判的案件屡屡见诸于国内和海外报端。最近人大常委会在其对《法官法》和《检察官法》实施进行的执法检查报告中公开指出,一些法官职业道德淡薄,执法办案不严格,不认真,素质不过硬,办案中徇私舞弊,贪赃枉法,索贿受贿,严重损害法官队伍整体形象,司法不公正仍是公众关注的一个主要问题。[140] 有鉴于此,为保证两地相互认可和执行司法判决顺利实施,确实需要一些保障机制。然而就目前《安排》的条文看,这方面似乎是有不足之处的。按照《安排》,如果出现对地方保护主义或其他司法程序外的问题提出挑战,导致对一些判决的认可和执行的疑问,香港法院可能引用的只有"公共政策"保留条款。但是从历史上看,香港司法实践中"公共政策"保留只能用于认可和执行会违反香港最基本的道德和公正理念。[141] 另外,如引用这一拒绝理由,被申请人必须承担举证责任。对于香港的当事人,如果没有内地有关机构的配合协助,这种举证责任几乎是不可能实现的。[142]

　　香港商人和投资者在内地个别司法程序中得到不尽公正判决的情况可能是实际存在的。香港中小企业协会主席 Simon Shi Kai 担心如果内地当事人以不正当手段起诉香港当事人并胜诉,则可在香港要求香港法院认可和执行这种判决。香港社区组织协会主任 Ho Wei-wah 根据其帮助处理一百多起在内地大城市诉讼案件的经验,认为诉讼中的不正当因素,即使其影响是明显的,要举证也是非常困难的。[143]

　　在这一关注点上,《澳门安排》允许被申请方法院就相互判决的真实性向内地原审法院进行确认[144];明确规定对判决认可和执行,除安排有规定以外,适用被请求方法律规定[145];以及为执行安排,最高人民法院和澳门特别行政区终审法院应当相互提供相关法律资料和定期通报安排执行情况,这些机制的优越性是显而易见的。澳门和内地法院会根据这些规定进行直接接触,包括最高人民法院和澳门终审法院间的接触。这样,一些关于相关判决的问题可以在双

---

[140] 顾秀莲:少数法官检察官司法不公正引起群众关注;见 http://news.xinhuanet.com/politics/2006-08/28/content_5016788.htm.（最后访问 2007 年 2 月 12 日）。

[141] [1993] Poklito Investment Ltd. v. Klocknew East Asia Ltd. 2 HKLR39；及 Hebei Import—Export Corp v. Polytek Engineering Co Ltd. (no.2), [1998] 1 HKC 193.

[142] 迄今为止,几乎所有受到公众关注的错案都是在有关机构的干预下才得以彻底查清真相、得到纠正的。这对于内地情况不了解的香港当事人可能是更为困难的。

[143] Ravina Shamdasani, "Cross-Border Accord on Court Rulings Raises Fears about Bias", South China Morning Post, April 15, 2006.

[144] 《澳门安排》第 7 条。

[145] 《澳门安排》第 20 条。

边机制的基础上得到澄清或处理。但这种两地法院之间的沟通在香港却可能会引起一定程度的不安,担心香港法院会受到内地法院的影响。

尽管《安排》的签订对推动内地香港司法协助是令人鼓舞的进展,《安排》的实施并不一定能够保证对方判决可以切实得到执行。在香港,执行司法判决并不是太大的问题。但在内地执行司法判决却长期以来被社会严重关注,甚至被一些学者称为是"天下第一难"。[146] 到1998年底,没有被执行的司法判决已达536 338件。这一状况甚至不得不使中共中央罕有地发出文件,对地方保护等一系列影响判决执行的问题进行干预。尽管如此,至2003年底,未得到执行的判决仍然高达383 887件。[147] 近年来,"执行难"甚至造成了一些地区出现对不能执行的司法判决进行拍卖的怪象。据统计,受地方保护主义影响,需要跨地区司法协助的判决平均执行率更低于30%,到了"触目惊心"的地步。[148] 虽然各级人民法院不断采取各种改革措施,"执行难"的问题恐怕难以在短期内根本解决。[149] 因此,对内地实施《安排》执行香港判决的有效性应以现实的态度来考量。

除去上述讨论的问题外,实施《安排》可能还要面对一些其他的情况。例如,最高人民法院1999年11月24日发出了《关于严禁冻结或划拨国有企业下岗职工基本生活保障资金的通知》,指出按照国家政策,国有企业下岗职工基本生活保障资金是采用企业、社会、财政各1/3的办法筹集的,故在审理执行经济纠纷案件中,不得冻结或划拨该项资金用以抵偿企业债务。[150] 这说明两地认可和执行司法判决可能会受到一些行政政策的影响。又如,由于香港和内地民商事赔偿标准差异很大,如果香港法院作出一个针对国有企业数额极高的判决,其内地执行会严重影响当地生活秩序,导致企业破产、工人失业,内地法院是否应以"社会公共利益"拒绝认可和执行。[151] 在这一情景中,两地法院考虑的侧重点显然是不同的:香港作为资本主义法域,首先考虑的是对债权人的有效保护;而内地社会主义国家政策和经济转型中的矛盾化解则会更为内地法院所重视。这些差异必然在司法政策层面上得到反映,并可能对相互认可和执

---

[146] 钱弘道:"执行改革的经济分析",载万鄂湘(主编):《中国司法评论》第3卷,北京:人民法院出版社2002年,页47。

[147] 童兆洪,《民事执行调查与分析》,人民法院出版社2005年,页1—2。

[148] 季卫东:"'判决书'市场化忧思",载《财经》2006年总166期,网络版见《财经》杂志官方网站 http://caijing.hexun.com/text.aspx? sl = 22908id.(最后访问2006年9月7日)。

[149] 关于这方面体制改革的讨论,可见 Donald C. Clarke, "The Execution of Civil Judgments in China", in Standley Lubman (ed.), *China's Legal Reform*, Oxford University Press, 1996, pp.65—81。

[150] 《通知》见《中华人民共和国最高人民法院司法解释全集》第三卷,同前注[90],页1596。

[151] 这一问题的提出,见程炜:"关于内地与香港民商事判决的承认与执行问题的几点思考",载吕伯涛(主编):《中国涉外商事审判热点问题探析》,北京:法律出版社2004年,页288。

行司法判决形成挑战。

再有,一些内地专家曾表示反对在两地认可和执行判决中包括"公共政策"保留的规定,认为在判断原审判决是否以不正当方式取得时,被申请认可和执行的法院不可避免地会对原审判决进行实质性审查。这种审查不仅会增加被申请法院的工作负担,而且会对原审法院表示出不信任。[152] 因此,在如何适用"公共政策"保留和有效应对可能出现的有问题判决仍有一些不确定因素,需要在实践中进一步考虑解决。

(三) 当事人对《安排》选用的不确定性

在相互认可和执行民商事判决中,缺乏规制协调管辖权冲突的规范将严重限制《安排》的实用效益。尽管理论上《安排》可能会鼓励更多的当事人利用这一相互认可和执行机制和诉讼的手段来解决他们的跨境法律争议,同时也为香港带来更多法律服务的市场机会[153],一些对内地司法现状有顾虑的人可能会故意选择不订立这样的管辖权选择协议以排除《安排》的适用。在这方面,内地和香港间存在明显法律差异也会是当事人达成管辖权选择协议的障碍。与仲裁协议不同,双方当事人可就仲裁员选任和适用法律享有意思自治的权利,而内地香港当事人间的管辖权选择协议将意味着,除对选择法域的诉讼程序和诉讼费用的接受外,对争议实体和程序问题的全面司法管控以及胜诉一方在另一法域获得判决认可和执行的权利。因此,当事人在作出是否接受此种管辖协议时必须格外审慎。

即使是当事人间达成了管辖权选择协议,在多大程度上这种协议会约束法院并得到执行也有不确定的因素。在 *Yu Lap Man v. Good First Investment Ltd.* 案中[154],香港高等法院原讼庭和上诉庭分别作出判决,认为双方当事人合约中管辖权选择条款并不排除香港法院对案件行使管辖权。在这一案件中,双方当事人的约定为"双方同意此协议受中华人民共和国法律保护,有关纠纷受中华人民共和国法院管辖,并适用中华人民共和国的有关法律"。然而两审法院均认为这一约定只是宣示性的,而不是排他性的,所以香港法院仍可行使管辖权。[155] 在内地,地方保护主义已见于个别法院拒绝承认当事人约定的仲裁协

---

[152] 林朝滨:"内地与香港民商事判决的相互承认与执行",载《福建政法管理干部学院学报》2004 年第 3 期,页 70—72。

[153] 孔祥武、胡剑龙:"更多在华外商将到香港打官司,法律专家释解内地与香港法院相互认可和执行民商事案件判决的安排",载《21 世纪经济导报》2006 年 7 月 26 日;及社论:"司法认可带来国际商机",载《星岛日报》2006 年 7 月 15 日。

[154] [1998] 1HKC 726; [1999] 1HKC 622。

[155] 同前注。

议,甚至漠视中国承担的国际条约义务的案件。[156] 这种状况使得最高人民法院不得不连续采取一系列措施,特别是建立涉外经济纠纷案中,对不予执行涉外仲裁裁决及拒绝承认和执行外国仲裁裁决建立报告制度,即如地方法院认为涉外仲裁协议无效或拒绝承认和执行涉外或外国仲裁裁决都必须报告最高人民法院;待最高人民法院答复后,方可作出最后决定。[157] 而在这方面,《安排》既没有设立具体规定,也没有任何保障措施。在实践中可能难免出现与《安排》初衷不一致的作法而阻碍当事人达成的管辖权协议得到切实的实施。

从争议当事人的角度看,《安排》是否会在短期内被普遍使用是值得进一步观察的。有限的适用范围和对非商业合约以及劳动争议的排除已使《安排》效用受到很大限制。在香港和内地当事人谈判其商业合约时,并不会在两地间选择排他管辖权轻而易举地取得合意。因此仲裁常被作为诉讼的替代方式;与诉讼相比,跨境仲裁的规则、互认机制和积累的经验都更为成熟;如加上对香港高昂的诉讼费用和内地诉讼可能遇到的种种不确定因素的考虑,仲裁的优越性就更为明显。因此,首先审慎商业人士选择诉讼及排他管辖权的可能性就不会太高。

另一方面,如果商业合约当事人使用格式合同,其中排他诉讼管辖权可能被包括在一方拟定的条款中。例如,在一些案例中香港银行发放贷款,由内地企业为贷款提供担保,但其后在追讨时遇到很多问题。在这种情况下,银行可能会在贷款协议中和担保协议中设立香港诉讼排他管辖权条款,在香港借款人不能还款时,还可进一步追讨借款人或担保人在内地的资产。另外,《安排》只对诉讼地点和管辖权协议作了规定,但却没有对"当事人"作出规定。因此,《安排》的适用并不仅仅限于一方是香港当事人,另一方是内地当事人的情况。这样,在上述案例中,即使贷款方和担保方都是香港公司,根据《安排》其管辖权协议也会使香港判决在内地获得认可和执行,只要担保方在内地有资产。

根据这一分析,理论上还可进一步推论《安排》并不必然适用于内地香港各为一方当事人的情况。然而最可能引起人们兴趣的情景是(可能并没有为《安排》起草者所意识)两个内地当事人是否可以通过管辖权选择协议到香港进行诉讼,即使双方在香港并无资产,这样可以避免内地一些不确定因素并可使判决在内地得到认可和执行。

(四)《安排》本文规定的周延问题

《安排》中也包含了一些规定,应对在内地出现审判监督和再审程序的情

---

[156] Alberto More, "The Revpower Dispute: China's Breach of the New York Convention" in Chris Hunter (ed), *Dispute Resolution in the PRC—A Practical Guide to Litigation and Arbitration in Chin*, Hong Kong: Asia Law Practice Ltd 1995, pp. 151—158.

[157] 见最高人民法院 1995 年 8 月 28 日发出的《关于人民法院处理与涉外仲裁及外国仲裁事项有关问题的通知》。

况。根据《安排》,在香港申请认可和执行内地司法判决程序并不受当事人申诉和人民检察院抗诉的影响,只有在人民法院已经作出再审裁定后,香港法院经审查核实后可以中止认可和执行程序;再审结束后,再视变更结果恢复或终止认可执行程序。[158] 这一安排显然提高了《安排》实施的可预见性,但可能并没有解决全部的问题。根据现行《民事诉讼法》,一旦人民检察院提出抗诉,人民法院必须进行再审[159],如果香港法院无视人民检察院的抗诉,继续认可和执行程序,可能造成司法资源的浪费和不公正的结果。另外,《安排》为相互认可和执行判决规定的时限远较香港的时效为短,最长不超过一年。[160] 但是《民事诉讼法》对抗诉并没有规定期限,即使当事人个人申诉也有两年期限。这样可能出现的情况是当事人申诉和检察院抗诉还没有提起或还没有具体结果,在香港的认可和执行程序就已开始了。这样,不仅使《安排》规定的中止程序的实际效用受到影响,更可能出现在内地再审结束之前,香港认可和执行程序已经完成的情况;而对此《安排》并没有提供任何救济措施。香港一些律师认为,这一时限是苛刻的,甚至比两地《相互执行仲裁裁决安排》更为严苛,因为仲裁安排允许依执行地法律的时效进行执行[161],而为认可和执行判决,胜诉方可能必须在6个月内要求对方履行,申请终审判决证明书,准备一应文件和翻译,并在对方法院提出申请。这"即使并非不可能,在实际操作上也是相当困难的"[162]。

尽管《安排》意在涵括两地判决认可和执行,但却没有对认可作出足够的规定。根据《安排》第1条,只有支付款项的判决才能被申请认可和执行。然而在实践中,可能原审被告一方胜诉,并希望胜诉判决可以在另一地法院得到承认。尽管《安排》第11条规定获得认可的判决可与执行地法院之判决有相同效力,但《安排》似乎并未包括认可一方胜诉而无须支付任何款项的判决。这样对这类案件的胜诉方似乎不太公平,因为原审法院作出的终审判决不是非金钱支付判决,不在《安排》认可执行范围,故不能直接帮助胜诉方避免在对方法域被缠讼。在这方面,澳门《安排》第3条规定的认可没有给付内容的判决及可在对方诉讼程序中作为证据的规定恰恰为这类问题提供了解决办法,但却令人遗憾地未被香港《安排》所采用。

另外一个值得讨论的灰色地带是《安排》第3条和第17条的关系。根据第17条,两地法院自《安排》生效之日起作出的判决才能适用《安排》的规定。但是,第3条明确规定,当事人之间的管辖权的协议必须在《安排》生效之后达

---

[158] 《安排》,第10条。
[159] 《民事诉讼法》,第186条。
[160] 《安排》,第8条;而香港的时效一般为六年。
[161] 见《内地香港相互执行仲裁裁决安排》,第5条。
[162] 苏绍聪,同前注[114],页34。

成才能使他们受益于《安排》的规定。这样,如果当事人在《安排》生效之前达成管辖权协议,而判决是在《安排》生效之日后作出,究竟哪一条规定应优先适用呢？如以第 3 条优先,则判决不能按《安排》得到认可和执行;如以第 17 条优先,则判决应可得到认可和执行。

五、结语

《安排》的签订是内地香港在"一国两制"原则下建立区际司法协助进程中的一个突破。《安排》的实施将不仅结束香港回归后与内地长期缺乏相互认可执行判决机制的状态,进一步推动两地间经贸关系的发展,而且将成为在两地间构建更为宽泛的司法合作机制新的起点。然而,《安排》毕竟只是一个双方磋商中阶段性的产物,需要进一步完善和发展。从长远看,目前的以诉讼程序为主的认可执行程序并不是区际司法协助的理想模式,简单的登记制度对于深化两地司法合作和为当事人提供更有效保护具有更积极的意义,应是今后发展的方向。[163] 在实施《安排》初期,其作用可能是有限的;其规则设计也需要在实践中检验。内地香港两地间司法体系和法治发展程度的差异将不可避免地在《安排》实施过程中提出新的挑战。然而,不管如何,作为重要的起始之步,《安排》应当得到更多审慎的欢迎,而不是简单的挑剔。

(初审编辑:刘哲玮、缪因知)

---

[163] 黄金龙,同前注〔23〕,页 19。

美国反向刺破公司面纱的理论与实践
——基于案例的考察

廖 凡[*]

Theories and Practices of Reverse Piercing of the Corporate Veil in U. S. : A Case-based Analysis

Liao Fan

一、"反向刺破"的背景及内涵

"刺破公司面纱"(piercing the corporate veil)是美国对于公司人格否认理论的形象化表述。该理论由桑伯恩(Sanborn)法官在1905年的美国诉密尔沃基冰柜运输公司(*U. S. v. Milwaukee Refrigerator Transit Co.*)[1]一案中首创,并通过其后的一系列案例得以确立,成为美国公司法上的重要理论。其他公司制

---

[*] 中国社会科学院法学研究所副教授,法学博士,电子邮箱 liao_fan2003@yahoo.com.cn。
[1] *U. S. v. Milwaukee Refrigerator Transit Co.*, 142 F. 2d 247. 桑伯恩法官在判决中指出,作为一般原则,公司应当被看做法人并具有独立的人格,除非存在充分的相反理由;但是,如果公司的法人人格被用以"阻挠公共利益、将错误正当化、保护欺诈行为或者为罪行辩护"(defeat public convenience, justify wrong, protect fraud, or defend crime),那么在法律上就应当将公司视为无单独权利能力的人合体(association of persons)。See id. , at 255.

度较为发达的国家,无论是普通法系国家如英国,还是大陆法系国家如德国、日本,也在借鉴美国经验的基础上各自构建起类似的理论。虽然称谓不尽相同[2],但其基本内涵和所欲达成的目标是一致的,即在严格限定的条件下,在具体个案中,对公司法人的独立人格及特定股东的有限责任特权不予承认,将公司与股东视为同一,要求股东以其个人财产对公司债务承担无限责任,借以遏制对公司独立人格和股东有限责任原则的滥用。

刺破公司面纱是公司法人人格独立原则的例外。作为一项例外,其适用情形、适用条件和适用标准必须加以严格限定,当属毋庸置疑。然而,对于在何种情形下、遵循何种标准、依据何种条件来"刺破公司面纱",即使在公司人格否认理论出现最早,运用也最为广泛的美国,也并无定论。可资为例的是,在涉及刺破公司面纱的案件中,法庭大量使用比喻和形象化的语词,用以表达公司人格实质上的不独立,如"另一自我"(alter ego)、"手段"(instrumentality)、"赝品"(sham)、"诡计"(subterfuge)、"工具"(tool)等,不一而足。美国学者的统计显示,不同法庭使用过的表达此类含义的不同语词多达35个[3]。在形象生动的比喻之外,对公司何以被断定为"假壳",或者说公司面纱何以应当被刺破,则往往缺乏足够的法律推理。无怪有评论者指出,长于修辞而短于推理是刺破公司面纱案例的典型特征[4],乃至讥诮刺破公司面纱是"用隐喻或绰号来表述的法理"[5];也无怪卡多佐大法官感慨,刺破公司面纱的问题"被包裹于比喻的迷雾中",以致出现不同法院判决结果大相径庭的情形。[6]

尽管如此,透过语词的密林和比喻的迷雾,我们仍能窥见美国法院在刺破公司面纱时的一些基本考量,这些考量可以从主体、行为和效果三个方面来说明。首先,从主体上看,表现为公司和特定股东的人格无法区分,公司缺乏法律意义上的独立性,仅仅是股东的工具或人格的另一面。对此又主要有两个判断依据:一是公司资本显著不足(undercapitalization),包括初始资本不足和运营后抽离资本造成不足;二是公司缺乏形式上的必备要件(informalities),如不召开股东会议或董事会议、不设单独账簿、业务活动混同等。其次,从行为上看,特定股东对公司实施了超越正常范围之外的过度控制,滥用公司独立人格,借

---

[2] 如英国称为"揭开公司面纱"(lifting the corporate veil),德国称为"直索责任",日本称为"法人格否认"等。参见朱慈蕴:《公司法人格否认法理研究》,北京:法律出版社1998年,页84—92。

[3] See Henry G. Henn & John R. Alexander, *Law of Corporations*, 3d ed., West Publishing Co., at 344 (1983).

[4] See Robert W. Hamilton, *Corporations Including Partnerships and Limited Liability Companies*, 7th ed., West Group, at 305 (2001).

[5] Philip L. Blumberg, *The Law of Corporate Groups: Procedural Law*, at 8 (1983), in Hamilton,同前注[4],页305。

[6] *Berkey v. Third Avenue Ry.*, 244 N.Y. 84, 94 (1926).

以规避契约义务或法定义务。最后,从效果上看,特定股东对公司独立人格的滥用损害了公司债权人或其他利益有涉者的权益,造成了不公平的结果。概而言之,通过在必要情形下刺破公司面纱,美国法院试图传递这样一个信号,即对公司独立人格和股东有限责任的利用必须符合法律和社会公正的基本要求。[7]

罗伯特·汤普森(Robert Thompson)教授的实证研究表明,刺破公司面纱是闭锁公司(close corporation)所独有的现象,而其中又以一人公司最为突出。在被调查的1600个刺破公司面纱案例中,没有一个案例是公众公司(public corporation)股东被判定为公司债务承担个人责任。进一步的调查显示,刺破公司面纱仅仅发生在公司集团(母子公司)或股东人数少于10人的闭锁公司的情形;在被刺破面纱的闭锁公司中,没有一家的股东超过9人。汤普森教授还发现,作为纯粹被动投资者(passive investor)的股东不会面临因公司面纱被刺破而承担个人责任的风险,只有那些在公司控制和管理方面扮演更为积极角色的股东才存在这个问题。[8] 这一实证研究的结果从一个侧面印证了上述基本考量。

在通常的刺破公司面纱情境中(为行文方便,以下简称"传统刺破"或"标准刺破"),是公司的债权人要求将公司与特定股东视为一体,刺破作为二者之间责任屏障的公司独立人格面纱,从而迫使该股东对公司债务承担个人(无限)责任。简言之,传统刺破是试图以股东财产清偿公司债务。然而,在一些较为特别的情境中,则是公司的特定股东出于种种考虑,主动要求无视公司独立人格,将公司与该股东视为一体,从而使公司得以享受到本来只能由该股东享受的豁免或保护;或者是公司特定股东的债权人要求将特定股东与公司视为一体,从而迫使公司对该股东个人债务承担责任。简言之,这种刺破情境是试图以公司财产清偿股东债务,或者由公司享受股东专享的特权或豁免。由于在方向和着力点上与传统刺破正好相反,上述特殊的刺破公司面纱情境被统称为"反向刺破"(reverse pierce),以区别于更为常见的标准刺破或传统刺破。

反向刺破本身又可以分为两类:一类是公司特定股东(内部人)主动要求刺破公司面纱,即所谓的"内部人反向刺破"(insider reverse pierce);另一类是公司特定股东的债权人(外部人)要求刺破公司面纱,即所谓的"外部人反向刺破"(outsider reverse pierce)。两种反向刺破的基本区别在于寻求刺破公司面纱者及其对手各自所处的相对地位。

---

〔7〕 See generally Hamilton, 同前注〔4〕, at 298—335。

〔8〕 See Robert B. Thompson, "The Limits of Liability in the New Limited Liability Entities", 32 *Wake Forest L. Rev.* 1, 9—10 (1997).

二、内部人反向刺破

（一）明尼苏达州的代表性实践

内部人反向刺破在明尼苏达州得到了最充分的接受和实践。通过自 1981 年 Roepke v. Western National Mutual Insurance 案（以下简称 Roepke 案）[9]开始的数个标志性案件，明尼苏达州法院对内部人反向刺破的理由、标准和条件进行了阐释，从而确立了明尼苏达州在这一领域内领风气之先的地位。

Roepke 案是明尼苏达州第一例内部人反向刺破案例，具有开创性的意义。在该案中，原告的丈夫是一家公司的总裁和唯一股东，在车祸中丧生。发生车祸时死者所驾驶的汽车及其余五辆汽车系该公司所有。公司在被告保险公司为六辆汽车投保了车险，并对每辆汽车分别支付保费；保单明确将公司列为唯一被保险人，并规定受益人获赔上限为每辆汽车 1 万美元。案件的焦点是，作为死者妻子的原告是否可以将六辆汽车上的受益权累加，从而要求 6 万美元的赔付，还是只能将受益权局限于发生事故的汽车，亦即 1 万美元。根据明尼苏达州汽车保险无过错责任法（No-Fault Act），如果死者以个人名义拥有和投保这六辆车，受益人可以被允许累加；而如果公司被作为保单下的唯一"被保险人"，那么法律将禁止累加。受理本案的明尼苏达州最高法院否认了公司在同保险人的关系方面与其控股股东相分离的独立人格，将死者视为保单下的被保险人，从而允许原告累加受益权。作为前提，法院首先指出，如果一个个人拥有一家公司全部或实质上全部股票，为了实现衡平所需，刺破公司面纱是可以采取的衡平法救济手段，尤其是在这种做法并不会损害任何公司股东或债权人利益的时候。在确认了这一前提后，法院基于以下四点事实，认定在本案中允许内部人反向刺破是适当的：(1) 死者是公司总裁和唯一股东；(2) 死者将被保险汽车作为自己的汽车对待，用于家庭用途，并且无论是死者还是其他家庭成员都再没有其他汽车；(3) 没有公司股东或债权人会受到不利影响；(4) 通过刺破公司面纱，将死者作为保单下的被保险人，明尼苏达州无过错保险法的目的可以得到更好的实现。[10] 鉴于问题的复杂性，明尼苏达州最高法院并未试图归纳内部人反向刺破的适用准则，而是明确声明判决中的主张仅限于"本案所特有的事实"。[11]

Roepke 案判决的重要性并未立即显现出来，也没有在明尼苏达州最高法院

---

[9] Roepke v. Western National Mutual Insurance, 302 N.W.2d 350 (Minn. 1981).
[10] Id., at 352—353.
[11] Id., at 353.

和上诉法院处理的类似案件中获得足够的重视和运用。[12] 直到 1985 年,在著名的 *Cargill, INC. v. Hedge*[13] 一案(以下简称 *Cargill* 案)中,明尼苏达州最高法院才首次引用 *Reopke* 案支持内部人反向刺破请求,并对 *Reopke* 案判决的主张有所扩展。在该案中,被告及其妻子以分期付款方式购买了一处农场,取得了实际占有,并将其在农场中的利益转让给了一家家庭农场公司(family farm corporation),被告的妻子是这家公司的唯一股东。其后,被告从原告处赊购了物资和服务,但到期无力偿付。原告对被告提起诉讼,在起诉后才得知家庭农场公司的存在,于是将该公司追加为共同被告,并获得了针对被告及家庭农场公司的有利判决。[14] 法院对农场进行了强制拍卖。在法定回赎期届满前,被告的妻子介入本案,声称根据明尼苏达州宅地豁免条款,被告有权将构成其宅地的 80 英亩农场免于强制执行。

宅地豁免(homestead exemption)是明尼苏达州宪法明确规定的一项宪法性权利,规定债务人居住的房屋及房屋所处的土地免于查封和强制执行。宅地豁免权的主体只能是自然人。在本案中,由于被告已将农场转让给家庭农场公司,要想享受宅地豁免,前提是否认公司的独立人格,将农场视为被告及其妻子所有。

明尼苏达州最高法院援引 *Reopke* 案指出,在决定是否刺破公司面纱时,一个重要因素是个人同公司之间的同一程度,亦即公司在多大程度上是股东的"另一自我"。同样重要的是债权人和其他股东等第三人的利益是否会受到损害。关于同一性,法院指出,尽管被告及其妻子遵守了一些公司形式要件,如保存公司会议记录、填写公司税务申报单等,但由于被告及其家庭同公司事务密不可分的联系,公司不过是被告家庭的另一自我,正如 *Roepke* 案中的公司不过是死者的另一自我一样。关于对第三人的不利影响,法院尽管承认本案中刺破公司面纱将对作为债权人的原告造成负担,但仍然准许了被告的请求,主要理由是原告在对被告个人进行赊销时,并不知晓公司的存在,因此其对于交易的预期本来就是基于被告的个人身份。法院进一步指出,在本案中有远比 *Roepke* 案更为强有力的政策性理由支持反向刺破,那就是促进宅地豁免立法目的的

---

〔12〕 在 *Roepke* 案判决后两年,才首次在 *Rademacher v. INA* 一案中被引用。该案及其后的几个案例对 *Roepke* 案判决采取了一种相对简单和狭义的解读,并未对其所体现的方法和准则进行充分分析,并且都以各自案件不具备 *Roepke* 案判决的适用条件为由拒绝实施内部人反向刺破。See generally *Rademacher v. INA*, 330 N.W.2d 858 (Minn. 1983); *Kuennen v. Citizens Security Mutual Insurance*, 330 N.W.2d 886 (Minn. 1983); *Leidall v. Grinnell Mutual Reinsurance*, 374 N.W.2d 532 (Minn. Ct. App. 1985).

〔13〕 *Cargill v. Hedge*, 375 N.W.2d 477 (Minn. 1985).

〔14〕 在此,法院的判决并未清楚说明何以认定家庭农场公司须为被告的个人债务承担责任,有可能是基于代理理论。同前注,页 478。

实现。

尽管没有明确化,但 Cargill 案似乎暗含了这样一个论断,即如果刺破公司面纱有利于促进特定的重要政策,那么即使具备某些公司形式要件或者债权人的利益会因此受到损害,内部人反向刺破请求也将获得支持,只要债权人在进行交易时不知晓公司的存在。[15] 相比 Roepke 案,这无疑对内部人反向刺破的适用情形有所扩展。明尼苏达州最高法院也意识到了内部人反向刺破的潜在风险,在附带意见(dictum)[16]中明确指出:"我们意识到,存在债务人根据哪种地位能够最好的保护其财产来提高或降低其公司(独立人格)防护程度的危险。因此,应当只在最严格限定的场合允许反向刺破。"[17]

在 1989 年的 *Eden Valley v. Euerle Farms*[18] 一案(以下简称 *Eden Valley* 案)中,内部人反向刺破的适用范围有了进一步的扩展。同 Cargill 案一样,本案也是有关宅地豁免的案件[19],但一个重大区别在于,本案中的债权人一开始就知晓公司的存在,并且是向公司提供资金并从公司处取得担保利益,而 Cargill 案中的债权人在起诉前一直不知晓公司的存在。尽管如此,受理本案的明尼苏达州上诉法院仍然支持了债务人的反向刺破请求,并否认此举将对债权人构成不公平对待,因为"宅地豁免对债权人造成的任何不公平都是豁免本身所固有的"。[20] 由此,*Eden Valley* 案扩展了 *Roepke/Cargill* 案所表述的内部人反向刺破准则的适用范围,使得对公司形式要件的遵守及债权人在进行交易时是否知晓公司存在这两个因素的重要性都有所减弱,而促进实现政策目的的考量则更加凸显。有评论者甚至指出,*Eden Valley* 案意味着"任何闭锁家庭农场公司都将满足反向刺破中的'另一自我'要求,无论对公司形式要件的遵守程度如何"[21]。但是,鉴于宅地豁免案例的独特性,*Eden Valley* 案件所确立的相对宽松的标准在宅地豁免情境之外的适用存在一定难度。

(二)其他州法院及联邦法院的实践

美国其他一些州法院也有着内部人反向刺破方面的实践,尽管不如明尼苏

---

[15] Gregory Crespi, *The Reverse Pierce Doctrine: Applying Appropriate Standards*, 16 J. Corp. L. 33, 42.

[16] 法院在判决书中所发表的、不是判决本案所必需、因此不具有先例效力的评论性意见。

[17] *Cargill v. Hedge*, 同前注[13], 页 480。

[18] *Eden Valley v. Euerle Farms*, 441 N.W.2d 121 (Minn. Ct. App. 1989).

[19] 在本案中,丈夫和妻子分别拥有家庭公司 51% 和 49% 的股权,家庭公司则是他们家庭农场的所有人。公司从一家银行和一家生产信贷协会借款,并在若干动产上设定了担保权,但未对在其不动产上设定抵押权。丈夫和妻子各自为公司的债务承担保证责任。在公司不能偿还到期款项时,债权人对其不动产主张留置权。债务人请求刺破公司面纱,以便使公司名下的不动产能够根据宅地豁免条款,免于强制执行。

[20] *Eden Valley v. Euerle Farms*, 同前注[18], 页 125。

[21] See Crespi, 同前注[15], 页 43。

达州集中和充分。支持内部人反向刺破的案例主要来自佛罗里达、伊利诺伊、密歇根、蒙大拿和新泽西等州,案例情境涉及禁止高利贷法的适用、不动产租赁限制、不动产转让限制、关联公司相互间的债务承担、确认母公司对其子公司员工的雇主身份等。[22] 法院在这些案例中支持内部人反向刺破请求的理由不尽相同,并且大多缺乏系统化的表述,但一般都将股东同公司间的同一程度及重要政策/法律目的的实现作为立论的主要依据。

否认内部人反向刺破请求的案例主要来自肯塔基、路易斯安那、纽约、俄克拉荷马、田纳西、得克萨斯和犹他等州。尽管法院一般并不否认反向刺破公司面纱理论本身,而只是声称根据相关案件的具体事实不应实施反向刺破,但从很多案件所表露的倾向性看,这些法院即使有也只会在极其罕见的情况下才会支持内部人反向刺破。从这些案件来看,导致法院拒绝实施内部人反向刺破的共同情境主要有:(1)在一个仅由公司或其内部人提起的诉讼中,内部人试图通过反向刺破来合并内部人和公司针对外部人的请求或反请求;(2)母公司援引法定的雇主豁免权来对抗子公司雇员的人身伤害侵权赔偿请求;(3)内部人试图通过反向刺破使得公司债务享受禁止高利贷法的保护等。[23]

与州法院处理内部人反向刺破时的意见相对多元化相比,联邦法院在适用联邦法规则时[24],对内部人反向刺破请求罕有支持。定下这一基调的是联邦最高法院1946年判决的 *Schenley Corp. v. United States*[25] 一案。在该案中,一家公司已经向州际商务委员会申请州际商品特许运输人牌照,该公司的母公司其后又要求豁免特许程序,理由是这家公司只为母公司及其他关联公司提供运输服务,因此应当被视为无需特许牌照的"私人"运输者。实质上,母公司是寻求在特许运输许可要求方面否认其子公司的独立法人资格。最高法院拒绝了这一请求,并表达了对利用这一理论规避法定义务企图的一般性反对,指出:"尽管当公司实体被用作逃避立法目的的工具时,可以对其加以否认,但当控制人有意采用公司形式来确保其利益,而将该公司视为独立法人实体又无损于立法目的时,它们将不会被否认。一个人既然创设了公司,将其作为经营手段,就无权选择否认公司实体,以逃避法律为保护公众利益而对其施加的义务。"[26] 在此先例之下,联邦法院在处理联邦法案件(如破产案件)时,对内部人反向刺破几乎都持较为鲜明的反对态度。[27]

---

[22] 同前注,页44—47。
[23] 同前注,页47—48。
[24] 在美国联邦制体系下,联邦法院管辖权和联邦法适用并不完全一致。联邦法院在审理州内案件时,适用州法;只有在涉及联邦法律问题时,才适用联邦法规则。
[25] *Schenley Corp. v. United States*, 326 U.S. 432 (1946).
[26] 同前注,页437。
[27] See Crespi, 同前注[15],页49。

（三）利益平衡与适当标准

如果说刺破公司面纱本身尚在迷雾之中,那么内部人反向刺破的适用标准和条件就更为模糊难辨。同标准刺破下政策风险主要在于损及股东对于有限责任的合理预期不同,内部人反向刺破由于是公司内部人（股东）自行请求,因此不存在减损股东有限责任预期的问题。但是,与内部人反向刺破通常被公司内部人作为防御性的抗辩手段相应,它对公司债权人的利益将产生重大影响：作为公司独立人格的题中应有之义,债权人原本预期其对公司享有的债权将得到公司财产的支持,并且与公司股东提出的任何个人抗辩（如禁止高利贷法、宅地豁免权）无关,然而内部人反向刺破却使得债权人对公司享有的债权转变为对股东个人的债权,从而受制于上述抗辩理由。此外,内部人反向刺破还将对那些对公司负有义务的主体（如公司的保险人）的利益产生影响,使其面临履行义务的对象由公司扩展到股东个人的风险。

如果公司的法人人格被用以"阻挠公共利益、将错误正当化、保护欺诈行为或者为罪行辩护",那么在法律上就应当将公司视为无单独权利能力的人合体,桑伯恩法官的经典论断言犹在耳。它为支持内部人反向刺破请求提供了两条可能的理由：其一,维护/实现/促进公共利益；其二,为利用公司法人形式所为的错误或欺诈行为提供救济。在标准刺破之下,两条理由无疑都是可行的。然而在内部人反向刺破下,由于刺破请求是由公司内部人（股东）提出,如果选择第二条理由,等于是股东声称公司的债权人或义务人在利用公司法人形式进行不当行为,这在现实中是很难成立的。于是只剩下了第一个理由,即维护/实现/促进公共利益。从支持内部人反向刺破请求的各州案例,尤其是明尼苏达州法院的几个代表性案例看,强调的恰恰也正是公共利益,集中表现为特定的重要政策目标、立法目的的促进和实现。

由此,在内部人反向刺破的问题上,就必须有一个基本的利益/政策权衡：支持公司债权人和义务人对于公司独立人格的合理预期和利益的价值,同通过刺破公司面纱所维护/实现/促进的公共利益（政策目标、立法目的）之间的权衡。基本思路应当是假定公司债权人和义务人的预期应当予以支持,但作为一个可反驳的假定,允许通过论证所涉公共利益的重大性来取而代之。

这样,在处理内部人反向刺破案件时,上述两种利益/价值的平衡就成为最基本的标准。在此之外,对于标准刺破下的两个重要因素,即特定股东对于公司的所有/控制程度以及公司形式要件的齐备程度,在内部人反向刺破情境下则显得轻重有别。特定股东对于公司的所有/控制程度,涉及提出请求的内部人在公司中所处的地位,亦即是否存在利益将会受到影响的其他股东,因此具有重要的衡量价值。事实上,从明尼苏达州的几个代表性案例看,都是一人持有或者家庭共同持有公司全部股份。至于对公司形式要件的遵守程度,在内部人反向刺破情境下则意义不大,因为即使公司未能遵守形式要件、仅被内部人作为"另一自我",法院很明显也不应当基于这一理由而允许内部人反向刺破,因为这将违反"任何人不得从自己的错误中获利"这一最基本的衡平法准则。因此,公司形式要件是否被遵守,在内部人反向刺破案件中,不再具有实质性意义。

三、外部人反向刺破

如前所述,在内部人反向刺破之外,存在另一种类型的反向刺破,即公司特定股东的债权人要求刺破公司面纱,将该股东与公司视为一体,从而迫使公司对股东个人债务承担责任。在实践中这种类型又可以包括两种情境:一是股东的债权人在对股东提起诉讼时,试图将公司的财产也置于其对股东享有的请求权之下;二是股东的债权人在对公司提起诉讼时,试图将其对股东享有的请求权向公司一并主张。这两种情境仅具有形式或者程序上的区别,其主张的实现都有赖于公司法人人格的否认,因此在实质效果上殊途同归,统称为外部人反向刺破。

不同于内部人反向刺破,外部人反向刺破不是由公司内部人提起,而是由外部人(特定股东的债权人)提起,这一点与标准刺破类似。同时,不同于内部人反向刺破主要作为防御性的抗辩手段,外部人反向刺破是一种进攻性的积极主张,这一点也同标准刺破类似。但是,外部人反向刺破同标准刺破也存在明显区别:在标准刺破中是公司的债权人请求否认公司法人人格,以便追及股东个人财产,以股东个人财产满足债权人对公司享有而又未获足额清偿的债权;在外部人反向刺破中则恰恰相反,是股东的债权人请求否认公司法人人格,以便追及公司财产,以公司财产满足债权人对股东个人享有而又未获足额清偿的债权。在母子公司的特定情境下,上述公司和股东个人的关系则表现为子公司与母公司的关系,在原理上并无二致。

相比内部人反向刺破,外部人反向刺破的实践相对薄弱,没有像明尼苏达州那样的代表性法域,也缺乏以代表性案例为基础和标志的较为完备的规则框架。总体而言,美国法院对于外部人反向刺破适用条件的把握总体而言经历了一个从极其严格到有所放松的过程。

(一) 早期案件的严厉标准

美国最早涉及外部人反向刺破的案件是 1929 年第二巡回上诉法院审理的 *Kingston Dry Dock Co. v. Lake Champlain Transportation Co.* [28] 一案(以下简称

---

[28] *Kingston Dry Dock Co. v. Lake Champlain Transportation Co.*, 31 F. 2d 265 (2d Cir. 1929).

Kingston案)。在该案中,原告应被告的请求,修理了由被告子公司所有的一艘船。子公司同母公司在董事和管理人员方面有很多牵扯,但是并未安排或以任何其他方式参与修理过程。后因被告财务状况不佳,原告对母公司提起诉讼,并请求以子公司的财产补偿其修理支出。联邦地区法院支持了原告的请求,对子公司的独立人格予以否认,判令以子公司的财产满足原告对母公司的请求权。第二巡回法院推翻了一审判决,并对外部人反向刺破表达了强烈的保留态度。主审此案的勒尼德·汉德(Learned Hand)法官在判决中写道:"说子公司绝对不会以为母公司名义进行的交易承担责任可能言过其实。任何人都有可能利用他人作掩蔽,我们可以设想〔母子公司之间的〕这种安排。但是这样的情形,即使可能存在,也必定是极其罕见(extremely rare)的。……事实上〔本案中〕子公司从未意欲让母公司成为其代理人,也没有以任何方式介入母公司的事务。它们之间的关系恰恰是反过来的,因此子公司……根本不可能插手。"法院因此拒绝了原告的刺破请求。[29]

法院的上述判决意味着,对于外部人反向刺破而言,仅仅证明存在"统一利益"(unity of interest)、所有权关系(ownership)或更广意义上的控制关系(control)这些标准刺破所要求的因素是不够的,因为这些只是表明股东(母公司)对于公司(子公司)的控制或操纵,从而只能用以支持标准刺破(即股东对公司债务负责)。如欲使外部人反向刺破请求成立,必须证明不仅存在控制关系,而且这种控制关系是反向的,即公司(子公司)对股东(母公司)存在足够控制,足够充分的介入/插手了后者的事务,以致应当为后者的债务承担责任。然而,在现实中,这种公司(子公司)对于控股内部人(母公司)的反向控制是很难设想,或者用汉德法官的话说,是"极其罕见"的。

伊利诺伊州上诉法院在审理 *Divco-Wayne Sales Financial Corp. v. Martin Motor Vehicle Sales, Inc.* [30] 一案(以下简称 *Divco-Wayne* 案)时应和了 Kingston 案的观点。在该案中,法院拒绝了母公司债权人针对数个子公司的反向刺破请求,指出正常的母—子公司控制关系,包括母子公司以及子公司之间使用相似名称等事实,并不足以证明反向刺破的正当性。

在其后的 *Olympic Capital Corp. v. Newman* [31] 一案(以下简称 *Olympic* 案)中,加利福尼亚州中区联邦地区法院拒绝了一项寻求让公司为其控股股东的个人债务承担责任的外部人反向刺破请求。法院虽然没有援引 Kingston 案,但在判决中遵循了类似的推理思路,并且对于标准刺破情境下的准则在外部人反向

---

[29] 同前注,页267。

[30] *Divco-Wayne Sales Financial Corp. v. Martin Motor Vehicle Sales, Inc.*, 45 I11. App. 2d 192, 195 N. E. 2d 287 (1963).

[31] *Olympic Capital Corp. v. Newman*, 276 F. Supp. 646 (C. D. Cal. 1967).

刺破情境下的适用性表示了怀疑:"原告在此要求法庭否认〔公司人格〕……以便让股东承担责任……亦即股东是由公司所控制和支配的空壳。对这一论点的陈述本身就使其推理的谬误表露无遗……'另一自我'〔准则〕的适用范围似乎限于否认公司人格以追及个人财产的场合,而不适用于否认个人存在以追及公司财产的情形。"[32]

简言之,在早期案件中,法院对于外部人反向刺破的态度总体而言颇为保守,强调其相较于标准刺破的特殊性,并为此设定了"反向控制"这一极为严格的要求。

(二) 联邦税务案件领域的突破

事实上,在 Kingston 案判决的立场被 Divco-Wayne 案和 Olympic 案重申之前,已经有准许内部人反向刺破的个别案例出现。在1957年华盛顿州最高法院审理的一起夫妻财产案件中[33],妻子对于一家由丈夫控制的公司拥有的财产主张留置权,法院支持了妻子的刺破请求,尽管该公司还有两名小股东(丈夫的母亲和弟弟)。法院在此并未详细阐述外部人反向刺破,只是径直声称审查结果表明公司不过是丈夫的"另一自我",因此对其独立人格予以否认。在不久后的另一个案件中[34],科罗拉多州联邦地区法院适用科罗拉多州法支持了一项外部人反向刺破请求。在该案中,股东的债权人凭借针对该股东的判决,对其独资公司的主要资产进行了强制执行;股东提起追回之诉(replevin)并获得了一审法院支持;债权人上诉,要求确认原强制执行的有效性。债权人在此实质上是要求法院允许其通过扣押公司财产实现对股东的债权[35],是事实上的(de facto)外部人反向刺破请求。法院经过审查,发现股东将独资公司作为"另一自我"加以操纵,并认为这一点不仅是股东对公司债务承担责任的依据(标准刺破),也可以成为公司对股东债务承担责任的依据(反向刺破)。[36]对于标准刺破与外部人反向刺破的区别以及潜在的适用标准/条件差异,法院并未提及。

"反向控制"真正被逐步淡化、外部人反向刺破被更多的接受和支持,始于20世纪80年初,其重要阵地是联邦税务案件领域。外部人反向刺破在这一领

---

[32] 同前注,页655。
[33] *W. G. Platts, Inc. v. Platts*, 49 Wash. 2d 203, 298 P. 2d 1107 (1956).
[34] *Shamrock Oil & Gas Co. v. Ethridge*, 159 F. Supp. 693 (D. Colo. 1958).
[35] 根据针对公司股东的通常的判决执行程序(judgment collection procedures),判决债权人(judgment creditor)只能扣取判决债务人(judgment debtor)在公司中的股份,而不能直接扣押公司的资产。See *Cascade Energy Metals Corp. v. Banks*, 896 F. 2d 1557, 1577 (10th Cir. 1990). 实施外部人反向刺破,允许债权人扣押公司的资产,实际上是绕开(bypass)了通常的判决执行程序。同前注。
[36] See *Shamrock Oil & Gas Co. v. Ethridg*, 同前注[34],页698。

域的应用颇为成功。[37]

1980 年判决的 *Valley Finance v. United States* 案[38]是首例联邦法下的外部人反向刺破案件。在该案中,美国国税局(Internal Revenue Service)请求扣押一名韩国商人的独资公司的资产,以清偿该商人拖欠的税款。审理此案的联邦哥伦比亚特区上诉法院基于在标准刺破案件中经常适用的"另一自我"准则,支持了国税局的反向刺破请求。[39] 至于其判决将导致公司为股东个人债务负责,而不是通常的相反情形,法院似乎认为并不重要。无独有偶,在 1989 年判决的另一个联邦税务案件[40]中,联邦第十一巡回上诉法院基于同样的理由确认了国税局的反向刺破请求,指出"纳税人的名义人或'另一自我'的财产受制于纳税人的税务责任"。[41]

在 1993 年的 *Towe Antique Ford Foundation v. Internal Revenue Service*[42]一案中,联邦第九巡回上诉法院援引上述两个判决作为具有说服力的参考,支持了美国国税局对于由纳税人控制的一家以基金会名义注册成立的非营利性公司的反向刺破请求。法院调查发现:(1)纳税人是基金会的总裁和控制公司日常经营的唯一管理人员;(2)纳税人支配和控制基金会事务;(3)纳税人对基金会有实质性的金钱出资;(4)纳税人将本人及其家庭的事务与基金会事务混同;(5)纳税人为逃避联邦纳税义务而抢先将 91 辆汽车转让给了基金会。[43]法院因此认定,基金会只是纳税人的"另一自我",从而支持了国税局从基金会追缴纳税人拖欠税款的请求。法院在此表明,至少在联邦税务案件中,基于通常控制的"另一自我"关系的存在足以支持一项外部人反向刺破请求,反向控制这样一种可能性极小的情形,不再成为外部人反向刺破的桎梏。同时,法院也在事实上表明,标准刺破的重要前提之一,即公司被用于"将错误正当化,保护欺诈行为或者为罪行辩护",在外部人反向刺破中同样适用。而如前所述,这一点在内部人反向刺破情境下并不在考虑范围之内。

(三)较新的一些发展

在外部人反向刺破的后续发展方面,2000 年内华达州最高法院判决的 *LFC Marketing Group, Inc. v. Loomis*[44]一案(以下简称 LFC 案)值得关注。一

---

[37] See *Towe Antique Ford Found. v. Internal Revenue Service*, 999 F.2d 1387, 1390 (9th Cir. 1993).
[38] *Valley Finance v. United States*, 629 F.2d 162 (D.C. Cir. 1980).
[39] 同前注,页 171—73。
[40] *Shades Ridge Holding Co. v. United States*, 888 F.2d 725 (11th Cir. 1989).
[41] 同前注,页 728。
[42] *Towe Antique Ford Found. v. Internal Revenue Service*,同前注[37]。
[43] 同前注,页 1392。
[44] *LFC Mktg. Group, Inc. v. Loomis*, 8 P.3d 841, 843 (Nev. 2000).

方面,该案是在联邦税务案件领域之外,从而在一定意义上更具一般性;另一方面,法院在该案中确认:严格意义上的所有权(ownership)并非反向刺破的必备要件,实质上的控制(control)也可以成为反向刺破的依据。

在 LFC 案中,原告卢米斯夫妇(Loomises)因同威廉·朗(William Lang)所有的经纪公司 Lang Financial Corporation("LFC")进行的不动产交易失败,取得了针对威廉的判决。然而,由于威廉之前的精心设计,LFC 形式上只是以代管人的身份持有资产(held in escrow),权利人则为 LFC Marketing Group, Inc("LFC Marketing"),并且通过扣押令状冻结了上述资产,导致原告无法执行判决。LFC 和 LFC Marketing 是同属朗氏集团的两家小公司,威廉的兄弟是 LFC Marketing 的唯一股东。为追及上述资产,原告诉请刺破 LFC Marketing 的公司面纱,将其同威廉视为一体。

一审法院支持了原告的诉求,认定 LFC Marketing 只是威廉的"另一自我"。在上诉中,LFC Marketing 辩称一审法院混淆了"所有权/利益"同"控制/影响"这两个不同的问题,不应将威廉与并非由其所有的 LFC Marketing 视为一体。上诉法院对此不予认同。法院指出,尽管对公司股份的所有权是判断一体关系的重要因素,但无所有权却并非自动排除刺破的可能。在本案中,威廉是 LFC Marketing 的总裁和首席执行官,公司的所有交易均由其最终负责,所有营销协议均由其亲自谈判,其个人利益与 LFC Marketing 及其他郎氏实体无法区分。同时,由于精心设计的商业安排使得原告无法对威廉执行判决,"坚持法人人格拟制将会放行欺诈,推广不公"。[45] 上诉法院因而维持了一审判决。案件被进而上诉至内华达州最高法院。在维持原审判决的意见中,最高法院指出:"在一些有限的场合,当特定的事实表明存在'另一自我'关系,并要求忽视法人人格拟制以促成公正时,采取反向刺破是适当的"。[46] 基于此,法院进一步认定,反向刺破可以适用于追及公司财产以清偿"控制个人"(controlling individual)所付债务的情形。[47]

另一个值得注意的发展是,随着商业组织形式的日趋多样化,外部人反向刺破逐渐超出传统"公司"(corporation)的范围,而被应用于那些具有有限责任特质的非公司型企业(unincorporated enterprise)。在 *Litchfield Asset Mgmt. Corp. v. Howell*[48] 一案中,康涅狄格州上诉法院支持了作为判决债权人的原告

---

[45] 同前注,页847。
[46] 同前注,页846。
[47] 同前注,页843。
[48] *Litchfield Asset Mgmt. Corp. v. Howell*, 799 A. 2d 298 (Conn. App. Ct. 2002).

针对被告夫妇为逃避债务而设立的有限责任公司（limited liability company，LLC）[49]的刺破请求，主要理由是被告/债务人并不从该有限责任公司接收任何收益分派，而是直接使用后者的资金支付个人账单，因此原告/债权人以常规方式扣押原告收益的任何努力都注定是徒劳无功的。[50] 而在 *C. F. Trust, Inc. v. First Flight Ltd. P'ship*[51]一案中，联邦弗吉尼亚州东区地区法院基于其对弗吉尼亚州判例法的理解，进一步将外部人反向刺破应用于有限合伙（limited partnership），将被告及其为逃避债务而设立的有限合伙（被告与其子共有，被告为有限合伙人）视为一体。[52] 尽管第四巡回上诉法院在二审中没有接受地区法院的结论，但也并非一般性的否认将反向刺破适用于有限合伙的可能，而只是认为弗吉尼亚州的判例法是否支持此种扩展适用尚不清楚，地区法院的推论说服力不足。[53]

（四）利益平衡与适当标准

毋庸置疑的是，无论在联邦还是州法院，外部人反向刺破的适用始终非常审慎。在1990年的 *Cascade Energy and Metals Corp. v. Banks*[54]一案中，联邦第十巡回上诉法院拒绝实施外部人反向刺破，并对其可能产生的问题进行了较为细致的探讨。该案涉及一个金矿的主要发起人（promoter）同一群投资者之间的争议。投资者声称发起人将相关资金在其控制的几家公司之间进行了不当转移和混同，并要求法院否认这些公司的独立人格，将这些公司的资产置于投资者对发起人的请求权之下。法院拒绝了投资者的请求。在分析本案不适用刺破的具体情形之外，法院列举了外部人反向刺破本身可能导致的问题：（1）外部人反向刺破规避了扣押股份而非资产这一通常的判决执行程序；（2）允许股东的债权人直接扣押公司资产，有可能损害公司无过错的其他股东的利益；（3）将公司的资产用于偿付股东个人债务，将可能对公司的债权人的

---

[49] 此处的 LLC 不同于我国公司法上的"有限责任公司"。我国公司法所规定的有限责任公司和股份有限公司均属于公司法人（corporation）的范畴，大致分别相当于美国的 close corporation 和 public corporation；LLC 则不属于公司法人，而是美国产生于20世纪70年代，兴盛于90年代的一种集公司的有限责任和合伙的税收待遇于一体的新型商业组织形式。在美国法上，corporation 和 company 的含义是不同的：corporation 是指依据法律授权而注册成立，具有法定组织结构和法人资格的实体；与此不同，company 泛指一切商业企业，无论其是否经过注册，也无论其是否具有法定组织结构和法人资格。由于中文中缺乏与 corporation 相对应的语词，所以将二者均译为"公司"，由此也极易产生混淆。关于 LLC 以及美国其他非公司型有限责任企业的详细介绍，参见拙文：《美国非公司型有限责任企业初探》，载《法学》2003年第9期。

[50] *Litchfield Asset Mgmt. Corp. v. Howell*, at 312.

[51] *C. F. Trust, Inc. v. First Flight Ltd. P'ship*, 140 F. Supp. 2d 628, 645 (E. D. Va. 2001), 306 F. 3d 126 (4th Cir. 2002).

[52] 同前注。

[53] *C. F. Trust, Inc. v. First Flight Ltd. P'ship*, 306 F. 3d 126, 139—40 (4th Cir. 2002).

[54] *Cascade Energy and Metals Corp. v. Banks*, 896 F. 2d 1557 (10th Cir. 1990).

利益产生不利影响;(4)作为潜在的补偿,公司的债权人在融资时可能会要求更高的回报,从而提高公司筹资成本,削弱其作为一种商业组织形式的活力和吸引力。[55] 鉴于这些可能的问题,法院对外部人反向刺破持保留态度。在其后的两个案件中,犹他州最高法院和夏威夷州联邦地区法院也分别对外部人反向刺破请求予以了拒绝。[56]

这种反差也许恰恰体现了外部人反向刺破案件中的利益权衡。第十巡回上诉法院所列举的可能问题中,(2)和(3),亦即对公司其他股东和对公司债权人利益的不利影响,无疑是核心问题。对于公司的股东/投资者而言,有限责任是其入股/投资时的基本预期,而这不仅意味着他们预期无需为公司的债务承担个人责任,也意味着预期公司资产无需用于为其他股东的个人债务承担责任。实施外部人反向刺破,将公司财产用于满足外部债权人对于特定股东或控制人的债权,显然是与上述基本预期背道而驰的,会损及无过错股东/投资者的合理利益。因此,被要求实施反向刺破的公司是否存在其他股东、公司与外部人反向刺破请求所针对的股东之间的关系如何、反向刺破是否及在多大程度上

---

[55] 同前注,页1575—78。
[56] See *Transamerica Cash Reserve. V. Dixie Power and Water*, Inc, 789 P. 2d 24 (Utah 1990)(被告 Dixie 公司的控制股东 Hafen 通过虚假存款对原告实施欺诈,原告在起诉 Hafen 的同时,要求认定被告是 Hafen 的"另一自我",从而扣押被告银行账户中的款项。一审法院予以支持,但犹他州最高法院推翻了原判。最高法院认为,实施外部人反向刺破必须满足两个前提条件:第一,控制股东与公司的身份无法区分;第二,维持公司独立人格将会放行欺诈、推广不公或有违衡平。本案尽管满足第一个前提〔被告 Dixie 公司的股东 Hafen 对被告有绝对控制权,并且 Hafen、其家人或其他股东从未遵循任何公司程序,如召开股东会或董事会会议、以公司名义报税等〕,但被告与 Hafen 的欺诈行为并无关联——Hafen 并未通过被告实施欺诈,被告银行账户中的款项也与欺诈活动完全无关——因此没有满足第二个前提。法院强调,要满足第二个前提,仅仅证明公司独立人格的存在会对债权人实现债权造成不便是不够的,"必须证明公司本身在所涉不公行为中扮演了角色")。*Estate of Daily v. Title Guar. Escrow Serv.*, 178 B. R. 837, 837 (Bankr. D. Haw. 1995) LVI 和 LDC 两家公司分别是一个夏威夷有限合伙 Lilipuna Associates 的普通合伙人和有限合伙人,Lilipuna 向该两家公司分派了收益并存放在被告 Sammy Daily 的代管账户中。1985 年申请破产的 Sammy Daily 曾是 LVI 和 LDC 的股东,但在 1983 年已将全部股份转让给了其两个儿子 Michael Daily 和 Terri Daily;起诉时 Michael 和 Terri 是 LDC 的唯一股东和 LVI 的主要股东〔LVI 的其他几名股东只持有少量股份〕。原告是 Sammy 的破产信托人,诉称 Sammy 无偿或以不合理低价转让股份,以此逃避破产债权人的债务。但原告并未主张转让无效,而是要求认定 LVI 和 LDC 是 Sammy 的"另一自我",从而有限合伙向两家公司派发的任何收益均应属于 Sammy 的破产财产。基于如下理由,法院驳回了原告的诉讼请求:(1)夏威夷州法律尚未承认反向刺破;(2)破产人在被请求刺破的公司中没有任何股份,从而未能满足所有权要件;(3)反向刺破将对作为唯一/主要股东的 Michael 和 Terri 的利益产生极大影响,而两人不能成为案件当事人,无法为其利益辩护(即使原告关于不合理转让的指控成立,至少在法院认定破产人才是上述股份的实益所有人之前,两人对其仍具有法定利益,有权为其利益辩护)。

会对其利益产生真实影响等,都是至关重要的权衡因素。[57] 对于公司的债权人而言,他们在提供融资时对于公司有限责任有着类似的预期,即预期公司资产不会被用于偿还股东个人债务,从而使其债权减少乃至失去支持。因此,反向刺破也会损及公司债权人的合理预期与利益,这同样应当成为重要的权衡因素。

上述这些是天平的一端,而天平的另一端,则是实施反向刺破所能维护/实现/促进的公共利益(政策目标、立法目的)。同内部人反向刺破一样,外部人反向刺破案件必须在其意欲实现的公共利益与可能损害的特定主体(公司其他股东及/或公司债权人)利益之间进行权衡取舍,维系一个微妙的平衡。外部人反向刺破案件在联邦税务案件领域进展顺利,在其他一些领域则遭遇障碍,利益对比与权衡的不同结果应当是一个重要原因。

此外,由于外部人反向刺破是由外部人针对内部人的不当行为提起,桑伯恩法官经典刺破论断中的另一部分,即为利用公司法人形式所为的错误或欺诈行为提供救济,也就此有了用武之地。换言之,天平的另一端除了反向刺破所能维护/实现/促进的公共利益外,还加上了匡正错误/欺诈/违法行为的需要。在这个意义上,外部人反向刺破区别于内部人反向刺破[58],而同标准刺破更为接近,从而标准刺破下的相关准则和条件,在外部人反向刺破下也比在内部人反向刺破下有着更大的适用空间。

这样,在处理外部人反向刺破案件时,维护公司其他股东和债权人对于公司资产不会用于满足针对公司内部人(股东、母公司)债权的合理预期的价值,同实现公共利益及/或匡正错误行为的价值这二者之间的权衡和取舍,就成为最基本的考量。在此之外,具体的适用准则/条件/方法,与标准刺破较为接近,只是尺度把握上更显严格。

四、结论

尽管法律允许人们基于隔离责任的目的本身而成立公司法人实体,但与此同时刺破公司面纱却又是公司法上争讼最多的议题之一。[59] 反向刺破是对刺破公司面纱理论的延伸,从而对法人独立人格和有限责任的公司法基本原则构

---

〔57〕 尽管相关判决中没有明确表述,但就笔者掌握的案例而言,反向刺破似乎并未突破"一人公司"或"准一人公司"的领域,即大致包括三种情形:(1) 纯粹一人公司;(2) 家庭公司;(3) 形式上存在其他股东,但只具形式意义、被控制并对所涉不公行为知情/有过错。在存在独立、实质、无过错的其他股东的情况下,似乎尚无案例显示法院将会放弃传统理论(公司独立人格)和技术手段(扣押涉讼股东股份),实施反向刺破。

〔58〕 参见上文第二(三)部分。

〔59〕 See Robert B. Thompson, "Piercing the Corporate Veil: An Empirical Study", 76 *Cornell L. Rev.* 1036, 1036 (1991).

成进一步的挑战。在"反向刺破"这一共同称谓之下,实际上存在着两种差异颇大的特殊情境:内部人反向刺破之"反",主要在于其与传统刺破的请求主体和攻守之势相反;外部人反向刺破之"反",则主要在于其与传统刺破的请求目标和实现方向相反。相对而言,外部人反向刺破同传统刺破的基本理念和框架更为接近也更易理解,而内部人反向刺破则同对于刺破公司面纱的通常理解有较大差异。但是,这并不意味着前者比后者更容易得到法院的支持。在一定意义上恰恰相反,内部人反向刺破的实践比外部人反向刺破更为成熟,规则也更为完善。

同传统刺破一样,反向刺破的目的在于确保法律关系的实质优先于形式[60],防止对于法人独立人格和有限责任的滥用。然而,这种对实质公正的追求和实现并非没有代价,代价就是规则的稳定性和可预期性。在一定意义上,反向刺破对相关主体合理预期利益的影响比传统刺破更为复杂也更为显著:在内部人反向刺破情境中,突出表现为内部人根据哪种地位能够最好地保护其财产来提高或降低有限责任防护程度的风险;在外部人反向刺破情境中,则表现为对无过错股东及/或公司债权人基本预期的颠覆。如果处理失当,最终影响的将是公司作为一种商业组织形式的整体有效性和吸引力。

因此,反向刺破应当只在、事实上也的确只在极为有限的场合应用,对于实施反向刺破应当抱持极其审慎的态度。在决定是否实施反向刺破时,一个基础和核心的考虑因素是相互冲突利益之间的平衡,亦即在具体案件中,通过反向刺破所欲实现的公共利益是否足够强大,及/或匡正不当行为的需要是否足够迫切,足以超越维护规则稳定性和支持相关主体合理预期的价值。

(初审编辑:缪因知)

---

[60] See Jeffrey B. Klaus, "Reverse Piercing", 31-*JUL Colo. Law.* 109, 109 (2002).

霍布斯丛林的真实模拟
——秩序形成的另类逻辑[*]

万 江^{**}

The Real Simulation of Hobbesian Jungle:
Other Logic of Order Formation

Wan Jiang

一、问题的提出

政治哲学史上关于人类自然状态的讨论极具意义,因为"有关人类初始时的实际状况是完美的还是不完美的这一问题的回答,决定了人类是要完全对其现实的不完美负责,还是那种不完美能由人类初始时的不完美所'原宥'"。[1]洛克的自然状态是一个完美社会,由于理性——自然法——的存在教导着全人

---

* 本文初稿于2005年秋完成后一直搁置,在我导师鲁篱教授的鼓励与督促下几次修改终成稿,特此感谢。此外还感谢香港大学法学院郁光华教授的修改意见、匿名审稿人的评审意见以及初审编辑艾佳慧的尽职尽责,当然一切责任概由我负责。

** 万江,西南财经大学法学院2005级硕士生,电子邮箱:wj6380437@sohu.com。

[1] 列奥·斯特劳斯:《自然权利与历史》,彭刚译,北京:生活·读书·新知三联书店2003年,页97。

类,人与人之间平等、独立,"任何人不得侵害他人的生命、健康、自由或财产"。[2] 与洛克一厢情愿的美好愿望不同,霍布斯笔下却是人与人之间敌对的战争状态,强力决定财产的归属,在氏族社会,"互相抢劫都是一种正当职业,绝没有当成是违反自然法的事情"。[3]

但长久以来都没有理论认真考察过自然状态的真实与否,有人认为自然状态在历史上是否真出现过这个问题对霍布斯及其他契约论者并不重要,其原因在于他们所做的工作并非"历史的描述或者说明,而仅是哲学上的证成"。[4] 罗尔斯更是声明:"这种原初状态当然不可以看作是一种实际的历史状态,也并非文明之初的那种真实的原始状态,它应当被理解为一种用来达到某种确定的正义观的纯粹假设状态。"[5]

自然状态的不同假设使人们对正义、法律、国家的理解极为不同,它深刻影响了建基于其上的相关理论,这可从霍布斯、洛克、休谟、罗尔斯等的理论体系得以窥见。霍布斯认为政府建立有两种方法:以力取得和按约建立,但两种情况均源于人们的畏惧而服从[6];卢梭也同意向强力屈服可能是种明智行为,但"强力并不能产生任何权力",因此我们需要追溯到一个最初的约定,这就是社会契约。[7] 契约论者否认依靠暴力建立的国家之合法性,因其缺乏同意基础,但休谟却认为这是荒谬的。[8] 休谟反对历史上一真实的由理性达成的社会契约的存在性,"如果追溯任何国家的最初起源……无不是建立在篡夺和反叛上"。[9]

秩序究竟如何形成?国家、法律如何诞生?这些基点决定了其后的演变路径和社会、政府形态。但传统法理学、政治学较少关注自然状态下个人的真实行动以及在此基础上形成的秩序机理。由于自然状态在理论探讨中的重大基础作用,也由于理论界缺乏对此的细致论证,因此探讨真实自然状态下人们的行为及秩序的形成路径正是本文的研究缘由和主旨所在。文章首先提出问题并对相关博弈理论进行了文献回顾,第三部分是对二人一次博弈的简单分析,在第四部分则添加了更多约束来讨论农民、强盗在不同情形下的行为,第五部分初步讨论了秩序如何形成,最后是一个简短的结语。

---

[2] 洛克:《政府论》(下),瞿菊农、叶启芳译,北京:商务印书馆1983年,页6。
[3] 霍布斯:《利维坦》,黎思复、黎庭弼译,北京:商务印书馆1985年,页128。
[4] 石元康:"社会契约与个人主义",《中国学术》(第16辑),北京:商务印书馆2004年,页179。
[5] 罗尔斯:《正义论》,何怀宏等译,北京:中国社会科学出版社1988年,页12。
[6] 霍布斯:同前注[3],页132。
[7] 卢梭:《社会契约论》,何兆武译,北京:商务印书馆2003年,页9。
[8] 迈克尔·莱斯诺夫:《社会契约论》,刘训练等译,南京:江苏人民出版社2005年,页124。
[9] 休谟:《人性论》,关文运译,北京:商务印书馆1996年,页534、597。

二、已有研究的回顾和评价

传统法学理论对自然状态已经有不少研究,但这些理论描述的是"尘埃落定世界看上去会怎样,而我们则对尘埃是如何落定的感兴趣。这并非是无聊的问题",因为落定过程可能会产生巨大影响。[10] 对财产予以法律保护是为了"鼓励生产、打击盗窃行为,以及减少保护产品被盗用的成本",但财产权如何建立起来和为什么要建立不是同一个问题。[11] 最大化社会福利需要个人间的和平、尊重占有,但并不能就此推出人们就会如此行为。上个世纪新制度经济学与博弈论的兴起为个人行为以及制度、国家的形成提供了更为严格与合理的解释。Demsetz、Mcmanus 等就曾对北美印第安部落的排他性权力的形成与运作进行了分析,不过这些研究尚未能建立一个逻辑严格的且具普遍意义的理论模型。

Thaler、肖特、宾默尔、杨等均从博弈论的角度对产权、秩序与制度提出了各种理论解释。肖特的研究开创了对自然状态下人之行为进行细微考察的路径,他写于 1981 年的著作被认为第一次使用博弈论来研究制度,肖特认为制度的产生可能有三种可能性:协调机制、囚徒困境以及维护不平等。他根据诺齐克理论提出了一个模型:国家首先是一小群人之间的社会契约,后来随着被保护人数的增加、防止抢劫和盗窃的边际成本递减,更多人加入这个团队,国家的实质无非就是自然状态下偷盗博弈的一个"核"[12];Thaler 则通过重复博弈研究克服了囚徒困境;Axelrod 通过计算机模拟认为在多次博弈中最好的策略就是针锋相对策略(Tit for Tat),这使得行为者免于陷入霍布斯丛林[13];Bates 认为行为者通过第三者制裁、报复等手段维持了秩序。[14] 尽管行为者策略存有差异,但这些研究均认为自然状态是可以避免陷入囚徒困境的,其办法是以武力报复为威慑,如此在重复博弈中行为者必须考虑初次侵犯所导致的以后的更低收益,于是人们互不侵犯,秩序得以稳定,产权等基本权利由此以习俗的形式得以形成。国内学者叶建亮和金祥荣也证明了尽管单个人性为恶,但基于群体的长存,个人应当联合起来,"相互尊重并认可他人的财产权利将成为一个占优

---

[10] H. 培顿·扬:《个人策略与社会结构:制度的演化理论》,王勇译,上海:上海人民出版社 2004 年,页 4。

[11] 罗伯特·考特、托马斯·尤伦:《法和经济学》,施少华等译,上海:上海财经大学出版社 2002 年,页 71。

[12] 安德鲁·肖特:《社会制度的经济理论》,陆铭、陈钊译,上海:上海财经大学出版社 2003 年。

[13] Robert Axelrod, *The Evolution of Cooperation*, New York: Basic Bokks, 1994.

[14] Bates, Robert H, *Essays on the Political Economy of Rural Africa*, Cambridge: Cambridge University Press, 1983.

策略均衡",只要博弈处于均衡,政府并非产权产生和维护的必要条件。[15] 在讨论社会秩序的形成时,许多理论都以习俗等社会规范来约束个人行为,但一方面,这样的观点在逻辑上有含混之处(因为这种习俗本身就已经是一种秩序),另一方面,讨论自然状态下的人应是无知之幕下的行为者,但博弈制度尚未建立又怎能以习俗来约束行为者?[16]

一般产权理论仅强调产权的排他性与可转让性,因为他们更关注交易[17];使用博弈方法来对制度进行分析时也仅仅限于产品的分配,这些理论皆忽略了财产的来源。但真实的自然状态毕竟不只是分配"一块给定的馅饼"[18] 或"天下掉下来的商品"[19],我们要追问馅饼如何得到?是谁在生产这些待分配的馅饼?在财产有随时被侵犯的情形下,人们是不会进行长期投资的。由于对生产缺乏关注,这些研究的模型建构以及得出的结论均不太真实,也更难以用真实世界的大量现象来进行经验证实或证伪。基于既有研究的这一缺陷,有学者开辟了另外的研究路径,奥尔森就并不认为自然状态是一个平等的互不侵犯的"和谐"社会,他认为,国家是通过匪帮转化而形成的,如同马克思等认为的,国家是暴力的产物。

在暴力理论的模型中,行为者(agent)的行为是从事生产与武力争夺,Skaperdas 检验了在缺乏财产权时人们在生产与暴力间进行分配的情形,他认为在一次性交互行为时冲突并非一定的结果,也可能存在一方统治另一方的"合作"情形[20];Hirshleifer 也认为自然状态不是混乱的无秩序而是具有自发秩序,但这种无政府(anarchy)秩序只有在武力争夺的收益递减以及收益会超过可获得的最小收入时才可以维持,因此其秩序是脆弱的,最终会成为更具组织的体系或其他[21];Grossman 和 Kim 建立了在生产活动与偷盗活动之间进行资源配置的一般均衡,揭示了财产保护的均衡是如何决定的[22];在另一篇文章里 Grossman 建立了两个模型来刻画产权保护,在共有资源(Common pool)时人们在生产与抢夺之间分配时间和精力,在已经存在一定的所有权配置时,人们则

---

[15] 叶建亮、金祥荣:"秩序、策略均衡与财产权利",载《中国社会科学评论》2004 第 2 期,页 116。

[16] 肖特认为"我们的社会制度不是博弈规则的构成部分,而是重复进行的策略博弈的解的构成部分",参见肖特:同前注[12],页 43。

[17] 包括科斯、德姆塞茨、巴泽尔、阿尔钦、威廉姆斯、波斯纳等讨论产权时多强调产权的可转让性、排他性,但笔者认为可转让性并不是产权的核心,可参见他们的一系列著作。

[18] H. 培顿·扬:同前注[10],页 167。

[19] 安德鲁·肖特:同前注[12],页 68。

[20] Stergios Skaperdas, "Cooperation, Conflict, and Power in the Absence of Property Rights", 4 *The American Economic Review* 1992.

[21] Jack Hirshleifer, "Anarchy and its Breakdown", 1 *The Journal of Polical Economy* 1995.

[22] Herschel I. Grossman and Minseong Kim, "Swords or Plowshares? A theory of the Security of Clamis to Property", 6 *The Journal of Polical Economy* 1995.

在生产、保护已有财产以及抢夺资源三者之间分配时间精力。[23]

以暴力理论解释产权、政府的形成与维持更为妥当,但诸多讨论的缺陷是没有区分行为者的类型、对人的策略与行为模式刻画还不够精细,尽管理论应愈简单愈具普遍性和解释力,可如果抽象掉的约束条件改变了行为模式的本质,这种简化则让人难以接受,比如 Grossman 虽把行为者行为区分为生产与武力使用,但每个人都会进行生产却不一定妥当。所以我们需要更真实化自然状态下人们面临的环境,以考察人性特别是在交互行为时的特性,然后再由此探寻秩序、政府的起源,并把该模型一般化。验证该模型的合理性,并以此模型来解释各种政府变迁以及个人与政府关系的演变本该是最具现实性的问题,但因为文章中心所在,本文暂不论述,这也成为一个开放的话题等待后续理论探讨。

三、自然状态下的人性考察

霍布斯认为国家成立之前人们不得不通过武力获得和守护每一样东西,这些东西无法认定是私人的还是共有的,强力决定了产权的归属。叶建亮、金祥荣认为财产的强制权力界定和维护并非秩序的充分条件亦非必要条件,财产权利的广泛认可和尊重是某一群体个体合作博弈的均衡。笔者同意只要博弈处于均衡,无需政府,社会秩序也能达成,但一些理论从个人推出社会秩序,但却以社会这一群体作为约束条件,并认为对社会有益的就应该遵守,这在理论上是有欠缺的。无论选择对群体促进如何,最终还是取决于个体选择,因为社会结构仅为抽象,尽管"社会结构一旦被创造出来,就会形成一种'超结构的反馈'",但选择是个体而非群体的行为。[24]

我们先分析自然状态下个体的行为。无知之幕下人们决不会相互冷淡,在理性约束下,他们都会认为彼此是理性的,并追求着自我利益的最大化,同情心(交往博弈)也仅仅是缓和了自我利益最大化且是社会雏形形成后才能得以出现,人们也只能在动态博弈中不断调整其效用函数,因此无知之幕与相互冷淡的假说并不合理。[25] 尽管恶人可能是少数,但当许多人参与社会互动时,"一个坏人追求狭隘的私利会诱使大家都采取类似的行动",这仅仅是为了防范坏

---

[23] Herschel I. Grossman,,"The Creation of Effective Property Rights", 2 *The American Economic Review* 2001.

[24] 乔纳森·特纳:《社会学理论的结构(上)》,邱泽奇等译,北京:华夏出版社 2001 年,页 99、144。

[25] 理性的含义有:(1) 自利性;(2) 最大化;(3) 偏好一致性。尽管理性假设越来越受到谴责,比如以道德来否认自利,但笔者以为所谓的互惠、社会规范、道德都是在一定演进基础上才得以形成,只能在社会业已形成后才为可能,这是社会形成的副产品,但决非社会形成的原因。

人伤害他们自己而已。[26]

我们考察的策略场景不同于通常假设的天降"馅饼"的社会,而且我们不认为个体是同质的,真正的社会原型里个人能力有强有弱,老弱病残悉数都得考虑,有冒险者、不劳而获者,也有体弱者、胆小怕事如我样者诸如此类。概言之,一部分是劳动者以自食其力,另一部分是不劳而获者,靠烧杀抢夺生活。因此和肖特的模型区别在于,天上没有"馅饼"降下来,劳动者必须投入一定时间、精力进行生产。[27] 我们对投资前的决策做最简单的分析,设种植或者畜牧的成本为 C,收益为 R(设 $R>C$),策略只有两种,自己种植或者畜牧(z)和抢劫他人成果(q)。如果都不种植或畜牧,净收益为零。先考虑只有两人场合的单次博弈,一方强盗,一方是农民。博弈结果如下:

自然状态下种植(畜牧)、抢夺策略之支付矩阵

	z	q
z	$R-C$、$R-C$	$-C$、R
q	R、$-C$	0、0

显然此模式下博弈均衡将处于(0,0),因为给定他人的策略,抢最为划算(这就是通常的霍布斯丛林)。问题是这样的博弈对群体而言是最劣势的策略,因为没有人进行种植,社会福利将为零,结果只有群体的衰亡。从群体存活的角度来看,尊重并认可他人的权利策略对群体更优,这才是个 ESS(进化稳定策略)。[28] 于是有理论就轻率得出为了群体的长存应该尊重他人权利,虽然从进化论角度可能会验证出此结论的正确性。

从群体整体出发来考察最有利于群体长存的策略选择,会得出合作策略均衡比强盗策略更为稳定,但对群体的最优和对个体的最优是不同的,对群体最优的适应行为并非就一定会为个体所选择,若要个体按照群体的要求行为就需要组织来协调、强制个体行为,这一组织就是政府的雏形。但政府在这里仍仅是一种需要而不是实际存在之物,所欲和实在毕竟是不同概念,而无政府(包括缺乏习俗)状态的秩序如何维持以及政府如何演变正是这些理论需要解决的关键。而且 Hirshleifer、肖特、叶建亮等也表示秩序的自我维持是有一定条件的,问题就是这些条件如何生成?在诸条件达成之前人们的策略行为又如何?

---

〔26〕 杰佛瑞·布伦南、詹姆斯·M. 布坎南:"规则的理由",《宪政经济学》,冯克利等译,北京:中国社会科学出版社 2004 年,页 68。

〔27〕 叶建亮和金祥荣、肖特的研究同诺齐克、罗尔斯等绝多传统理论一样假设的是天降馅饼的社会,但我们需知道,天降馅饼的社会就不存在稀缺性,人们也不会产生多大动力去抢。

〔28〕 参见理查德·道金斯:《自私的基因》,卢允中、张岱云译,吉林:吉林人民出版社 1998 年,页 88。

此外这种可能性不一定合乎国家演变的真实路径。

为此,许多学者进行了分析,包括 Bates、Axlrod、Thaler、肖特等,Bates 的模型与本文最为类似,但他通过引入第三方强制、武力报复来防止此困境的产生,甚至加入心理成本来改变支付矩阵的收益结构。[29] Axlrod 与 Thaler 认为,在多次博弈中,若农民预期到强盗每次的抢劫就不会再种植,强盗也无所获,于是强盗很可能不会在初次进行抢劫而自己种植,为此均衡也可能是($R-C$、$R-C$)。但此情形出现的前提是双方都确信对方会自己种植而不抢,而在博弈之初这是不可能的,除非他们达成了一个能够自我执行的契约。我们还可以进一步追问,一个可以自我执行的契约又如何达成?如何防止对方的机会主义行为?笔者接下来试图通过添加具体行为的约束条件,改变矩阵的收益结构,提供秩序形成的另外一种解释。

四、人类行为模式的初构

我们更进一步细化个体决策的约束,假设农民会防备强盗的抢劫并且投入成本 p,而战胜强盗的概率 $f(p)$($0 \leq f(p) \leq 1$,此概率在完全信息下是强盗和农民的公共信息)是 p 的函数,$f(p)$ 为正向且是凹函数。[30] 此外强盗每次抢劫的成本为 r。重新计算种植与抢劫的期望收益。

强盗的期望效用为:$\pi_a = f(p)(-r) + (1-f(p))(R-r) = R - Rf(p) - r$

农民的期望效用为:$\pi_b = f(p)(R-C-p) + (1-f(p))(-C-p)$
$= f(p)R - C - p$

我们求得使强盗和农民的期望效用大于零的不同 $f(p)$:

强盗:$f(p) < \dfrac{R-r}{R}$

农民:$f(p) > \dfrac{C+p}{R}$

因此农民只有在其获胜的概率 $f(p) > \dfrac{C+p}{R}$ 时才会种植,而强盗在获胜的概率 $1 - f(p) > \dfrac{r}{R}$ 时才会出动抢劫。

他们的决策按照农民获胜的概率划分为:

$f(p) \leq \dfrac{C+p}{R}$ 此时农民由于期望收益为零,不会投入劳动,强盗也就无所

---

[29] Bates, Robert H, 同前注[14],页 9—16。
[30] C 与 p 是农民的禀赋,故农民会在 C、p 间进行最优化配置,但为简单起见,本文不作处理。See, Herschel I. Grossman, "The Creation of Effective Property Rights", 2 *The American Economic Review* 2001.

获,因此存在改进余地。如果强盗表示只收取保护费 S,此时农民的收益为:$R-C-S$,因此只要强盗收取保护费小于($R-C$),对双方的生活水平都有改进,强盗和农民完全可能达成协议(当然此协议可能会被强盗违背),由此所形成的政府会是霍布斯、马克思、奥尔森等讨论的暴力社会。此时也存在另一种改进路径,当不止一户农民遭到侵犯时,他们可能团结起来一致对抗入侵者,这就成为通常社会契约论意义下国家产生的雏形,这个保护性同盟相当脆弱但却至关重要。因为农民如此发现合作获胜的概率、防备成本都优于单打独斗(存有规模效率),大规模组织——政府也就可能通过大家理性达成契约所产生。

$$\frac{C+p}{R} < f(p) < \frac{R-r}{R} \quad \text{s.t.}: R > r + p + C$$

此时农民可能种,而强盗也可能抢,改进的激励不很大。对他们最优的莫过于达成互不侵犯之协议,双方平安无事相处,自食其力,或者农民缴纳保护费,但这一阶段比前一情形达成契约的难度大得多。

$\frac{R-r}{R} \leq f(p)$ 此时强盗如果抢劫预期收益小于零,因此他会想办法换种方式,比如收取保护费。当然更可能彼此达成互不侵犯协议,强盗也自己种植,这正是进化稳定策略下的模式,但要达成契约其谈判难度太高,任何产生政府的契约都难以生成。

前面考察的两人场合已经表明双方可能有激励去打破抢一种的格局,他们完全可能签订契约,强盗不再抢夺农民的劳动成果,但农民得缴贡。当然双方是否会打破抢一种格局以及农民是否缴纳保护费和多少保护费全赖于农民战败强盗的可能性,这和其体力、战斗力以及强盗的实力紧密相连,不同的人面对不同的强盗其胜率和防备投资成本的函数 $f(p)$ 并不一样。我们的分析已经表明双方存有激励在一定约束条件下去打破无序状态,签订合约形成稳定关系,当这样的合约越来越多或者合同主体双方人数增多,不同的庇护关系又处于更大一层的类似抢夺策略之中,他们仍根据上述逻辑分享各自的利益,因此形成一个稳定的群体,这就是奥尔森意义的匪帮。另一方面,如果农民联合起来共同御敌,这就形成了保护性联盟,诺齐克便是由此推导国家的产生。

现在更详尽分析强盗—农民策略,我们设农民预期强盗抢劫的概率为:$0 \leq i \leq 1$

流寇、农民各自的期望收益如下

流寇收取保护费的受益为:$\pi_{a2} = S$

不定期抢劫每次的收益为:$\pi_{a1} = \pi_a = (R-r) - Rf(p)$,但如果农民不种植,强盗则无所获(此反应函数我们没有在本文进行讨论,因为这会使本文的讨论趋于复杂)。

完全信息且农民的预期概率不做调整时(我们尚不进行不完全信息动态

博弈)农民在交纳保护费时预期收益为:$\pi_{b2} = R - C - S$

不定期抢劫农民的预期收益为:

$$\begin{aligned}\pi_{b1} &= \sum \{i \times [(-C-p)(1-f(p)) + f(p)(R-C-p)] \\ &\quad + (1-i) \times (R-C-p)\} \\ &= (R-C-p) + R(f(p)-1)i\end{aligned}$$

要使 $\pi_{b1} > 0$,需要 $\{iR(f(p)-1) + R - C - p\} > 0$,因此需 $i < \dfrac{R-C-p}{R(1-f(p))}$。

在 $\dfrac{R-C-p}{R(1-f(p))} \leq i$ 时,由于农民的收益为零甚至倒贴,因此不会种植,这对强盗和农民长期都不利,因此农民不会太经常被抢光。

此概率的意义在于如果农民投入的成本(包括防备成本和种植成本)越大[31],其能够容忍抢夺发生概率的心理承受值就越低;而如果投入的成本较少,就能更大程度的容忍抢劫的发生。我们可以通过考察其种植行为而验证该结论,通常情况是农民在原始社会缺乏秩序时更多的种植短期、低投入的作物;而在形成了一定稳定社会后就可能种植高投入、收获期长的作物。更一般化此理论意义就是,当产权更明晰并得到有效保护,社会安稳时,人们就可能投资一些长期、高成本的行业;而当社会动荡、产权无法得到有效保护时,人们是不会或者是很少投资那些需要大量资金的行业。

当然这也说明强盗们应该视不同情况而采取抢劫策略或收保护费策略。在种植农业社会较游牧社会更应该采收保护费的方式,自然的推理就是种植农业社会更容易产生国王制,而游牧民族、渔猎民族则可能长期处于离散状态。此外由于种植农业社会更单一(人们多从事种植活动),利益集团较少,因此单一势力更容易执政,国王制容易推行;游牧社会、渔猎社会需要分工(农民、渔民),单一利益集团难以占据绝对优势,更容易演变为民主制度。

五、秩序的初步形成

(一)保护性契约的达成

霍布斯认为"少数人联合也不能使人们得到这种安全保障",只要某一群体的力量强到"足以决定胜负的程度,因而就会鼓励人们进行侵略"。[32] 我们

---

[31] 证明如下:对 C 而言,可直接看出 $\dfrac{R-C-p}{R(1-f(p))}$ 随 C 增大而减小,即 C 越大 i 就越小,农民能够容忍抢劫发生的概率 i 就越小。对 p 言,令 $y = \dfrac{R-C-p}{R(1-f(p))}$,$y' = \dfrac{R(f(p)-1) - pRf'(p)}{R^2(1-f(p))^2}$,由于 $f(p)$ 是增函数,$0 \leq f(p) \leq 1$,$f(p)' > 0$,故 $y' < 0$,这意味着 y 是 p 的减函数,p 越大,i 就越小,也即 i 的上限随 p 增大而不断减小,这也意味着其容忍度在降低。

[32] 霍布斯:同前注[3],页129。

前面的分析只考虑了群体内部的行为,而群体间也有些群体可能会通过抢夺而生存。诺斯的考察表明暴力社会和契约社会先后均存在过,"国家是伴随战争和政治不安定而出现的",并通过提供一组服务来换取更多的岁入。[33] 奥尔森发现对任何社会而言,抢劫、强盗的成本最低,但是流寇最终却可能会占山为王,并最终把不确定的抢夺改为定期的收费(税收),同时会维护内部组织的秩序。[34] 霍尔姆斯和桑斯坦则更明确表示权利、自由皆有成本且很昂贵,需要购买即"必须给守夜人报酬"——税[35],权利可通过纳税来购买国家保护,国家"保护产权以换取税收"。

在前面的博弈分析中,我们假设存在着自我种植或者畜牧的群体(此时政府和法律并不是充分必要条件,所以还未产生),也存在更多依靠抢夺生存的不安定群体,这些群体会不定期的杀人越货,血洗一个部落,这是历史上的常态。但过多以及不确定的抢夺会使劳作部落缺乏激励劳动,这对抢夺者和被掠夺者都大不利,因为农民若不生产,强盗也无所获。因此使劳动者放心进行生产投入、专心劳动以得到更多产出,对抢夺者也是有利的。这种转变使强盗转而收取固定份额的收益,而他人安心的从事畜牧或种植。最终我们就称收取的份额为税、租之类,并且称之为权利的成本;反过来说当且仅当存有税收时,法律权利才存在,否则"权利仍旧是张空头支票"。[36] 对国家而言,正是为了税收,才提供所有权、安全保护给人民;对民众也才会有税收乃其权利的成本之说——是因获得或保护所有权之故。当出现与强盗群体相对抗的利益团体时,收取的固定份额(税)就由多个利益集团瓜分而不在是初始的某个集团独占,更为复杂的社会结构得以出现,利益集团间的不同构成决定了国家的不同样态。[37]

流寇对群体的侵犯可采取两种途径,收取固定的保护费(当然也可以进行提成,但这是风险分配的问题,不予考虑)或者不定期全抢光。我们继续采取前面设定的模型,以研究强盗收取保护费之有无可能。

对强盗而言,只要 $\pi_{a1} \leq \pi_{a2}$,就愿意收取保护费而不是抢劫。对农民而言,只要 $\pi_{b2} > \pi_{b1}$,农民也会愿意缴纳一定的保护费。

若要 $\pi_{a1} \leq \pi_{a2}$,需 $R - r - Rf(p) \leq S$

---

[33] 道格拉斯·诺斯:《经济史上的结构与变迁》,历以平译,北京:商务印书馆1992年,页90、22—26。

[34] 曼瑟·奥尔森:《权力与繁荣》,苏长和、嵇飞译,上海:上海人民出版社2005年,页2—9。

[35] 史蒂芬·霍尔姆斯、凯斯·桑斯坦:《权利的成本——为什么自由依赖于税》,毕竞悦译,北京:北京大学出版社2004年,页53。

[36] 同前注,页6。

[37] See, Kevin F. Forbes and Ernest M. Zampelli, "Is Leviathan a Mythical Beast", 3 *The American Economic Review* 1989.

要 $\pi_{b2} > \pi_{b1}$，需 $S < p + iR - if(p)R$，或者只要农民预期强盗抢劫的概率足够大，即 $i > \dfrac{S-p}{R(1-f(p))}$，就宁愿缴纳保护费以求安全和生存。

亦仅需 $R - r - Rf(p) \leq S < (p + iR - iRf(p))$，强盗和农民都会同意签订契约，并约定农民缴纳一定保护费，强盗则不再侵犯反而可能会维护辖区内的秩序。

显然这样的 S 是可能存在的，只要 $\dfrac{p+r}{R} > (1-i)(1-f(p))$，就一定存在一个 S 使 $R - r - Rf(p) \leq S < (p + iR - iRf(p))$ 得到满足。

只要 S 不大不小，强盗和农民都会愿意靠保护费来维系其间的关系。但强盗必须确保的是没有其他群体来劫掠，他需要保证农民的安全，因为其他群体的抢劫会减少强盗的所得，农民也可能丧失种植的积极性。

对前面的结果进行计算：

$$\pi_a + \pi_b = R - C - p - r$$
$$\pi_{a2} + \pi_{b2} = R - C$$

在双方均种植时产出为：$2(R-C)$

从社会福利看，强盗和农民间达成保护性契约比抢劫时增加了社会福利：$p+r$，但比双方均种植时仍少：$R-C$，因此是次优的改进。

从 $\dfrac{p+r}{R} > (1-i)(1-f(p))$ 可以看出保护性契约的达成可能性与抢劫成本、防备成本、收益紧密相关。因为 $p+r$ 是增加的社会福利，由此可认为在合作增加的社会福利更大时，强盗和农民间更容易签订保护性契约，但这种可能性不是由社会或者某个第三人理性设计的，而是基于当事人之间的利益权衡。

（二）保护性契约的进一步演变

可以看出，由于存在共容利益，强盗在必要时会采取收取保护费的方式而不是不定期全抢光。外敌入侵会减少该区域的产出，由此强盗会采取相应的措施抵御其他群体的抢劫，此外强盗也会维护当地秩序，以防其团体内部陷于混乱，这是社会演进的重要一步。强盗这一利益集体为了维护自身利益就会制定调整其保护区的相应规则，建立更具规模的武装力量，强盗首领此时和国王已经相差无几。肖特认为保护性联盟形成时国家也就产生了，这个保护性联盟就是诺齐克所称的最小的国家。诺齐克认为保护性社团间冲突的解决"产生了某种很类似于一个最弱意义国家的实体"。但有人提出国家的合法性声称使人们会自愿和它合作，因为他们认为应该服从其命令，并纳缴税收；而一个公开的侵犯性机构却不可能依靠、也不会得到任何这种自愿的合作，因为人们把自己看做是它的受害者，也即国家和强盗集体是有本质区别的。又有人以为保护性机构不仅缺少对强力使用的必要的权力，而且也不能为所有人提供保护，所以支配性机构看来都并非一个国家。但以上两种观点看到的"这些都只是似是而非的现象"。[38] 我们认为强盗对该地区的权力支配是全面的，较现代国家甚至是有过之而无不及，他同样维护着其内部的秩序并且还维系对外安全，其臣民间也会不断分工，并逐渐出现内部贸易。在对外抗争、内部协调中的分工就会不断产生新的利益集团，可能推翻已有权力格局而把群体据为己有，逐渐的就成了王位争夺。而对农民们而言，他们希望稳定，靠缴纳一定的保护费以换取安全、和平与秩序，所以农民都会寄希望有一个高高在上的国王且希望他的王朝永世长存、没有战乱，因为如此才会给他们带来安稳、确定的预期，而不担心由于王朝震荡更迭，其财产、性命无法得到政权持续、稳定的有效保护。

兴许大家会认为这样一个被强盗统治的社会定是个人被奴役得不成样的血泪社会，非也。现实中不难发现交"保护费"的实例。通常大家认为封建社会是一个农民被剥夺、压迫的社会，但秦晖和苏文认为封建社会这一宗法共同体是通过保护—束缚关系维系的，从束缚看具有强制一面，可从保护看又是自愿的。[39] 在农民的理想中，其人身依附意味着保护而不是束缚，是田园诗的和谐而非邪恶势力的压迫。科尔曼认为卖身为奴似不可取，但与死亡相比痛苦总可忍受。巴泽尔在分析美国南方奴隶制度时就发现在南北战争中很多奴隶是站在南方一边的。[40] 奴隶是主人的财产，谁也不会随时都摧毁自己的财产。同样的是，变身为主人的强盗们也得对农民们略带温情。

此外，社会契约不是根据什么自然法所制定的，尽管自然法作为一种批判的武器，衡量着实在法的优劣，但更多只是标榜着自由、平等、正义等理念。国家也不是如同古典自然法学者所认为的乃人之理性天才般设计出来的，"国家起源无论是靠契约还是靠武力，产生一个有活力的政治结构，都是一个漫长的创新制度组织的过程"[41]，国家不是契约设计达成的产物，笔者赞同肖特的看法，国家的产生"仅仅代表一个合作博弈的均衡解，并且从个人最大化自己利益的行为意图中产生出来。他是一个没有行为人的计划的结果，但却是行为人或行为人的集体不愿意放弃的"。[42] Sugden 对此有更详细的论述，他认为制度本身就是一种自发秩序，人类行为的秩序也是以习俗形式自发生成的，习俗的关键在于可以自我复制[43]，一旦确立就会在纳什均衡的意义上自我实施，任何人都不会单方面偏离。

---

[38] 诺齐克：《无政府、国家与乌托邦》，何怀宏等译，北京：中国社会科学出版社 1991 年，页 25、34。
[39] 秦晖、苏文：《田园诗与狂想曲》，北京：中央编译出版社 1996 年，页 129。
[40] Y. 巴泽尔：《产权的经济分析》，费方域译，上海：上海三联书店 1997 年，页 106—116。
[41] 道格拉斯·诺斯：同前注[33]，页 93。
[42] 安德鲁·肖特：同前注[12]，页 67。
[43] Robert Sugden, "Spontaneous Order", 4 *Journal of Economic Perspectives* 1989.

笔者以为社会契约论依然有效，但法律并不必然是平等个体之间签订的相互保卫防范的契约，更不是霍布斯丛林社会下众多的个体间理性的产物。置身于历史长河中，从家族到现代民主国家的演变路径来考察，法律一方面对强者以约束并赋予神圣性、合法性和权威，但也给予弱者保护。其中最重要的就是认可并尊重民众的产权，产权意味着一定的自由，意味着国家权力的止步，没有产权的保护，"风能进，雨能进，国王不能进"就只是空谈。但为什么国家这一利维坦会给人民产权从而约束自己？因为国家要取得岁入最大化，而这依赖于国民的产出，只有给国民一定的权利才可能利诱出大家的积极性。所以国家并不是社会契约的产物，国家只是契约的主体之一，而宪法才是一纸契约。[44] 不同社会体制会有不同的权力安排，而对剩余权利的争取和契约内容的修改正是社会进步的博弈过程。[45]

六、简短的结语

罗尔斯的无知之幕认为，我们应该假设人们不知道各种选择对象将如何影响他们自己的特殊情况，人们不得不在一般的考虑上对原则进行评价。[46] 这种康德式理想作为政策、法律制定的价值追求当值称赞[47]，利益的分配和再分配确应满足罗尔斯的最大最小原理。但倘若把无知之幕作为订立社会契约组成国家的出发点实过于天真。原始社会不是大家戴着面具坐在一起讨论把自己卖给政府这一利维坦这般美好。那儿更多是征服与被征服、血雨腥风、成者为王败者寇的斗争。跳出无政府状态，建立秩序的本质特征，就是对强制性权力的运用实行垄断。[48]

本文描述了原始社会中人们的决策行为，强者对弱者实施抢劫，但后来强盗和人民之间达成约定以分享收入，或者农民彼此间达成协议一致御敌，这促成了社会秩序的形成，并暗示了社会契约达成的两种可能路径，以此逻辑可以推演出诺齐克的保护性联盟，也可以推演出奥尔森的流寇模型。当然，不同传统的社会所达成契约的路径自有其不同之处，并形成不同的政府类型。又由于

---

[44] 但并非真正存在这样一纸契约，只能说，政府的建立确实是出于人们之间的合意。而不存在的可见契约正好为人们提供了遐想的依据，于是人们构造了各色理论来论证或者反驳诸社会契约，所以莱斯诺夫认为霍布斯的狼人社会就融合了社会契约、自然状态、自然权力和自然法等观念。参见迈克尔·莱斯诺夫：同前注[8]，页20。
[45] 国家和人民当作博弈的主体，对单个人来说是存在加入和不加入的问题，只有搭便车的行为。
[46] 罗尔斯：同前注[5]，页137。
[47] 但在具体制度设计时，不考虑行为者的反应同样不妥当。在我国的许多具体制度设计中，好心办坏事的例证实不少见。
[48] 杰佛瑞·布伦南、詹姆斯·M.布坎南："征税权"，《宪政经济学》，冯克利等译，北京：中国社会科学出版社2004年，页5。

社会契约的不完备,在技术进步、周边环境等发生改变时,国家与臣民间的权益安排结构也会变迁。但由于初始契约的不可观测,以及利益分布格局的变化,人民和政府难免会争权夺利,这一系列的演变正是社会进步的图谱。本文的意义就在于我们扩展了罗尔斯、诺齐克、肖特等所假定的天降馅饼的原初状态,强盗—农民模型也比奥尔森的理论具有更多的解释力,对自然状态也有更精确的认识。我们不再只停留在通常所争论的如何分配之问题上,而是关注如何生产以及实际怎么样而非应当的自然状态之所在。

本文讨论认为,自然状态更可能是霍布斯丛林而非一个黄金社会,秩序、产权等都是强者对弱者的征服,他们达成的协议是可执行的。霍布斯认为"因恐惧而订立的契约是有约束力的",因为"其中一方得到的利益是生命、而另一方则将为此而获得金钱或者劳务"。[49] 但洛克认为:"谁也不能希望把我置于他的绝对权力之下,除非是为了通过强力迫使我接受不利于我的自由权利的处境,也就是使我成为奴隶。"[50] 确实我们需要一种康德"尊重人"的概念,否则会使奴役伪装成自由,强盗成为一种产权。但须承认,仅寄望于通过"契约来建立一种产权理论的企图,最终会在堕落的西方社会民主政体的'无政府主义丛林'中认可那些布坎南曾正确地谴责过的建立在权力和暴力之上的对物品的要求"。[51]

尽管本文的分析表明社会契约及国家的产生并非想象中般美好,但不能就此认为笔者偏好弱肉强食、满是猜疑、防备和暴力、掠夺的战争状态。虽然笔者清楚地认识到自然状态、自然法、社会契约的使用更多仅是一种想象、假设和道德出发点,也希望借此来建立一个人人平等的正义、和谐、有序的正义社会,[52] 但诚如科尔曼讥讽到:"探索权利分配最优方案的道德哲学家是在追求海市蜃楼"[53],愿望终归想象,现实却依然如故。

(初审编辑:艾佳慧)

---

[49] 霍布斯:同前注[3],页105。
[50] 洛克:同前注[2],页130。
[51] 诺尔曼·P.巴利:《古典自由主义与自由至上主义》,竺乾威译,上海:上海人民出版社1999年,页98。
[52] 在笔者看来,真实的自然状态和正义、道德并没有任何关联,尽管我们习惯追踪于这一原始状态来论证政府的恶、人之权利。
[53] 詹姆斯·S.科尔曼:《社会理论的基础》,邓方译,北京:社会科学文献出版社1990年,页57。

编 后 小 记

　　连续两期，我们都组织了关注程序法的主题研讨。对于《评论》来说，这其实是一个长期的特色，这两期既不是开始更并非结束，我们还将在今后继续关注着讨论着并努力回答这些发生在转型中国的问题。这自然是基于对中国法治现状的关切，但同时，又是与我们作为编辑的个体性经验发生的某种关联，要编辑好一本杂志，其实也类似于司法，有着程序和实体两方面的要求。

　　《评论》从创办的那天起，就可以被称为坚定的程序正义者。作为当时既有的学术体制的挑战者，我们首先的选择就是用严格的程序将我们所要追求和推广的价值塑造成型，从内心的信念外化为可操作的制度。此后九年中，不论是哪一届编委会，不论面对什么样的情况，我们对这一严格的编辑程序的捍卫与坚持都始终如一。

　　但是，正如司法中完全的程序正义未必就一定让诉讼当事人对判决满意一样，在编辑中完全地实现程序正义也并不是读者满意的充要条件。因为，经历了严格的编辑程序的稿件，只能是我们可能发表的稿件中最好的——或是我们以为最好的，但不一定是在现实的学术圈中最好的——也不一定是读者以为最好的。事实上，这么多年来，《评论》所发表过的那些给读者留下深刻印象、在学界造成较大影响的稿件，之所以能够获得学术声誉，并不是由于经历过编辑程序的考验，而是因为其本身的品质经历了学术市场的检验。

　　并且，《评论》的成长，始终都是在中国法学的成长这样一个更大的背景之中。在《评论》创办之初，中国法学的学术规范还并不完善，谈学术自律、自主、自尊就更加遥远。而在今天，虽然我们还远不能说中国法学已经相当发达，但至少在学术规范这一向度上已经有了相当的进步，更多的作者、更多的期刊开始注意这一点。如曾经是《评论》作为异类的一个标志的双向匿名审稿制度，据说就已经在越来越多的"核心"期刊得到推广。因此，或许可以说，我们在程序正义上的追求，已经得到了较好的实现和呼应，而仅仅强调这一点，也不可能获得自己安身立命的力量。

那么，是不是《评论》的使命就已经完成？《评论》如何在新的环境下确立自己的意义？是否就"招安"到现行的学术行政管理体制之中？当然，在学生自主编辑的学生法律评论这一方面来看，《评论》之后至今少有来者，因而仍然具有典型代表的意义。但是，正如中国法学存在的意义不是来自于美国的法学，而必须面向中国问题一样，北大法学院也并不因为《哈佛法律评论》在美国的崇高声誉就因而同样需要《北大法律评论》，否则的话，就会像贺欣博士所指出的那样："若不是对美国法律评论不知底细的盲目崇拜和照搬照抄，就可能是一些人好大喜功、'推陈出新'，或者是'人家有，我们也要有'的意气用事。"何况，学生主办的并不意味着就一定是更为自由的，更未必是更有价值的。美国的学生法律评论和专家法学杂志的对比，就生动地展示了一个吊诡的现实：学生杂志亦可以成为既得利益者，而专家杂志则反而是挑战者。

事实上，《评论》以及《清华法律评论》等兄弟刊物，较之美国的法律评论有很多区别。虽然都是学生编辑，但是美国的法律评论的文章发表权力完全在于学生编辑，而且由于投稿过多，往往编辑们拿到稿件的第一件事就是去 Lexis 或是 Westlaw 上搜索作者的已发表论文，据此对来稿做出决定。波斯纳指出，美国的法律评论更侧重法教义学的文章，而相对较少发表法律与交叉学科研究的论文。美国的法律评论由于每年更换一半编辑，因而很少有动力去进行变革。而就从法学界整体来说，事实上也希望改变现行的法律评论体制，只是由于既得利益者为数众多，这一体制就成为被路径依赖锁入很难改变的体制，结果只能由教授来创办专家刊物来挑战学生刊物。所有这些，都与中国的学生法律评论有很大不同。我们不是学术与实务市场的捷足先登者，因而不能"跑马圈地"；我们尚没有创造出既得利益者，也就不可能"大树底下好乘凉"；我们更侧重法律与交叉学科的研究，并努力地推动这种研究在中国的发展；我们的审稿机制恰恰不同于美国的学生刊物和中国的专家刊物，而是与美国的专家刊物相同的匿名审稿制。而就是我们的编辑人数和每年更新的比例这个看似无关大局的小问题，在事实上却也在塑造着《评论》独特的品格。不同于最多曾达82人的《哈佛法律评论》编辑部，我们最多也不过十余名编辑，这就保证了我们始终是一个具有高度凝聚力的群体，比较容易坚持共同的学术追求和学术品位，而不至于形成一个科层制的官僚化机构。而且，这种类似于同仁刊物的性质使得许多已经离任的老编辑，始终基于对刊物、对学术的责任感关注和支持着《评论》。同时，编辑的任期限制和每年的编辑招新，使得我们每年在一个较小的比例上发生着更新,一方面保证着进入《评论》的每个人都有着所谓的"评论气质",保证刊物风格的统一;另一方面保证着《评论》有制度化的运作,有新鲜血液的注入并获得自我反思自我更新的能力,而不至于仅仅作为同仁刊物而"君子之泽,五世而斩"。刘小枫先生在讨论《读书》的成功时,就特别谈到了由职业出版家主持而不是知识界的团伙性刊物是一个重要原因。而既非职业出版家运作,也非仅仅基于兴趣结成的团伙所组织的《评论》,或许可以视为学术刊物的"第三条道路"。从这样的视角看来,我们发现,《北大法律评论》走上了一条区别于中国以及美国的许多法律期刊的道路,而探索这条道路能走多远,对于法学的学术研究,将是有意义的。从这个意义上说,我们将永远是挑战者,或者,说得更极端些,永远是冯象先生所谓的"反抗者"。而明确这一点,或许将确立《评论》的"自我统治",自己确立自己的任务和本质,自己决定实现使命的道路和方法。

今天,是北京大学109周年校庆,诞生于百年校庆之际的《评论》已经走入第九个年头。"九",在汉语中有着极大与长久的意味。"九变者,究也。乃复变而为一。一者形变之始也。"正如《评论》徽标上的九把宝剑所寓意的那样,我们希望,并且努力让《评论》玄天九变而品质与追求始终如一,能够对中国法学做出更大、更持久的贡献。

李　晟
2007年5月4日

注 释 体 例

援用本刊规范：
彭小瑜:"古代罗马宪法制度及其汉译问题",《北大法律评论》第 3 卷第 2 辑(2000),第 314—318 页。

一、一般体例

1. 引征应能体现所援用文献、资料等的信息特点,能与(1)其他文献、资料等相区别;(2)能说明该文献、资料等的相关来源,方便读者查找。
2. 引征注释以页下脚注形式连续编排。
3. 本体例要求注释与正文分开。在正文需加注释处右上角以加圈的阿拉伯数字标记。脚注编号通常位于相应标点之外。
4. 正文中出现 100 字以上的引文时,不必加注引号,直接将引文部分左右边缩排两格,并使用楷体字予以区分。100 字以下引文,加注引号,不予缩排。
5. 引征可不使用引导词或加引导词,支持性或背景性的引用根据可使用"参见"、"例如"、"例见"、"又见"、"参照"、"一般参见"、"一般参照"等;对立性引征的引导词为"相反"、"不同的见解,参见"、"但见"等。
6. 注释中重复引用文献、资料时,若为注释中次第紧连援用同一文献、资料等的情形,可使用"同前注"。若两个注释编号次第紧连,但引征的同一文献不在同一页码,则使用"同前注,页 M"。若重复援用同一文献、资料等的注释编号中间有其他注释的情形,应先加注作者名,在作者名后注明"同前注 N 所引书/文,页 M"。若前注中有多项引征不同文献、资料等的情形,则应注明作者或者文献、资料标题后,加"同前注"或"同前注,页 M"（在引征同一文献、资料等的不同页码时),以示区分。
7. 图书或成册作品援用的一般结构次序为：
   作者:标题,出版地:出版者,出版时间,版次,页码。
   定期出版物援用的结构次序为：
   作者:标题,出版物名称,出版时间,卷期号,页码。
8. 作者(包括编者、译者、机构作者等)为三人以上时,可仅列出第一人,使用"等"予以省略。

9. 作者众所周知，可不加作者名。
10. 编辑、整理而非创作之作品，应在编者、整理者姓名后，作品标题前括注"编辑"/"编著"/"主编"/"整理"等。
11. 引征多作者独立作品汇集的汇集作品文献、资料时（如研讨会等成果结集出版），在该独立作品后注明"载"某汇集作品。
12. 引征二手文献、资料，需注明该原始文献资料的作者、标题，在其后注明"转引自"该援用的文献、资料等。
13. 引用影印本或其他印本，用括弧注明原作出版时间及影印时间。
14. 引征信札、访谈、演讲、电影、电视、广播、录音等文献、资料等，在其后注明资料形成时间、地点或出品时间、出品机构等能显示其独立存在的特征。
15. 外文作品的引征，从该文种的学术引征惯例。

二、引用例证

1. 著作
   - 朱慈蕴：《公司法人格否认法理研究》，北京：法律出版社1998年，页32。
   - Macpherson, *Democratic Theory: Essays in Retrieval*, Oxford : Clarendon Press, 1973, p.126.

2. 译作
   - 孟德斯鸠：《论法的精神》，下册，张雁深译，北京：商务印书馆1963年，页32。

3. 编辑（主编）作品
   - 沈达明（编著）：《英美证据法》，北京：中信出版社1996年，页32。
   - 朱景文（主编）：《对西方法律传统的挑战——美国批判法律研究运动》，北京：中国检察出版社1996年，页32。
   - 郭道晖等（主编）（作者为三人以上，可只标明第一作者）：《中国当代法学争鸣实录》，长沙：湖南人民出版社1998年，页32。
   - Colin Gordon & Peter Miller (ed.), *The Foucault Effect: Studies in Governmentality*, Chicago : University of Chicago Press, 1991, pp.5—6.

4. 杂志/报刊
   - 王一兵："论建筑工程承包人的法定抵押权——对《合同法》第286条的理解和探讨"，载《当代法学》2002年第11期，页139。
   - 许实敏："我国券商风险防范与管理"，载《证券市场导报》1999年第5期，页32。
   - 刘晓林："行政许可法带给我们什么"，载《人民日报》（海外版）2003年9月6日第H版。
   - Frank H. Easterbrook, "Federalism and European Business Law", *14 International Review of Law and Economics* (1994).

5. 作者众所周知
   《马克思恩格斯选集》第一卷，北京：人民出版社1995年，第二版，页32。

6. 著作中的文章
   - 宋格文："天人之间：汉代的契约与国家"，李明德译，载高道蕴等（主编）：《美国学者论中国法律传统》，北京：中国政法大学出版社1994年，页32。

- Robert Arts, "Power", in J. Nye (ed.), *Power*, Cambridge: Harvard University Press, 1988, pp. 23—25.

7. 网上文献资料引征(引征网上文献资料应将该页面另存为独立文档,发送《评论》的电子邮箱或者打印出寄送《评论》,以备查阅)
   - 参见,梁戈:"评美国高教独立性存在与发展的历史条件",http://www.edu.cn/20020318/3022829.shtml(最后访问2002年5月17日)。
   - *See*, Randi Bussin, Multilingual Web Site Strategy & Implementation: Microsoft, http://www.headcount.com/globalsource/articles.htm (last visited Apr. 19, 1999)

8. 上文已经引用过
   - 朱慈蕴:同前注〔3〕,页9。
   - Macpherson,同前注〔5〕,页34。
   - 同前注,页39。
   - 苏力:同前注〔6〕所引文,页8。